대한민국 역대 정부

주요 정책과 국정운영

대한민국 역대 정부
주요 정책과 국정운영

6. 김대중 정부

한국행정연구원

도서출판 대영문화사

발간사

올해는 우리 민족이 일제로부터 해방된 지 70년이 된 해이며, 대한민국 초대 정부가 수립된 지 67년이 된 해입니다. 그동안 우리나라는 동북아의 작은 신생 국가에서 경제 규모 세계 13위권의 국가로 발전했습니다. 세계는 우리의 발전에 놀라워하고 있으며, 많은 개발도상국가들이 우리나라의 경험을 배우려 하고 있습니다.

이러한 놀라운 경제 성장의 배경에는 일차적으로 대한민국 역대 정부가 그 중심에 있었습니다. 1948년 이승만 정부가 수립된 이후 대한민국에서는 많은 정부가 들어섰으며, 이들 정부에 의해 다양한 정책과 국책사업이 추진됐습니다. 이들 정부의 정책과 국책사업으로 인해 대한민국은 전쟁의 상처를 극복하기도 했으며, 급속한 경제 성장과 민주화를 이루기도 했습니다.

물론 그동안 모든 정책이 크게 성공하여 국가 발전과 국민생활에 기여했던 것은 아닙니다. 일부 정책의 경우 기대한 성과에 미치지 못해 국민에게 실망을 안겨주기도 했습니다.

그러나 성공한 정책이든 혹은 실패한 정책이든 역대 정부의 정책들은 대한민국의 역사인 동시에 미래 정부의 정책결정과 집행에 반드시 참고해야 할 중요한 자료이기도 합니다. 따라서 과거 정부가 추진했던 정책과 국책사업들의 성공과 실패의 원인을 분석하고 미래 정책의 지표로 삼는 것은 당연하며 꼭 필요한 작업이라고 할 수 있습니다.

이에 한국행정연구원에서는 우리나라 역대 정부들이 어떤 정책을 어떤 배경에서 추진했으며, 어떤 성과를 냈는가를 재조명하기 위해 본 편찬사업을 계획하고 추진하여, 이번에 『대한민국 역대 정부: 주요 정책과 국정운영』이란 제목으로 전체 8권의 결과물을 발간하게 됐습니다.

2013년 말부터 계획 · 추진된 이 편찬사업에는 연구원 내외에서 총 78명의 학자가 참여하여 이승만 정부부터 이명박 정부까지 우리나라 역대 정부의 주요 정책과 국정운영의 현상들을 객관적이며 종합적인 안목에서 재조명하고 분석했습니다. 세부 주제는 한국행정연구원에서 선정했으나, 각 세부 주제의 집필 방향과 내용은 각 집필위원들의 분석 시각과 판단에 맡겼습니다.

한편 한국행정연구원은 이 편찬사업의 추진을 위해 7명의 전문가를 모시고 편집위원회를 구성했습니다. 2013년 말부터 활동했던 편집위원회에서는 연구에 담을 세부 주제를 선정해 주셨으며 그 주제에 적합한 집필자들도 추천해 주셨습니다. 또한 많은 집필자가 참여하는 사업인 만큼 연구의 통일성 유지 방안 등 여러 내용에 대해 논의, 결정했습니다. 특히 각 편집위원들께서는 연구의 중간 발표 및 최종 보고회 등 사업의 여러 과정을 주관해 주셨습니다.

편집위원회에 참여하여 수고를 아끼지 않으신 김성배 교수님(숭실대), 박양호 교수님(홍익대), 주재현 교수님(명지대), 이대희 교수님(광운대), 최흥석 교수님(고려대), 하미승 교수님(건국대), 한표환 교수님(충남대)께 깊은 감사를 드립니다.

또한 한국행정연구원은 편집위원회와는 별도로 자문위원회를 구성하여 이 편찬사업 전반에 대해 자문을 받았습니다. 자문위원회에서는 학술사업의 전반적 추진 방향을 비롯하여 국내외 편찬 사례, 연구 성과물 확산 방안 등 다양한 내용에 대해 자문을 해 주셨습니다. 자문위원의 역할을 기꺼이 맡아주신 정정길 울산대학교 재단이사장님(전 대통령실장), 안병만 전 교육과학부 장관님, 정형근 전 국회의원님, 김석준 안양대 총장님(전 국회의원), 이달곤 가천대 교수님(전 행정자치부 장관), 박영희 건국대 명예교수님, 윤정길 건국대 명예교수님께 깊은 감사의 말씀을 전합니다. 특히 안병만 전 장관님과 김석준 총장님께서는 본 연구사업의 서론과 결론 부분까지도 직접 집필해 주셨습니다.

이 『대한민국 역대 정부 주요 정책 및 국정운영』은 제1권 이승만/장면 정부부터 제8권 이명박 정부까지 총 8권으로 구성되어 있습니다. 과도 정부였던 허정 내각과 최규하 대통령 재임기를 제외한 대한민국 역대 정부의 주요 정책과 국책사업 그리고 정부개혁의 내용이 모두 수록되어 있습니다. 본 연구사업의 서론은 제1권 앞부분에, 결론은 제8권 뒷부분에 수록되어 있습니다.

재임 기간이 짧았던 장면 정부를 제외한 각 정부의 내용은 크게 3편으로 구성되어 있는데, 제1편은 정부의 출범과 국정운영의 기초에 대한 내용으로 각 정부에 대한 개괄적 소개(제1장)와 각 국정운영의 목표와 방향(제2장)에 대해 분석하고 있습니다. 제2편의 내용은 각 정부에서 추진됐던 주요 정책 및 국책사업에 대한 분석으로 각 정부별로 5장 또는 6장으로 구성되어 있습니다. 각 정부 2편 내용의 선정은 편집위원들께서 담당했는데, 각 정부에서 추진됐던 정책 및 국책사업들을 검토하여 그중 정부가 가장 역점을 두어 추진했다고 판단되는 정책들과 당시 정부에서 국민적 논란이 됐던 정책 또는 국책사업 위주로 선정했습니다. 제3편은 정부개혁에 대한 내용이며 모두 3장으로 되어 있습니다.

이미 언급한 바와 같이 한국행정연구원에서는 이 연구 성과물의 발간에 앞서 여러 차례의 발표회를 가졌으며, 지난 해 12월 2일에는 대규모의 학술토론회도 개최했습니다. 발표회에서는 집필자 발표 내용에 대한 토론과 함께 내용의 중복성 방지를 위한 방안, 편집 방안 등을 논의했고, 학술토론회에서는 각 정부에 대한 연구 결과 발표 외에도 향후 정부의 정책 운영 방안에 관한 다양한 논의가 있었습니다.

한국행정연구원은 이 편찬사업에 그치지 않고 2015년에는 본 연구의 결과를 요약하여 영문으로 번역하여 출판할 예정입니다. 출판된 영문 책자는 한국행정연구원과 국제 관계를 맺고 있는 외국 기관들은 물론 주요 외교 기관들에도 배포될 것입니다. 아울러 우리 연구원은 국제행정협력센터를 설치하여 ODA 관련 사업을 적극 추진하고 있는 바, 이 책자는 아주 유용하게 사용될 것으로 생각합니다.

끝으로 한국행정연구원 편찬사업에 참여해 주신 많은 집필진 여러분과 편집위원님 그리고 자문위원님께 다시 한 번 감사를 드립니다. 그리고 이 학술사업을 총괄・책임지고 수행한 양현모 선임연구위원과 이 사업을 총괄 지원한 장지원 전문연구원, 그리고 각 정부별 집필위원들과 소통하면서 간사의 역할을 수행한 김영록, 조세현, 오윤경, 임성근, 윤종설, 최순영, 황혜신, 허준영 박사와 이 사업을 행정적으로 지원한 김두진 행정원을 비롯한 연구원 직원들에게도 감사의 말씀을 드립니다. 아울러 원고를 정성껏 교정・편집해서 8권의 책으로 발간해준 대영문화사 임춘환 사장님께도 감사의 마음을 전합니다. 이외에도 이 책이 나오기까지 수많은 분의 노고와 정성이 있었으나 일일이 거론하지 못해 죄송한 마음입니다.

아무쪼록 이 책들의 내용이 향후 국민들의 학습과 연구 자료로 사용되는 것은 물론 우리나라 정부 정책 과정에 도움이 되는 정책 자료로도 널리 활용되기를 기대해 봅니다.

감사합니다.

2014년 12월

한국행정연구원 원장 **이은재**

총 목 차(1~8권)

서론: 대한민국 역대 정부 주요 정책과 국정운영 ······ 안병만

제1권 이승만/장면 정부

제 1 편 이승만 정부의 출범과 국정운영의 기초

제 1 장 이승만 정부의 출범 및 정부 소개 ······ 이서행
제 2 장 이승만 정부 국정운영의 목표 및 방향 ······ 박희봉

제 2 편 이승만 정부의 주요 정책 및 국책사업

제 1 장 법체제 정립 ······ 김종철
제 2 장 군대, 경찰 체제 확립 ······ 남정옥
제 3 장 토지(농지)개혁 ······ 이대희
제 4 장 평화선, 그 등장과 소멸의 과정 ······ 이주천
제 5 장 한국전쟁의 극복 ······ 박태균

제 3 편 이승만 정부 정부개혁

제 1 장 정부개혁의 배경 및 방향 ······ 최신융
제 2 장 정부개혁의 내용 ······ 신윤창
제 3 장 정부개혁의 대한 성과 및 평가 ······ 최신융

제 4 편 장면 정부의 출범과 국정운영의 기초

제 1 장 장면 정부의 출범 및 정부 소개 ······ 김정렬
제 2 장 장면 정부 국정운영의 목표 및 방향 ······ 백학순

제2권 박정희 정부

제1편 박정희 정부의 출범과 국정운영의 기초

제1장 박정희 정부의 출범 및 정부 소개 ······ 하미승

제2장 박정희 정부 국정운영의 목표 및 방향 ······ 임도빈

제2편 박정희 정부의 주요 정책 및 국책사업

제1장 경제성장 정책(I): 경제개발 5개년계획 ······ 이원희

제2장 경제성장 정책(II): 수출주도정책과 중화학공업정책 ······ 김재훈

제3장 베트남 참전 ······ 강 욱

제4장 새마을운동 ······ 소진광

제5장 경부고속도로 건설 ······ 배용수

제6장 국토개발 10개년정책(1961~1979년) ······ 소순창

제3편 박정희 정부 정부개혁

제1장 정부개혁의 배경 및 방향 ······ 이종수

제2장 정부개혁의 내용 ······ 임동진

제3장 정부개혁에 대한 성과 및 평가 ······ 이종수

제3권 전두환 정부

제1편 전두환 정부의 출범과 국정운영의 기초

제1장 전두환 정부의 출범 및 정부 소개 ······ 임혁백

제2장 전두환 정부 국정운영의 목표 및 방향 ······ 권용수

제 2 편 전두환 정부의 주요 정책 및 국책사업

제 1 장 자율화(두발 · 교복 자율화, 통금 해제) 정책 …… 오재록
제 2 장 사회악 정화정책 …… 박치성
제 3 장 사교육 금지정책 …… 강일규
제 4 장 경제안정화정책 …… 박진근
제 5 장 1986년 서울아시아경기대회와 1988년 서울올림픽대회 유치 …… 임태성

제 3 편 전두환 정부 정부개혁

제 1 장 정부개혁의 배경 및 방향 …… 김현준
제 2 장 정부개혁의 내용 …… 홍성걸
제 3 장 정부개혁에 대한 성과 및 평가 …… 김현준

제 4 권 노태우 정부

제 1 편 노태우 정부의 출범과 국정운영의 기초

제 1 장 노태우 정부의 출범 및 정부 소개 …… 심상용
제 2 장 노태우 정부 국정운영의 목표 및 방향 …… 김근세

제 2 편 노태우 정부의 주요 정책 및 국책사업

제 1 장 북방정책 …… 김규륜
제 2 장 토지공개념제 도입 …… 서순탁
제 3 장 신도시 건설 …… 변병설
제 4 장 고속전철 건설사업(KTX) …… 이 송
제 5 장 인천국제공항 건설사업 …… 박양호

제 3 편 노태우 정부 정부개혁

제 1 장 정부개혁의 배경 및 방향 …… 하태수

제2장 정부개혁의 내용 ········ 김태룡
제3장 정부개혁에 대한 성과 및 평가 ········ 하태수

제5권 김영삼 정부

제1편 김영삼 정부의 출범과 국정운영의 기초
제1장 김영삼 정부의 출범 및 정부 소개 ········ 최진욱
제2장 김영삼 정부 국정운영의 목표 및 방향 ········ 이남국

제2편 김영삼 정부의 주요 정책 및 국책사업
제1장 역사바로세우기 ········ 이상록
제2장 금융실명제 ········ 김병문
제3장 세계화정책 ········ 금창호
제4장 신외교정책 ········ 황지환
제5장 지방자치제 전면 실시 ········ 한표환

제3편 김영삼 정부 정부개혁
제1장 정부개혁의 배경 및 방향 ········ 심익섭
제2장 정부개혁의 내용 ········ 이창원
제3장 정부개혁에 대한 성과 및 평가 ········ 심익섭

제6권 김대중 정부

제1편 김대중 정부의 출범과 국정운영의 기초
제1장 김대중 정부의 출범 및 정부 소개 ········ 김성재

제2장 김대중 정부 국정운영의 목표 및 방향 …… 문정인

제2편 김대중 정부의 주요 정책 및 국책사업

제1장 경제위기 극복(IMF체제 극복) …… 이인실
제2장 대북화해 · 협력정책 …… 박종철
제3장 IT · 벤처기업 육성 …… 최홍석
제4장 국민기초생활보장제도 도입 …… 김병숙
제5장 월드컵 개최 …… 이주헌

제3편 김대중 정부 정부개혁

제1장 정부개혁의 배경 및 방향 …… 송하중
제2장 정부개혁의 내용 …… 서원석
제3장 정부개혁 성과 및 평가 …… 송하중

제7권 노무현 정부

제1편 노무현 정부의 출범과 국정운영의 기초

제1장 노무현 정부의 출범 및 정부 소개 …… 류석진
제2장 노무현 정부 국정운영의 목표 및 방향 …… 주재현

제2편 노무현 정부의 주요 정책 및 국책사업

제1장 신행정수도 이전 및 국가균형발전 정책 …… 성경륭
제2장 참여정부의 지방분권정책 …… 안성호
제3장 동북아시대 구상 정책 …… 이수훈
제4장 부동산정책 …… 변창흠
제5장 복지정책 …… 장혜경

제 3 편　노무현 정부 정부개혁

제 1 장　정부개혁의 배경 및 방향 ········· 황혜신
제 2 장　정부개혁의 내용 ········· 장지호
제 3 장　정부개혁에 대한 성과 및 평가 ········· 황혜신

제 8 권　이명박 정부

제 1 편　이명박 정부의 출범과 국정운영의 기초

제 1 장　이명박 정부의 출범 및 정부 소개 ········· 박천오
제 2 장　이명박 정부 국정운영의 목표 및 방향 ········· 김성배

제 2 편　이명박 정부의 주요 정책 및 국책사업

제 1 장　금융위기 극복 ········· 윤창현
제 2 장　한・미 FTA 체결 ········· 김영한
제 3 장　저탄소 녹색성장 정책 ········· 김상협
제 4 장　4대강 살리기 사업 ········· 안형기
제 5 장　종합편성채널 도입과 방송 경쟁 체제 확대 ········· 김동욱
제 6 장　세종시 발전정책 ········· 하혜수

제 3 편　이명박 정부 정부개혁

제 1 장　정부개혁의 배경 및 방향 ········· 김관보
제 2 장　정부개혁의 내용 ········· 박정수
제 3 장　정부개혁에 대한 성과 및 평가 ········· 김관보

결론: 대한민국의 건국, 산업화, 민주화의 기적과 국가 경영전략 ········ 김석준

제6권

김대중 정부

제 1 편　김대중 정부의 출범과 국정운영의 기초
제 2 편　김대중 정부의 주요 정책 및 국책사업
제 3 편　김대중 정부 정부개혁

목차

제1편 김대중 정부의 출범과 국정운영의 기초

제1장 김대중 정부의 출범 및 정부 소개

제1절 김대중 정부 출범에 대한 역사적·환경적 분석 …… 11
제2절 선거 과정 및 결과 …… 19
제3절 대통령, 총리, 장관 등 주요 관료 소개 …… 20
제4절 정부조직 체계 …… 26
1. 정부조직·기구 28
2. 대통령비서실 31
3. 주요 자문기구 33
제5절 입법부 및 사법부와의 관계 …… 34
1. 입법부와의 관계 34
2. 사법부와의 관계 40

제2장 김대중 정부 국정운영의 목표 및 방향

제1절 국정운영의 비전 및 목표 …… 43
1. 국정운영 비전 43
2. 국정운영 목표 46
제2절 국정기조 및 국정과제 …… 48
1. 국정기조 48
2. 국정과제 53
제3절 김대중 정부 시기 정치적·사회적 이슈와 이에 대한 정부의 대응 …… 56
1. 정치사회적 이슈와 정치적 기반 구축 56
2. 정치사회적 이슈에 대한 대응 원리: 민주주의와 참여 57
제4절 정부 정책기조 및 추진체계 …… 59

1. 경제 분야 60
2. 사회, 문화, 복지 분야 62
3. 교육, 과학, 인적자원 분야 65
4. 외교, 통일, 국방 분야 66

제 2 편 김대중 정부의 주요 정책 및 국책사업

제 1 장 경제위기 극복(IMF체제 극복)

제 1 절 정책의 추진 배경 …… 73
1. 외환위기 발생 배경 73
2. 외환위기의 전개 78

제 2 절 정책의 추진체계 …… 83
1. 위기 극복을 위한 IMF와의 협의 83
2. 한국 정부의 정책 추진 방향 87

제 3 절 정책의 추진 과정 및 내용 …… 90
1. 긴축적인 통화 및 재정정책 90
2. 기업 구조조정 92
3. 금융 부문 구조개혁 95
4. 노동 부문 개혁 97
5. 공공부문 구조개혁 99
6. 실업 및 복지정책 99

제 4 절 성과 및 평가 …… 101
1. 부실 해소 및 금융시장의 안정성 제고 101
2. 실물경제의 회복 106
3. 위기 극복 노력 평가 108

제 2 장 대북화해 · 협력정책

제 1 절 정책의 추진 배경 …… 115
1. 한반도 문제의 주도권 확보 필요 115
2. 외환위기 극복과 남북관계 진전의 필요성 117
3. 북한의 대남정책 변화를 위한 새로운 접근의 필요성 118

제 2 절 정책의 추진체계 …… 119

1. NSC 상설화 120
2. 정책 네트워크 구축 121
제 3 절 정책의 추진 과정 및 내용 ······ 122
1. 정책의 추진 과정 122
2. 정책 내용 126
제 4 절 성과 및 평가 ······ 130
1. 성과 131
2. 문제점과 한계 137

제 3 장 IT · 벤처기업 육성

제 1 절 정책의 추진 배경 ······ 141
제 2 절 정책의 추진체계 ······ 144
제 3 절 정책의 추진 과정 및 내용 ······ 148
1. 사이버코리아(Cyber Korea) 21 148
2. 정보통신 중소 · 벤처기업의 전략적 육성 151
3. 정보 격차 해소 153
제 4 절 성과 및 평가 ······ 154

제 4 장 국민기초생활보장제도 도입

제 1 절 정책의 추진 배경 ······ 162
1. 복지 패러다임의 변화 162
2. 사회적 배경 164
3. 정치 · 경제적 배경 167
제 2 절 정책의 추진체계 ······ 170
1. 조직 170
2. 재정 172
제 3 절 정책의 추진 과정 및 주요 내용 ······ 173
1. 추진 과정 173
2. 주요 내용 176
제 4 절 성과 및 평가 ······ 182
1. 정책의 의의 182
2. 정책의 결과 183

3. 평가 185

제5장 월드컵 개최

제1절 정책의 추진 배경 ······ 189

1. 사회적 배경 189
2. 정치·경제적 배경 190

제2절 정책의 추진체계 ······ 192

1. 조직 192
2. 법제도 192
3. 재정 197

제3절 정책의 추진 과정 및 내용 ······ 199

1. 월드컵 유치의 '기회의 창' 199
2. 유치활동과 정부의 지원 200
3. 공동개최론의 대두와 결정 200
4. 대회 준비와 제도적 기반 마련 201

제4절 성과 및 평가 ······ 202

1. 대회 운영적 성과 202
2. 사회적 영향 209

제3편 김대중 정부 정부개혁

제1장 정부개혁의 배경 및 방향

제1절 정부개혁의 배경 ······ 217

제2절 정부개혁의 목표 및 추진 방향 ······ 218

1. 정부개혁 목표 218
2. 정부개혁 추진 방향 220

제3절 정부개혁의 추진체계 ······ 221

1. 국민의 정부 초기의 정부개혁 추진체계 222
2. 국민의 정부 중반기 이후의 정부개혁 추진체계 227
3. 국민의 정부 정부개혁 추진체계의 특징 234

제 2 장 정부개혁의 내용

제 1 절 정부조직 개편 ··· 237
1. 중앙정부의 조직개편 237
2. 지방정부 조직개편 및 인력 감축 243
3. 책임운영기관 제도 도입 245

제 2 절 재정개혁 ··· 246
1. 기금제도 개선 246
2. 예비타당성 조사제도의 도입 247

제 3 절 인사개혁 ··· 247
1. 중앙인사위원회의 신설 247
2. 개방형 인사제도 도입 248
3. 성과와 능력 중심의 인사제도 도입 252

제 4 절 전자정부 ··· 255
1. 추진 배경 255
2. 전자정부의 비전과 전략 255
3. 전자정부 추진체계 256
4. 대민서비스 혁신 관련 사업 257
5. 행정 생산성 향상 관련 사업 257

제 5 절 규제개혁 ··· 258
1. 규제개혁위원회의 설치 258
2. 규제개혁의 추진 실적 259

제 6 절 반부패 개혁 ··· 260
1. 반부패 개혁의 추진기구 260
2. 부패방지법의 제정과 그 의미 261
3. 반부패정책 추진 성과 261

제 7 절 지방행정 개혁 ··· 262
1. 지방이양 업무 262
2. 지방이양 실적 265

제 3 장 정부개혁 성과 및 평가

제 1 절 정부개혁 성과 ··· 267
1. 조직개편과 인력 구조조정 267
2. 운영 체계의 개혁 272

3. 전자정부의 구현 및 대국민 서비스의 개선 277
제 2 절 정부개혁 성과에 대한 평가 ········ 280

찾아보기 285

제 1 편

김대중 정부의 출범과 국정운영의 기초

제 1 장 김대중 정부의 출범 및 정부 소개
제 2 장 김대중 정부 국정운영의 목표 및 방향

제 1 장 김대중 정부의 출범 및 정부 소개

김성재
연세대학교

제 1 절 김대중 정부 출범에 대한 역사적 · 환경적 분석

김대중 정부는 정부 수립 반세기 만에 민주적으로 여야 간 수평적 정권 교체를 이룩함으로써 한국 민주주의 신기원의 역사의 장을 열었다. 김대중 정부 출범의 역사적 · 환경적 분석은 일차적으로 김대중 대통령의 취임사에 잘 반영돼 있기 때문에 먼저 취임사에 나타난 내용을 중심으로 분석하려고 한다.

> 오늘은 이 땅에서 처음으로 민주적 정권 교체가 실현되는 자랑스러운 날입니다. 또한 민주주의와 경제를 동시에 발전시키려는 정부가 마침내 탄생하는 역사적인 날이기도 합니다. 이 정부는 국민의 힘에 의해 이뤄진 참된 '국민의 정부'입니다.

1987년 6월 민주항쟁으로 군사독재, 권위주의 체제로부터 민주화 이행이 시작됐지만 노태우 정부는 군사정권의 연장이었고, 김영삼 정부는 집권여당과 3당 합당으로 집권했기 때문에 진정한 민주정부라고 평가받지 못했다. 1997년 12월 대선을 통해 비로소 정부 수립 이후 최초로 민주적이고 평화적인 여야 간 수평적 정권 교체가 실현됐다. 이것은 한국 민주주의가 과거 민주주의 '회복' 또는 민주주의에로의 '체제 이행(transit)' 차원을 넘어 새로운 차원의 민주주의로 '체제 전환(transformation)'했음을 의미한다.

특히 김대중 대통령은 "오늘의 민주주의는 국민국가 수준을 넘어 세계 곳곳에서 고통받는 사람들도 자유와 정의가 깃든, 세계적 차원의 민주주의가 되어야 한다. 나아가 인류의 형제인 모든 생명붙이에게도 평화가 깃들어야 한다. 지구상의 모든 존재들, 자연의 생존권이 보장되는 전 지구적 민주주의가 되어야 한다"고 했다. 김대중 대통령은 이 민주주의를 '글로벌 데모크라시(global democracy)', '코스모폴리탄 데모크라시(cosmopolitan democracy)'라고 했다.[1)]

1970년대 이후 민주화 물결 속에서 동아시아 국가들에서도 민주화 이행이 확산됐으나 민주적 정권 교체에 성공한 국가는 없었다. 아시아에서 경제적으로 가장 발전한 일본조차도 국민의 힘에 의한 민주주의를 실현해보지 못했다. 따라서 수평적 정권 교체로 이어진 한국 민주주의의 진전은 아시아 민주화의 역사에서도 새로운 장을 여는 성과였다.

민주적인 수평적 정권 교체를 통해 집권한 김대중 정부의 당면한 과제는 지난 반세기 동안의 불의와 비민주적 적폐를 청산하고 새로운 민주주의 인권국가, 정의로운 사회를 탄생시켜야 하는 과제를 안게 됐다.

> 우리는 3년 후면 새로운 세기를 맞게 됩니다. 21세기의 개막은 단순히 한 세기가 바뀌는 것만이 아니라 새로운 혁명의 시작을 말합니다. 지구상에 인간이 탄생한 인간혁명으로부터 농업혁명, 도시혁명, 사상혁명, 산업혁명의 5대 혁명을 거쳐 인류는 이제 새로운 혁명의 시대로 들어서고 있는 것입니다. 세계는 지금 유형의 자원이 경제 발전의 요소였던 산업사회로부터 무형의 지식과 정보가 경제 발전의 원동력이 되는 지식정보 사회로 나아가고 있습니다.

---

1) 김대중 대통령은 1993년 영국 케임브리지 대학에서 EU공동체, 민주주의, 평화에 대한 연구를 했는데, 이때 기든스(Anthony Giddens)교수와의 대담에서 민주주의에 대한 이런 입장을 밝혔다. 김대중 대통령은 싱가포르 이광요(李光耀) 수상이 아시아적 가치 때문에 아시아에서 민주주의는 제한될 수밖에 없다는 입장을 천명한 데 대한 비판적 입장을 *Foreign Affairs*(November/ December 1994)에 기고했다. 김대중 대통령은 이 기고문에서 민주주의를 아시아적 가치로 제한하는 것은 서구 식민주의 폐해라고 지적하고 민주주의의 보편성을 주장함과 동시에 아시아에는 이미 서구적 정치 형태와는 다르지만 '사람이 곧 하늘이다'라는 사상을 가지고 있기 때문에 민주주의를 실현하고 있었다고 했다. 그리고 "우리의 민주주의는 하늘과 땅과 그 안에 있는 모든 것을 참다운 형제애로 감싼다는 의미의 지구적 민주주의(global democracy)가 돼야 한다"고 했다.

> 정보화혁명은 세계를 하나의 지구촌으로 만들어 국민경제 시대로부터 세계경제 시대로의 전환을 이끌고 있습니다. 정보화 시대는 누구나, 언제나, 어디서나, 손쉽고 값싸게 정보를 얻고 이용할 수 있는 시대를 말합니다. 이는 민주사회에서만 가능합니다.

산업혁명 이후 약 300년간 발전되던 산업사회가 지식정보사회로 전환됐다. 산업사회는 자본, 자원, 노동력 등 물질이 힘과 경제의 근원이었지만 지식정보사회에서는 인간의 창의적 지식과 정보가 모든 힘과 경제의 근원이 됐다. 인간 중심의 시대가 전개된 것이다. 또한 언제 어디서나 손쉽고 자유롭게 정보를 활용, 창출하는 유비쿼터스(ubiquitous) 정보화는 민주사회에서만 가능하기 때문에 정보화는 민주화를 촉진, 확산시키는 동인으로 작용했다. 그리고 정보기술(IT)의 발전과 함께 나노기술(NT), 생명공학(BT), 문화산업기술(CT), 환경기술(ET), 우주공학(ST) 등 과학기술이 혁명적으로 발전하는 시대가 됐다.

이런 인식에 따라 김대중 정부는 국가경제 발전만을 위한 정보화가 아니라 정보화와 민주화가 선순환, 융합 발전하는 새로운 국가정책을 추진하게 됐다.

> 우리는 이와 같은 문명사적 대전환기를 맞아 새로운 도전에 전력을 다하여 능동적으로 대응해야 합니다. 그러나 불행하게도 이 중차대한 시기에 우리에게는 6·25 이후 최대의 국난이라고 할 수 있는 외환위기가 닥쳐왔습니다. 잘못하다가는 나라가 파산할지도 모를 위기에 우리는 당면해 있습니다. 막대한 부채를 안고 매일같이 밀려오는 만기 외채를 막는 데 급급하고 있습니다.

민주적 정권 교체를 통해 출범한 김대중 정부의 시급한 과제는 김영삼 정부의 경제정책 실패로 인한 IMF 외환위기 극복이었다. 김대중 대통령은 대통령 당선의 기쁨보다 IMF 외환위기로 국가부도 사태에 처한 대한민국을 구해야 하는 절체절명의 상황에 직면하게 됐다.

김영삼 정부 때 OECD 가입으로 선진국 문턱을 넘어섰다는 한국인의 자기만족적 분위기는 1997년 경제위기에 직면해 비참한 나락으로 굴러 떨어졌다. 한보사태에 이어 진로, 대농, 기아 등 재벌의 부도가 연이어 발생하기 시작함으로써 과거의 성공 신화가 한계에 이르렀음이 드러났다. '개발독재' 모델의 유산인 정경유착과 관치금융, 왜곡된 시장경제에 대한 근본적 개혁이 절실히 요구됐다.

김영삼 정부가 세계적 경쟁력을 갖추지 못한 한국 경제에 급격히 도입한 '세계화' 정책은 도리어 세계화의 압력에 직면해 국가부도 사태의 위기를 초래했다. 김영삼 정부는 개발독재 시기의 발전모델을 민주주의 체제에 걸맞은 운영 원리로 개혁하는 데 실패했던 것이다.

당시의 경제위기 상황을 몇 가지 지표로 정리하자면 다음과 같다(국정홍보처, 2003a: 16).

- 1997년 12월 18일 당시 외환보유액 39억 달러, 당장 갚아야 할 외채 250억 달러
- 환율 1달러당 2,000원 육박, 금리 30%선
- 국가 신용 등급 '투자부적격'으로 추락
- 연중 공장가동률(1998): 67% 수준
- 전국 부도업체 수(1998): 2만 2,800개(1일 평균 67개)

> 지금 이 나라는 정치, 경제, 사회, 외교, 안보 그리고 남북문제 등 모든 분야에서 좌절과 위기에 처해 있습니다. 이를 극복하기 위해서는 총체적인 개혁이 이루어져야 합니다.
>
> 무엇보다 정치개혁이 선행되어야 합니다. 국민이 주인 대접을 받고 주인 역할을 하는 참여민주주의가 실현되어야 하겠습니다. 그래야만 국정이 투명하게 되고 부정부패도 사라집니다. 저는 '국민에 의한 정치', '국민이 주인 되는 정치'를 국민과 함께 반드시 이루어내겠습니다.

6·25 한국전쟁 이후 최대 국난이라고도 일컬어지는 국가적 위기의 또 다른 원인으로 정치의 무능과 부패구조를 지적할 수 있다. 1987년 민주화 이후 정치제도에 대한 개혁을 통해 형식적·절차적 민주주의의 틀이 확산돼 왔음에도 불구하고 지역정당 정치, 비효율적 정당구조, 고비용 선거구조, 권위주의 정치 관행은 지속됐다. 정경유착, 관치금융 등은 정치의 부패만이 아니라 한국 경제를 부패 기반에 근거한 사상누각으로 만들었다.

김영삼 정부는 3당 합당의 한계 때문에 민주적인 개혁을 제대로 하지 못했다. 도리어 권위주의 정치질서가 온존하고 권위주의 정치·경제 체제가 구축한 과거 사회질서가 강화됐다. 민주화에 의해 권위주의 국가의 통제가 약회되면서 급격하게 분출한 다양한 집단이익이 민주적 형태로 재조직되지 못했다. 오히려 공공성이 강하게 추구되지 못하고 특수이익에 매몰돼 사회통합이 저해되고 있었다.

이런 현상은 시민운동의 활성화가 두드러지게 나타났음에도 불구하고 사회 내 새로운 개혁 동력으로 작동하지 못한 원인이 됐다. 이것은 김영삼 정부에서 진행된 민주화가 사회 전체로 파급되지 못한 채 사회 내 비민주적 관행이 만연된 상태로 방치돼 왔음

을 의미했다.

> 남북관계는 화해와 협력, 그리고 평화 정착에 토대를 두고 발전시켜 나가야 합니다. 분단 반세기가 넘도록 대화와 교류는커녕 이산가족이 서로 부모형제의 생사조차 알지 못하는 냉전적 남북관계는 하루빨리 청산되어야 합니다. 1천 3백 여 년 간 통일을 유지해온 우리 조상들에 대해서도 한없는 죄책감을 금할 길이 없습니다.

남북문제 해결의 길은 이미 열려 있었다. 1991년 12월 13일에 채택된 남북기본합의서의 실천이 바로 그것이다. 남북 간의 화해와 교류협력과 불가침, 이 세 가지 사항에 대한 완전한 합의가 이미 남북한 당국 간에 이뤄져 있다. 이것을 그대로 실천만 하면 남북문제를 성공적으로 해결하고 통일에의 대로를 열어나갈 수 있었다.

김대중 대통령은 이런 인식을 전제로 북한에 대해 당면한 3원칙을 밝혔다.

> 첫째, 어떠한 무력 도발도 결코 용납하지 않겠습니다. 둘째, 우리는 북한을 해치거나 흡수할 생각이 없습니다. 셋째, 남북 간의 화해와 협력을 가능한 분야부터 적극적으로 추진해 나갈 것입니다.

이 세 가지 원칙에서 김대중 정부는 남북기본합의서에 의한 남북 간 여러 분야에서의 교류가 실현되기를 바라고, 우선 남북기본합의서의 이행을 위한 특사 교환을 제의했다. 그리고 북한이 원한다면 정상회담에도 응할 용의가 있다고 천명했다.

김대중 정부 출범 당시 세계적 환경은 김대중 대통령 취임사에 나타난 당시의 역사적·환경적 내용과 함께 초유의 대변혁의 소용돌이에 있었다(김성재, 2009).

1980년대 말 구소련과 동구사회주의 국가들이 붕괴해 과거 반세기 이상 지속돼 온 냉전체제가 해체되고 데탕트, 화해의 시대로 전환됐다. 동시에 새로운 민족주의와 지역 분쟁이 일어나고 독일이 통일되면서 세계적으로 화해와 평화의 가치가 우선시되는 시대가 됐다.

그리고 세계는 1960년대부터 교통과 통신의 혁명적 발달로 일일생활권이 되면서 '지구마을(global village)'로 발전하게 됐다. 이런 변화에 따라 지금까지 제1세계, 제2세계에 의해 왜곡되고 감춰졌던 제3세계가 역사의 전면에 등장하게 됐고, 서구 또는 동구 중심의 역사 문화 인식에서 벗어나 제3세계의 관점에서 새롭게 세계를 인식하는 역사·문화 다양성 시대가 전개됐다.

또한 구소련 체제가 붕괴되면서 국경 없는 단일 자본주의 세계시장, WTO 체제의 등장으로 자본 · 노동 · 생산이 경제적 이익에 따라 전 세계적으로 자유롭게 유동하는 '세계화(globalization)'가 촉진됐다. '세계화'가 곧 신자유주의를 의미하는 것은 아니지만 '신자유주의적 세계화'가 세계화의 대명사가 됐다. 그 결과 국제적 · 국내적으로 부익부 빈익빈이 심화되고 빈곤이 확산됐으며, '지구마을(global village)'은 '지구 약탈지(global pillage)'로 전락하고 말았다.

전통적인 국가, 정부의 역할도 변화됐다. 세계 문제 해결을 위한 국제회의가 정부(GO) 차원에서만이 아니라 비정부 민간단체(NGO) 차원에서도 동시에 개최되는 등 세계적으로 시민사회 시대가 열렸다. 특히 민주주의, 인권, 빈곤, 평화, 환경문제 등의 해결을 위한 국제적 시민사회 연대와 네트워크도 밀접하게 형성됐다.

세계화의 진전과 동시에 국제적 차원의 지역공동체, 민족주의가 등장하게 됐다. 먼저 유럽공동체가 경제공동체에서 정치공동체로까지 발전하게 됐다. 미주공동체, 아세안국가공동체, 아프리카공동체, 남미공동체 등도 형성됐다. 그러나 동북아는 세계적으로 인구밀도와 군사력 집중력이 가장 높고, 자원과 시장의 규모가 가장 큰 지역임에도 중국의 세력 확대, 일본의 군국주의 부활, 한반도의 분단 등의 이유 때문에 공동체를 형성할 수 있는 계기가 마련되지 못했다.

환경문제가 특정 국가 및 지역만의 문제가 아니라 전 지구적 문제로 대두됐다. '리우유엔환경회의'를 계기로 환경이 모든 것에 우선하는 가치와 조건이 됐다. 수질, 대기, 토양의 오염문제만이 아니라 오존층이 파괴되고, 온실가스 · 지구온난화로 빙하가 녹아서 기후 변화로 인해 인류가 멸망한다는 것이 가상이 아니라 현실이 됐다. 이에 따라 국가가 정책을 수립할 때는 무엇보다 환경을 먼저 고려해야 하는 '에코(ECO)정책'을 추진하지 않으면 안 되게 됐다.

김대중 대통령은 이상과 같은 역사적 · 국내외적 환경에서 새로운 정부를 '국민의 정부'로 명명하고 민주주의, 민주주의와 시장경제의 병행 발전(민주적 시장경제), 생산적 복지를 국정목표로 제시했다.

그리고 국정지표를 민주주의와 인권국가 확립, 정보화강국과 선진경제국가 실현, 생산적 복지 및 중산층과 서민생활 향상, 교육과 문화입국, 화해와 협력을 통한 평화통일 기반 구축, 튼튼한 안보와 자주적 외교에 의한 세계중심국가 도약 등으로 제시했다.

특히 김대중 대통령은 대통령 수칙을 정하고 이를 국정 수행의 기본 철학으로 삼았다. 대통령 수칙의 내용은 다음과 같다(김대중, 국정노트).

1) 사랑과 관용, 그러나 법과 질서를 엄수해야, 2) 인사정책이 성공의 길, 아첨하는 자와 무능한 자를 배제, 3) 규칙적인 생활, 적당한 운동, 충분한 휴식으로 건강 유지, 4) 현안 파악 충분히, 관련 정보 숙지해야, 5) 대통령부터 국법 엄수의 모범 보여야, 6) 불행한 일도 감수해야, 다만 최선 다하도록, 7) 국민의 애국심과 양심 믿어야, 이해 안 될 때 설명 방식 재고해야, 8) 국회와 야당의 비판 경청, 그러나 정부 짓밟는 것 용납 말아야, 9) 청와대 이외의 일반시민과 접촉에 힘써야, 10) 언론보도 중시하되, 부당한 비판 앞에 소신 바꾸지 말아야, 11) 정신적 건강과 건전한 판단력 견지해야, 12) 양서를 매일 읽고 명상으로 사상과 정책 심화해야, 13) 21세기에의 대비를, 나라와 국민의 미래 명심해야, 14) 적극적인 사고, 성공의 상(像)을 마음에 간직, 15) 나는 할 수 있다. 하느님이 같이 계시다.

이렇게 김대중 정부는 역사적·환경적 시대 변화 인식과 이에 따른 국가 목표와 추진과제를 분명히 설정하고 대통령 자신의 임무 수칙까지 정해서 국정을 수행했지만 자민련과의 연립정부 성격을 가지고 있었기 때문에 중요한 정책과제 수행에 어려움이 많았다.

무엇보다 김대중 대통령의 세계관과 국정철학이 자민련과 다르기 때문에 정부 거버넌스에서 차이를 드러냈다. 김대중 대통령은 국정운영을 과거 통치 방식에서 정부, 시장, 시민사회 3자가 참여하는 협치정부로 전환시켰다.

민주주주와 시장경제의 병행 발전에서 민주적 시장경제, 경제민주화에는 시민사회의 참여가 필수적이다. 시장은 모든 것, 사람까지도 상품화하는 것이 목적이지만 시민사회는 인간화가 목적이기 때문이다. 사람이 있는 시장경제 체제가 되기 위해서는 시민사회의 역할이 매우 중요하다. 특히 WTO 체제는 시장에 국가가 개입하는 것을 용납하고 있지 않기 때문에 시장의 비인간화 병폐는 시민사회가 견제해야 한다.

그래서 김대중 정부는 1999년 1월 행정자치부 내에 민간협력과를 신설했다. 정부가 비정부(NGO) 조직의 활동을 인정하고 공식적으로 지원하는 체제를 갖춘 것이다. 이것은 과거 관변단체 지원과 근본적으로 다른 것이다.

정치, 행정 영역의 민간단체 참여를 2000년에 12%에서 2001년에는 20%로 확대했고, 5월에는 민간전문가들이 각 부처의 정부 업무를 평가·공개하도록 하는 평가기본법을 제정해 시민사회의 정책 참여도 확대했다. 이와 동시에 중앙정부의 권한을 지방으로 대폭 이양했다. 이를 위해 지방자치단체장들이 참여하는 지방이양위원회를 신설해 지방을 균형 발전시키는 데 주력하도록 했다.

또한 행정개혁 차원의 정부혁신을 넘어 지식정보사회를 주도하는 전자정부 체제를 구축했다. 전자정부의 슬로건은 "정부가 당신의 손 안에(Government in your palm)"였다. 이것은 정부 부처 간 칸막이를 없애고, 언제 어디서나 정부 행정 서비스를 인터넷으로 받을 수 있는 유비쿼터스(ubiquitous) 체제로서 국민 위에 군림하는 정부가 아니라 국민에게 서비스를 제공하는 서비스정부가 되는 것이다(전자정부 특별위원회, 2003: 339-341). 이 과정에서 관료들의 암묵적 저항도 컸다.

김대중 정부는 거버넌스 체제 개혁과 함께 정부를 포함한 공공부문, 기업, 금융, 노사 등에서 4대 개혁을 추진했다. 또한 5+3원칙의 재벌 개혁을 강력히 추진했다. 5+3 개혁에서 5는 경영투명성 제고, 상호지급보증 해소, 재무구조 개선, 업종전문화, 경영진 책임 강화이고 +3은 재벌의 금융지배 차단, 순환출자와 내부거래 억제, 변칙 상속 차단 등이다. 재벌 대기업의 교묘한 저항도 있었지만 정부 내에 친(親)대기업, 친재벌 세력도 있었기 때문에 김대중 정부 말기에는 재벌 개혁이 점차 힘을 잃어갔다.

우리나라 사회복지 학계 및 전문가들은 김대중 정부 때 선진 복지국가의 기틀을 마련했다고 평가한다. 김대중 정부가 표방한 3대 국정지표 중 하나인 생산적 복지정책은 복지가 자선이 아니라 인권(사회권)에 근거한 국민기본권이란 이념에서 국민기초생활보장, 중3 무상의무교육 완성, 삶의 질 향상을 위한 문화 복지까지 포함한 정책이었다. 그러나 국민기초생활보장제와 중3 무상의무교육제도 완성은 초기에 정부 내 경제관료들이 반대해서 어려움을 겪었다.

그리고 사회안전망 구축으로 4대 사회보험, 의료, 연금, 고용, 산재(産災) 등을 완성할 때 기업은 물론 정부 내 관료들도 반대를 많이 했다. 특히 국민보건을 위한 의약분업은 집단이기주의 때문에 의사와 약사들이 집단 휴업하는 사태도 일어났지만 일관되게 추진했다.

김대중 정부는 외환위기 극복, 과거 군사독재정부 적폐 청산, 새로운 시대 변화에 능동적으로 대응하는 정부혁신 및 사회민주화 변혁을 위해 모든 부문에서 개혁이 최우선 과제가 됐다. 김대중 정부의 개혁은 단순한 구조조정으로 기구 및 인력을 축소하는 것이 아니라 세 가지 원칙을 가진 질적인 시스템 개혁이었다. 곧, 운영 시스템 혁신(reengineering), 재배치(replacement), 구조조정(restructuring)의 3원칙을 가지고 개혁을 추진했다. 이 개혁에는 구조개혁과 함께 의식과 문화 개혁을 같이 하는 것이었다(국정홍보처, 2003a; 18-23).

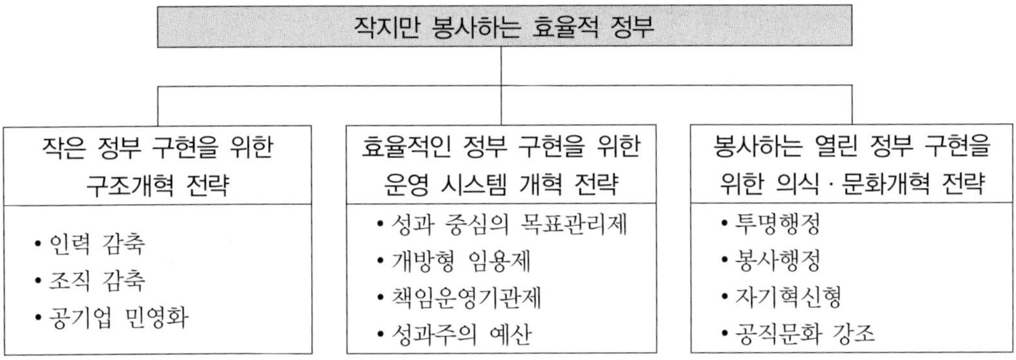

그림 1-1-1 **공공부문 개혁의 목표와 추진과제**

자료: 국정홍보처(2003a: 43).

제2절 선거 과정 및 결과

1997년 12월 18일 제15대 대통령 선거에 등록한 후보자는 정당 추천 후보자만 7인이었으며 무소속으로 등록한 후보자는 없었다. 투표에는 총선거인 수 3,229만 416명 가운데 2,604만 2,663명이 참여해 국내 경제 여건 등의 영향으로 투표참여율이 낮아지리라는 일부의 예측에도 불구하고 80.7%의 투표율을 보였다. 그 결과 새정치국민회의 김대중 후보가 1,032만 6,275표(40.3%)를 얻었고, 신한국당 이회창 후보는 993만 5,718표(38.7%), 신한국당에서 이탈해 국민신당 후보로 출마한 이인제 후보는 492만 5,591표(19.2%)를 획득했다. 김대중 후보가 이회창 후보를 39만 557표 차이로 이겨 당선됐다.

김대중 후보는 김종필과 연합해 선거에 승리했다. DJP연합은 정치적 성향이 상반됐던 김대중-김종필의 연합이었기에 많은 이론적 연구가 수반됐다. 김대중 총재는 이 연합을 위해 영국의 거국내각, 독일의 무지개 연정 또는 신호등 연정 등 다양한 사례를 조사해 이론적 근거를 만들었다.

DJP연합의 중요 내용은 다음의 세 가지다.

1) 대통령 후보는 김대중 총재로 하고 초대 국무총리는 김종필 총재로 한다.
2) 제16대 국회에서 내각제 개헌을 하기로 합의하며 실세형 총리로 한다.

3) 경제 부처의 임명권은 총리가 가지며 지방선거 수도권 광역단체장 중 한 명을 자민련 소속으로 한다.

이후 김대중 후보가 1997년 8월 일본에서 박태준 전 최고위원을 만나 의견을 교환한 뒤 박태준 전 최고위원이 자민련에 합류했다. 이렇게 됨으로써 김대중-김종필-박태준의 연합이 이뤄져서 김대중 후보의 열세 지역이었던 대구, 경북으로 지지세가 확산되는 데 일조했다.

그리고 김종필-박태준과의 연합으로 그동안 보수 세력이 계속 김대중 후보를 왜곡, 비방했던 색깔론 시비를 차단할 수 있었다. 호남 외에는 표의 확장성이 떨어졌던 김대중 후보에게 충청과 대구, 경북에서 상당한 표의 확장을 불러왔다.

선거 결과 김대중 후보는 1992년 대선에서 얻은 804만 표에 228만 표를 더해 제15대 대통령에 당선됐다. 특히 열세 지역이었던 대구·경북에서 14대 대선보다 5% 많은 14%의 득표를 기록해 반(反)김대중 감정을 어느 정도 극복하는 데 성공했다. 또한 충청 지역에서 43만 표를 이겨 영남 몰표를 어느 정도 차단하는 데 성공했다.

대선 이후 자유민주연합과 새정치국민회의(이후 새천년민주당)은 연립정부를 구성했다. 국민회의와 자민련의 연립정부 출현은 지역 차별과 지역 불균형을 어느 정도 해소하는 계기가 됐다. 한국 정치에서 지역적 불균형 현상은 1961년 군사 쿠데타로 집권한 군사정권의 장기 독재로 정치 권력의 재생산과 엘리트 충원구조에서 특수지역에 대한 정치적 배제 또는 소외가 누적돼 왔음을 뜻한다. 이러한 심각한 지역 소외 현상이 있었기 때문에 김대중·김종필 두 후보는 정책적·이념적 차이에도 불구하고 '지역등권론'에 기반한 정치적 연합을 이룩하고, 집권에 성공할 수 있었다.

제3절 대통령, 총리, 장관 등 주요 관료 소개

표 1-1-1 김대중 정부 국무총리

직위	대수	이름	임기
	서리	김종필(金鍾泌)	1998년 3월 3일~1998년 8월 17일
	31대		1998년 8월 18일~2000년 1월 12일

국무총리	32대	박태준(朴泰俊)	2000년 1월 13일~2000년 5월 18일
	권한대행	이헌재(李憲宰)	2000년 5월 18일~2000년 5월 23일
	서리	이한동(李漢東)	2000년 5월 23일~2000년 6월 28일
	33대		2000년 6월 29일~2002년 7월 10일
	서리	장 상(張 裳)	2002년 7월 11일~2002년 7월 31일
	서리	장대환(張大煥)	2002년 8월 9일~2002년 8월 28일
	서리	김석수(金碩洙)	2002년 9월 10일~2002년 10월 4일
	34대		2002년 10월 5일~2003년 2월 26일

표 1-1-2 김대중 정부 부총리 겸 재정경제부 장관

직위	대수	이름	임기
재정경제부 장관	초대	이규성(李揆成)	1998년 3월~1999년 5월
	2대	강봉균(姜奉均)	1999년 5월~2000년 1월
	3대	이헌재(李憲宰)	2000년 1월~2000년 8월
	4대	진 념(陳 念)	2000년 8월~2001년 1월
부총리 겸 재정경제부 장관	초대		2001년 1월~2002년 4월
	2대	전윤철(田允喆)	2002년 4월~2003년 2월

표 1-1-3 김대중 정부 교육인적자원부 장관

직위	대수	이름	임기
교육부 장관	8대	이해찬(李海瓚)	1998년 3월 3일~1999년 5월 24일
	9대	김덕중(金德中)	1999년 5월 24일~2000년 1월 14일
	10대	문용린(文龍鱗)	2000년 1월 14일~2000년 8월 7일
	11대	송 자(宋 梓)	2000년 8월 7일~2000년 8월 31일
	12대	이돈희(李敦熙)	2000년 8월 31일~2001년 1월 29일
부총리 겸 교육인적자원부 장관	초대	한완상(韓完相)	2001년 1월 29일~2002년 1월 28일
	2대	이상주(李相周)	2002년 1월 29일~2003년 3월 6일

표 1-1-4 김대중 정부 통일부 장관

직위	대수	이름	임기
통일부 장관	초대	강인덕(康仁德)	1998년 3월 3일~1999년 5월 23일
	2대	임동원(林東源)	1999년 5월 24일~1999년 12월 23일
	3대	박재규(朴在圭)	1999년 12월 24일~2001년 3월 25일
	4대	임동원(林東源)	2001년 3월 26일~2001년 9월 6일
	5대	홍순영(洪淳瑛)	2001년 9월 7일~2002년 1월 28일
	6대	정세현(丁世鉉)	2002년 1월 29일~2003년 2월 26일

표 1-1-5 김대중 정부 외교통상부 장관

직위	대수	이름	임기
외교통상부 장관	초대	박정수(朴定洙)	1998년 3월 3일~1998년 8월 4일
	2대	홍순영(洪淳瑛)	1998년 8월 4일~2000년 1월 14일
	3대	이정빈(李廷彬)	2000년 1월 14일~2001년 3월 26일
	4대	한승수(韓昇洙)	2001년 3월 26일~2002년 2월 4일
	5대	최성홍(崔成泓)	2002년 2월 4일~2003년 2월 27일

표 1-1-6 김대중 정부 법무부 장관

직위	대수	이름	임기
법무부 장관	47대	박상천(朴相千)	1998년 3월 3일~1999년 5월 23일
	48대	김태정(金泰政)	1999년 5월 24일~1999년 6월 7일
	49대	김정길(金正吉)	1999년 6월 8일~2001년 5월 20일
	50대	안동수(安東洙)	2001년 5월 21일~2001년 5월 23일
	51대	최경원(崔慶元)	2001년 5월 24일~2002년 1월 28일
	52대	송정호(宋正鎬)	2002년 1월 29일~2002년 7월 10일
	53대	김정길(金正吉)	2002년 7월 11일~2002년 11월 5일
	54대	심상명(沈相明)	2002년 11월 9일~2003년 2월 26일

표 1-1-7 김대중 정부 국방부 장관

직위	대수	이름	임기
국방부 장관	34대	천용택(千容宅)	1998년 3월 3일~1999년 5월 24일
	35대	조성태(趙成台)	1999년 5월 24일~2001년 3월 26일
	36대	김동신(金東信)	2001년 3월 26일~2002년 7월 12일
	37대	이 준(李 俊)	2002년 7월 12일~2003년 2월 27일

표 1-1-8 김대중 정부 행정자치부 장관

직위	대수	이름	임기
행정자치부 장관	초대	김정길(金正吉)	1998년 3월 3일~1999년 2월 5일
	2대	김기재(金杞載)	1999년 2월 6일~2000년 1월 13일
	3대	최인기(崔仁基)	2000년 1월 14일~2001년 3월 25일
	4대	이근식(李根植)	2001년 3월 26일~2003년 2월 26일

표 1-1-9 김대중 정부 과학기술부 장관

직위	대수	이름	임기
과학기술부 장관	초대	강창희(姜昌熙)	1998년 3월 3일~1999년 3월 22일
	2대	서정욱(徐廷旭)	1999년 3월 23일~2001년 3월 25일
	3대	김영환(金榮煥)	2001년 3월 26일~2002년 1월 28일
	4대	채영복(蔡永福)	2002년 1월 29일~2003년 2월 26일

표 1-1-10 김대중 정부 문화관광부 장관

직위	대수	이름	임기
문화관광부 장관	초대	신낙균(申樂均)	1998년 3월 3일~1999년 5월 23일
	2대	박지원(朴智元)	1999년 5월 23일~2000년 9월 19일
	3대	김한길(金한길)	2000년 9월 20일~2001년 9월 18일
	4대	남궁진(南宮鎭)	2001년 9월 19일~2002년 7월 10일
	5대	김성재(金聖在)	2002년 7월 11일~2003년 2월 26일

표 1-1-11 김대중 정부 농림부 장관

직위	대수	이름	임기
농림부 장관	50대	김성훈(金成勳)	1998년 3월 3일~2000년 8월 7일
	51대	한갑수(韓甲洙)	2000년 8월 7일~2001년 9월 7일
	52대	김동태(金東泰)	2001년 9월 7일~2003년 2월 27일

표 1-1-12 김대중 정부 산업자원부 장관

직위	대수	이름	임기
산업자원부 장관	초대	박태영(朴泰榮)	1998년 3월 3일~1999년 5월 24일
	2대	정덕구(鄭德龜)	1999년 5월 25일~2000년 1월 13일
	3대	김영호(金泳鎬)	2000년 1월 14일~2000년 8월 6일
	4대	신국환(辛國煥)	2000년 8월 7일~2001년 3월 25일
	5대	장재식(張在植)	2001년 3월 26일~2002년 1월 28일
	6대	신국환(辛國煥)	2002년 1월 29일~2003년 2월 27일

표 1-1-13 김대중 정부 정보통신부 장관

직위	대수	이름	임기
정보통신부 장관	4대	배순훈(裵洵勳)	1998년 3월 3일~1998년 12월 20일
	5대	남궁석(南宮晳)	1998년 12월 21일~2000년 2월 1일
	6대	안병엽(安炳燁)	2000년 2월 14일~2001년 3월 25일
	7대	양승택(梁承澤)	2001년 3월 26일~2002년 7월 11일
	8대	이상철(李相哲)	2002년 7월 11일~2003년 2월 27일

표 1-1-14 김대중 정부 보건복지부 장관

직위	대수	이름	임기
보건복지부 장관	35대	주양자(朱良子)	1998년 3월 3일~1998년 4월 30일
	36대	김모임(金慕妊)	1998년 5월 1일~1999년 5월 23일
	37대	차흥봉(車興奉)	1999년 5월 24일~2000년 8월 6일
	38대	최선정(崔善政)	2000년 8월 7일~2001년 3월 22일
	39대	김원길(金元吉)	2001년 3월 23일~2002년 1월 29일
	40대	이태복(李泰馥)	2002년 1월 29일~2002년 7월 11일
	41대	김성호(金成豪)	2002년 7월 11일~2003년 2월 27일

표 1-1-15 김대중 정부 환경부 장관

직위	대수	이름	임기
환경부 장관	5대	최재욱(崔在旭)	1998년 3월 3일~1999년 5월 24일
	6대	손 숙(孫 淑)	1999년 5월 24일~1999년 6월 25일
	7대	김명자(金明子)	1999년 6월 25일~2003년 2월 27일

표 1-1-16 김대중 정부 노동부 장관

직위	대수	이름	임기
노동부 장관	14대	이기호(李起浩)	1997년 8월 5일~1999년 5월
	15대	이상룡(李相龍)	1999년 5월~2000년 2월
	16대	최선정(崔善政)	2000년 2월~2000년 8월
	17대	김호진(金浩鎭)	2000년 8월~2001년 9월
	18대	유용태(劉容泰)	2001년 9월~2002년 1월
	19대	방용석(方鏞錫)	2002년 1월~2003년 2월

표 1-1-17 김대중 정부 여성부 장관

직위	대수	이름	임기
여성특별위원회 위원장	초대	윤후정(尹厚淨)	1998년 3월 8일~1999년 3월 9일
	2대	강기원(姜基遠)	1999년 3월 19일~2000년 5월 7일
	3대	백경남(白京男)	2000년 5월 8일~2001년 1월 28일
여성부 장관	초대	한명숙(韓明淑)	2001년 1월 29일~2003년 2월 26일

표 1-1-18 김대중 정부 건설교통부 장관

직위	대수	이름	임기
건설교통부 장관	4대	이정무(李廷武)	1998년 3월 3일~1999년 5월 24일
	5대	이건춘(李建春)	1999년 5월 24일~2000년 1월 14일
	6대	김윤기(金允起)	2000년 1월 14일~2001년 3월 26일
	7대	오장섭(吳長燮)	2001년 3월 26일~2001년 8월 22일
	8대	김용채(金鎔采)	2001년 8월 22일~2001년 9월 7일
	9대	안정남(安正南)	2001년 9월 7일~2001년 9월 29일
	10대	임인택(林寅澤)	2001년 9월 29일~2003년 2월 26일

표 1-1-19 김대중 정부 해양수산부 장관

직위	대수	이름	임기
해양수산부 장관	3대	김선길(金善吉)	1998년 3월 3일~1999년 3월 22일
	4대	정상천(鄭相千)	1999년 3월 23일~2000년 1월 13일
	5대	이항규(李恒圭)	2000년 1월 14일~2000년 8월 6일
	6대	노무현(盧武鉉)	2000년 8월 7일~2001년 3월 25일
	7대	정우택(鄭宇澤)	2001년 3월 26일~2001년 9월 6일
	8대	유삼남(柳三男)	2001년 9월 7일~2002년 7월 11일
	9대	김호식(金昊植)	2002년 7월 12일~2003년 2월 26일

표 1-1-20 김대중 정부 기획예산처 장관

직위	대수	이름	임기
기획예산처 장관	초대	진념(陳稔)	1999년 5월 24일~2000년 8월 6일
	2대	전윤철(田允喆)	2000년 8월 7일~2002년 1월 28일
	3대	장승우(張丞玗)	2002년 1월 29일~2003년 2월 26일

제4절 정부조직 체계

김대중 정부에서는 18부 4처 16청 조직으로 출범했다. 재정경제원을 재정경제부로 바꾸고 예산 업무는 예산청으로 하고, 기획예산위원회를 신설해서 정부개혁 및 규제개혁 역할을 맡겼다. 그리고 금융개혁을 위해 총리실 산하에 금융감독위원회를 신설했고, 총리 행정조정실의 업무 조정 기능을 강하하기 위해 국무조정실을 두고 실장은 차관급에서 장관급으로 격상시켰다.

외무부에 통상교섭본부를 신설해 외교통상부로 변경했으며, 내무부와 총무처를 통합해 행정자치부를 만들었다. 공보처와 정무 제1장관실과 제2장관실을 폐지했고, 일부 장관급 기관장(법제처, 국가보훈처, 비상기획위원회)을 차관급으로, 그리고 부총리를 겸하는 재정경제부 장관과 통일원 장관을 장관급으로 조정했다. 통상교섭본부장이 신설됨에 따라 통상산업부가 산업자원부가 됐다. 이것은 세계적 자원 확보 강화를 위한 목적이었다. 그리고 문화의 시대 문화관광을 국가전략산업으로 추진하기 위해 문화체육부를 문화관광부로 개칭했다. 이 결과 21명의 국무위원이 17명으로 감소되는 정부개혁이 이뤄졌다(국정홍보처, 1998: 43-44).

제2차 정부조직 개편(1999. 5)에서 중요한 변화는 예산청이 기획예산위원회와 통합하여 기획예산처가 됐고, 총리실 공보실이 국정홍보처가 됐고, 인사정책의 현대화와 공정성을 위해 행정자치부의 인사 기능이 분리돼 중앙인사위원회가 신설됐다는 것이다. 특히 제2차 정부조직 개편에는 최초로 경영진단을 통해 정부개혁을 했다.

제3차 정부조직 개편(2001.1)에서는 재정경제부와 교육인적자원부를 신설해서 부총리급으로 했다. 이것은 지식정보사회에서 국가 인적자원 개발을 범정부적으로 추진하려는 목적과 지식경제 시대의 글로벌 경제 및 산업환경의 변화를 반영한 조치였다. 그리고 여성특별위원회를 여성부로 개편했다.

이렇게 3차에 걸친 정부조직 개편이 이뤄졌지만 출범 초기의 18부, 4처, 16청은 그대로 유지했다.

1. 정부조직 · 기구

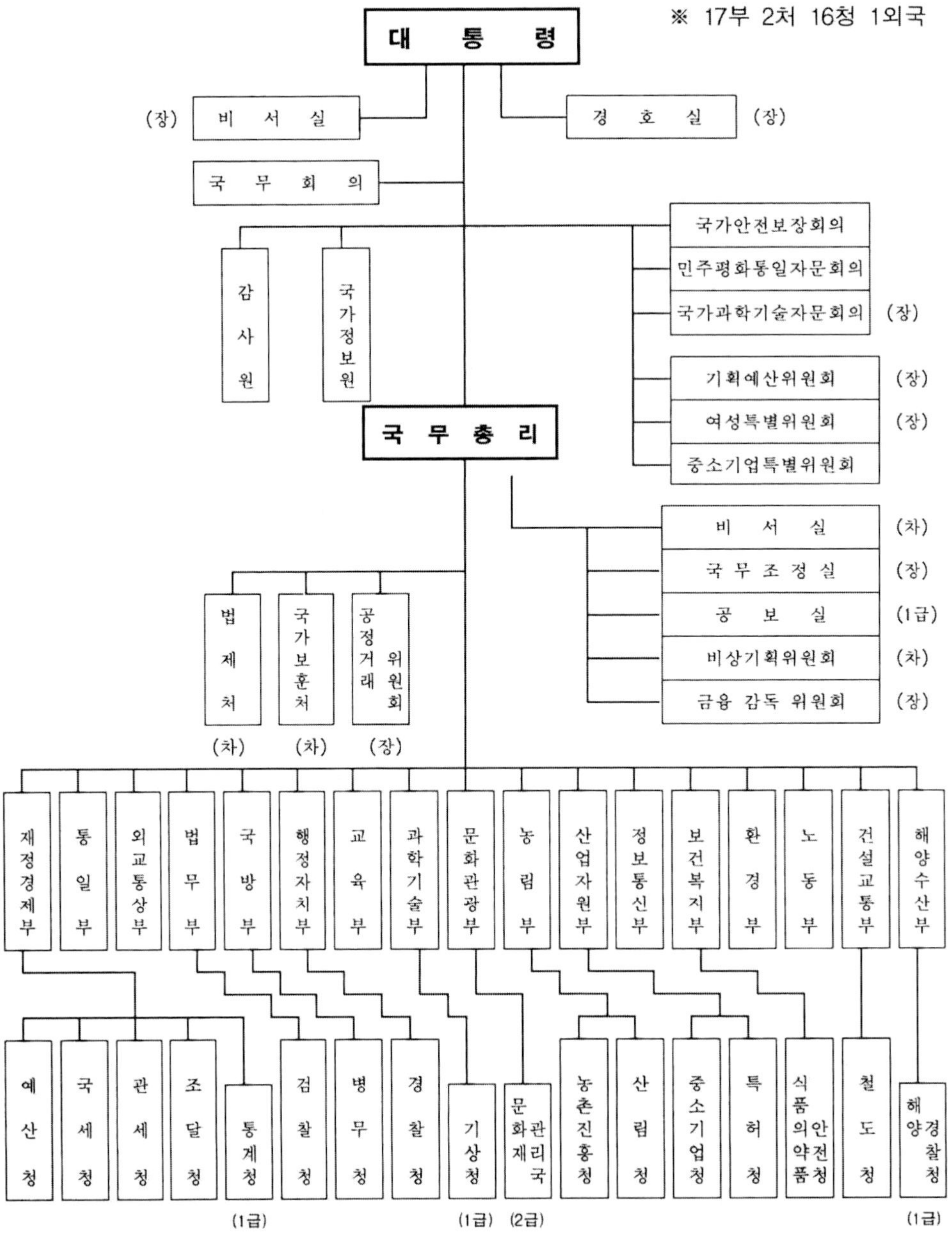

그림 1-1-2 제1차 행정조직 개혁에 따른 정부기구도(1998년 2월 개편)

자료: 김권집 · 이봉락(2001: 57).

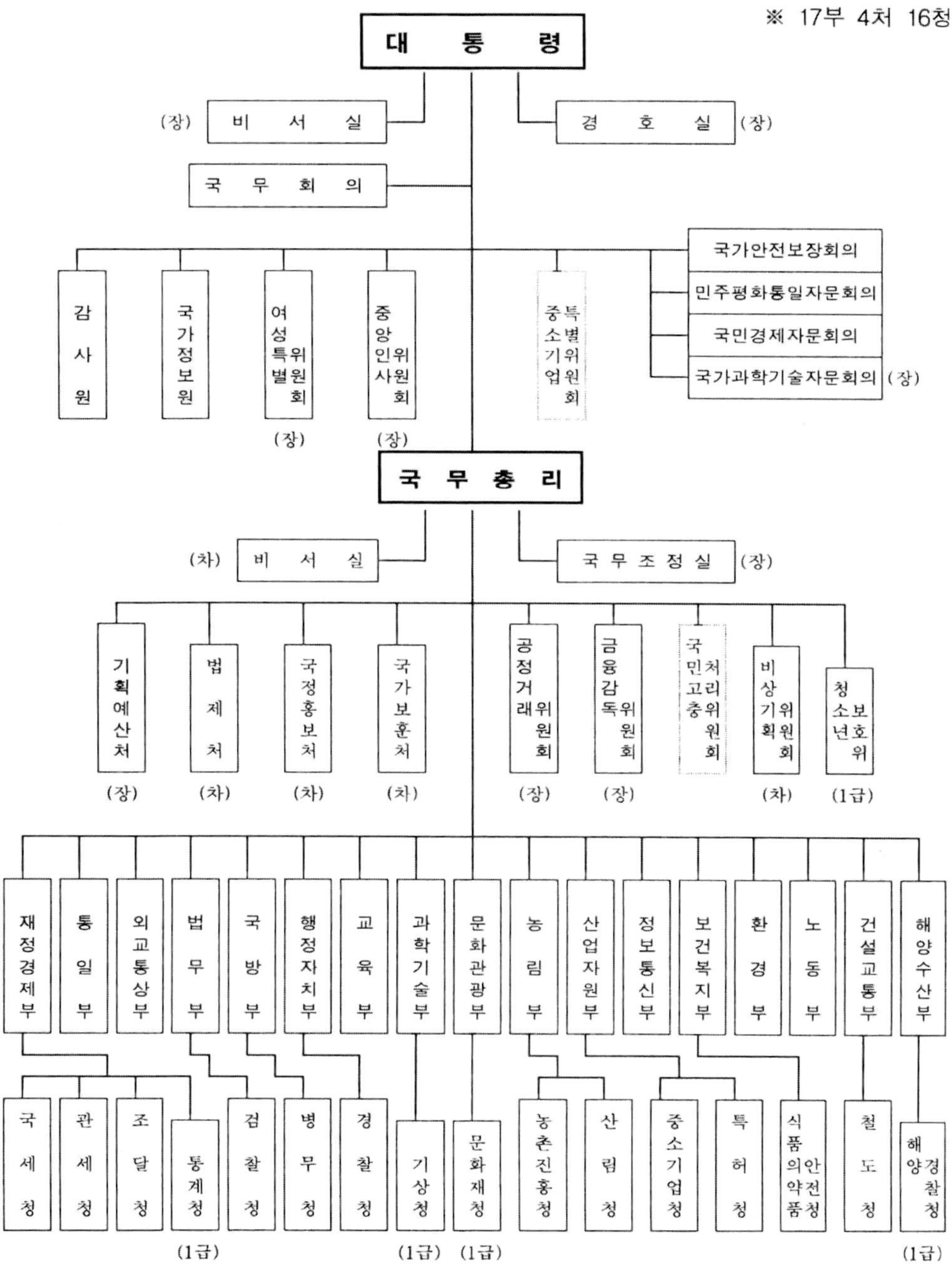

그림 1-1-3 제2차 행정조직 개혁에 따른 정부기구도(1999년 5월 개편)

자료: 김권집 · 이봉락(2001: 58).

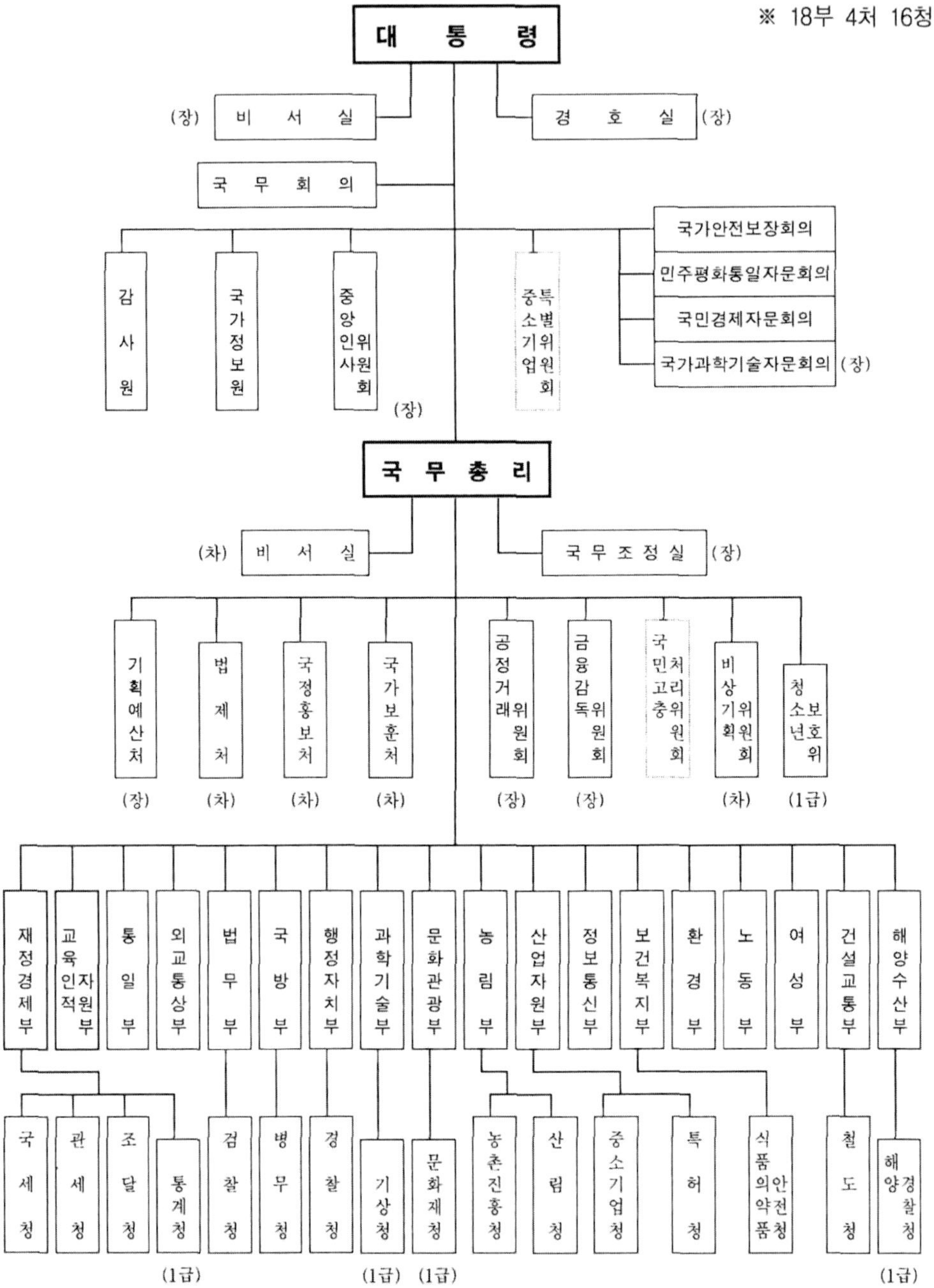

그림 1-1-4 제3차 행정조직 개혁에 따른 정부기구도(2001년 1월 개편)

자료: 김권집·이봉락(2001: 59).

2. 대통령비서실

표 1-1-21 대통령비서실

소속	직위	직급	성명	재직 기간	비고
	비서실장	장관급	김중권	1998.2.25~1999.11.23	
		장관급	한광옥	1999.11.24~2001.9.9	
	외교안보	장관급	이상주	2001.9.10~2002.1.28	
	통일특보	장관급	전윤철	2002.1.29~2002.4.14	
	경책담당	장관급	박지원	2002.4.15~2003.2.24	
	특보	장관급	임동원	2001.9.12~2003.2.24	위촉
	경제복지	장관급	박지원	2002.1.29~2002.4.14	위촉
	노동특보	장관급	이기호	2002.4.15~2003.2.24	위촉
정책기획수석실	수석비서관	차관급	강봉균	1998.2.25~1998.5.18	
		차관급	김태동	1998.5.19~1999.3.3	
		차관급	김한길	1999.3.4~2000.1.13	
		차관급	김성재	2000.1.14~2000.3.25	
		차관급	박지원	2001.3.26~2001.11.15	
		차관급	한덕수	2001.11.16~2002.1.28	
		차관급	김진표	2002.1.29~2002.7.10	
		차관급	최종찬	2002.7.11~2003.2.24	
정무수석실	수석비서관	차관급	문희상	1998.2.25~1998.5.18	
		차관급	이강래	1998.5.19~1999.2.5	
		차관급	김정길	1999.2.6~1999.11.23	
		차관급	남궁진	1999.11.24~2001.9.11	
		차관급	유선호	2001.9.12~2002.1.28	
		차관급	조순용	2002.1.29~2003.2.24	
민정수석실	수석비서관	차관급	김성재	1999.6.25~2000.1.13	
		차관급	신광옥	2000.1.14~2001.9.11	
		차관급	김학재	2001.9.12~2002.2.7	
		차관급	이재신	2002.2.8~2003.2.24	
경제수석실	수석비서관	차과급	김태동	98.2.25~98.5.18	
		차관급	강봉균	98.5.19~99.5.25	
		차관급	이기호	99.5.26~02.01.28	
		차관급	한덕수	2002.1.29~2002.7.12	
		차관급	현정택	2002.7.13~2003.2.24	
외교안보수석실	수석비서관	차관급	임동원	1998.2.25~1999.5.25	
		차관급	황원탁	1999.5.26~2000.8.27	

외교안보수석실	수석비서관	차관급	김하중	2000.8.28~2001.10.3
		차관급	정태익	2001.10.4~2002.2.3
		차관급	임성준	2002.2.4~2003.2.24
교육문화수석실	수석비서관	차관급	조규향	1999.3.10~2000.8.27
		차관급	정순택	2000.8.28~2001.9.11
		차관급	조영달	2001.9.12~2003.2.24
복지·노동수석실	수석비서관	차관급	김유배	1999.3.10~2000.8.27
		차관급	최규학	2000.8.28~2001.3.25
		차관급	이태복	2001.3.26~2002.1.28
		차관급	김상남	2002.1.29~2003.2.24
공보수석실	수석비서관	차관급	박지원	1998.2.25~1999.5.25
		차관급	박준영	1999.5.25.~2001.9.11
		차관급	오홍근	2001.9.11~2002.1.29
		차관급	박선숙	2002.1.29~2003.2.24

자료: 총무비서실(2003: 244-253)에서 재구성.

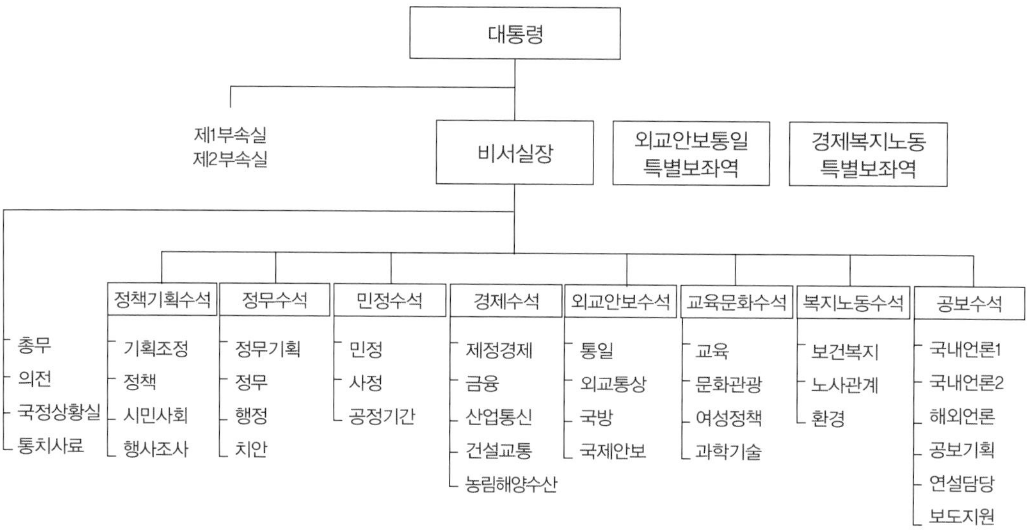

그림 1-1-5 청와대비서실 조직[2)]

자료: 총무비서실(2003: 15-16).

2) 1998년 2월 25일 김대중 정부 출범 때는 민정수석실이 없었다. 역대 정권에서 민정수석실의 권력 남용이 문제가 됐기 때문이다. 그러나 1999년 6월 대통령의 국민과의 소통, 민의 수렴의 필요성이 적극 제기됨에 따라 민정수석실이 부활하게 됐다.

표 1-1-22 청와대비서실 조직

구분	총계	정무직	비서관(1~3급)	행정관(3~5급)	6~9급	기능직
정원	405	9	41	150	28	177
현원	385	9	35	147	17	177

자료: 총무비서실(2003: 15-16).

3. 주요 자문기구

김대중 정부는 시민사회를 국정에 참여시키는 정책을 국정 기본으로 삼았기 때문에, 민관이 협력하는 자문기구를 많이 두었다.

- 노사정위원회(1998. 1 ~ 2003. 2)
- 국가과학기술자문회의(1998. 3 ~ 2003. 2)
- 규제개혁위원회(1998. 3 ~ 2003. 2)
- 정책평가위원회(1998. 4 ~ 2003. 2)
- 정책기획위원회(1998. 4 ~ 2003. 2)
- 행정개혁위원회(1998. 4 ~ 2000. 7)
- 지방이양추진위원회(1998. 8 ~ 2003. 2)
- 새교육공동체위원회(1998. 7 ~ 2000. 9)
- 교육인적자원정책위원회(2000.10 ~ 2003. 2)
- 제2건국 범국민추진위원회(1998. 9 ~ 2003. 2)
- 사법개혁추진위원회(1999. 5 ~ 2000. 5)
- 부패방지위원회(반부패특별위원회 1999. 9 ~ 2003. 2 / 부패방지위원회 2002. 1 ~ 2003. 2)
- 정부혁신추진위원회(2000. 8 ~ 2003. 2)
- 전자정부특별위원회(2000. 8 ~ 2002. 10)
- 지속가능발전위원회(2000. 8 ~ 2003. 2)
- 농어업 · 농어촌 특별대책위원회(2002. 1 ~ 2003. 2)

제5절 입법부 및 사법부와의 관계

1. 입법부와의 관계[3)]

1) 국회의 자율성 확보와 국회제도 개혁

김대중 대통령은 민주주의를 위해 평생 투쟁했고, 국회를 존중하는 의회주의자였기 때문에 삼권분립의 원칙에 충실히 근거해서 민의의 전당인 국회의 자율성을 적극적으로 보장했다.

과거 권위주의 정치 체제에서 대통령을 중심으로 한 행정부의 권력 독주는 국회의 국민에 대한 대표성과 책임성을 약화시켜 왔다. 다수 정파는 일방적인 입법 처리를 강행하고 소수파는 이에 강경 투쟁으로 맞서며 국회는 대립과 투쟁의 장이 됐고, '졸속입법', '무더기 처리'가 국회의 정책 기능을 마비시켰다. 국회가 생산적 정책 산출을 이뤄내지 못함으로써 정치적 갈등과 정책의제들은 국회 외부에서 국가를 직접 대상으로 하는 거리의 정치에서 표출됐다.

민주화 이후 대통령의 국회해산권이 철폐되고 국정감사권이 부활하는 등 국회의 자율성이 제고되기 시작했다. 그러나 국회의 역할 제고에 밀접히 관련된 의원의 자율성을 억압하는 정당민주화 지체 현상과 정당 간 갈등을 쉽게 증폭시키고 타협을 용이하지 않게 하는 국회 내부의 제도적 장치들이 존속되고 있었다.

김대중 정부는 국회가 토론과 상호협력의 장이 되어 생산적이고 책임 있는 국회로 활성화되도록 관련된 제도개혁을 추진했고, 상당한 성과를 이뤄냈다. 정치개혁의 과제가 주요 개혁의제로 떠오르기 시작한 1998년 말 국민회의 정치개혁특별위원회는 당내 인사 6명과 당외 인사 3명으로 구성된 국회제도개혁분과위원회에서 국회 운영의 활성화, 국회 본연의 기능 강화, 민원 정보 서비스의 강화, 입법 지원 체계의 강화 및 효율화라는 중점 목표 아래 개혁과제를 제기하기 시작했다. 그 결과물인 정치개혁안은 국회의 위상을 '일하는 국회, 깨끗한 정치를 만들자'였다. 이후 국회의 국회관계법소위원회에서 여야 합의안을 마련하기 위한 노력이 이뤄진 결과 2000년 2월 16일 국회법이 상당 부분

3) 국정홍보처(2003: 74-92) 참고.

개정될 수 있었다.

국회법 개정의 핵심은 상시 일하는 국회를 만들고, 국정심의와 대(對)행정부 통제를 강화하며, 의정의 투명성을 제고하는 것이었다.

첫째, 연중 국회 개원 제도가 도입됐다. 이는 국회 개원 기간을 늘려 실질적인 의회 중심의 정치를 추구하도록 한 것이다. 국회의 연중 상시 활동을 위해 의장은 각 교섭단체 대표의원과 협의를 거쳐 매년 12월 말까지 다음 국회의 연간 국회 운영의 기본 일정을 정하도록 했다. 원칙적으로 매 짝수 월의 1일에 임시회의를 집회하고, 정기회 및 임시회의 회기는 각각 100일 및 30일로 하되, 정기회의 집회일을 9월 1일로 변경했다. 회기의 운영은 주 단위로 매주 월요일부터 수요일까지는 위원회 활동을, 목요일은 본회의 활동을 하도록 했다. 정책 사안들의 수와 복잡성의 증가로 의회 회기가 늘어나고 있는 세계적 추세를 반영하고, 국회 개원이 정치적 거래의 도구로 전락하지 않도록 법적으로 상시 개원을 보장한 것이다.

둘째, 법률안의 연중 상시 심의를 위해 정부는 원칙적으로 매년 3월 31일까지 당해 연도의 법률안 제출계획을 국회에 통지하도록 했다. 법제사법위원회를 제외한 위원회는 회부된 후 5일이 경과돼야 이를 의사일정으로 상정할 수 있으며, 위원회는 제정 또는 전문 개정 법안에 대해, 그리고 소위원회는 관행처럼 생략돼 왔던 축조심사를 모든 법안에 대해 반드시 하도록 했다. 또 소관 상임위원회는 행정기관이 발한 대통령령, 총리령 및 부령에 대해 위법성 여부를 검토하여 법률의 취지 또는 내용에 합치되지 아니한다고 판단되는 경우에는 소관 중앙행정기관의 장에게 그 내용을 통보하도록 했다. 이러한 조처들은 국회의 법률안 심사 기능과 행정부 통제 기능을 강화하는 것이다.

셋째, 전원위원회 제도가 도입됐다. 전원위원회는 주요 의안의 본회의 상정 전이나 후 재적의원 1/4 이상의 요구가 있을 때 의원 전원으로 구성된다. 국회의 심의절차는 상임위원회 중심주의를 표방하고 있는데, 이것이 마치 본회의에서 소관 위원회의 결정을 무수정 통과시키는 것처럼 잘못 인식돼 왔다. 따라서 과세 등 국민 부담을 초래하는 법안 등에 대해 소관 위원회 심사 후 본회의 처리 직전에 전원위원회를 구성해 다양한 견해가 개진되도록 함으로써 본회의에서의 토론 및 수정작업의 활성화를 도모했다. 즉, 상임위원회 중심주의를 보완해 본회의 심의를 내실 있게 하고 국회의 의안심사에 활력을 더하며, 회의 운영의 능률을 도모할 수 있게 했다.

넷째, 예산결산 심사를 좀 더 충실히 하고 정부예산에 대한 국회의 연중통제가 가능하도록 하기 위해 예산결산특별위원회를 상설화했다. 국가의 예산결산은 나라의 살림살이 규모를 정하고 관리하는 것으로 국회의 행정부에 대한 견제와 대(對)국민 책임성을 견지하는 사안이다. 원래 예결위는 제헌에서 5대 국회까지는 상임위로 활동해 왔으나 군부 쿠데타 후 군사정부가 국회의 재정 통제를 약화시키기 위해 변경한 후 지금까지 국회의 예산결산 심사는 졸속을 면치 못해 왔다. 특히 재정문제는 그 전문성 면에서 정부관료에 뒤떨어지고 종합적인 시각에서 다루지 못하는 한계로 인해 행정부의 예산 요구에 대한 통과의례를 벗어나지 못해 왔다. 예결위의 상설화는 정부의 예산안 편성부터 결산의 모든 과정을 국회가 연중 심사하는 체제를 갖춰 재정통제권을 강화할 수 있도록 한 것이다. 이로써 한시적 활동으로 제대로 심의가 안 되고 정치적 쟁점과 연계돼 정치협상의 흥정거리가 되는 관행을 방지할 수 있게 됐다.

다섯째, 상임위원회의 3개의 상설 소위원회가 설치됐고, 소위원회 회의의 회의록 작성을 의무화했다. 과거에는 소위원회가 임시방편적으로 구성됐고 회의록 작성 없이 요지만 보고돼 왔다. 하지만 이러한 조처로 다양한 상임위원회의 입법 활동이 좀 더 전문적이고 효율적으로 처리되도록 했고 정책심의의 지속성 · 효율성 · 투명성이 확보되도록 했다.

여섯째, 국무총리 · 대법원장 · 헌법재판소장 · 감사원장 · 중앙선거관리위원장 등 고위공직자에 대한 인사청문회 제도를 도입했다. 그동안 공직 인사가 지연 · 학연, 정치와 선거에서의 논공행상, 청탁과 뇌물 등에 의해 무능력자 · 부적격자를 임명하는 등 파행적으로 이뤄진 경우가 많았다. 이 조항은 국회가 인사에 관한 권한을 충분히 행사해 고위 공직자의 자질과 역량을 검증하고 대통령의 인사권 남용을 방지할 수 있도록 한 것이다.

일곱째, 공청회 및 입법청문회의 개최 요건도 완화했다. 상임위원회 재적위원 1/3 이상의 요구가 있는 경우 그 개최가 가능하도록 하고, 제정 법률안 등에 대해서는 공청회 또는 청문회의 개최를 의무화하며, 전문가로 하여금 청문회 준비에 필요한 사전조사를 할 수 있도록 했다. 이는 입법에 관한 다양한 의견을 청취해 신중하고 타당한 입법 결정을 내리며 국민의 정치사회화, 사회 이익의 표출 및 사회 갈등의 흡수, 국회 결정의 정당성을 제고하기 위한 것이다.

여덟째, 대(對)정부 질문을 활성화했다. 의원 1인당 서두 질문, 1문 1답에 의한 보충 질문을 각각 15분 이내로 할 수 있도록 했다. 그리고 긴급 현안 질문 시 출석 대상에 국무총리를 포함시켰고, 질문 시간도 종전의 총 60분에서 120분으로 확대했다. 이러한 조처는 행정부처 장 · 관료들과 의회의 토론을 활성화시켜 의회 내 토론 민주주의를 확장하는 것이며, 중요 정책과 관련된 정보의 대국민 전달, 정책 쟁점의 사회적 환기 및 여론 조성이란 측면에서도 바람직한 것이다.

아홉째, '표결실명제', '법안실명제'가 도입됐다. 표결실명제로서 본회의 표결 시 투표자 및 찬·반 의원의 성명이 기록되는 전자투표제를 일반적인 표결 방법으로 도입해 표결에 대한 책임성을 높여주었다. 또한 의원의 법률안 발의 시 발의 의원과 찬성 의원을 구분 명기하고, 법률안 제명의 부제로 발의 의원의 성명을 기재하도록 하는 등 법안실명제를 도입했다. 법안실명제로 의원들은 자기의 지명도와 정치적 영향력을 확대하기 위해서라도 더 많은 법안을 발의할 동기를 부여받아 행정부 주도성이나 당 지도자들의 법안 발의 독점을 제어할 수 있도록 했다.

열째, 국회의 국정감사 조사활동을 더욱 활성화했다. 종전의 재적의원 1/3 이상으로 돼 있던 국정조사 발동 요건을 완화해 재적의원 1/4 이상의 발의로 국정조사를 가능하게 했다. 국정조사 전에 외부 전문가를 동원한 예비조사를 할 수 있게 했고, 감사원 등 관계 행정기관에 대해 인력·시설·장비 지원을 요청할 수 있게 했다. 그리고 국회의 증언 및 감정에 관한 법의 개정에서는 증언을 요구받고도 정당한 이유 없이 출석하지 않은 자, 서류 제출이나 증언을 거부한 자 또는 위장한 장에 대한 처벌 규정을 강화했다. 아울러 이들에 대한 고발은 종전에 위원회 위원 1/2에 의한 동의를 필요로 했으나 1/3에 의한 동의로 가능하게 했다.

2) 국회 관계법 개정

2000년 10월 10일 여야가 합의한 정치개혁특별위원회의 구성과 활동은 2001년 1월 4일 본격화돼, 2002년 2월 28일 국회관계법이 제227회 임시국회에서 의결된 후 3월 7일 공포됨으로써 미진했던 과제들에 대한 추가적인 개혁이 이뤄질 수 있었다. 그 핵심 내용은 다음과 같다.

첫째, 의장의 당적 보유 금지가 신설됐다. 그동안 의장 당적 보유 문제는 국회법에 명시되지 않았기 때문에 당적을 보유한 채 직무를 수행해 왔다. 의장의 당적 보유 금지는 국회의장이 입법부의 수장임을 명백히 함과 아울러 특정 정파의 이해관계에 치우치지 아니하고 중립적인 입장에서 국가와 국민을 위해 국정운영에 초당적으로 임해야 한다는 취지를 반영한 것이다. 의장의 당적 이탈은 임기 만료 시 의장 선출 당시의 소속 정당으로 자동적으로 복귀된다. 이때 의장이 비례대표 국회의원인 경우에는 공선법 제192조의 피선거권 상실로 인한 당선 무효 등에 의해 당직 이탈과 함께 의원직이 상실되는 모순이 있기 때문에 단서 조항을 신설해 비례대표 국회의원이 국회의장으로 당선돼 국회법에 따라 당적을 이탈한 경우에는 예외로 하는 개정이 동반됐다.

둘째, 의장석 표결선포 제도를 도입했다. 국회는 여야 간 협상이 어려운 현안에 대해 이의 처리와 처리 저지를 위해 의사진행 방해, 단상 점거 등으로 의장이 의장석 이외의 장소에서 안건을 처리하는 사례가 있었고, 이러한 안건에 대한 처리 저지와 강행 처리의 악순환은 심사절차의 정당성 문제와 국회 운영의 파행을 초래해 왔다. 이러한 문제를 해결하기 위해 의장의 당적 이탈 규정으로 공정한 국회 운영을 유도하는 한편 본회의 표결 과정에서 의장의 표결 선포 및 표결 결과 선포가 의장석에서만 이뤄지도록 명문화해 비정상적 절차의 안건처리 방지와 국회의 위상 제고를 도모했다. 이로써 '날치기' 문제, 소수의 난폭 저지와 다수의 편법 강행 처리에 의한 폭력과 무질서를 제어하려 했다.

셋째, 기금에 대한 국회 심의 제도를 도입했다. 기금은 "국가가 특정한 목적을 위해 특정한 자금을 운용할 필요가 있을 때 법률에 의해 설치하고, 세입 · 세출예산에 의하지 아니하고 운용할 수 있는 자금"이다. 이러한 기금의 연간 운용 규모는 2001년의 경우 예산안보다 2배가량 많은 금액이었다. 그럼에도 불구하고 종래에는 국회의 심의 · 의결로 확정되는 예산과 달리 정부의 자체 운용계획에 의해 확정 운용돼 왔던 관계로 정부 부처의 '쌈짓돈'처럼 운용의 투명성을 상실했고, 그에 대한 국회의 통제도 형식적인 것에 그쳐 왔다. 이러한 문제를 해결하기 위해 예산과 마찬가지로 기금에 대한 국회의 심의 · 확정절차가 헌정사상 처음으로 도입됨으로써 행정부 견제권을 더욱 확장했다.

넷째, 자유투표제를 명문화했다. 국회에서의 의사결정 방식은 표결이기 때문에 의원은 표결 시에 그 선택이 자유로워야 한다. 우리의 현실은 당내 민주화가 취약한 상태에서 공천권 등을 장악한 정당 지도부에 종속된 의원들이 국민의 대표자로서 양심에 따라 의사 표시를 할 수 없도록 해 왔다. 따라서 이 문제는 정당제도, 선거제도, 국회의 운영 관행 등에서 종합적으로 검토돼야 할 사안이다. 우선 국회법 개정을 통해 "국민의 대표자로서 의원은 소속 정당의 의사에 기속되지 아니하고 양심에 따라 투표한다"는 점을 명문화함으로써 여타 제도개혁을 촉구하고, 자유투표가 해당행위가 아닌 국민 대표자로서 정당한 행위로 인정되는 기틀이 마련되도록 했다.

다섯째, 정보화에 대응해 서류 제출 방식을 다양화했다. 김대중 정부는 「전자정부 구현을 위한 행정 업무 등의 전자화 촉진에 관한 법률」(2001.7.1. 시행)을 제정해 행정 업무의 전자적 처리로 행정의 생산성 · 투명성 및 민주성을 높여 지식정보화 시대에 부응하고자 전자정부 구현에 노력해 왔다. 이에 따라 국회도 서류 제출 방식에서 서면 제출 관행 이외에 정보통신망을 이용한 다양한 방식의 제출 방안이 허용되도록 했다. 즉, 전자문서, 컴퓨터 자기테이프, 자기디스크, 기타 이와 유사한 매체에 기록된 상태나 전산망에 입력된 상태 등이 이뤄질 수 있게 했다. 서류 제출 방식 다양화는 「국정감사 및 조사에 관한 법률」, 「국회에서의 증언 감정 등에 관한 법률」 개정에도 반영됐다.

여섯째, 「인사청문회법」을 개정해 인사청문회특별위원회 활동 기간 등을 연장했다. 2000년 2월 16일 도입된 인사청문회 제도에 의해 세 차례에 걸쳐 인사청문회가 실시됐는데, 그 운영 과정에서 특히 인사청문특별위원회 활동 기간, 인사청문회 기간 및 심사경과 보고서의 제출 기간 등이 짧아서 심도 있는 인사청문회가 이뤄질 수 없다는 문제점이 제기돼 왔다. 이를 보완해 12일 이내의 인사청문회 활동 기간을 15일 이내로, 인사청문회 기간을 2일 이내에서 3일 이내로, 심사 경과 보고서의 제출 기간을 2일 이내에서 3일 이내로 개정해 종전의 인사청문회 특위 활동 기간을 총 13일에서 총 17일로 연장해 문제점을 해소하고 좀 더 효율적이고 실질적으로 운영되도록 했다.

그 밖에도 부의장의 의장직무대리 제도를 명확히 했고, 예산결산특별위원회의 상임위 예산안 심사권을 존중하도록 했다. 2001년 1월 29일 여성부 발족에 걸맞게 여성위원회가 설치되도록 했고, 정부의 법률안 공포 통지를 의무화해 국회의 입법권이 존중될 수 있도록 했다. 행정입법(대통령령, 총리령, 부령, 훈령, 예규, 고시 등) 국회 제출 제도 제출 기간과 통보절차를 실효성과 현실성에 맞게 개선했다. 여야 이견이 있는 안건의 경우 감표위원이 응하지 않아 투표행위가 중단됐던 사례에 비춰, 다른 의원을 지명할 수 있도록 보완했다. 졸속 입법 방지와 본회의 운영의 효율성 제고를 위해 법률안의 본회의 상정 시기도 제한했다.

이렇게 볼 때 의회의 행정부에 대한 견제력 확보, 의회의 입법 기능의 내실화, 의회 운영과 절차의 투명성 · 책임성 확보 등 다양한 측면에서 획기적인 제도 개선이 이뤄졌다. 그럼에도 불구하고 이런 변화는 주로 제도의 변화에 머물고 있으며 의식과 관행, 문화 및 실제 행동의 변화로 이어지지 못하고 있어 그 성과가 내실화되기에는 아직 미흡한 상태다. 이러한 과제는 관련된 정치 입법의 민주적 개혁과 함께 제도개혁에 못지 않은 의식개혁이 중요함을 일깨워주고 있다.

2. 사법부와의 관계[4)]

김대중 정부는 정부 수립 50년 만에 민주적으로 집권한 정부이기에 집권 추기부터 민주주의 원리인 3권 분립의 정신을 철저히 지키려고 했다. 그러나 역대 정부에서 사법부가 독립적 위치를 갖지 못하고 정치적 시녀가 된 경우가 많았다는 비판을 받았기 때문에 사법개혁이 민주정부 과제가 됐다.

특히 1993년 김영삼 정부 사법개혁의 결과로 「법원조직법」상에서 대법원장, 대법관, 판사 3단계의 직급만이 존재하는 것으로 규정했음에도 불구하고 현실에서는 그 이상의 직급이 실질적으로 존재하고 있었기 때문에 사법부가 제 역할을 하지 못했다는 비판이 제기됐다. 사법부의 독립에서 가장 중요한 것이 인사 제도인데, 법원 인사제도 개선이 제대로 이뤄지지 않은 것이다.

그래서 김대중 정부 1999년에 사법개혁추진위원회가 설치됐고, 이 위원회에 참여한 전문위원들은 사법부 독립에서 법관직급제가 가장 큰 문제라고 지적했다. 법관직급제로 법관의 내부적 독립이 침해돼 고도의 독립성과 공정성 및 객관성이 요구되는 사법부에 큰 문제가 된다고 지적하면서, 법관직급제를 장 · 단기적 방안으로 나눠 개선할 것을 주장했다. 장기적으로는 법관직급제를 완전히 철폐하기 위해 현재의 부장판사직을 없애고, 다단계 계층구조를 '지방법원 판사, 고등법원 판사, 대법관'의 심급별 병렬적 체계로 재편하며, 각 부의 재판장은 부에 속한 판사들이 순환하는 방식으로 전환함으로써 승진의 관행을 없앨 것을 주장했다. 단기적으로는 지방법원에서는 신진 판사를 중견판사로 양성하기 위해 당분간 부장판사 제도를 유지하지만, 고등법원의 경우에는 이미 중견판사집단이 구성돼 있고 중견 변호사들 중에서도 지원자가 있을 것이므로 부장판사 제도를 폐지하고 실질적인 합의 체제를 형성할 것을 주장함과 동시에, 각급 법원 단위로 판사를 임용하고 법원장의 사실상의 직급을 폐지할 것을 제안했다.

그러나 일부 위원은 현재의 피라미드식 인력구조와 심급구조가 존재하는 현실에서 전면적으로 직급을 폐지하거나 축소하는 것은 한계가 있으므로, 이를 장기적인 목표로 하여 지속적으로 직급 상호간의 구분과 차별성을 최소화하는 방향으로 가는 것이 필요하다고 주장했다.

---

4) 국정홍보처(2003a: 74-92); 최선(2013: 109-111); 한승헌 인터뷰(2014. 5.13 .연세대 김대중도서관) 참고. 한승헌 변호사는 노무현 정부 사법개혁위원장이었으며 김대중 정부 당시 감사원장을 지냈다. 한승헌 변호사는 1970년대부터 인권변호사로서 군사정권의 사법부 정치적 지배에 대해 비판을 많이 했고, 그 때문에 옥고를 치르기도 했다. 필자는 1999년 민정수석비서관으로서 사법개혁추진위원회 업무를 관장했다.

사법개혁추진위원회는 이렇게 제출된 전문위원들의 의견을 바탕으로 여러 차례의 논의를 거듭했고, 그 결과를 2000년 5월 최종보고서를 통해 대통령에게 보고했다. 최종보고서는 결과적으로 유보적인 입장으로 정리됐다.

보고서는 기본적으로 법관직급 제도가 사법권의 독립과 상충될 우려가 있음을 공감하고, 또한 직급을 규정한 법률은 없으나 심급 제도 및 임용 기준 및 경력, 보수의 차이로 인한 직급이 현실에서 존재함을 인정했다. 법관직급제가 법관에게 인센티브를 부여하는 등 순기능을 하고 있는 부분도 있고, 사법관료 제도가 유지되고 심급 제도가 존재하는 한 사실상 존재하는 직급구조를 전면적으로 폐지하는 것은 불가능하다고 보았다. 그래서 이를 무리하게 제거하려다가는 사법 시스템 전체의 기능 이상을 초래할 우려가 있으므로, 장기적으로 법조 일원화가 이뤄질 때까지 순환보직 확대 등의 보완장치를 통해 직급 상호간의 구분을 최소화하고 그 차별성을 완화시키는 노력을 해야 한다고 정리했다. 결과적으로 보고서가 제안하는 개선 방안은 "사법권의 독립을 강화하기 위해 향후 법조 일원화가 이뤄질 때까지 현재 사실상 존재하는 법관직급제를 개선해 법관의 신분을 최대한 보장하도록 해야 한다"는 것이었다. 이는 법조 일원화가 시행되면 법관의 직급제가 자연스럽게 해소될 것이므로 그때까지 법관직급제의 유보는 불가피하다는 것이다.

결국 김대중 정부 사법개혁추진위원회는 사법부 독립을 위해 법관직급제의 폐지문제를 다뤘으나, 사법부의 탈권위화와 및 민주화라는 요구에 대해 사법권 독립 침해와 현실론이 대립하게 됐다. 찬반의 논란 끝에 제도 개선의 필요성은 인정하면서도 해결을 위한 구체적인 방안을 제시하는 데 일치하지 못하고 이후의 과제로 남겨두게 됐다.

그러나 김대중 대통령은 과거 정부와 달리 사법부의 독립성을 지켜주었기 때문에 법관직급제가 법적으로는 개선되지 않았지만 사법부의 독립적 역할은 보장됐다.

참고 문헌

국정홍보처(1998). 제15대 대통령직 인수위원회. 43-44.

______(2003a). 국민의 정부 5년 국정자료집. 제1편.

______(2003b). 국민의 정부 5년 국정자료집. 제2편.

______(2003c). 국민의 정부 5년 국정자료집. 제3편.

______(2003d). 국민의 정부 5년 국정자료집. 제4편.

규제개혁위원회 (2000). 1999년 규제개혁백서.

______(2001). 2000년 규제개혁백서.

______(2002). 2001년 규제개혁백서.

______(2003). 2002년 규제개혁백서.

______(2004). 2003년 규제개혁백서.

기획예산처 (2002a). 국민의 정부 5년 국정자료집.

______(2002b). 국민의 정부 공공개혁백서.

김권집 · 이봉락(2001). 김대중 정부의 중앙행정조직에 관한 연구. 사회과학연구, 12.

김성재 (2009). 김대중대통령. 연세대학교 김대중도서관.

전자정부 특별위원회 (2003). 전자정부백서.

제15대 대통령직 인수위원회 (1998). 제15대 대통령직 인수위원회 백서.

총무비서실 (2003). 대통령 비서실 편람.

최선 (2013). 사법권력에 대한 통제의 제도적 변화(1993~2012): 사법제도 개혁을 중심으로. 연세대학교 박사학위 논문.

한승헌 인터뷰 (2014. 5. 13. 연세대 김대중도서관).

동아일보. 1999. 9. 1.

매일경제. 1998. 4. 16.

김대중. 국정노트.

감사원 홈페이지(http://www.bai.go.kr/jsp/bk/hu/HPBKChairmaninHistory.jsp) (검색일: 2014. 9. 5).

국가정보원 홈페이지 (http://www.nis.go.kr/svc/introduction.do?method=content&cmid=11288)(검색일: 2014. 9. 5).

네이버 블로그 (사법개혁추진기구의 변천과정: http://blog.naver.com/yeominlaw/110017433969) (검색일: 2014. 9. 5).

제 2 장

김대중 정부 국정운영의 목표 및 방향*

문정인
연세대학교

제 1 절 국정운영의 비전 및 목표

1. 국정운영 비전

국정운영의 비전은 한 국가가 달성하려는 미래의 청사진과 목표를 총괄한다. 따라서 국정의 운영 목표, 방향성, 정책기조, 그리고 과제는 이 비전에 의해 좌우된다 해도 과언이 아닐 것이다. 미래 비전이 분명하고 일관성을 유지할 때 국정운영은 좀 더 예측 가능해지는 반면, 그렇지 못할 경우 국정운영은 숱한 시행착오를 범하게 된다. 국정운영의 비전은 최고 지도자의 개인적 신념과 선호에 의해 일방적으로 결정되는 것은 아니다. 한 국가가 처한 시대적 상황과 시대정신에 의해 미래 비전은 만들어진다. 그런 점에서 김대중 정부의 국정운영 비전을 파악하기 위해서는 당시 시대 상황의 거시적 맥락을 짚

* 이 글은 김대중도서관 장신기 연구원의 도움으로 작성됐음을 밝힙니다.

어볼 필요가 있다.

1998년 김대중 '국민의 정부' 출범은 50년 만의 평화적 정권 교체를 의미한다. 1948년 대한민국정부 수립 이후 야당 후보가 선거라는 수단을 통해 대통령이 됐다는 점에서 민주주의, 사회통합, 그리고 국가 개혁에 대한 국민적 열망이 매우 높았다. 따라서 김대중 정부는 이러한 국민적 염원을 염두에 두고 국정 비전을 제시할 수밖에 없었던 것이다.

그러나 더 절박한 시대 상황은 제2의 국난과 총체적 실패에서 비롯됐다. 1997년 말 한국은 6・25 한국전쟁에 이은 두 번째 국난이라는 경제위기에 봉착했다. 외화보유고는 바닥이 났고 IMF 관리 체제의 등장에 따라 경제 주권은 상실되고 말았다. 그리고 그 원인은 단순히 국제 투기 자본가들의 농간에 있었던 것이 아니라 기업, 금융, 노동, 그리고 국가라는 경제 주체들의 총체적 실패에 있었다. 이는 과거 개발국가 모델의 구조적 한계를 노정하는 것으로 우리 사회 전반의 개혁을 요하는 것이었다. 따라서 당면한 경제위기를 슬기롭게 극복하고 새로운 재도약의 계기를 마련해야 한다는 강박감이 김대중 정부의 국정운영에 주요 과제로 대두되고 있었다.

마지막으로 국민의 정부가 출범한 1998년은 세계사적 대전환기라 할 수 있다. 김대중 대통령은 취임사에서 국민의 정부가 출범한 1998년의 상황을 문명사적 대전환이 이뤄지는 시기로 진단하고 인간혁명, 농업혁명, 도시혁명, 사상혁명, 산업혁명의 5단계를 지나서 정보화혁명을 통한 지식정보화 사회로 이행하는 시기로 규정한 바 있다. 그리고 지식정보화 사회는 경제의 세계화를 기본 전제로 삼고 있기 때문에 기존의 일국 국민경제 시대는 더 이상 존속하기 어렵다고 진단하고 있다(대통령비서실, 1999: 60). 그뿐만 아니라 지식정보화는 민주주의 정치 체제의 세계적 보편화, 냉전 구조의 해체 및 탈냉전 세계질서의 도래 등 새로운 국제환경을 조성하고 있었던 것이다. 이는 거시구조적 사회변동을 의미하는 것으로서 매우 중대한 의미를 담고 있었다.

김대중 정부는 안과 밖에서 오는 이러한 기회와 도전을 염두에 두고 국정운영의 미래 비전을 제시했던 것이다. 다른 대통령들과 대조적으로 김대중 대통령은 그의 취임사에서 국정운영의 비전을 명시적으로 밝히지는 않고 있다. 이는 아마 외환위기 극복이라는 시대적 소명에 주력했기 때문이라 해석할 수 있을 것이다.[1] 그러나 김 대통령의 연

---

1) 일반적으로 대통령 취임사에는 국정최고 책임자인 대통령의 정치철학과 비전이 담긴 국정 비전이 제시되고 그에 따른 분야별 목표를 제시하는 방식으로 구성된다. 그런 점에서 볼 때 김대중 대통령 취임사에는 본인이 오랜 기간 강조했던 국정운영 비전에 대한 언급이 명확히 드러나지 않는다는 점에서 다른 대통령 취임사와는 구성이 다소 다르다. 이는 대통령선거 직전에 발생한 국가적 위기인 외환위기가 발생한 것과 관련이 있다. '준비된 대통령'이라는 슬로건에서 나타나듯이 오랜 기간 자신만의 국가 발전 전략을 구상해 왔던 김대중이지만 국가 부도위기 상황

설문 그리고 당시 정부 문건들을 종합해 볼 때 다음과 같은 비전들을 도출해낼 수 있다.

첫째는 '작지만 강한 나라'의 건설을 들 수 있다. 김 대통령은 1997년 대선 과정인 1997년 5월 19일 새정치국민회의 대통령 후보 수락 연설문에서 이렇게 밝히고 있다.

> 저는 우리 민족의 위대한 영웅이었던 광개토대왕을 생각하곤 합니다. 강력한 외교, 강력한 경제력, 강력한 문화력을 가지고 세계 무대에 나가서 강력한 한국의 힘으로 세계 선진국의 최선두에 서는 새로운 광개토 시대를 여러분과 더불어 반드시 이룩할 것을 약속합니다. 제가 대통령을 하려는 것은 이런 꿈을 가지고 있기 때문입니다.[2)]

잦은 외침과 식민 지배의 아픔을 겪은 한민족에게 '광개토대왕'은 진취적이고 개척자적인, 긍정적 의미의 역사적 아이콘으로서 인식되는 인물이다. 김대중 대통령이 위와 같은 언급을 한 것은 단순히 선거전략 차원에서 '광개토대왕'을 선망하는 민족주의 정서를 의식한 것이 아니다. 이는 한국의 발전을 근본적으로 옥죄고 있는 한반도의 냉전분단 체제의 극복을 통해 새로운 국가 발전의 비전을 가져야 한다는 신념의 표출이라 할 수 있다.

둘째는 참여민주주의의 공고화다. 김대중 대통령은 민주주의의 투사였던 동시에 가장 큰 수혜자였다. 따라서 권위주의 잔재를 청산하고 국민 참여와 분권이 제도적으로 보장되고 활성화되는 성숙한 민주주의를 꿈꿨던 것이다. 이와 더불어 정치 보복이 없고 지역적 차별과 특혜가 용납되지 않는 그러한 민주적 정치 풍토를 만들고 싶어했던 것이다(김삼웅 엮음, 1998: 577-580). 김대중은 극단적인 갈등과 반목으로 점철된 한국의 역사적 상흔을 고려해 화해와 용서를 통해 국민통합을 증진시키고 참여민주주의의 토대를

에서 정권을 인수받았기 때문에 우선 파탄난 국가경제를 회복하는 것에 전력을 기울일 수밖에 없었다. 그래서 취임사의 구성을 보면 거시역사적인 관점에서의 현실 진단을 한 후에 미래에 대한 청사진을 제시하는 부분이 나와야 하는데 대신 이와 같은 시점에 닥친 국가적 위기를 우선적으로 극복해야 한다는 내용으로 구성된다. 취임사를 보면 "우리는 이와 같은 문명사적 대전환기를 맞아 새로운 도전에 전력을 다하여 능동적으로 대처해야 합니다. 그러나 불행하게도 이 중차대한 시기에 우리에게는 6·25 이후 최대의 국난이라고 할 수 있는 외환위기가 닥쳐왔습니다"(대통령비서실, 1999: 60)라고 되어 있고 그 이후의 내용은 위기 극복을 위한 구체적 목표를 분야별로 제시하는 것으로 구성되어 있다. 그래서 취임사 자체에는 국정운영의 최고 지향점이라고 할 수 있는 비전의 내용이 명확하게 드러나지 않은 채 맨 끝에 '국난 극복 후의 재도약'을 언급하는 수준에서 그치고 있다. 김대중 대통령의 비전은 재도약을 통해 이룩하고자 하는 국가상이라고 할 수 있으며 실제로 1998년과 1999년 초반의 김대중 대통령의 언급에는 일관되게 '국난 극복' 후의 '재도약'을 강조하고 있다. 그리고 이와 같은 흐름은 매년 설정한 국정지표의 변화에서 감지될 수 있고 국정 기조에서도 반영되는데 이는 뒤 2절과 3절에서 에서 상세히 다룬다.

2) 대통령기록관자료(http://15cwd.pa.go.kr/korean/president/speech/speech7.php)를 참조. 이와 비슷한 성격으로 김대중은 1995년 1월 25일 아태평화재단 창립 1주년에서 21세기 우리 민족의 비전으로서 '완전한 민족통일, 아시아 민주주의 기지, 경제적 세계 5강 대열 참여, 문화강국으로 등장'의 다섯 가지를 언급하고 있다(김삼웅 엮음, 1998: 538-551).

강화시키고자 하는 의지를 갖고 있었다.

셋째는 경제위기를 단기간에 극복하고 안정 성장의 궤도로 진입하는 동시에 경제적 재도약의 기반을 구축하겠다는 미래 비전도 내놓았다. 이는 경제위기에 대한 단기 정책 처방이지 새로운 미래 경제 비전으로 보기 어렵다. 그러나 김대중 정부는 민주주의와 시장경제가 병행 발전하는 국가를 만들어내 성장과 배분을 동시에 일궈내겠다는 경제 비전을 구체적으로 제시하고 있다(대한민국정부, 1998: 87-99).

마지막으로 21세기 새로운 모범국가 건설을 미래 비전으로 제시하고 있다(대한민국정부, 1998: 100-107). 이를 구체적으로 예시하면 다음과 같다.

- 상호신뢰에 기초한 투명한 사회를 만들겠다는 것이다. 정부, 기업, 노동자, 그리고 더 나아가 시민사회와 국민 전체가 고질화된 불신의 벽을 넘고 서로 신뢰하는 투명한 사회와 국가를 건설하겠다는 비전이다.
- 창의적 핵심 역량(core competence)을 보유한 역동적 사회를 만들겠다는 것이다. 세계화 시대의 무한 경쟁에서 살아남기 위해 국가, 기업, 노동자 할 것 없이 핵심 역량을 갖춘 모범 국가를 구축하겠다는 비전이다.
- 공동체 의식을 바탕으로 한 복지사회를 만들어 21세기 한국은 성장의 열매가 모두에게 골고루 분배되고 모든 국민이 정신적 풍요를 누리는 사회가 되도록 하겠다는 비전이다.
- 21세기에 가서는 세계무대의 중심에 선 개방사회를 구축하겠다는 것이다. 세계화의 도전에 능동적으로 대응함으로써 도전을 기회로 만드는 모범국가가 되겠다는 비전이다.
- 평화공존 속에 남북한이 함께하는 통일 사회를 만들어 나가겠다는 비전이다. 쉽게 말해 남과 북 사이에 사람과 물자가 자유로이 오갈 수 있는 그런 한반도를 만들겠다는 것이다. 그리고 '철의 실크로드'가 남과 북을 넘어 중국과 시베리아로 뻗어 나가는 미래의 청사진을 제시하고 있다.

2. 국정운영 목표

이러한 국정운영 비전을 구현하기 위해 김대중 정부는 〈표 1-2-1〉에 있는 내용의 분야별 국정 목표를 제시한 바 있다.

우선 정치 분야에서는 정치개혁을 통한 참여민주주의 확대, 부정부패 척결, 정치 보복 금지, 지역 차별 철폐, 그리고 지방자치제의 발전을 국정 목표로 설정한 바 있다. 그리고 경제 분야에서는 당면한 경제위기를 극복하고 IMF관리 체제에서 벗어나는 것을 단기 목표로 설정하고, 국가 경제의 체질 개선과 신성장 동력의 창출을 통한 경제 재도약의 발판 마련을 국정운영의 목표로 제시했다.

그리고 사회 분야는 기존에 소외됐던 사회적 주체들의 권익 향상을 통한 민주주의 심화를 목표로 하고 있는 바, 여성 및 노동의 권익 보장, 창의적 인재 개발을 위한 교육 혁신, 중산층 안정화, 그리고 생산적 복지의 실현을 그 구체적 내용으로 삼은 바 있다. 그리고 문화 분야에서는 민족문화의 세계화를 통한 문화산업의 진흥을 목표로 했다. 이는 요즈음 한창 논의되고 있는 '한류'의 세계적 확산과 그 맥을 같이한다 하겠다.

그리고 외교·안보·통일 분야의 국정운영은 이념에 함몰돼 국익이 훼손됐던 기존의 냉전적 태도에서 벗어나 현실적인 관점에서 탈냉전 국제질서 변화에 능동적으로 대응하는 것에 그 목표를 뒀다. 이를 위해 남북한 화해협력의 실현, 냉전구조의 해체와 자주적 집단안보의 구축, 그리고 국익 중심의 경제문화외교의 강화 등을 세부 목표로 제시했다.

표 1-2-1 김대중 정부 국정 목표

분야	분야별 국정 목표
정치	• 정치개혁을 통한 참여민주주의 확대 • 부정부패 척결 • 정치 보복 금지 • 지역 차별 철폐 • 지방자치제의 발전
경제	• 경제위기 극복 • 신성장동력 창출 • 경제 재도약의 발판 마련
사회 · 문화	• 여성 및 노동의 권익 보장 • 창의적 인재 개발을 위한 교육혁신 • 중산층 안정화 • 생산적 복지의 실현 • 민족문화의 세계화 • 문화의 산업화
외교 · 안보 · 통일	• 국익 중심의 경제 · 문화 · 외교의 강화 • 남북한 화해협력의 실현 • 냉전구조의 해체와 자주적 집단안보의 구축

자료: 대통령비서실(1999: 59-66); 국정홍보처(2003).

국민의 정부는 김대중 대통령이 지향하는 국가적 비전을 구현하기 위해 당시 정부가 처해 있던 국내외적 현실을 고려한 국정 목표를 설정한 것이다.

제2절 국정기조 및 국정과제

그러면 위와 같은 국정운영 목표 실현을 위한 김대중 정부의 국정기조와 국정과제는 어떤 성격을 띠고 있었는가?

1. 국정기조

국정기조는 국정운영의 기초가 되는 일련의 원칙, 규범, 그리고 지침으로 정의 내릴 수 있다. 바꿔 말하면 국정을 운영하는 철학과 지도 원칙이다. 김대중 정부는 크게 '참여민주주의,' '민주주의와 시장경제의 병행 발전,' '생산적 복지,' 그리고 '화해협력(일명 햇볕정책)'이라는 기조에 따라 국정에 임했다고 평가할 수 있다.

참여민주주의는 김대중 대통령의 개인적 체험과 신념의 발로라 하겠다. 국민이 주인이 되는 '국민의 정부'를 표방했던 김대중 정부로서는 지극히 당연한 국정기조라 하겠다. 정치개혁을 통해 국민 참여의 민주적 공간을 확장해 나가는 동시에 국민의 요구에 부응하는 책임 있는 정부를 만들어 나가겠다는 의지의 표명이기도 하다. 이와 더불어 중앙집권적 권력구조를 탈피한 분권과 지역·계급 갈등을 뛰어넘는 국민 화합을 국정기조로 삼았다(김대중, 1997: 29-44).

DJnomics라고 불리는 '민주주의와 시장경제의 병행 발전'이라는 국정기조는 김대중 정부 경제정책 운영의 기본 지침으로 작용했다. 김대중 대통령은 이미 대통령에 당선되기 전인 1994년 *Foreign Affairs*지 기고를 통해 지속적인 경제 성장을 위해서는 반드시 민주주의가 필요하다는 입장을 역설한 바 있다(Kim, 1994: 189-194). 그 연장선상에서 민주주의와 시장경제는 자유, 경쟁, 책임이라는 원칙을 공유하고 있기 때문에 배타적 관계에 있는 것이 아니라고 강조하며 이 둘을 슬기롭게 조화시킬 때 평등과 효율이 보장되고 민주주의와 경제 성장이 동시에 실현될 수 있다고 보았던 것이다(대한민국정부, 1998:

51-66). 그러나 질서자유주의라는 시각에서 정부의 과도한 개입을 통한 관치경제는 청산하면서도 자유경쟁과 자기책임의 원칙 아래 시장이 원활히 작동할 수 있는 질서의 틀을 국가가 제공해야 한다는 입장을 보였다. 이런 방식으로 시장에 대한 정부 개입의 여지를 남겼던 것이다(대한민국정부, 1998: 60-61).

생산적 복지도 국정기조의 한 축을 이뤘다. 외환위기와 IMF의 조건부(conditionalities)에 따른 구조조정은 중산층과 서민들의 엄청난 희생을 전제로 하는 것이었다. 사회적 안전망 구축이 시급했다. 이런 맥락에서 김대중 대통령은 1999년 8・15 경축사를 통해 '생산적 복지'를 사회정책의 기조로 제시했던 것이다. 생산적 복지는 "중산층 육성과 서민생활 향상을 목표로, 인간 개발 중심"의 복지정책을 펴는 것을 의미한다. 국민들의 기초생활을 보장하고 직업훈련과 평생교육을 통해 그에 맞는 일자리를 찾아주는 동시에 의료, 고용, 산재보험과 국민연금 제도를 내실화하겠다는 것이 주요 골자다(대통령비서실 삶의질 향상기획단, 1999: 33-41).

마지막으로 햇볕정책으로 불리는 '화해협력' 정책도 대북 및 대외정책의 기조로 작용했다. 김대중 대통령은 취임사에서 그 기조의 성격을 세 가지로 압축해 국민들에게 제시했다. 첫째는 북한의 어떠한 군사 도발도 용납하지 않겠다는 불용(不容)의 원칙이며, 둘째는 북한을 해치거나 흡수할 의도가 없다는 불가(不可)의 원칙이며, 끝으로 북한과의 화해와 협력을 가능한 분야부터 적극적으로 추진해 나가겠다는 화해협력의 원칙이다. 이와 더불어 국제 공조를 통해 냉전구조를 해체하고 한반도와 동북아에 평화 체제를 구축하겠다는 것이다(대통령비서실, 1999: 64-66).

그러나 이러한 국정기조가 고정적인 것은 아니었다. 시간과 상황에 따라 변화돼 갔다. 〈표 1-2-2〉는 국정기조를 나타내 보이는 국정지표의 연도별 추이를 정리한 것이다(취임 첫 해인 1998년 제외). 경쟁력 강화, 지식정보화 사회, 국민화합 실현, 남북화해 협력 증진 등은 일관된 국정지표로 나타나고 있으나 다른 분야는 시간과 상황에 따라 변화하고 있음을 보여주고 있다.

좀 더 구체적으로 매년 제시되고 있는 경제에 관한 내용도 집권 초기인 1999년에는 위기 극복과 재건 등의 담론이 제시됐고 1999년에는 문화관광의 진흥, 1999년과 2000에는 국정개혁 담론이 제시됐다. 여기서 1999년에 문화관광 분야 담론이 제시된 것은 유독 눈에 띄는 부분이며 외자 확보가 절실했던 당시 여건을 반영한 것이라고 볼 수 있다. 그리고 '재건', '개혁' 등의 국정지표는 국난 극복을 위한 구조개혁을 강조한 것으로서 당시 시대적 상황을 반영한 것이다.

표 1-2-2 김대중 정부 연도별 국정지표

연도	국정지표
1999	▲국정개혁의 강화 ▲경제재건의 시작 ▲국민화합의 실현 ▲지식기반의 확충 ▲문화관광의 진흥
2000	▲국민화합의 구현 ▲국정개혁의 완수 ▲신지식인 사회의 실현 ▲세계 일류경제의 지향 ▲남북협력의 촉진
2001	▲민주인권국가 구현 ▲국민대화합 실현 ▲지식경제강국 구축 ▲중산층과 서민 보호 ▲남북 평화협력 실현
2002	▲일류경제 경쟁력 실현 ▲중산층과 서민생활 향상 ▲남북화해와 협력 증진 ▲완벽한 공명선거 실시 ▲국제 경기대회의 성공(월드컵)

자료: 대통령비서실(2000: 716); 대통령비서실(2001: 729); (1998년 12월 22일자; 2000년 12월 31일자); 경향신문(2001년 12월 25일자).

이것이 2000년부터는 변화의 조짐을 보여 취임사에도 크게 부각되지 않았고 1999년도에는 빠졌던 남북관계 개선에 대한 내용이 국정지표에 반영되어 퇴임 전까지 지속됐다. 그리고 경제 분야에서도 2000년부터는 발전의 뉴패러다임과 같은 적극적 성격이 담긴 담론으로 변했다. 그리고 2001년에는 '민주인권국가 구현'과 '중산층과 서민 보호'라는 내용이 처음 나오기 시작했는데 경제 회복에 대한 자신감에 기초해서 생산적 복지 및 민주주의 공고화를 지향한 김대중 대통령의 정치적 정체성이 반영된 결과라고 할 수 있다. 이렇게 보면 국정지표를 통해서도 위와 같은 국정기조의 내용과 변화의 흐름을 포착할 수 있다.

왜 이런 변화가 나타나는가? 김대중 정부 초기에는 외환위기를 초래한 한국 경제의 구조적 적폐를 해결함과 동시에 외환위기로 인해서 발생한 사회경제적 악화 현상을 동시에 해결해야 하는 난제를 안고 있었다. 일반적으로 볼 때 경제는 국가 운영의 주요 요소로서 어떠한 정부든 경제정책은 국가안보와 함께 가장 중요시하는 부분이다. 그런데 이 시기 경제위기는 국가적 위기로 규정할 수 있을 정도로 심각한 상황이었기 때문에 이 부분에 대한 정부의 관심이 집중될 수밖에 없었다. 그래서 김대중 정부 초기에는 당면한 국가적인 경제위기의 극복을 위해 정치사회 세력 사이의 갈등이 심화되는 것을 막고 내부 동력 확보를 최우선시하는 국정기조 하에서 국정운영에 임했던 것이다.

예를 들어 인사와 관련해서 보면 초기 정부 구성에서 구 여권 출신 인사들을 대거 등용해 정권 교체에 따른 보수층의 반발을 최소화하려 했다. 이종찬 씨를 인수위위원장에 임명하고 안기부장(1999년 1월에 국가정보원으로 개명)에 임명한 것, 초대 내각의 통일부 장관에 강인덕 씨를 임명한 것, 6공 인사인 김중권 씨를 초대 비서실장에 임명하는 등의 인사 조치는 이와 같은 연장선상에 있다.

또한 집권 초반기 급박한 경제위기 상황 속에서는 사회적 합의가 용이한 경제개혁 이슈에 초점을 두었다. 그리고 정치적 정체성과 결부된 이념적 이슈에 대해서는 정책 우선순위에서 후순위로 미루거나 진행 과정에서 타협적인 모습을 보이면서 보수 세력의 이념적 · 감정적 반발을 최소화하기 위해 노력한 것으로 보인다.

사상전향제를 폐지하면서 진보적 요구를 받아들이는 한편, 준법서약서를 도입하면서 보수층의 반발을 고려한 것은 이에 대한 방증이라 하겠다. 이는 모든 양심수에 대한 조속한 석방을 당연시했던 인권단체들의 반발을 초래했는데 이는 보수층을 고려한 행보였다.[3] 국가보안법 개정문제 등에서도 1999년에 가서야 개정 움직임이 본격화됐고 햇볕정책 역시 초기에는 정부의 직접적인 조치를 자제하면서 분위기 조성에 치중한 바 있다. 그리고 민주화 관련 입법 역시 1999년 12월 28일에 가서야 「민주화 운동 관련자 명예회복 및 보상 등에 관한 법률」과 「의문사 진상 규명을 위한 특별법」과 「제주 4 · 3 사건 진상 규명 및 희생자 명예회복에 관한 특별법」 등이 통과됐다. 김대중 대통령과 정치적 동지였던 재야 인사들이 초반부터 강하게 요구했던 사안이라는 점을 감안하면 이 역시 뒤늦게 이뤄진 것이다.

이러한 점으로 인해 김대중 대통령 초기에 재야 인사들 사이에서 김대중 대통령이 보수층을 지나치게 고려해 제대로 개혁을 하지 못한다는 이유로 상당한 반발을 보이기도 했다.[4] 그만큼 경제위기 극복을 위해 보수층의 반발을 최소화하기 위한 전략적인 목적을 갖고 접근했던 것이다. 이런 상황 속에서도 김대중 대통령은 당면한 경제위기를 조속히 극복한 후에 자신이 원래 지향했던 국정 비전 실현을 위한 의지를 밝혔고,[5] 실제

---

3) 준법서약서 문제는 준법서약서 작성을 거부해 1998년 양심수 석방 과정에서 제외됐던 강용주, 조상록이 1999년 3 · 1절 특사로 석방되면서부터 유명무실해졌다. 이는 사상전향제 폐지 이후에 도입한 준법서약서 역시 정당성이 부족하다는 판단을 김대중 정부도 하고 있었다는 것을 보여주는 것이다. 이는 보수 세력과의 이념적 갈등을 최소화하려는 김대중 정부의 초기의 정책기조를 보여주는 대표적인 사례다.

4) 한완상은 1998년 5월 초에 재야의 분위기를 다음과 같이 전하고 있다. "며칠 뒤 만난 김상근 목사도 김 대통령이 표와 세에만 관심을 쏟는다고 염려했다. 대통령이 된 뒤에는 재야 세력과 함께 새 정치를 시도할 생각이 별로 없는 듯하다고 걱정했다. 그는 당장 청와대 사람들과 '말이 통하지 않는다'고도 했다. 정말 정권 교체를 한 것인가를 묻게 한다"(한겨레신문, 2012. 10. 30).

5) 1998년 8·15 경축사에서 김대중 대통령은 다음과 같이 말했다. "국민 여러분과 같이 1998년은 전면적인 개혁에 총력을 다하고, 1999년 말까지는 IMF관리체제를 종결할 수 있도록 하겠습니다. 그리고 2000년부터는 우리 한국이 세계 일류국가의 대열에 참여하는 민족의 재도약을 반드시 실현시키겠습니다"(대통령비서실, 1999: 433). 당시 밝힌 의지대로 김대중 정부는 실제로 1999년과 2000년 사이에 국정운영 기조에 큰 변화가 발생하게 된다. 이렇게 보면 김대중 대통령은 취임 6개월을 보낸 시점에서 자신의 지론인 '상인적 현실 감각과 서생적 문제의식의 조화'

로 집권 2년차를 넘어서 3년차인 2000년에 접어들면 김대중 정부는 경제위기 회복에 대한 자신감을 갖게 되면서 서서히 자신의 정체성에 맞는 이념적 이슈에 대해 공세적 태도를 취한 것으로 보인다.

김대중 정권의 공세적인 국정기조는 2000년 6월 남북정상회담 이후에 강화됐다 할 수 있다. 2001년에는 국세청이 23개 중앙언론사에 대한 세무조사를 전격적으로 시행해 대형 언론사와 갈등을 빚기도 했는데, 이는 민주화 이후 언론의 영향력이 더욱 강해진 상황에서 대형 언론사와 갈등을 불사한 김대중 정권의 태도는 정치적 평가를 떠나서 충격적인 이벤트였다.

또한 자민련과의 공동정권 파기 과정에서도 비슷한 기조가 나타났다. 김대중 정권은 16대 총선에서 기대만큼의 성과를 거두지 못했고 총선을 앞두고 공동정부를 파기한 자민련 역시 교섭단체 구성에 이르지 못하게 되자 양당의 이해관계가 맞물려서 자민련과의 공조 논의가 본격화됐다. 그 과정에서 자민련의 교섭단체 구성을 지원하는 대가로 공조를 복원해 소위 '의원 꿔주기'라는 불명예스러운 일까지 감수해야만 했다. 이처럼 '의원 꿔주기'라는 오명을 뒤집어쓰면서까지 자민련과의 공조를 하려고 했음에도 자민련이 2001년 9월에 햇볕정책의 상징이었던 임동원 장관에 대한 해임건의안을 밀어붙였을 때 김대중 대통령은 이를 거부했고 그 결과 공동정부 구성은 다시 파기됐다. 이는 과거와는 다른 적극적이고 공세적인 정국 운영 기조를 보여주는 것이다.

이와 같은 기조는 국내 정치에서만이 아니라 외교에서도 나타났다. 김대중 대통령은 2001년 푸틴(Vladimir Putin) 러시아 대통령을 만나서 탄도탄 요격미사일(ABM) 조약을 지지했는데 ABM조약은 부시 행정부가 추진 중인 MD 구축을 위해서는 파기돼야 하는 것이었다. 그래서 김대중 대통령의 입장은 결과적으로 MD에 대한 반대, 최소한 한국의 MD 참여 반대라는 입장으로 이해될 수 있었고 이는 같은 해 3월 한미정상회담에서 부시 대통령이 김대중 대통령을 'this man'이라고 호칭한 배경으로 언급되기도 했다.

이처럼 2000년 6월 이후에 김대중 대통령의 국정기조와 정책 추진 방향은 전반기와 판이할 정도로 상당히 공세적인 방향에서 진행됐다고 할 수 있다. 그리고 이는 2000년 6월 남북정상회담으로 형성된 한반도 탈냉전 프로세스를 가속화하고 그에 따른 한국 사회의 변화를 도모하고자 하는 방향에서 이뤄진 것으로 추정된다. 그리고 집권 중반 이후에는 이를 통해 정치사회적 기반의 변화와 재구축을 도모하는 것에 목적을 뒀다고 할

라는 정치관에 기초해서 집권 초반과 중반 이후의 국정운영 기조에 대한 틀을 이미 구상해놓았던 것임을 알 수 있다.

수 있다.

2. 국정과제

이제 김대중 정부 국정 비전과 목표 실현을 위한 구체적인 과제에 대해 살펴보자. 이와 관련해서 먼저 살펴볼 내용은 인수위에서 제시한 국정과제다. 인수위는 1998년 2월 12일에 '국민의 정부 품질혁신을 위한 100대 국정과제'를 발표해 집권 기간 내내 구현하고자 하는 김대중 정부의 목표 및 구체적인 실행과제를 제시했다.[6]

인수위에서 제시된 분야별 국정과제의 내용을 살펴보면 먼저 경제 분야는 당면한 외환위기 극복을 위해 경제구조 개혁과 신성장동력 창출에 관한 내용을 주로 제시하고 있고, 통일 · 외교 분야에서는 평화와 국익과 관련된 내용을 제시하고 있다. 교육 · 문화 ·

표 1-2-3 김대중 당선자 인수위원회 국정과제

분야	각 분야 영역별 국정과제
경제	- 경제 안정과 재도약 토대 마련 - 21세기 정보화사회 준비 - 과학기술 진흥과 산업 체질 개선 - 공정한 경쟁틀 마련해 경제정의 실현 - 농업생산자와 소비자가 혜택을 받는 농정개혁 - 해양자원 활용으로 해양부국 실현 - 노사정이 함께 협력하는 사회 - 국토의 효율적 이용과 교통정책 선진화
통일 · 외교	- 평화통일로 가는 기반 조성 - 국익의 극대화를 위한 능동적 외교활동 전개 - 튼튼한 국방: 신뢰받는 군대 확립
교육 · 문화 복지 · 환경	- 학생 · 교원 · 학부모 만족의 교육 서비스 제공 - 국민의 문화욕구 충족 - 삶의 질을 높이는 복지행정 개선 - 맑고 깨끗한 환경보전
정무 · 법무 · 행정	- 남녀가 평등하게 일하는 사회 - 인권이 존중되는 법치사회 - 지역주민에게 품질 좋은 행정 서비스 제공 - 중앙정부의 경쟁력 강화

자료: 제15대 대통령직인수위원회(1998: 48-130).

복지 · 환경 분야의 국정과제는 삶의 질 향상과 관련된 내용으로 구성돼 있으며, 정무 · 법무 · 행정 분야의 국정과제는 참여민주주의 및 민주주의 확장된 분야로 구성돼 있다.

인수위 100대 과제가 행정부처별로 배분이 됐지만 몇 가지 문제점이 제기됐다. 대부분의 국정과제가 제도 및 의식 개혁과 관련된 것들이었던 것으로 국민의 동참 없이는 성공할 수 없다는 현실 인식이 대두됐다. 이와 더불어 100대 과제를 동시에 이행하기보다는 우선순위를 두어 순차적으로 실천하는 것이 좀 더 현실적이라는 견해도 제시됐다. 특히 개혁 어젠다의 경우, 대통령의 각별한 관심 없이 성공적인 결과를 낼 수 없기 때문에 대통령이 제도적으로 개입할 수 있는 장치를 만들어야 한다는 주장이 대두됐다.

제2건국운동과 그 기획을 맡은 제2건국위원회는 바로 이런 맥락에서 탄생했다. 1998년 8 · 15 경축사에서 김대중 대통령은 "제2의 건국은 우리가 역사의 주인으로서 국난에 처한 나라를 구하고 그 운명을 새롭게 개척하려는 시대적 결단이자 선택"이라고 규정했다. 더 나아가 '제2의 건국'을 "민주주의와 시장경제의 완성을 위한 민 · 관 합동의 총체적 국정개혁" 운동으로 격상시키면서 전국적 차원의 조직을 만들어 나갔다(대통령비서실, 1999: 425-433). 그뿐 아니라 인수위가 작성한 100대 국정과제를 7개 분야에서 21개 과제로 간추리고 분야별 우선순위를 분명히 했다. 〈표 1-2-4〉는 21개 과제를 우선순위별로 분류해놓은 것이다.

참여민주주의 분야에서는 정부혁신이 최우선 관제로 선정됐고 시민 참여 확대와 지역 갈등 극복이 그 뒤를 이었다. 자율적 시장경제 분야에서는 '경제 살리기'와 100만 일자리 창출이 주요 역점 과제였다. 그리고 당시 불확실성의 터널을 헤매고 있던 금융부문의 활성화를 위한 신용경제 구축과 공정거래의 제도화를 위한 경쟁환경 조성이 뒤를 이었다. 사회 정의 실현 분야에서는 예상했던 대로 부정부패 추방이 최우선 과제로 등장했고 인권국가 확립과 안전사회 건설도 핵심 과제로 선정됐다.

세계화의 도전에 능동적으로 대응하기 위한 보편적 세계주의 구현 영역에서는 세계기준(global standard)에 상응한 기업, 금융 시스템 선진화가 역점 과제로 선정됐고, 국제교류 협력 증진과 세계 시민교육과 문화한국 건설이 그 다음 과제로 분류됐다. 또한 창

---

6) 여기서 '품질혁신'이라는 기업조직에서 사용되는 용어를 사용한 것은 외환위기에서 보듯 국가의 실패라는 현실 속에서 부상한 신자유주의 지배 담론의 영향력을 보여준다고 할 수 있다. 신자유주의적 처방에 대한 평가는 극단적으로 갈리고 있으나 이 당시 국민의 정부를 구성한 핵심 엘리트들은 위기에 처한 기존의 권위주의 발전 전략의 대안으로서 신자유주의적 요소를 수용한 것 자체는 객관적인 사실이다.

조적 지식기반 구축 분야에서는 창의적 인적자원 개발, 정보 인프라 구축, 그리고 과학기술 미디어 산업의 진흥 개혁이 최우선 과제로 채택됐다. 그리고 신노사문화 창출 분야에서는 노사 협력과 신뢰 구축이 최우선 과제로, 생산적 복지 체제의 확립과 사회안전망의 구축이 그 뒤를 이었다.

마지막으로 남북간 화해와 남북간 화해환경 조성 분야에서는 남북간 화해환경 조성, 남북교류협력 강화, 그리고 포괄적 안보 체제 구축이 최우선 기획과제로 채택됐다.

이처럼 김대중 정부는 인수위와 제2건국위원회를 통해 국정과제에 대한 내용을 정리했다. 그리고 특히 제2건국위원회를 통해 교수, 전문가, 시민사회 인사들까지 참여해 국정과제의 내용을 논의할 수 있게 되어 참여민주주의 구현이라는 김대중 대통령의 정치철학이 반영됐다고 할 수 있다.

표 1-2-4 제2건국위원회 21대 기획과제

7대 중점 추진과제	21대 기획과제 우선순위
참여민주주의	1. 정부혁신 2. 시민 참여 확대 3. 지역 갈등 극복
자율적 시장경제	1. 경제살리기(100만 일자리 창출) 2. 신용경제 구축 3. 경쟁환경 조성
사회 정의 실현	1. 부정부패 추방 2. 인권국가 확립 3. 안전사회 건설
보편적 세계주의 구현	1. 세계 기준(global standard)에 상응한 기업, 금융 시스템 선진화 2. 국제 교류협력 증진 3. 세계 시민교육과 문화한국 건설
창조적 지식 기반	1. 창의적 인적자원 개발 2. 정보 인프라 구축 3. 과학기술 미디어 산업의 진흥 개혁
신노사문화 창출	1. 노사 협력과 신뢰 구축 2. 생산적 복지 체제의 확립 3. 사회안전망의 구축
남북간 화해와 남북간 화해환경 조성	1. 남북간 화해환경 조성 2. 남북교류협력 강화 3. 포괄적 안보 체제 구축

자료: 제2의 건국범국민추진위원회(1999).

제3절 김대중 정부 시기 정치적 · 사회적 이슈와 이에 대한 정부의 대응

민주주의 국가에서의 국정과제 수행은 다양한 도전에 직면하게 된다. 정부는 안정적인 통치 기반을 구축해 정부정책을 일관성 있고 지속적으로 추진하고자 하지만 그 과정에서 '승자와 패자'가 발생하게 되고, 승자는 기득권을 유지하는 반면 패자는 저항하기 마련이다. 이들 정치 · 사회 세력 사이의 갈등을 조율하는 일은 국정과제 이행에 매우 중요한 변수가 된다. 김대중 정부도 예외는 아니었다. 특히 외환위기라는 국난 극복 과정에서 과거 어떤 정부에서보다 이러한 현상이 두드러지게 나타났다.

1. 정치사회적 이슈와 정치적 기반 구축

김대중 정부의 출범은 순탄치 못했다. 자민련과의 연합을 통해 대선에서는 승리했지만 여소야대 구도 하에서 국정운영의 주도권을 잡지 못하고 있었다. 그뿐만 아니라 IMF 관리 체제에 따른 과도한 구조조정은 대기업과 중소기업의 대규모 연쇄 파산을 야기했고 실업자들의 수는 눈덩이처럼 불어났다. 수많은 중산층과 서민이 고금리 정책의 희생자가 되면서 집을 잃고 '홈리스'로 거리에 나서기도 했다. 일부 중소기업체 오너들은 자살이라는 수단을 통해 생을 마감하기도 했다. 한마디로 희망은 보이지 않았고 집단 트라우마가 우리 사회의 암울한 모습으로 나타나고 있었다. 이러한 절망적 상황 속에서 국정운영의 틀을 짜나간다는 것은 여간 어려운 일이 아니었다(최장집, 1998: 133).

정권 초기 통치 기반을 확고히 하기 위해 김대중 정부는 연립정부의 한 축이었던 자민련과의 공조를 강화할 수밖에 없었다. 비록 이념과 정강정책에서 현저한 차이가 있긴 했지만 자민련과의 공조는 대국민 약속이기도 했고 여소야대라는 정국 구도 하에서 필연적 선택이었다. 특히 새정치국민회의나 새천년민주당 등 민주화 운동 세력의 정치사회적 기반이 취약했기 때문에 더더욱 그랬다. 그러나 그에 따른 정치사회적 부담 역시 적지 않았다.

더 심각했던 문제는 자민련과의 공조로도 국회 다수 세력이 되지 못했고 당시 야당이 된 한나라당의 정치적 저항이 강력했다는 점이다. 한나라당은 아예 김종필 총리 임명동의안 처리를 거부함으로써 '국민의 정부' 출범 자체를 막아섰다. 한국 헌정사에서 최초로 정권을 당시 야당에게 넘겨준 한나라당으로서는 정치적 공황 상태에서 쉽게 벗어날 수 없었다. 그 때문에 그에 대한 반사작용으로 강경노선을 취할 수밖에 없었고 심지어는 지역 감정을 악용해 반DJ 정서를 확산시켜 나가려 했던 것이다. 이에 대한 대안으로 결국 김대중 정권은 자신들이 야당 시절 그렇게 비판했던 '의원 빼오기'라는 무리수를 두게 되는 상황에까지 이르렀다.

이렇게 집권 전반기를 보낸 김대중 정권은 2000년 4월 16대 총선을 앞두고 새로운 변화를 시도했다. 새천년민주당 창당에서 보듯 의회에서의 다수파 확보 전략은 그대로 지속하면서 집권 초반과 달리 시민사회의 기반을 통한 정치력 확보 전략을 강화하기 시작했다. 그래서 2000년 16대 총선을 앞두고 자민련과의 공조가 파기된 상황에서 김대중 정권은 학생운동권 출신 386 정치인들을 대거 영입하고 시민사회의 낙천낙선운동에 대한 사실상 지지 입장을 밝히면서 독자적으로 정치적 기반을 새롭게 구축하려 했다.

1990년대 초반 민주화 이행이 완료되면서 시민운동의 방향은 현실 정치보다는 경제 · 사회적 이슈 등에 치중했다. 그러나 총선시민연대는 그 때까지의 현실 정치 불개입에서 방향을 전환해 적극적 정치 개입을 시도했는데 이에 대한 국민적 지지는 가히 폭발적이었다(조희연, 2004: 364-372). 이들은 공동정부의 한 주체였던 김종필 총리마저 5 · 16쿠데타에 가담했다는 이유로 낙천 · 낙선 대상자 리스트에 포함했다.

그러나 총선의 결과는 결과적으로 실패로 돌아갔고, 자민련과의 공조 재개를 시도하긴 했지만 임동원 장관 해임건의안 문제로 물 건너갔다. 그리고 2001년 집권 민주당 내에서의 정당개혁운동에 대해 김대중 대통령은 용인하는 자세를 취했고, 이는 시민사회 내의 정치개혁 움직임에 호응하는 것이었다. 그 결과 2002년 민주당 대통령 후보 경선에서 당내 기반이 취약한 노무현 후보가 국민경선제를 통해 대통령 후보에 당선될 수 있었던 것이다. 이처럼 집권 중 · 후반기 김대중 정권은 통치 기반을 구축할 때 시민사회 내에서의 역량 확보에 초점을 뒀다고 할 수 있다.

2. 정치사회적 이슈에 대한 대응 원리: 민주주의와 참여

과거 권위주의 정권 하에서의 정부정책은 상명하달의 일방향적으로 추진됐다. '국가가 결정하면 시민 사회는 이를 따른다'는 등식이 보편화됐다. 그러나 민주화가 진전된 이후 정치, 정책 결정 지형은 크게 변하기 시작했다. 국가의 힘보다는 시민사회의 압력이 더 큰 변수로 등장했다. 특히 방사능폐기물 처리장 사례에서 볼 수 있듯이 님비(NIMBY) 현상을 유발하는 정책 분야에서 시민사회 세력의 반발이 거셌다. 또한 외환위기 극복을 위한 구조개혁 과정에서 다양한 이해관계를 갖는 사회 세력들 사이의 갈등이 심화됐는바, 김대중 정부는 이러한 사회 갈등 상황에 대해 민주적 방식을 통한 조율을 시도했다(김삼웅, 2010: 330).

노동문제에 대한 정부의 대응이 그 대표적 사례라 할 수 있다. 한국의 권위주의 국가는 노동배제형 경제 발전 전략을 추진했고(최장집, 1997), 1996년 겨울 노동법 개정 파문에서도 보듯이 문민정부인 김영삼 정권까지도 그와 같은 기조는 유지됐다. 그로 인한 노사 갈등은 한국 경제의 발목을 잡을 수 있는 잠재적 시한폭탄이었으나 이에 대한 정책 전환은 이뤄지지 않았다. 이런 상황에서 발생한 외환위기는 노동자 생존권을 더욱 악화시켜서 이 자체가 커다란 사회적 문제로 비화될 가능성이 농후했다. 더군다나 국가가 이를 원만하게 조율하지 않을 경우 생존권이 위기로 몰린 노동계의 반발로 인해 진퇴양난의 상황이 초래될 수도 있었다. 이와 같은 상황에서 김대중 대통령은 인수위 시절에 노사정위원회를 통해 노동운동 세력을 적극적으로 포용해 노동계의 요구를 받아들이면서 갈등을 해소하려는 모습을 보였다.[7] 노사정위원회는 그동안 배제돼 있던 노동운동이 1987년 이후 실질적인 정치적 자유와 권리를 인정받게 됐다는 것을 의미하는 것으로서 그 의의가 크다 하겠다. 그리고 이는 경제위기 극복에 결정적인 역할을 했다는 점에서 민주적 리더십의 정책적 효용을 확인할 수 있는 대목이다.

그리고 의약분업 시행과 관련된 갈등 해소 과정에서도 이러한 조율 노력이 나타나고 있다. 의약분업은 전문의약품에 대해 의사의 처방을 통해서만 환자가 접근할 수 있도록 한 제도로서 국민건강 증진을 위한 획기적인 조치였다. 이와 같은 의약분업은 2000년 1월 약사법이 개정돼 2000년 7월부터 실시될 예정이었으나 전공의들을 중심으로 한 의료계의 파업이 장기화되면서 심한 진통을 겪게 됐다. 김대중 정부는 기존 정부와는 다르게 26차에 걸친 의정 대화, 7차에 걸친 약사들과의 대화, 6차례에 걸친 의·약·정 협의회를 개최하는 등 의사와 약사 사이의 이해관계를 민주적인 방식으로 조정해 결국 2000년 12월에 의·약·정 합의에 의한 약사법 개정안을 마련할 수 있었다.[8] 그 뒤 의

7) 김대중 대통령은 1950년대 중반 한국노동문제연구소 주간을 맡아서 노동문제에 관한 다양한 기고활동을 하는 등 이미 젊을 때부터 노동문제 전문가였다. 그리고 김대중 대통령은 그 당시부터 노동조합의 자율성을 옹호했고 이는 훗날 대중경제론의 사상적 기초가 된다.

약분업은 안정적으로 착근하여 국민건강 증진과 의료 시스템 발전에 크게 기여한 바 있다. 이 역시 사회 갈등의 민주적 조율 결과라 할 수 있다.

지역 개발과 관련된 환경 분야의 동강댐 건설 백지화 과정에서도 이러한 중재, 조율 노력은 나타났다. 1990년 10월 홍수조절용 댐으로 검토됐던 동강댐은 1991년 5월 제3차 국토종합 개발에서 용수 공급을 더한 다목적댐으로 추진되다가 이후 건설교통부와 한국수자원공사가 수도권 홍수 예방과 물 부족을 이유로 규모를 확장해 7억 6천만 톤 저수량의 댐으로 기획됐다. 이에 1997년 10월에 환경운동연합이 반대운동을 전개하면서 시민사회 내의 저항이 본격화되자 2000년 3월의 민관공동조사단의 의견을 수용해 김대중 대통령은 2000년 6월 동강댐 건설 계획안을 백지화했다.[9] 이는 기존 국책사업에 대한 정부의 태도와는 판이한 것으로서 지역주민을 비롯한 시민사회의 의사를 존중하는 민주적 리더십의 결과다. 과거 권위주의 정권 하에서는 국익을 내세워서 지역주민의 요구를 묵살하고 억압하면서 국책사업을 밀어붙이는 경우가 다반사였는데 동강댐 경우에서 보듯 김대중 대통령은 민주적 리더십을 통해 문제를 원만하게 해결한 것이다.

이처럼 김대중 정부는 사회적 갈등 해결 과정에서 민주적 리더십을 통한 개입과 조율을 통해 사회적 비용을 줄이고 정책 효과를 극대화시키는 모범적인 성과를 냈다고 평가할 수 있다.

제4절 정부 정책기조 및 추진체계

이제까지 김대중 정부의 국정 비전, 목표, 기조, 과제, 정치사회적 이슈에 대한 대응 양식을 살펴보았다. 이와 같은 정부 국정운영의 기본적 내용은 결국 개별 정책으로 구체화된다. 그래서 여기에서는 위와 같은 김대중 정부의 전체적인 국정운영의 방향에 의해 형성된 분야별 정책기조와 구체적 정책의 내용에 대해 살펴보려고 한다.

---

8) 의약분업에 관련된 구체적인 내용은 이현출(2001: 217-236)을 참조.
9) 동강댐에 관련된 구체적인 내용은 정진주(2001: 238-266)를 참조.

1. 경제 분야

경제 분야와 관련된 김대중 정부 정책기조는 크게 두 가지로 나눠볼 수 있다. 그 하나는 외환위기 극복을 위한 구조개혁이며, 다른 하나는 분야별 신성장 동력 창출을 위한 전략 개발이었다.

그러면 먼저 구조 개혁의 구체적 방향과 정책을 살펴보도록 하자. 김대중 정부 출범 당시 국내 경제적 여건은 매우 어려운 상황이었다. 1997년 12월 당시 외환보유액은 39억 달러에 불과했고 외채는 1,592억 달러에 달했다. 그리고 집권 초기 소비자 물가 상승률은 7.5%였는데 이는 전년도인 1997년의 4.5%보다 1.7배가량 높은 수치였다. 경제성장률은 마이너스 6.7%였고 실업률은 1998년 6.8%였으며, 1999년에도 6.3%로 여전히 높은 상태로 이어지다가 집권 후반기에 가서야 4% 이하로 낮아졌다(국정홍보처, 2002: 13). 이처럼 경제의 기초 체력이 약화된 것뿐만 아니라 한국 경제의 신뢰를 회복하는 일도 시급해서 국내 기업 및 금융기관의 투명성 확보 및 국제적 기준에 부합하기 위한 개혁 조치 등이 이뤄져야만 했다.

김대중 정부는 우선 국가 부도 위기 극복을 위해 금 모으기 운동의 전개, 금융기관의 단기외채를 중장기 채무로 전환하기 위한 270억 달러의 정부 지급 보증에 대한 국회 동의 획득, 주요 채권은행들과 단기 외채 만기 연장에 대한 기본 합의 도출 등의 긴급 조치를 취했다. 그리고 각종 국제 금융기구로부터의 자금 도입을 계획대로 추진하는 동시에 적극적 외자 유치를 위해 1997년 말에 채권시장에 이어 1998년에는 주식 및 단기자금 시장을 개방했다. 그리고 외국인 직접 투자를 유인하기 위해 국내 부동산 취득 자유화 및 투자절차 간소화 등의 정책을 시행했는바(국정홍보처, 2003b: 150-153), 이러한 적극적 조치에 힘입어 외환위기의 도화선이 되었던 금융 분야를 안정화하는 데에 큰 효과를 냈다.

IMF 요구에 따라 한국 경제의 구조조정을 위한 기업·금융·정부·노동의 4대 부문 개혁을 추진하기도 했다(대한민국정부, 1998: 38-42). 금융 시스템의 정상화를 위해 공적 자금을 통한 금융기관의 회생을 지원해 재무 건전성과 투명성을 강화했고, 한국은행법과 통합금융감독기구설치법 등 13개 금융개혁입법을 통해 중앙은행의 독립을 보장하고 투기적 사적 이익 추구 행위에 의해 발생하는 금융시장의 교란을 막기 위한 정부의 관리감독 기능을 제도적으로 보강했다. 그리고 이 법에 의해 출범한 금융감독위원회는 금융기관의 구조조정을 주도하기도 했다(국정홍보처, 2003b: 158-160).

기업 부문에서는 재벌 개혁의 5대 기본 방향(기업 경역의 투명성 제고, 계열사 간 상호 지급 보증 해소, 재무구조에 대한 획기적 개선, 기업의 핵심 부문을 설정하고 중소기업과의 협력 강화, 지배 주주와 경영진의 책임 강화)을 제시했고, 기업 구조조정을 위한 각종 법률의 정비에 나섰다.[10] 공공부문의 경우 작고 강한 정부를 지향하는 국정 목표 실현을 위해 조직구조와 인력 감축을 했고 조직, 인사, 재정 주요 분야의 운영 시스템 개선을 통해 효율성 증가를 도모했다. 또한 규제개혁, 고객헌장제 도입, 민원 업무 개선 등 대(對)국민 서비스의 질 향상을 지향했다(국정홍보처, 2003b: 230-252).

그리고 노동 부문의 경우 노동기본권 확대(교원노조 합법화, 선거법과 정치자금법 개정을 통한 노동조합의 정치활동 보장－교원노조는 제외－, 민주노총 합법화), 실업대책(고용보험의 고용안정사업을 통한 고용 안정 지원, 직업훈련 및 취업 알선, 실업급여를 통한 긴급생활 안정 지원, 공공근로 사업을 통한 공공 분야 새로운 일자리 창출), 노동시장 유연화(1997년 3월 노동법 개정 당시 정리해고 2년 유예 조항을 폐지, 파견근로 입법화를 통해 파견근로를 양성화화여 이를 관리, 연봉제 등의 유연한 임금 체계의 도입) 등의 세 가지 방향으로 세부적인 정책이 제시됐다. 이와 같은 구조개혁 조치로 외환위기 및 경제위기를 초래한 각종 구조적인 모순을 해소하는 데에 큰 효과가 있었다(국정홍보처, 2003b: 253-267).

신성장 동력 창출을 위해서도 다양한 노력이 전개됐다. 우선 산업정책 측면에서 기존의 대기업 중심의 발전 전략에서 중소기업과 벤처기업에 대한 지원을 확대하는 각종 정책이 채택됐다. 경제위기 과정에서 극명하게 드러난 대기업 중심의 경제구조는 특정 대기업의 위기가 국민경제 전체의 위기로 비화될 수 있는 문제점을 갖고 있었기 때문에 이에 대한 보완으로서 중소기업의 중요성이 더욱 강조됐고, 이는 김대중 대통령의 경제 철학과도 부합했다. 따라서 기술력을 갖춘 중소기업에 대한 지원을 위해 중소기업청이 관할하는 기술개발자금의 규모를 대폭 확장해 1997년에 381억 원에 불과했던 지원 규모가 2001년에는 2,000억 원 수준에까지 이르렀고, '기술혁신형 중소기업(INN)-BIZ) 발굴·육성계획'를 수립해 2001년부터 2005년까지 5천 개의 기술혁신형 중소기업을 발굴, 육성한다는 파격적 정책도 수립했다(국정홍보처, 2003b: 560-567).

그리고 지식기반 사회로의 변화를 강조한 김대중 대통령은 "우리나라가 산업화는 늦었지만 정보화는 먼저 해야 한다"는 입장에 따라 지식정보화(IT) 분야에 대한 대대적인

10) 기업 구조조정과 관련된 10개 법률이 1998년 2월 14일에 개정됐다. 세부적으로 살펴보면 금융 및 회계와 관련된 은행법, 증권거래법, 주식회사의 외부감사에 등에 관한 법률 등과 조세 및 외국인 투자 제도와 관련된 조세감면규제법, 외국인 투자 및 외자 도입에 관한 법률·독점규제 및 공정거래에 관한 법률, 법인세법 등이 있고 도산 제도와 관련된 화의법, 파산법, 회사정리법 등이다.

정부 지원을 강화했다. 특히 추후 논란의 대상이 되기는 했지만 벤처산업에 대한 지원은 가히 파격적이었다. 또한 기존 주력 기간산업에도 IT화를 적극 지원하고 독려해 기존의 소위 '굴뚝산업' 분야가 변화된 환경에 능동적인 대응을 할 수 있도록 유도했다(김대중, 2010: 438-447).

그리고 농업 분야의 변화도 모색했다. 외환위기로 인한 환율 인상과 경기 침체 등은 농업 분야에도 큰 영향을 주었다. 따라서 경쟁력 강화를 명분으로 기존의 '구조 개선 농정'에서 '중소농 농정'으로 전환했고, 사업성이 검증되지 않은 무리한 시설 투자로 야기된 농가의 위기 심화를 방지하기 위해 1998년부터 국내 자원을 활용한 친환경적인 농업 경영으로 방향 전환을 유도하기도 했다. 이와 관련해 1998년 10월 농정개혁위원회를 설치, 1999년 1월에 농업·농촌발전계획 수립, 1999년 2월 농업·농촌기본법 제정, 2000년 1월 농업기반공사 출범 등을 통해 국민의 정부 농업정책의 방향을 추진하기 위한 법적·제도적 기반을 마련한 바 있다(국정홍보처, 2003b: 644-658). 그리고 농업 분야를 생명산업으로 인식한 김대중 대통령은 농업생명과학(BT) 육성을 강조해 2002년 3월에 '농업생명공학연구원'을 설립하기도 했다(국정홍보처, 2003b: 673-674).

해양 부문에서는 그동안 자원 및 국가발전 대상으로서 중요성이 낮게 평가됐던 해양의 중요성과 잠재력을 새롭게 인식한다는 정책기조 하에 '해양한국 21(OK21)'을 수립했다. '해양한국 21'은 '청색혁명을 통한 해양부국 실현'이라는 장기 비전 실현을 위해 '생명력 넘치는 해양국토 창조', '지식 기반을 갖춘 해양산업 창출', '지속 가능한 해양자원 개발'이라는 3대 목표를 제시했다(국정홍보처, 2003b: 682-685).

또한 김대중 대통령은 관광 분야를 산업경제적 관점에서 중요하게 인식했다. 김대중 대통령은 관광산업이 환경오염 및 국부 유출 논란도 없이 외화를 획득할 수 있다고 판단해 이에 대한 적극적인 정책적 지원을 펼쳤다. 그래서 1999년 국정지표에 '문화관광의 진흥'을 제시하면서 관광의 중요성을 강조한 김대중 정부는 1999년 1월 '관광 비전 21'을 수립해 2003년까지 외국인 관광객 700만 명 유치를 위한 체계적인 정책 프로그램을 개발 및 추진했다(국정홍보처, 2003c: 544-547).

2. 사회, 문화, 복지 분야

사회, 문화, 복지 등의 분야에서 김대중 정부의 전반적인 정책기조는 다양성과 자율성이 증가하는 시민사회 발전에 그 초점이 맞춰져 있었으며 이는 민주주의의 확대와 삶의 질 향상이라는 대승적 목표를 위한 것이었다.

우선 보건 분야를 보면 기존의 대량 생산 및 이윤 획득이 우선시되는 기업문화에 대한 저항으로 식품 안전에 대한 사회적 관심이 고조되고 있었다. 이러한 사회적 관심을 반영해 국민의 건강에 대한 국가의 관리감독의 강화를 지향해 나갔다. 특히 위해 요소 중점관리(HACCP) 제도를 확대 적용했고, 국민 건강의 위협 요인으로 제기됐던 의약품 오남용 문제 해결을 위해 의약 분업을 실시하기도 했다(국정홍보처, 2003c: 236-244).

그리고 1999년 신년사에서 김대중 대통령은 "고통도 같이 나누고 성공도 같이 나누면서 나름대로 사회 발전에 최선을 다할 수 있는 생산적 복지제도가 필요합니다"라고 천명하면서 생산적 복지에 대한 논의와 관련 정책이 본격화됐다. 김대중 정부는 보편적 복지의 입장에서 복지를 국가의 시혜로서 인식하고 접근했던 기존 정부와 달리 복지를 국가의 의무이자 국민의 권리로서 접근해 복지에 대한 국가의 태도 전반에 걸친 전환을 이뤄냈다. 이는 김대중 정부가 국민의 사회권(social rights)에 기초해서 국민연대성을 강화하는 방향으로 정책을 추진했다는 것을 의미한다(양재진, 2013: 225).

구체적으로 2000년 10월부터 「국민기초생활보장법」을 시행해 최저생계비 이하의 소득으로 생활하는 가계에 대한 국가의 지원이 이뤄지면서 공적 부조의 최소한의 기틀을 갖추게 됐다. 그리고 사회보험 분야를 살펴보면 먼저 국민연금의 경우 1999년 4월부터 도시지역 자영업자까지 확대 적용해 전국민 연금 시대를 열어서 고령화 사회에 대비하는 장기적 복지 전략의 초석을 세웠다. 그리고 1998년 10월에 의료보험을 통합해 의료복지의 새 장을 열었다. 1989년에 전국민의료보험이 실시되기는 했지만 이것이 조합별로 운영되다보니 부담 능력이 약한 저소득층의 상대적 부담이 과중되는 문제가 발생했다. 이러한 문제점 해결을 위해 사회보험의 기본 정신에 따라서 경제적 수준에 의해 보험료 납부가 이뤄질 수 있도록 의료보험을 통합한 것이다. 그래서 1998년 3월 '의료보험통합추진기획단'을 운영해 기획단의 건의로 「국민건강보험법」이 1999년 1월 6일에 통과됐고 그 이후 일부 수정(1999년 12월 31일 개정) 등의 과정을 거쳐 2000년 7월 1일 의료보험 통합이 이뤄졌다(국정홍보처, 2003c: 175-198). 그리고 저소득 장기 실직자들의 취업·창업을 지원하기 위한 242개의 자활후견기관과 168개의 고용안정센터를 설치하는 등 노동시장에서 자활할 수 있는 기반을 마련했다(국정홍보처, 2002: 60). 이처럼 '생산적 복지'를 내세운 김대중 정부의 복지정책은 어려운 여건 속에서도 한국 복지 발전에 패러다임적 전환을 이뤄냈다는 점에서 큰 의미를 부여할 수 있다(성경륭, 2002: 510).

환경 분야에서도 큰 정책 변화가 나타났다. 기존에는 경제 성장에 국가정책의 초점이 맞춰져 있어서 환경정책에 대한 국가적 관심은 약했다. 그러나 시민사회가 활성화되고 경제 성장도 일정 정도 이뤄지면서 경제 성장과 환경 보전을 동시에 고려하는 사회적 인식이 확산되기 시작했다. 이와 같은 변화가 환경정책 기조에 반영돼 2000년 6월에 '새천년 국가환경 비전'으로 구체화됐다. 4대 기본 원칙과 7대 정책 부문으로 구성된 '새천년 국가환경비전'의 최대 비전 목표는 모든 분야에서 친환경적인 여건을 정착시켜 '인간과 자연이 더불어 사는 생명공동체'을 구현하자는 것이었다. 그리고 4대 기본 원칙의 경우 ① 사후 처리에서 사전 예방 중심으로 전환, ② 시장경제와 민주주의에 입각한 환경행정, ③ 환경정책과 경제정책의 통합 운영 ④ 지구환경 보전을 위한 공동 노력 등이고, 7대 정책 부문은 ① 환경윤리 정착 및 환경교육 강화, ② 경제·산업 부문의 녹색화, ③ 환경친화적·계획적인 국토관리, ④ 기초생활환경 개선 기반 확립 ⑤ 환경과학기술의 발전, ⑥ 지구환경 보전에 적극 참여, ⑦ 녹색정부 체계의 구현 등이다(국정홍보처, 2003c: 275-280).

여성정책과 관련해서도 여성 권익의 증진을 통한 남녀 평등 기반을 확립을 위한 법적·제도적 기반이 크게 개선됐다. 김대중 대통령은 본인이 직접 1962년 이희호 여사와 결혼한 직후 사저 문패에 부인 이희호 여사의 이름을 함께 걸자고 할 정도로 남녀 평등에 대해서는 젊은 시절부터 관심을 갖고 실천을 해서 야당에 속해 있을 때도 이에 대한 적극적인 노력을 기울였다. 집권 이후인 1999년 2월에 「남녀차별 금지 및 구제에 관한 법률」이 제정돼 남녀 차별에 의한 인권 침해를 구제하기 위한 법적인 기반이 마련됐고, 2000년 2월에는 정당법을 개정해 비례대표 전국선거구 국회의원 후보자와 시·도 의회선거 비례대표 후보자 중에서 여성이 100분의 30 이상을 공천받도록 했다. 그리고 2001년 8월에는 「근로기준법」 「남녀고용평등법」 「고용보험법」 등 모성 보호법을 개정해 산전후 휴가를 60일에서 90일로 확대하고 유급 육아휴직급여는 고용보험기금에서 월 20만 원이 지급되도록 했다(국정홍보처, 2003c: 579-585). 그리고 여성정책을 총괄하는 여성부를 2001년에 신설했다.

그리고 문화 분야를 살펴보면 김대중 정부는 국민경제의 수준이 향상되고 국제화가 가속화되는 국내외적 변화에 주목해 '문화'가 국민의식적 차원에서뿐만 아니라 산업적 측면에서도 중요한 역할을 하게 될 것이라는 점을 강조했다. 그리고 '지원은 하되 간섭은 하지 않는다'는 김대중 대통령의 의지가 정책기조에 반영돼 표현의 자유를 중시하는 정책기조를 세웠다. 그 결과 2000년도에 문화 부문 예산이 정부예산에서 차지하는 비율이 최초로 1%를 넘어섰고 2001년에는 1조 원의 예산을 확보하는 등 문화 분야에 대한 정부의 지원이 획기적으로 늘었다. 그리고 문화산업 육성을 위한 「문화산업진흥기본법」을 1999년 2월 제정했고 문화산업 육성을 위한 종합 지원 체계 구축 및 문화산업진흥기금을 신설(1999년 2월)해 예산뿐만 아니라 문화산업 육성을 체계적인 프로그램을 마련했다(국정홍보처, 2002: 134-135). 그리고 2002년 1월에 영화진흥법을 개정해 등급 분류 보류 제도를 폐지해 영화계의 숙원이었던 사전 검열의 법적 근거를 없앴다.[11]

3. 교육, 과학, 인적자원 분야

김대중 정부는 21세기 지식기반 사회로의 변화에 적극적으로 대응하기 위해서는 인적 자원 개발이 중요하다는 것을 잘 인지하고 있었다. 기존의 포디즘적 축적 전략이 대량 생산과 대량 소비에 초점을 맞추고 있었다면 포스트포디즘 체제에서는 투입 요소의 다양성과 질적인 가치가 중요시되면서 창의적인 아디디어를 갖춘 인재 개발의 필요성이 강조됐던 것이다. 김대중 정부는 이러한 정책기조 하에서 교육 패러다임 전환을 도모했다.

구체적인 정책으로 2001년 1월에 교육부를 교육인적자원부로 개편했고, 2001년 12월에 확정된 '국가인적자원개발 기본계획'에서는 '경쟁력 있는 국민, 서로 신뢰하는 사회' 구현을 목표로 내걸었다. 그리고 인재 개발 및 활용을 정부 차원에서 더욱 체계적이면서도 효과적으로 하기 위해 2002년 8월에 「인적자원개발기본법」을 공포했다. 또한 중학교 무상교육을 2004년까지 단계적으로 실현하기로 하여 인적자원 개발에 대한 국가의 책임성을 더욱 강화해 나갔다(국정홍보처, 2003c: 13-25).

이와 더불어 김대중 정부는 교육과 함께 지식기반 사회로의 재편 과정에 대응하기 위해 신성장동력 창출의 핵심이 되는 과학기술의 중요성을 크게 강조했다. 이와 같은 정책기조 하에 과학기술처를 1998년 2월 과학기술부로 승격했고, R&D에 대한 투자 확대를 통해 미래 성장잠재력을 확대하기 위해 정부예산에서 연구개발 관련 예산을 지속적으로 증액했다. 1998년 3.6%이던 비중이 2002년에는 4.7%로 증가했다는 사실이 이를 방증하는 것이라 하겠다(국정홍보처, 2002: 42). 이는 IT, BT, ST, NT 등 신기술 분야에 대한 지원으로 이어졌다. 그리고 1999년에 수립된 '2025년을 향한 과학기술 발전 장기 비전(vision 2025)'에는 과학기술 증진을 통해 선진국 진입을 도모한다는 국가의 의지를

11) 김대중은 2003년 12월 15일 영화인들이 수여하는 제11회 춘사 나운규 영화제에서 공로상을 수상했는데 그 이유 중의 하나가 '표현의 자유의 보장'이었다.

밝히고 2001년 1월에 제정된 「과학기술기본법」을 통해 위와 같은 정부정책 기조를 반영했다. 과학기술법은 과학기술 혁신을 통한 국가 발전을 도모하겠다는 기본 취지를 갖고 있으며, 이를 위해 국가의 인적 개발 및 예산 지원 등에서 적극적인 역할의 필요성, 과학기술 발전과 관련해서 변화하는 여건에 국가의 효과적인 대응이 가능할 수 있도록 했다(국정홍보처, 2003b: 331-337).

4. 외교, 통일, 국방 분야

통일, 외교, 안보 분야에서의 김대중 정부 정책기조는 화해 협력의 증진에 있었다. 통일정책의 경우, 김대중 대통령이 취임사에서 강조했던 북한의 무력 도발 불용, 흡수 통일 불가, 가능한 분야부터 화해 협력을 추진한다는 대북 3원칙에 기초해 운영됐다. 특히 김대중 정부는 독일식 통일 방안인 흡수 통일에 대해 명시적으로 반대 입장을 취해왔다. 고질화된 남북한의 이질화 현상, 높은 비용과 불안정성 그리고 이러한 정책 추진 시 예상되는 남북 간의 불신의 증폭 등을 감안할 때 흡수통일론이 현실적 대안이 될 수 없고 베트남식의 무력 통일은 더더욱 수용할 수 없다는 입장을 취했다. 통일은 한민족의 평화와 공동 번영을 위한 수단이지 그 자체가 목적이 될 수 없기 때문에 평화와 번영을 파괴하는 전쟁을 통해 민족 통일을 달성하겠다는 것은 빗나간 통일지상주의와 다를 바 없다고 보았던 것이다.

김 대통령은 교류·협력의 확대와 사실상의 통일을 모색해 왔다. 그러기 위해서는 1991년 남북기본합의서의 실천을 통해 경제, 사회문화, 정치 분야에서의 교류·협력을 강화시켜 나가고 남북한 간의 군사적 신뢰 구축을 모색해야 한다고 믿었던 것이다. 이 과정에서 김 대통령은 독특한 양태의 상호주의를 적용했다. 즉, "먼저 베풀고 나중에 득을 취하고(先供後得)," "쉬운 것부터 먼저하고 어려운 것은 서서히 하며(先易後難)," "경제 교류 먼저하고, 정치 교류는 나중에 하는(先經後政)" 동시에 "관이 어려우면 민을 먼저 활용하는(先民後官)" 방식을 취했던 것이다. 이러한 유연성 있는 대북정책 때문에 지난 정부에서는 정치·군사적 긴장 관계에도 불구하고 남북 교류·협력이 지속될 수 있었던 것이다. 서해가 '전쟁의 바다'가 되어 군사적 긴장이 고조돼 있을 때에도 동해에서는 남측의 관광객들이 금강산 방문을 계속하는 등 '평화의 바다'가 조성된 바 있다(Moon, 2012: 26).

이는 외교정책에도 이어진다. 김대중 대통령은 평소에 '외교의 기본은 실리다'라고 강조했고, 이에 기초해 한반도를 둘러싼 4대 강국의 이익을 냉철한 시각에서 판단해 그에 따른 국익을 극대화시키는 것이 필요하다는 입장을 갖고 있었다.[12] 그래서 김대중 대통령은 임기 초반 4대 강국과의 외교를 통해 햇볕정책이 지향하는 한반도의 탈냉전 전략이 4대 강국 모두에게 이익이 된다는 점을 설득하고 이해시켜 이에 대한 지지를 이끌어냈다. 김대중 대통령은 동북아 군사적 긴장의 근원이 되는 1953년 정전 체제를 평화 체제로 전환시켜서 북한을 개혁 개방으로 이끌어내면 북핵과 미사일 문제 등을 해결할 수 있고 이것이 동북아 지역의 안정과 경제적 이익으로 이어질 수 있다는 논리를 강조한 것이다(Moon, Westad and Kang, 2001).

또한 김대중 정부는 미국에 대한 일방적 추종이나 국내 정치적 이유에서 맹목적 반일 정서를 이용하는 외교적 행태에 반대했다. 2001년 부시(George Bush) 행정부가 들어선 이후 미국이 대북강경론을 내세우고 MD 체제에 대한 편입을 요구할 때도 미국의 요구를 일방적으로 수용하지 않고, 미국의 정책 전환을 촉구해 한반도 긴장이 악화되는 것을 막으려 시도하기도 했다. 그리고 1973년 김대중 납치사건 처리 과정에서 생겨난 일본에 대한 구원(舊怨)이 있는데도 불구하고, 김대중 대통령은 대국적인 견지에서 한일 관계의 새로운 장을 연 '김대중-오부치' 한일 미래 파트너십 선언을 이끌어내고 일본 대중문화에 대한 한국 시장 개방 조치를 취했던 것이다. 그 결과 한일관계는 크게 개선했고 일본 내 한류 붐을 촉발시키는 계기를 마련하기도 했다. 이처럼 김대중 대통령은 외교 분야에서도 한반도 탈냉전을 통한 한반도와 남북한의 평화와 안정을 모색했던 것이다(와다, 2012).

안보 환경의 변화는 새로운 국방정책의 수립을 요구했다. 냉전 종식에 따른 새로운 질서가 대두됐음에도 불구하고 북한의 군사적 위협은 그치지 않았다. 더구나 '북한의 어떠한 군사 도발도 용납하지 않겠다'는 신념에 따라 안보와 국방 태세 강화에 심혈을 기울였다. 이와 더불어 미국을 시발로 전 세계적으로 확산되고 있던 군사혁신(Revolution in Military Affairs)과 네트워크 중심 전투(network centric warfare) 개념을 한국의 국방 교리에 반영하기도 했다.

1999년 2월 국방부가 작성한 『국방기본정책서』는 이러한 변화의 반영이라 할 수 있다. 여기서 국민의 정부는 전군을 정예화 · 과학화 · 첨단화해 '작지만 강한 군대'로 전환시키겠다는 정책 의지를 분명히 했다. 그리고 위와 같은 국방정책 기조 하에서 21세기

12) 김대중 대통령은 주변 4대 강국으로 둘러싸인 한반도의 지정학적 특징을 고려할 때 한국에서 외교의 중요성을 강조했고, 특히 외교의 본질은 실리라는 입장을 강조했다.

를 맞이한 정치사회적 변화에 포괄적인 대응을 목표로 한 '21세기 신국방'을 2001년 5월에 정립했다. '21세기 신국방'에서는 기본에 충실한 국방, 변화를 관리하는 국방, 준비하는 국방, 국민과 함께 하는 국방의 4대 추진 방향이 제시됐다(국정홍보처, 2003a: 546-549).

이제까지 살펴본 대로 김대중 정부는 김대중 대통령이 설정한 국정 비전과 목표 실현을 위해 그에 맞는 국정운영 기초를 설정했고 세부적인 정책기조와 정책을 통해 구체화시켜 나간 것이다.

참고 문헌

국정홍보처 (2002). 국민과 함께 세계일류국가를 열다.

______(2003a). 국민의 정부 5년 국정자료집 1.

______(2003b). 국민의 정부 5년 국정자료집 2.

______(2003c). 국민의 정부 5년 국정자료집 3.

김대중 (1997). 대중참여경제론. 서울: 산하.

______(2010). 김대중자서전 2. 서울: 삼인.

김삼웅 엮음 (1998). 인동초가 피기까지. 서울: 한울.

______(2010). 김대중평전 Ⅱ. 서울: 시대의 창.

대통령비서실 (1999). 김대중대통령연설문집 제1권.

______(2000). 김대중대통령연설문집 제2권.

______(2001). 김대중대통령연설문집 제3권.

대통령비서실 삶의질 향상기획단 (1999). 새천년을 향한 생산적 복지의 길. 서울: 퇴설당.

대한민국정부 (1998). 국민과 함께 내일을 연다.

성경륭 (2002). 민주주의의 공고화와 복지국가의 발전: 문민정부와 국민의 정부 비교. 김연명 편. 한국복지국가성격논쟁 1. 인간과 복지.

양재진 (2013). 대중경제론과 생산적 복지: 큰 족적을 남긴 미완의 과제. 김대중과 대중경제론. 서울: 연세대학교 김대중도서관.

와다 하루키 (2012). 새로운 한일관계: 발전을 위한 제안. 연세대학교 김대중도서관 국제학술회의 발표문.

이현출 (2001). 거버넌스와 NGOs: 의약분업 사례를 중심으로. 한국정치학회보, 35(3).

정진주 (2001). 환경분쟁에 있어서 지역운동사의 전개: 동강댐 건설을 중심으로. 환경사회학연구 ECO, 1.

조희연 (2004). 비정상성에 대한 저항에서 정상성에 대한 저항으로. 서울: 아르케.

제15대 대통령직인수위원회(1998). 제15대 대통령직인수위원회 백서.
제2의 건국범국민추진위원회(1999). 7대 중점추진과제 실천계획. 기획위원용 자료.
최장집(1997). 한국노동운동과 국가. 서울: 나남출판.
______(1998). 15대 대통령선거 심층분석 1997년 대선과 새정부의 개혁과제. 사회비평, 18.
경향신문.
매일경제.
한겨레신문(2012.10.30).

Kim, Dae-jung (1994). *A Response to Lee Kuan Yew. Is Culture Destiny?－The Myth of Asia's Anti Democrartic Values*. Foreign Affairs, 73(6).
Moon, Chung-in (2012). *The Sunshine Policy*. Seoul: Yonsei University Press.
Moon, Chung-in, Odd Arne Westad and Gyoo-hyoung Kang eds (2001). *Ending the Cold War in Korea*. Seoul: Yonsei University Press.

대통령기록관자료. http://15cwd.pa.go.kr/korean/president/speech/speech7.php(검색일: 2014. 08. 16).

제 2 편

김대중 정부의 주요 정책 및 국책사업

제 1 장 경제위기 극복(IMF체제 극복)
제 2 장 대북화해 · 협력정책
제 3 장 IT · 벤처기업 육성
제 4 장 국민기초생활보장제도 도입
제 5 장 월드컵 개최

제 1 장

경제위기 극복(IMF체제 극복)

이인실
서강대학교

제 1 절 정책의 추진 배경

1. 외환위기 발생 배경

1) 지속적 외형 성장 추구

김대중 정부에서 외환위기 극복은 정권이 인수되기도 전부터 주어진 명제였다. 위기 전까지만 해도 지속적으로 높은 경제 성장과 상대적으로 낮은 인플레이션, 소규모 대외적자와 건전한 재정구조 등 거시경제 지표들이 대체로 건실한 가운데 대부분의 국내외 경제전문가들이 위기를 예측하지 못했다. 위기가 발생하게 된 근저에는 역대 정권이 지속적으로 추구한 외형 성장 위주의 정책이 있다. 1960년대 이후 40년간 평균 7%대 이상의 높은 경제 성장을 구가했는데 이는 비슷한 환경에 있었던 대만보다도 높은 성장이며, 1990년대 OECD 국가들의 평균 경제성장률이 1.4%에 불과하다는 사실을 감안하면 상당한 고성장이었다. 이러한 고성장은 1960년대와 1970년대의 저임금과 1980년대 이후 30%를 상회하는 높은 저축률 및 투자율을 바탕으로 고도 성장을 위한 양적인 투자 확대와 정부 주도의 강력한 수출진흥정책으로 가능했다. 이에 따라 GNP 대비 수출입의존도가 1980년대 75.6%, 1990년대에도 59.5%라는 높은 수준을 유지하는 등 높은 대외의존도를 유지하게 됐다.

표 2-1-1 위기 전 주요 경제지표 현황

(단위: %)

구분	1960년대	1970년대	1980년대	1990년대
GDP 성장률	7.69	8.85	7.86	5.94
총 저축률	14.5	22.3	30.4	36.1
총 투자율	17.2	27.9	30.5	36.1
금리(회사채 수익률)	27.7	23.2	16.9	14.5
수출/GNP	9.4	25.8	36.8	28.7
수입/GNP	18.4	32.7	38.8	30.8
수출입/GNP	26.2	58.5	75.6	59.5
공업구조				
- 경공업	68.6	54.6	41.61	27.75
- 중화학공업	31.4	46.4	58.39	72.25

자료: 한국은행, 경제통계시스템(http://ecos.bok.or.kr).

2) 과다한 기업의 부채 의존 및 대외채무

한국 경제의 또 다른 구조적 취약점은 경제 성장의 선봉에 섰던 기업들의 과대한 부채였다. 차입에 의해 자본집약적인 산업에 집중 투자해 고속 성장을 추구하는 전략으로 기업들은 1970년대와 1980년대에는 성공을 거뒀다. 하지만 1990년대 들어 경쟁이 심화된 국제시장에서의 변화에 맞춰 전략 수정을 하지 못하고 여전히 투자의 수익성과 효율성보다 규모 확장과 사업 다각화 등을 위해 투자 확대를 지속해 나가며 높은 부채 비율을 유지해 나갔다. 1997년 말 기준 한국의 총부채 규모는 GNP의 2.71배로 미국의 2.36

표 2-1-2 GNP 대비 총부채 주요국과의 비교(1997년 말 기준)

(단위: %, 배)

	한국(조 원)	일본(천억 엔)	미국(10억 달러)
부채 총액	1,129 (100.0) 〈2.71〉	18,633 (100.0) 〈3.68〉	18,998 (100.0) 〈2.36〉
기업	790 (69.9) 〈1.90〉	9,851 (52.9) 〈1.94〉	7,702 (40.5) 〈0.96〉
개인	298 (26.4) 〈0.72〉	3,780 (20.3) 〈0.75〉	5,756 (30.3) 〈0.71〉
정부	42 (3.7) 〈0.11〉	5,002 (26.8) 〈0.99〉	5,540 (29.2) 〈0.69〉

주: ()은 비중이며 〈〉은 GNP 대비 비중임.

자료: 한국은행, 경제통계시스템 (http://ecos.bok.or.kr,11.3 1968 SNA기준 국민자산부채잔액표) 일본은행, 국제통계비교 1999.12.

배보다 높지만 일본의 3.68배보다는 낮았다. 하지만 한국 기업의 부채는 GNP의 1.9배로 미국의 0.96배의 2배 정도에 달했다(〈표 2-1-2〉 참조).

특히 기업군 가운데에서도 대기업집단의 부채가 과다한데 30대 대그룹의 부채가 전체 기업부채 중 차지하는 비중이 31.4%로 경제집중화는 물론 부채집중화 현상도 심각한 수준이었다. 1998년 말 기준 10대 그룹의 부채 비율 평균은 308.8%, 12월 결산 법인 전체의 부채 비율 평균인 253.4%를 훨씬 상회하고 있다. 1988~1996년 중 한국 상장기업 부채 비율 347%로 일본 230%, 홍콩 190%, 싱가포르 94%, 대만 82% 등 주요 아시아 국가 중 최고 수준이다. 이러한 재벌들의 수익성은 1990년들어 악화되기 시작했으며, 특히 11~13위의 재벌들의 수익성은 이미 마이너스 수준이었다(〈표 2-1-3〉참조). 자본력이 열악한 상황에서 누적적인 경상수지적자와 기업들의 차입경영 방식은 대외거래에서의 적자보전을 위해 한국 경제가 외채에 크게 의존할 수밖에 없는 결과를 초래했다. 1990년대 들어 총외채 규모는 큰 폭으로 증가했고, 장기외채보다는 단기외채의 비중이 크게 늘었다. 즉, 단기로 외국에서 자금을 차입해 장기적인 사업에 투자하는 전형적인 기간불일치 현상이 일어나게 됐다.

표 2-1-3 30대 재벌의 수익성(ROA) 추이

	1993	1994	1995	1996	1997
1~5위 재벌	1.86	3.54	4.86	1.41	0.43
6~10위 재벌	0.87	1.17	1.10	-0.49	-2.15
11~30위재벌	-0.40	-0.06	-0.08	0.08	-3.00
총평균	1.11	2.19	3.15	0.23	-2.13

자료: 한국경제60년사편찬위원회, 한국경제60년사: 총괄편(2011: 95)에서 재인용.

3) 정부 주도의 경제 운영과 강력한 산업정책

수출 주도형 고도성장 산업정책을 정부 주도로 운영하면서 낳은 사회경제적 유산도 외환위기의 배경을 초래하는 데 한몫 했다. 1972~1979년에는 중화학공업을 육성하고 산업 지원 금융을 강화하기 위해 금융제도를 개편하기도 했다. 1980년대 들어 그간의 정부 주도형 국민경제 운영 방식에 대한 반성과 함께 민간 주도형으로의 전환 노력을 했으나 1980년대 초 경기 침체 · 물가고 · 국제수지 악화의 3중고와 정치 상황 혼미로 전환이 연기됐으며, 기술의 혁신과 생산성 향상에 의한 질적인 발전보다는 생산 요소의 양적 투하에 의한 외형 성장 추구는 지속됐다. 더욱이 양적 위주의 성장전략을 차질 없이 실현하기 위해서는 정치적 안정이 필요했으며, 이를 위해 강력하고 거대한 상설 여당을 운영했다. 이러한 정치 시스템은 정경의 유착과 부정부패를 만연시키게 됐고, 강력한 정부시책을 반대하는 언론을 규제하고 노동운동을 억압할 수밖에 없었다. 이러한 통제 위주의 사회 시스템은 1987년 정치적 민주화 이후 통제에 대한 과격한 반작용으로 자유롭고 유연한 시장경제 형성을 제약하는 요소로 작용했다. 군사정권이 마감됐음에도 정부 주도의 경제 운영을 위한 행정 시스템은 규제와 간섭 그리고 선단식 보호정책을 체질화시켰고, 원칙 금지 예외 인정의 규제 방법은 경쟁을 통한 합리화를 제약했다.

4) 고비용 저효율 구조

또 다른 한국 경제의 구조적 문제점은 고비용 저효율 구조였다. 1980년대 이후 생산성 향상을 초과하는 임금 상승으로 노동비용이 지속적으로 증가해 왔으며, 과다 부채 및 고금리로 인해 금융 비용 부담률이 경쟁국의 2배 이상이나 됐다. 1996년 기준 매출액 경상이익률은 1.0%에 불과한 반면 매출액 대비 금융비용 부담률은 5.8%나 돼 경쟁국인 일본의 1.3%(1995년)나 대만의 2.2%(1995년)와 비교할 때 지나치게 높아 경쟁력이 낮을 수밖에 없었다. 정부의 지나친 규제와 시장 개입으로 경제의 효율성을 높이기 어려운 점도 간과할 수 없다. 정부의 혁신과 규제 완화에 대해 논의는 많았으나 실제 실행은 답보 상태에 머물렀다. 국민들도 합리적인 경제 의식을 상실하고 해외여행 등 과소비에 젖어 있었다. 순수여행 수지가 1990년대 들어 1993년을 제외하고는 매년 적자를 보였으며 위기 직전인 1996년은 15억 달러나 됐다.

기업의 취약한 지배구조는 자본의 활용과 배분에 제약 요인이 됐다. 상품시장에서의 규제로 인해 기업이 경쟁 우위가 없는 사업에 진출하거나 그와 반대로 수익성이 높은 사업에 진출하지 못했다. 그 결과 1990년대 들어 지속적으로 영업이익 차원에서는 이익을 내고 있었으나 대부분의 산업에서 기업의 평균 세전 투하자본수익률이 세전 부채비용률을 하회하고 있었다. 이는 사실상 기업의 가치가 파괴됐음을 의미한다. 그나마 1990년대 초반까지 은행들은 부동산가격의 상승으로 부동산 담보를 확보함으로써 기업 대출이 가능했지만 1993년 이후 부동산가격 상승으로 인한 수익을 기대할 수 없어

표 2-1-4 주요국의 가격경쟁력 비교(1996년 기준)

(단위: 억 달러, %)

		한국	대만	싱가포르	중국	일본
교역 규모	교역 총액	2,800	2,173	2,566	2,901	7,600
	무역수지	-206	147	-64	123	618
	세계 수출 순위	12	14	13	11	3
	수출신장률	3.7	4.1	5.5	1.6	-7.2
	세계시장 점유율	2.5	2.2	2.4	2.9	7.9
	미국시장 점유율	2.8	3.8	2.5	6.7	14.4
환율(연평균)	환율변동률	4.3	3.7	-0.6	-0.7	14.5
임금노동 (제조업)	임금상승률	12.2	4.1	7.6	20.7	2.7
	월평균임금(미 달러)	1,568	1,230	1,645	52	3,726
	노동생산성 상승률	12.4	5.2	3.4	14.1	5.2
금리	실세 금리(CP, 회사채)	11.9	5.5	—	—	0.2
재무구조	자기자본 비율	24.0	53.9	—	—	32.6
	금융비용 부담률	5.8	2.2	—	—	1.3

자료: 한국은행, 경제통계시스템(http://ecos.bok.or.kr) 국민계정, 국제수지, 해외, 금리, 환율 지표에서 저자 직접 작성.

기업의 추가 대출 여력이 소진됐음에도 불구하고 금융회사들은 기업에 대한 대출을 계속 늘려왔다.

1993년부터 시작된 엔고 호황과 반도체 특수에 의한 일시적인 호조를 기업들은 자신들의 실력을 확보한 것으로 잘못 인식하고 과도하게 설비를 늘렸다. 또한 외부 여건 호조를 잘못 인식한 일부 기업은 국내시장에 안주하게 됐고 자연히 한계기업의 퇴출이 지연됐다. 결국 기업들은 경제 패러다임이 변하고 있음에도 불구하고 이에 대한 인식 부족으로 외형 성장에 치중하게 됐고 차입경영과 고비용 구조를 고착화시키게 됐다.

5) 외부적 경제환경 변화에 적절한 대응 부족

한편 중국을 비롯한 태국, 인도네시아, 말레이시아 등 후발개도국은 일본과 한국의 성장 패턴을 추종해 우리의 주력 업종인 전자, 철강, 화학 등에 집중 투자했고 우리 경제는 일본과 후발국 사이에서 입지가 크게 축소됐다. 따라서 고비용·저효율·과잉투자 및 후발개도국의 추격으로 채산성을 상실한 산업과 기업들이 속출했고 대대적인 산업 구조조정과 개혁이 필요한 상황이었다. 이러한 대내외환경의 급격한 변화에도 불구하고 한국 경제 운영 시스템은 규모의 성장에 따르는 내재적인 변화 요구도 수용하지 못했을 뿐 아니라 대외적인 환경에 적응해 효율적으로 경쟁적 입지를 확보하는데도 한계를 드러냈다. 이미 태국, 인도네시아, 말레이시아 등 아시아 주요국들은 1990~1995년 중 7~8%의 높은 성장을 하는 과정에서 적자 규모가 대폭 확대돼 거품이 심화되는 현상이 나타났다. 1996년 이후에는 엔화 약세 및 중국산 저가품과의 경쟁이 격화되는 가운데 동남아 경제의 거품 현상이 붕괴되면서 한국 경제의 주요 시장 중 하나인 동남아시장이 몰락하게 됐다. 게다가 일본이 1990년 이후 1992~1997년 중 경기 부양을 위해 총 75조 엔 규모의 재정자금을 투입했음에도 불구하고 금융 부실 및 경기 침체가 심화돼 장기간 경기가 침체된 점도 한국 경제에 심각한 타격을 주었다.

2. 외환위기의 전개

1) 대기업의 연쇄 부도

외환위기의 시작에 대해 여러가지 견해가 있을 수 있겠으나 가장 직접적인 계기가 된 것은 1997년 초 한보그룹을 필두로 시작된 대기업의 연쇄 부도다. 1997년 초 무너지지 않을 것으로 믿어져 왔던 대기업집단의 기업들이 한보그룹을 시작으로 은행보다 여신관리가 취약했던 제2금융권에 부채 비중이 과다한 기업들을 중심으로 연쇄적으로 도산했다. 〈표 2-1-5〉에서와 같이 1997년 중 30대 대기업집단 중 7개가 부도를 맞게 됐다.

표 2-1-5 주요 대기업집단의 부도 발생

(단위: 억 원)

	차입금 (A)	제2금융권 (B)	점유 비율 (B/A)	매출액 (C)	점유 비율 (A/C)	부도 발생일
한보철강1)	50,970	13,744	27.0	4,580	1,112.9	1997. 1. 23
삼미1)	17,390	7,943	45.7	14,923	116.5	1997. 3. 19
진로2)	25,257	11,564	48.5	14,910	169.4	1997. 4. 21 2)
기아2)	97,398	45,931	47.2	121,440	80.2	1997. 7. 15 3)
해태3)	29,329	15,997	54.5	27,157	108.0	1997. 11. 1
뉴코아3)	12,843	3,288	25.6	18,276	70.3	1997. 11. 4
한라3)	54,528	32,578	59.7	52,973	102.9	1997. 12. 5

주: 1) 차입금(순여신)은 1997년 8월 말 기준(한보철강 1997년 9월 말, 삼미 1996년 말 기준)임.
2) 진로 및 기아는 부도유예협약 적용일임.
3) 여타 재무 비율은 1996년 말 기준임.
자료: 전국은행연합회, 기업신용정보자료(http://www.kfb.or.kr/cms.html?S=BF)에서 저자 직접 작성.

한보그룹을 필두로 하여 대기업집단이 순차적으로 부도가 나게 되자 금융업계 전반적으로 위기감이 조성됐고, 이 과정에서 주로 무담보 대출을 취급하는 종금사 등 제2금융권이 과다 채무기업으로부터 자금을 급속히 회수하는 사태가 발생하게 됐다. 〈표 2-5-1〉에서 보듯이 종금사들의 어음할인 실적이 1/4분기에는 7조 8,745억 원의 증가했지만 2/4분기 이후부터 급감해 4/4분기에는 무려 16조 4,550억 원이나 감소했다.

표 2-1-6 종금사의 어음할인 실적

(단위: 억 원)

1996년	1997년					
	1/4분기	2/4분기	3/4분기	4/4분기	11월	12월
221,225	78,745	-17,469	-1,967	-164,550	-12,133	-138,492

주: 증감액 기준임.
자료: 한국은행, 경제통계시스템(http://ecos.bok.or.kr/), 1.5.3LF기관별 구성 내역 말잔으로 저자 직접 작성.

2) 금융기관 부실채권 급증과 신용 등급 하향 조정

대기업들의 연이은 부도는 금융기관들의 부실채권 규모 급증으로 연결돼 1996년 말만 해도 16.2조 원 수준이던 고정 이하의 부실여신 규모가 1997년 11월 말에는 무려 38.2조 원으로 2배 이상 증가했다(〈표 2-1-7〉 참조). 부실채권 규모가 급증하자 대기업에 대한 여신 과다로 인한 자산건전성의 악화를 우려한 외국의 신용평가기관들은 국가와 국내 금융기관에 대한 신용 등급을 급격히 하향 조정했다. 무디스사는 1997년 이후 우리나라의 국가 신용 등급을 장기는 6단계(A1→Ca1), 단기는 2단계(P2→Not Prime)를 S&P도 1997년 이후 국가 신용 등급을 장기 10단계(CA-→B+), 단기 4단계(A1→A3)를 하향 조정했다. 이에 따라 일반은행들도 해외 금융시장에의 단기차입 금리가 급상승하고 신규차입이 사실상 중단됐다.

표 2-1-7 부실채권 규모 추이

(단위: 조 원)

	1993년 말	1994년 말	1995년 말	1996년 말	1997년 11월 말
총 부실채권 규모	13.8	14.2	16.0	16.2	38.2
-은행	13.3	13.5	15.0	14.9	33.1
-종금	0.5	0.7	1.0	1.3	5.1

주: 부실채권은 고정, 회수 의문, 추정손실의 합계임.
자료: 금융감독원, 내부자료를 이용해 저자 작성.

3) 외국 투자자의 자금 회수와 외화유동성 부족 사태

외국인 투자자들은 국내 기업들의 재무제표가 국제적인 기준의 투명성을 결여하고 공시도 제대로 이뤄지지 않는 등 기업의 실상을 정확히 파악할 수 없다는 이유로 대출을 기피하거나 만기 상환 시 연장을 거부했으며, 〈표 2-1-8〉에서와 같이 주식시장에서도 투자자금을 급격히 회수하기 시작했다. 결국 위기 발생의 방아쇠를 당긴 것은 신규차입 중단으로 인한 심각한 외화유동성 부족 현상이다. 〈표 2-1-9〉에서와 같이 단기자금을 국제 금융시장에서 차입하여 장기로 운용함에 따른 만기구조 불일치의 상태에서 급격히 자금이 빠져나가고 추가적인 차입이 어려운 상황에서 만기가 돌아오는 자금을 상환하지 못하는 사태가 발생했다.

표 2-1-8 외국인 주식투자 규모 유출입 추이(1997년)

(단위: 억 달러)

	1월	2월	3월	4월	5월	6월	7월	8월	9월	10월	11월	12월
유입	11.8	7.8	7.2	6.4	20.3	16.8	11.8	8.0	7.7	7.6	10.5	10.5
유출	6.2	7.9	10.1	7.5	7.5	8.5	9.6	8.4	11.5	15.4	18.1	7.1
순유입	5.6	-0.1	-2.9	-1.1	12.7	8.3	2.3	-0.4	-3.8	-7.8	-7.5	3.4

자료: 한국은행, 경제통계시스템(http://ecos.bok.or.kr/6.2. 주식거래).

표 2-1-9 장단기 총 대외지불 부담 추이

(단위: 억 달러)

구분	1996.12	1997.11	1997.12	1998.11
장기외채	575 (36.5)	729.0 (45.0)	860.0 (55.6)	1,155 (75.1)
단기외채	1,000 (63.5)	889.0 (55.0)	685.0 (44.4)	383 (24.9)

주: ( ) 안은 구성비.
자료: 한국은행, 경제통계시스템(http://ecos.bok.or.kr/6.2.재정에서 재작성).

4) 정부의 미숙한 대응

사실상 우리 경제는 1990년대 중반 이후 이미 잠재적 외환유동성 부족 상태를 보이고 있었다. 1990년대 중반 이후 지속된 국내은행 해외지점의 외화 부채 증가와 국내 기업들의 외화 부채 증가, 그리고 1996년의 대규모 경상수지 적자를 비롯한 경상수지 적자의 누적 등이 그 징후다. 특히 1996년에는 반도체 가격 폭락으로 4월부터 경상수지가 급격히 악화되기 시작해 연간 적자 규모가 230억 달러로 당시 GDP 대비 4.0%에 달했다. 이러한 잠재적 외환유동성 부족 상태 지속에도 불구하고 이에 대한 문제 인식과 이를 적극적으로 타개하려는 정부의 문제 해결 능력에 대해 외국 투자자들이 의심하기 시작했다. 특히 정부가 위기에 대응해 부실 금융기관에 대한 한국은행의 유동성 공급, 부실채권 정리, 국책은행을 통한 해외 차입 증대, 외국인 주식 투자 한도 확대와 같은 단기적인 위기 해결 대책들에 대해 부정적 시각이 커져갔다. 더욱이 기아자동차 사태의 처리 과정은 외국 투자자들에게 한국 사회 전체의 문제 해결 방식과 능력에 대한 의구심을 증폭시키게 만들었다. 부실경영에 책임이 있는 채무자가 오히려 큰소리를 치고 정치권을 비롯한 사회 각층이 이를 지원하는 일반적인 사회분위기와 언론의 보도 태도에 외국 투자자들은 실망을 했다. 또한 금융개혁법안의 국회 통과가 이뤄지지 못함에 따라 한국의 금융개혁 의지에 대한 불신도 가중됐다.

5) 해외 금융시장 여건과 IMF 구제금융 신청

외환위기 발생에 내부적 요인도 크지만 해외 금융시장 여건도 무관하지 않다. 당시 부도를 낸 대기업들은 공통적으로 1994~95년 경기 호황에 확장 투자를 하여 재무구조가 취약했고 이들에게 자금을 공급한 금융회사들도 급격히 부실화되고 있었다. 이런 상황에서 외국 금융회사들이 이미 1997년 초부터 한국 금융회사에 대해 단기 여신한도를 줄이고 있었다. 1997년 10월 17~20일 사이 대만 통화가 5.4% 평가절하됐고 10월 23일 홍콩 증시가 전일 대비 무려 10.4%나 폭락하는 등 국제 금융시장 불안이 증폭되고 있었다. 그뿐만 아니라 일본의 은행, 신탁은행, 증권사, 보험사 등 8개 금융기관이 도산했다. 한국의 주요 단기 차입시장인 홍콩 및 도쿄 금융시장의 경색됨에 따라 한국의 금융회사 및 기업은 단기차입을 사실상 할 수 없는 상황이 됐다. 국내 7대 시중은행의 해외차입 차환율은 1997년 1월 115.4에서 급격히 악화돼 12월에는 32.2로 하락했다. 〈표 2-1-10〉에서 보듯이 일본의 금융기관들은 1997년 중 단기대출금 220억 달러의 59%에 해당하는 130억 달러를 회수했고, 정부가 IMF 구제금융을 신청하기 직전인 11월 1~19일에 13억 달러, 그리고 11~12월에는 모두 합해서 약 90억 달러를 회수했다. 결국 정부는 유동성 부족을 자체적으로 해결하는 것이 어렵다고 판단함에 따라 IMF에 유동성 조절자금의 지원을 요청하게 됐다.

표 2-1-10 외국 금융기관들의 국내 금융기관 자금 회수 규모 (단위: 억 달러)

	1996년 말	1997년 말	자금 회수 규모
단기부채	629.7	253.9	-375.8
기간물	555.6	247.4	-308.2
일본계	218.8	88.0	-130.8
미국계	56.7	34.9	-21.8
유럽계	173.0	96.1	-76.9
기 타	107.1	28.4	-78.7
CP	74.1	6.5	-67.6
중장 기부채	315.9	375.3	59.4
합계	945.6	629.2	-316.4

주: 13개 은행의 해외점포 및 역외계정을 포함한 금액임.

자료: 한국은행, 경제통계시스템(http://ecos.bok.or.kr/) 및 은행감독원 내부자료로 저자 직접 작성.

제2절 정책의 추진체계

1. 위기 극복을 위한 IMF와의 협의

1) IMF의 위기 극복 처방

IMF의 긴급금융 지원체제(Emergency Financing Mechanism)의 특별절차에 따라 최단 시일 내에 협상 타결된 IMF 프로그램은 3년 기한 대기성 차관약정(Stand-by Loan Agreement) 하에 210억 달러를 제공하는 것이었다. 또한 세계은행과 아시아개발은행이 금융부문 구조조정 노력에 대한 지원의 일환으로 140억 달러를 제공하기로 했고, 필요한 경우 제2의 방어선으로 200억 달러를 추가로 제공할 용의가 있음을 시사하기도 했다. IMF는 긴급자금을 지원하면서 한국 외환위기의 원인으로 대기업의 연쇄 부도, 금융기관 부실화, 해외 여건 악화, 정책적 과오 및 시장신뢰도 상실을 지적했다. 자금 지원 약속과 더불어 한국에 요구된 IMF/IBRD의 처방 프로그램은 크게 거시경제정책과 미시 구조조정정책으로 나눌 수 있다. 그중 거시경제정책은 단기적으로 대외신뢰도를 조속히 회복하는 것이고, 장기적으로는 약 2년 후에 잠재성장률을 회복하는 것을 목표로 했다. 이를 위해 경기 둔화가 예상됐음에도 불구하고 물가 상승 압력을 최대한 억제하면서 경상수지를 개선할 수 있도록 유동성 환수, 고금리, 세율 인상 등을 통한 긴축적인 통화정책과 재정정책을 운용했다. 이 밖에도 한국 정부에 대해 금융, 기업, 노동, 공공 4대 분야에 대해 대대적인 개혁을 요구했다.

이러한 IMF의 위기 처방 프로그램에 대해 초반에는 시장에서 긍정적인 반응을 보였으나 한국의 외환보유고가 예상보다 훨씬 우려할 수준으로 작고 급감하고 있다는 사실이 밝혀지면서 사태가 악화되기 시작해 단기채무 차환이 더 어려워졌고 IMF 프로그램이 이사회에서 승인된 이후 원화 가치는 40%나 하락했다. 이런 상황이 발생하자 김대중 정부는 아직 정권을 인수하기 전임에도 불구하고 정책에 깊숙이 관여해서 이념이 다른 정권으로 교체될 것임에도 불구하고, IMF 프로그램을 성실히 이행할 것을 발표하고 후속 조치를 취함으로써 시장의 신뢰를 구축하려고 노력했다. 이런 노력은 시장 불안을 조기 진정시키는 데 기여했다.

IMF 상임이사회가 1997년 12월 4일 210억 달러의 차관 제공을 골자로 하는 프로그램을 승인했음에도 불구하고 한국의 외화유동성 부족 문제의 해결에 대한 시장의 의구심이 커지자 12월 24일 IMF는 추가적으로 개혁 프로그램의 강화, 지원금 지급의 가속화, 민간부문 단기채무 차환 등 개선안을 발표해 시장을 안심시키려고 노력했다. 이후 IMF는 매일 민간 여신 규모를 감시하고 주요국 간의 정보교환 체제를 마련해 민간부문 여신의 현상 유지를 위한 주요 국가들 간의 공동 대처를 주선했다. 이로 인해 외국 은행들은 대체로 차환약정을 준수했고 약정은 1998년 1월 중순에 갱신됐으며 이후에는 3월 말로 연장됐다. 이후 외국 은행들은 보유한 단기채권을 1년에서 3년 만기의 국가채무로 교환하는 데 동의했다. 결국 정부의 적극적 노력으로 차환과 상환 기일 연장에 성공했고, 정부는 기업 및 금융 개혁을 강력하게 실행했으며, IMF 지원자금이 전액 인출되지 않고서도 시장은 안정됐다. 결과적으로 한국은 2001년 8월 예상보다 3년을 앞당겨 IMF 지원금을 상환했다.

이 과정에서 12월 4일 이사회가 승인한 210억 달러 외에 필요하다면 200억 달러를 추가로 제공할 용의가 있음을 시사했던 것이 시장의 불신을 초래해 12월 24일 추가적인 개혁 방안을 발표하게 된 것에 대해 IMF의 정책 판단 실수였다는 비난이 있었다. 또한 지나치게 낙관적이며 한국 실정에 무지한 IMF의 요구 사항으로 과도하게 긴축적인 재정 및 통화정책을 시행해 총수요 생산이 지나친 타격을 입었다는 비판을 초래했다.[1] 재정긴축정책과 고금리정책은 1998년 5월 이후 완화됐으며, 고금리정책은 원화가치의 안정의 위해 필요했지만 기업 부실을 양산해 과도했다는 비난이 일었다.

2) 기업 및 금융 부문 구조개혁 요구

거시경제적 차원에서 재정 및 통화정책에서의 긴축기조 요구와 더불어 IMF가 김대중 정부에 요구한 내용은 금융과 기업 부문의 구조개혁이다. IMF는 〈표 2-1-11〉에서와 같이 국내 기업에 대해 부실 처리를 위한 퇴출 여건 개선, 재무건전화, 경영의 투명성 제고 등을 요구했다. 이를 위해 기업 지배구조를 개편하며, 자본 및 무역 이동을 자유화하고 노동시장의 유연성을 높일 것을 요구했다. 기업재무제표의 투명성을 높이기 위해 IMF는 당초 2000년에서 앞당겨 1999년 말까지 기업집단의 결합재무제표를 공표하도록

---

1) 2010년 7월 12일 IMF가 주최하는 IMF의 도미니크 스트로스-칸(Dominique Strauss-Kahn) 총재는 아시아 콘퍼런스에서 1997년 아시아 외환위기 당시 한국 등 일부 아시아국가에 취했던 일방적인 정책 개입에 대해 정책 수단에 일부 잘못이 있었음을 인정했다.

했으며, 기업의 회계 기준도 일반적으로 인정된 국제회계 원칙을 적용해 재무제표를 작성하도록 요구했다. 그 밖에도 소액 주주의 권한을 강화하고 사외이사 및 감사의 선임을 의무화해 경영을 견제하는 장치를 보강하도록 요구했다(자세한 내용은 〈표 2-1-11〉 참조).

표 2-1-11 IMF와의 협의에 따른 기업 부문 구조 개혁

경영투명성 제고	• 결합재무제표 도입	• 2000년에서 1999년 사업 연도로 조기화
	• 회계 기준 국제화	• 회계 기준 명료화, 국제화, 회계 작성 기준 국제화
	• 소수액 주주 권한 강화	• 대표소송에 단독 주주권 불허
		• 임원해임청구권, 대표소송권 1%에서 0.5%로 완화
		• 장부열람권 주총소집권 3%에서 1%로 완화
	• 경영 견제장치 보강	• 사회 이사, 감사 선임 의무화
	• 경영층 책임 강화	• 지배주주를 사실상 이사로 선정
재무구조 개선	• 상호지급 보증 해소	• 신규 지급보증 금지 및 2000년 3월까지 완전 해소
		• 1998년 3월까지 100% 초과분 해소
	• 과다차입금 해소	• 과다차입금 이자손비 부인 시기 조기 시행
	• 유상증자 요건 폐지	• 2000년에서 1998년으로 조기화
퇴출 여건 개선	• 도산법 체제 정비	• 회사정리법, 파산법, 화의법 등 조기 개정
	• M&A시장 활성화	• 의무공개매수 제도 폐지
		• 외자도입법상 사전 승인 지분 10%에서 33.3%로 확대
		• 적대적 M&A 3월 중 조기 허용
	• 합병절차 간소화	• 자산 2조 원 이상 기업 인수시 재경원 승인 폐지
	• 기업분할제 도입	• 상법 명시
	• 경영권 방어	• 자사주 매입 한도 10%에서 33.3%로 확대
노동시장 유연성	• 노동시장 유연성	• 정리해고 관련 법률안 개정
	• 고용보험 강화	• 고용보험 및 · 실업급여 확대

자료: 저자 직접 작성.

IMF가 요구한 구조개혁 사항은 금융기관 부실 해소와 자본시장 자유화에 초점이 맞춰져 그동안 우리 스스로 추진을 해왔으나 진전이 없었던 내용이 총망라돼 있다고 해도 과언이 아니다. 다만 그동안 국내에서 검토되던 금융기관 부실 해소 방향은 금융기관의 부실채권 정리에 주안점을 두고 있었던 반면, IMF는 부실금융기관 자체를 정리해 부실 문제를 근본적으로 해결하는 좀 더 강력한 방향을 요구했다는 점에서 차이가 있었다. 더욱이 외환위기 이후 거의 5개월 동안 20%를 상회하는 초고금리 체계가 지속됨으로 인해 통상의 소비 수요는 물론이고 하청대금의 지급이나 신용장 개설과 같은 통상적인 기업활동마저도 크게 위축돼 정상적 수준 이상의 기업의 부실을 가져왔고, 이는 금융 부문으로 빠르게 전이돼 금융 부문의 구조조정 계획은 수차례나 변경되기에 이르렀다 (〈표 2-1-12〉참조).

표 2-1-12 금융 부문 구조조정 내용 및 변경 사항

<table>
<tr><th colspan="3">주요 내용</th><th>기존</th><th>변경</th></tr>
<tr><td rowspan="7">금융 부문 구조조정</td><td colspan="2">종금</td><td>• 1997.12.2 영업정지 9개 종금사: 1개월 이내 자구계획서 제출, 3개월 이내 폐쇄 여부 결정
• 나머지 종금사: 1997년 말 자구계획서 제출</td><td>• 2차 경영정상화 평가(3. 7) 후 4. 30까지 인가 취소 결정
• 정상 종금사 감독당국과 관리계약 체결(3. 21)</td></tr>
<tr><td colspan="2">은행</td><td>• 2개 시중은행: 2개월 이내 자구계획 제출
• 자기자본 비율 달성(6개월~2년 내)</td><td>• 제일,서울은행 입찰(11. 15), 은행 구조개선작업단 재경원 내 구성(3. 7), 금감위 구성 시 이전(4. 30)
• BIS 기준개선안 제출(4. 30), 평가(6. 30)
• 성업공사의 부실채권 매입
- 은행구조조정 전담반 승인 은행
- 청산절차 진행 중인 은행</td></tr>
<tr><td rowspan="5">건전성 강화</td><td>보완자본</td><td>• 대손충당금,자산재평가적립금 등 인정</td><td>• 특별대손충당금 폐지</td></tr>
<tr><td>거액여신한도 주주 대출</td><td>• 금융기관 간 별도 규정</td><td>• 조화롭게 조정</td></tr>
<tr><td>여신분류 기준</td><td>• 연체 기간</td><td>• 장래 상환 능력 감안</td></tr>
<tr><td>현물, 선물 포지션</td><td>• 개별 한도관리</td><td>• 종합 한도관리</td></tr>
<tr><td>은행 최저 자본금</td><td>• 1,000억 원</td><td>• 감자 시 적용 배제</td></tr>
<tr><td colspan="3">자본자유화</td><td>• 외국인 주식 투자한도: 1997년 말 50%, 1998년 55%
• 단기금융상품 채권시장 개방
• 민간기업 해외차입 제한 철폐(1998.2), • 우호적 M&A 허용</td><td>• 단기금융시장 개방: 비금융기관상품(2. 16), 금융기관상품(12. 31)
• 기업의 해외차입 총점검(12. 31): 1~3년 만기차입 제한 폐지 검토(1998. 5. 15)</td></tr>
</table>

자료: 저자 직접 작성.

2. 한국 정부의 정책 추진 방향

김대중 정부에서 외환위기 극복을 위해 가장 긴급한 것은 IMF가 한국 경제에 요구하는 요구 조건을 충족해 나가는 것이었지만 다른 한편으로는 IMF 체제를 극복하고 장기적인 발전을 이루기 위해 한국 경제의 구조적인 문제를 직시하고 이를 시장에서 시장기능을 통해 국제적 기준 및 원칙에 입각해 국제적 시각에 맞도록 개선하는 것이었다.

1) 시장경제 제도 확립

그동안 한국 경제는 정부 주도 하에 성장 우선의 경제정책을 운용해 왔다. 기업을 높은 부채 비율 및 위험을 감수하면서 확장 위주의 경영을 했으며 개인들도 분수에 맞지 않는 과소비로 과체중의 경제를 조성해 경제위기를 자초했다는 비판의 목소리가 높았다. 김대중 정부는 이런 비판을 받아들여 체중 조절에 따르는 고통을 감내하며 과체중 고성장 경제를 탈피하려는 노력을 했다. 정부의 역할에 대한 반성도 있었다. 김대중 정부는 시장과 산업에 대한 정부의 역할과 기능을 재정립한다는 차원에서 정부의 기능과 조직을 다시 검토해 오랫동안 정부 주도의 경제 운영 체제를 민간 주도로 과감히 전환하고 경쟁을 통한 효율성을 극대화하기 위해서는 시장경제 체제를 정착시키는 일이 무엇보다 시급하다고 보았다. 민간 주도 경제 운영은 1980년대 이후 크게 강조돼 왔으나 전반적인 개혁 방향을 설정하고서도 그 구체적인 실천은 이렇다 할 진전을 보지 못했다. IMF체제 이후 정부는 민간 주도 시장경제 활성화를 정책의 우선순위로 삼고 이를 구현하기 위한 제도와 질서의 확립을 하려 했다. 이를 위해 먼저 각종 진입 규제법의 폐지, 시장 개방, 계열기업 간의 상호 지급보증 제도의 축소 및 철폐, 개별기업에 대한 정부 지원의 금지, 회계 및 감사제도의 개선, 공정거래 제도의 강화 등을 좀 더 적극적으로 추진하는 등 자유로운 경제활동을 저해하는 각종 규제를 과감히 철폐하고 공정한 경쟁을 유도했다.

2) 한국 특유의 대기업 구조 변화

세계시장의 변화에 적응하고 경제의 효율성을 추구한다는 차원에서 한국의 재벌구조를 개편하고 대기업과 중소기업의 관계를 재정립해야 한다는 시대의식이 있었다. 대기업과 중소기업의 관계를 지원 보호의 관계가 아닌 구조적 관계로 인식하고, 특히 과도한 차입경영을 가능하게 하는 제도를 바꾸고 이를 위해 과다 차입에 대한 손비를 인정하지 않거나 채무보증 제도를 철폐하려 했다.

경제활동의 주체인 기업은 사회로부터 인적 및 물적 자원을 동원해 생산의 중심 역할을 담당하는 동시에 투명한 경영을 통해 주주, 투자자 등 이해관계자(Stakeholder)와 사회에 책무를 다하기 위해 방만한 사업구조를 조정하고, 이를 뒷받침할 수 있는 합리적인 경영 지배구조와 회계 및 공시제도를 확립하도록 했다. 김대중 정부는 기업으로 하여금 재무구조를 개선해 부채 비율을 200% 이하로 축소하도록 하는 한편 계열기업 간의 상호 보증을 축소·폐지하며 결합재무제표의 작성, 회계 제도의 국제화, 소액 주주의 권한 강화, 경영자와 지배 주주의 책임 강화, 인수합병 등 기업 퇴출 여건의 개선 등을 제도화하려 했다.

한국이 당면하고 있는 경제적 과제는 격변하는 환경에 적절히 대응할 수 있는 경제 제도와 질서, 그리고 관행을 개혁하고 이에 따른 개별 기업의 구조조정을 서두는 일이었다. 보편화되고 있는 시장경제 체제를 바탕으로 세계는 하나의 시장으로 변모해 가고 있으며, 그 속에서 기업은 무한 경쟁을 전개하고 있었다. 이에 따라 개발연대 단계에서 크게 벗어나지 못한 한국의 경제 운영 시스템을 과감히 바꿔 국제적인 적합성을 갖도록 하는 것이 김대중 정부의 당면 명제였다.

3) 금융제도의 개혁

김대중 정부는 금융시장에서 정부의 역할을 재정비해야 한다는 정책 방향을 설정했다. 지난날 정부 위주의 제도와 관행을 철폐하고 국제적인 기준과 관행이 통용되며 자유롭고 편리한 금융시장과 기관을 만드는 데 그 발전 목표를 삼아야 한다는 것이다. 이를 위해 금융업에 대한 진입자유화를 실현시키고 금융산업의 세계화 추세에 맞춰 겸업화를 실시하며 금리를 비롯한 모든 가격의 자유화를 실현시켜야 한다는 정책 방향이 설정됐다.

금융 시스템의 안정 역시 효율적인 경제 운영을 위해 필수적인 것이다. 시장을 자율화할수록 그 안정성 확보를 위한 감독 체제는 훨씬 강화돼야 하며 이를 위한 체제 정비가 따라야 한다. 공시제도의 강화, 회계제도의 국제화, 신용평가 제도의 확립 및 신용정보 유통의 활성화도 김대중 정부가 추진한 중요한 정책 방향이었다.

규제 완화가 금융산업의 경쟁력을 높이는 필요 조건이지만 시장 주도에 의한 경쟁 제고와 금융기관의 혁신적인 역동성의 작용 여부가 성공적인 금융개혁의 관건으로 보았다. 개방 압력에 의해 정부 주도로 점진적인 개혁을 추진했지만 금융기관이 규제에 대해 순응적이고 현상 유지 성향이 강해 금융개혁이 성공하기 쉽지 않은 환경이었다.

금융 구조개혁 과정에서 우선은 기존의 부실을 정리해 금융기관이 정상적 환경에서 제 역할을 수행할 수 있도록 제도를 정비하는 것이 시급하나 궁극적인 방향은 국제적 관행이 통용되는 자유롭고 경쟁적인 금융시장을 마련하는 것이었다. 이를 위해서는 통화신용정책의 운영기구를 비롯해 건전하고 능률적인 시장 참여자인 금융기관의 존재가 필요했다. 또한 금융안전망을 정비하고 개선하기 위해 은행・증권・보험 등을 포함하는 통합감독기구를 설립하고 적기 시정 조치를 도입했다. 부실자산 기준을 대폭 강화했고 부실채권 정리기구로서 '자산관리공사'를 설립했다.

금융 구조개혁의 또 다른 방향은 금융기관 경영의 자율성을 보장하고 주주들이 경영에 관심을 갖고 원활하게 견제・지원할 수 있는 경영지배 구조를 확립하는 것이었다. 이러한 체제는 경영의 내실이 투명하게 공개되고 회계 기준과 관행이 국제적으로 신뢰받을 수 있도록 하는데서 비롯돼야 하기에 경영의 객관적 평가와 기업정보의 자유로운 보급 유통이 가능하도록 제도와 관행을 만들어 나가는 데 정책의 주안점이 두어졌다.

4) 노동시장의 신축성 회복

고비용・저효율구조라는 비판에 직면해 임금 수준에 대한 인식 재정립이 필요했으며, 임금 수준의 문제가 아니라 이로 인해 수급이 변화가 초래되는지 여부에 대한 정책적 배려가 있었다. 고실업문제에 대한 대응 방향은 노동시장을 신축적으로 작동하게 하여 시장에서 문제를 해결하는 방안을 모색해야 했다. 고실업에 대한 정부의 역할은 고용보험, 고용정보 시스템의 정립, 실업자 재훈련, 신규 창업절차의 간소화 등에서 찾으려고 했다. 〈표 2-1-13〉에서와 같이 노동시장의 유연성이 높은 나라일수록 낮은 실업률 수준을 유지하고 있음을 고려했다.

표 2-1-13 노동시장의 유연성과 실업률과 고용률

(단위: %)

구분	고용률	실업률
유연형	69.95	5.43
안정형	58.96	9.40

주: 노동시장의 유연성은 1998년 기준의 국제비교 결과를 이용해 OECD 30개 국가를 대상으로 분류, 실업률은 1998년 기준 실업률임.

자료: 박성준, 노동의 유연안정화 정책이 노동시장에 미치는 영향 분석(2010: 34)에서 저자 재작성.

제3절 정책의 추진 과정 및 내용

외환위기가 경제 전반에 불안정으로 이어지면서 정부는 IMF의 요구 사항을 받아들여 먼저 거시경제적 측면에서 통화정책과 재정정책을 긴축기조로 운용했다. 외환보유고를 확충하기 위해서는 경상수지를 흑자로 전환해야 하는데 국내 총수요를 억제하는 방식을 택한 것이다.

1. 긴축적인 통화 및 재정정책

1) 거시경제정책 기조

한국의 경제위기는 유동성 위기에서 촉발돼 신용 공황으로 이어지면서 경제 전체적으로 위기가 파급됐다. 초기에는 IMF의 처방을 받아들여 먼저 거시경제 측면에서는 통화기조와 재정기조를 긴축으로 전환했다. 외환위기의 원인으로 지목된 경상수지 적자를 흑자로 전환시키고 외환보유고를 늘리는 일이 시급했기 때문이다. 즉, 국내 총수요를 위축시켜야 했던 것이다. 고강도 긴축정책의 결과 외환위기 전 12% 수준이었던 회사채 발행 금리가 1997년 말에는 30%를 넘어섰으며, 환율도 외환위기 전 800원대에서 1998년 초에는 2,000원에 육박하기도 했다. 경제위기를 맞으면서 그동안 높은 수준을 유지해 왔던 경제성장률은 1998년에는 건국 이래 최대의 마이너스 성장인 -6.7%로 위축됐다. 원화 가치가 폭락으로 1996년 중 10,543달러에 달했던 1인당 GDP가 1997년 중 9,519달러로 하락했으며, 1998년 중에도 6,823억 달러로 1990년대 초반 수준으로 하락했다. 경상GDP 규모도 1998년 3,213억 달러로 1993년 이전 규모로 축소됐다.

당초 IMF는 1997년 12월3일 제1차 대기성 차관 협정문에서 조세수입 및 지출 구조의 조정을 통해 1998년에는 약간의 재정수지 흑자를 유지할 것을 요구했으나 1998년 2월7일 제4차 협정문에서는 재정적자를 용인하고 GDP의 2.6%까지 재정적자가 확대되는 것을 허용했다. 하지만 실제로 1998년 재정적자는 GDP의 4.2%까지 확대됐다.

2) 거시경제의 안정

김대중 정부가 해야 할 중요한 일은 가능한 빠른 시일 내에 거시경제를 안정시키는 것이었다. 무엇보다 실업이 급격히 늘어나 사회가 불안정해지는 것이 문제였다. 1997년 연간 2.6%에 불과하던 실업률이 1998년에는 7.0%로 급등했다. 실업자 수도 1997년 57만 명 수준에서 1998년에는 149만 명, 1999년에는 137만 명으로 실업문제가 사회문제로 고착화됐다. 김대중 정부는 실업대책으로 공공근로사업, SOC 예산 조기 집행 등 다각도로 진행했으나 예산상의 문제와 실효성이 적어 근본적 문제 해결에는 어려움을 겪었다. 2000년 들어 실업자 수가 100만 명 이하로 떨어졌지만 이후 10년도 넘게 외환위기 수준을 극복하지 못했다.

외환위기 초기에는 긴축 기조를 유지했으나 신용 공황 방지를 위한 긴급 조치의 하나로 통화 공급을 확대해 M2 증가율이 1998년 1월 16.1%에서 1999년 4월 30%로 증가했다. 이로 인해 금리는 3년 만기 회사채 유통수익률의 경우 1997년 12월 말 30.0%에서 1999년 말 8.0%까지 하락했다. 이후 사상 유례없는 저금리로 시중자금이 주식시장으로 몰리면서 1999년 말 종합주가지수가 1,028.1까지 상승했고, 다시 회사채 유통수익률이

표 2-1-14 김대중 정부의 주요 경제지표 추이

	1997	1998	1999	2000	2001	2002
GDP 성장률(%)	5.0	-6.7	10.9	9.3	3.1	6.3
실업률(%)	2.6	7.0	6.3	4.1	3.8	3.1
실업자 수(만 명)	57	149	137	91	85	71
소비자물가지수	4.4	7.5	0.8	2.3	4.1	2.7
경상수지(억 달러)	-82	4.4	245	122	82	61
무역수지(억 달러)	-85	390	239	118	93	103
재정수지(조 원) (GDP대비 비중)	-7.0 (-1.5)	-18.8 (-4.2)	-13.1 (-2.1)	6.5 (1.3)	7.3 (1.3)	22.7 (3.8)
콜금리	31.3	6.5	4.7	6.0	4.0	4.5
3년 만기 국채수익률	15.0	7.0	9.0	6.7	5.9	5.1
3년 만기 회사채수익률	29.0	8.0	10.0	8.1	7.0	5.7
종합주가지수	376.3	562.5	1,028.1	504.6	693.7	627.6
외환보유고(억 달러)	89	485	740	962	1,028	1,214
원달러 환율(년말 기준)	1,695	1,204	1,238	1,165	1,314	1,186

자료: 한국은행, 경제통계시스템 (http://ecos.bok.or.kr/)에서 저자 재작성.

10.0%까지 오르는 모습을 보여 거품경기라는 부작용을 낳기도 했다.

유동성 위기에서 벗어나는 기미가 보이면서 김대중 정부는 1998년 5월 이후부터는 금리 인하와 재정적자를 용인하면서 경기 회복에 노력했다. 특히 하반기부터는 금융 및 기업·노동 부문의 구조개혁을 추진하는 과정에서 야기될 불안 요소들을 재정 및 금융 측면에서도 수용해 장기 경기 침체를 최소화하는 방향으로 거시경제정책 방향을 선회했다. 이에 따라 〈표 2-1-14〉에서와 같이 1999년부터는 GDP 대비 4.2%나 적자를 보인 재정수지를 제외하고 대부분의 경제지표들이 개선되면서 예상외로 경제가 빠르게 V자형 회복을 보였다.

2. 기업 구조조정

1) 기업 구조조정 5개 방안

기업 부문의 구조조정은 IMF의 요구 사항이기도 했지만 기업들도 그동안 경쟁력 하락 및 시설투자 확대 등에 따른 기업수익과 재무구조의 악화로 사실상 스스로 구조조정을 추진했어야 할 상황이었다. 특히 세계시장 단일화 등 다국적기업의 세계시장 과점화 추세에 대한 대응 필요성도 절실했다. 1998년 1월 13일 김대중 대통령과 4대 그룹 회장들은 〈표 2-1-15〉에서와 같은 내용의 '기업 구조조정 방안 5개 항'에 합의했다.

표 2-1-15 기업 구조조정 방안 5개 항

기본 방향	주요 합의 내용
1) 기업경영의 투명성 제고	• 결합재무제표 도입 및 재무정보 공시, 회계 기준 및 회계 관행 국제화 • 부실경영 은폐 방지 통한 금융시장 및 투자자로부터의 신인도 제고
2) 상호 지급보증 해소	• 계열사 간 자금 및 영업 지원 관행 단절로 기업의 재정적 독립 강화 • 계열기업 부실의 전체 기업에 확산 방지, 금융시장과 경제 전반 안정성 유지
3) 재무구조 획기적 개선	• 자기자본 비율 제고로 재무구조 건전성과 기업 운영 안정성 확보 필요 • 불필요한 업종과 자산의 과감한 매각으로 수익성 위주의 기업 경영
4) 핵심 부문 설정 중소기업 협력 강화	• 방만한 다각화 탈피, 주력 핵심 사업으로 집중해 국제경쟁력 제고 • 중소기업에 대한 기술 및 자금 지원 등으로 수평적 협력 관계 강화
5) 지배 주주 및 경영진의 책임 강화	• 구조조정 시 지배 주주의 자기 재산 제공에 의한 증자, 대출보증 등 자구 노력 경주, 기업 경영 부실에 대해서는 경영진 퇴진 등 책임 강화

자료: 저자 직접 작성.

2) 기업 구조조정 실행

〈표 2-1-16〉에 요약된 바와 같이 1998년 2월 13일 은행감독원의 지시에 의해 각 그룹과 주거래은행 간 부채 비율 축소 등을 포함하는 재무구조 개선 약정을 체결했다. 그러나 1998년 통합 출범한 금융감독위원회는 3월 24일, 부채 비율을 1999년 말까지 200%로 낮추는 것을 골자로 하는 약정을 재체결하도록 지시했으며, 5대 그룹에 대해서는 약정을 재편하고 보완 자료를 제출할 것을 요구했다. 이 자료를 바탕으로 금감위는 9월 말까지 자산을 실사하고 재무개선계획을 재수립해 12월 15일까지 구조조정계획을 확정하는 방향으로 정책을 수정했다. 30대 그룹은 1998년 4월 이후 신규 채무보증이 전면 금지됐으며 2000년 3월 말까지 계열사 간 채무보증을 완전히 해소하도록 했다. 또한 30대 그룹에 대해서는 1999사업연도부터 국내 계열사와 해외 현지법인의 결합재무제표의 작성을 의무화하기로 했다. 구조조정의 원활한 추진을 지원하기 위해 지주회사 설립 허용안이 발표됐는데 자회사 출자 시 50% 이상 출자 의무, 부채 비율 100% 이내, 채무보증 완전 해소, 자회사의 타회사 출자 금지, 금융 및 비금융 동시 출자 금지 등 엄격한 제한조건을 부여했다.

사업 구조조정과 관련해 부실기업 퇴출 및 대기업의 사업 구조조정도 활발하게 진행됐다. 각 그룹의 주채권은행은 1998년 6월 18일 1차로 퇴출 대상 55개사를 선정하고 여신을 중단할 것을 발표했다. 5대 그룹에 대해서는 8월 말까지 기업자율 구조조정

표 2-1-16 기업 구조조정 실행 일지

일시	주요 내용
1998. 1. 13	• 대통령, 4대 그룹 회장, 기업 구조조정 방안 5개 항 합의
1998. 2. 13	• 은행감독원, '재무구조 개선 약정' 체결 지시
1998. 3. 24	• 금감위, '재무구조 개선 약정' 체결 재지시 (1999년 말까지 부채 비율을 200% 이내로 감축)
1998. 6. 18	• 금감위, 55개 퇴출기업 발표
1998. 7. 15	• 금감위, 6~64대 계열기업 워크아웃 추진 발표
1998. 8. 5	• 제2차 민관정책간담회, 5대 그룹 8월 말까지 10대 중복사업 자율 조정 프로그램 수립에 합의
1998. 8. 7	• 은감원, 5대 그룹 재무개선계획 9월 말까지 재제출 지시 (채권단협의회 검토 후 12월 5일까지 확정)
1998. 9. 3	• 5대 그룹 구조조정계획 발표 (반도체, 유화, 항공, 정유, 철도, 선박엔진, 발전설비 등)

자료: 저자 직접 작성.

계획을 수립하고 9월 말까지 '재무구조개선 약정'을 재편하도록 했으며, 나머지 그룹에 대해서는 8대 대형은행의 주도로 워크아웃을 추진하도록 했다.

기업 구조조정은 재계와 정부가 합의한 기업 구조조정의 5개 항에 의거해 기업이 자율적으로 추진하는 것을 원칙으로 하고 이 과정에서 금융기관이 주채권자(stakeholder)로서 적극적인 역할을 담당했다. 그러나 기업과 민간 등의 의견을 폭넓게 시간을 가지고 수용하기 어려워 민간의 반발이 야기됐다. 부채 비율 200% 축소 정책의 경우 우리 기업의 발전 단계와 국내 금융시장의 및 업종별 특성이 간과됐다는 비판을 받았다.

표 2-1-17 구조조정 관련 법률 정비

법률명	주요 내용
주식회사 외부감사에 관한 법률(2. 14)	• 결합재무제표의 조기 도입(2000년 → 1999년) • 외부감사인 및 회계관계인에 대한 벌칙 강화 • 상장법인 및 30대 재벌계열사에 외부감사인 선임위원회 설치 의무화
증권거래법 (2. 14, 5. 15)	• 의무공개매수 제도 및 자사주 취득한도 폐지 • 소수 주주권 행사 요건 완화(이, 대표소송 1% → 0.1%)
은행법(2. 14)	• 은행의 타회사 주식 보유 한도 확대(10% → 15%)
외국인투자법(5. 15)	• 외국인의 국내기업에 대한 M&A 전면 허용
공정거래법(2. 14)	• 출자 총액(순자산의 25%) 폐지, 30대 재벌의 신규 상호 채무보증 금지 및 기존 채무보증 2000년 3월 말까지 해소
조세감면규제법 (2. 14)	• 합병 시 등록세 면제 및 M&A, 사업 양수도 등에 따른 중복 부동산 양도 시 특별부가세 50% 감면, 자산 교환 시 법인세·특별부가세는 과세이연하고 취득세·등록세면제, 구조조정을 위해 부동산 처분 시 양도세 50% 감면
법인세법(2. 14)	• 과다 차입금(자기자본 5배 이상) 이자손비부인 조기 실시(2002 → 2000년)
회사정리법(2. 14)	• 회사정리 개시 요건에서 공익성 배제하고 경제성 우선시 • 관리위원회 및 채권자협의회 설치, 정리절차 법정화 및 단축(재산보전처분 여부를 신청일로부터 14일 이내 결정 등)
화의법(2. 14)	• 화의 기각 요건 강화·화의 개시 기간 법정화(신청일로 부터 3개월 이내) • 화의 조건 이행에 대한 감독 강화
증권투자신탁업법 (9. 2)	• 기관투자가의 의결권 행사 허용
자산유동화에 관한 법률(9. 2)	• 자산담보부 채권(ABS)의 발행 근거 마련
증권투자회사법(9. 2)	• 기업구조 조정 기금의 설립 근거 마련

자료: 저자 직접 작성.

3) 기업 구조조정 제도 및 법률 정비

구조조정을 원활하게 하기 위한 제도 및 법률도 정비됐다. 그 주요 관련 제도는 합병 제도 정비, 구조조정을 위한 자산 매각 등에 대한 조세 지원 적대적 M&A 허용, 외국인 주식 취득 제한 철폐, 지주회사의 제한적 허용 추진 등이다. 이를 위한 법률 정비는 〈표 2-1-17〉과 같다. 정부의 노력에도 불구하고 구조조정 관련 제도적 정비는 순조롭게 추진되지 못했다. 예를 들어 합병 및 매각 시 기업 가치를 평가하는 데 세법상 주식평가 기준은 과거 실적 기준이지만 투자가들은 미래 수익률 기준으로 기업 가치를 평가하므로 일반적으로 통용되는 투자 가치의 산정 방법을 인정하는 방향으로 세법이 개정되는 데 상당 시일이 요구됐다. 우리나라 대기업의 경우 많은 기업이 독과점기업이므로 구조조정 추진 시 기업결합 제한 규제 적용이나 예외 인정 여부가 명확하지 못해 혼란을 가져왔다. 외국인 투자의 조세 감면 범위에 관해서는 고도 기술수반사업의 범위를 재조정하여 수출산업 및 국내 취약기술산업의 경우도 조세감면 대상에 포함시켜야 함에도 이를 시행하지 못했다. 구조조정 정책이 좀 더 신속히 추진되기 위해서는 구조조정과 관련된 제반 사항을 포괄하는 구조조정촉진법을 우선적으로 제정해야 하는데 신속히 이뤄지지 못했다.

3. 금융 부문 구조개혁

1) 불건전 금융기관의 정리

1997년 11월 IMF와 협상을 시작하면서 이미 외화 지급 불능 상태에 빠진 8개 종합금융회사에 대해 외환 업무를 정지시킨 데 이어 12월에는 유동성 부족으로 정상적인 영업 활동이 어려운 14개 종금사와 경영난 등으로 부도 사태에 직면한 2개 증권회사, 예금 인출 사태로 계속적인 영업이 어려운 2개 투자신탁회사에 대해 영업정지 조치를 취했다. 증권, 보험, 리스 등 나머지 비은행 금융기관의 경우에는 은행의 구조조정 과정에서 지급 불능 사태에 직면한 금융기관은 즉시 정리하고 나머지 금융기관은 대주주의 책임하에 증자 또는 자체 경영정상화를 유도하되 회생 불가능한 금융기관은 정리하기로 방침을 정했다.

먼저 26개 일반은행 중 부실 정도가 가장 심한 제일은행과 서울은행의 납입자본금을 각각 8,200억 원에서 1,000억 원으로 감자하도록 한 후 정부와 예금보험공사가 이들 은행에 대해 각각 7,500억 원을 출자해 이들 은행의 자본금을 각각 1조 6,000억 원으로 확충했다(1998년 1월). 이어 2월에는 나머지 24개 일반은행 중 1997년 말 현재 BIS 기준 자기 자본 비율이 6% 미만인 6개 은행에 대해서는 경영 개선 조치를 요구하고 그 비율이 6~8%인 6개 은행에 대해서는 경영 개선을 권고했다. 이와 함께 이들 12개 은행에 대해서는 자기자본 확충계획을 포함한 경영정상화계획을 4월 말까지 제출하도록 하고, 회계법인을 통해 이들 은행의 자산 및 부채에 대한 실사 결과를 토대로 민간전문가로 구성된 경영평가위원회(1998년 6월 20일 구성)로 하여금 이들 은행이 제시한 경영정상화 계획의 실현 가능성을 평가하도록 했다. 그 평가 결과에 의거 정부는 6월 29일 대동, 동남, 동화, 경기, 충청은행 등 5개 은행의 우량 자산과 부채를 국민, 주택, 신한, 한미, 하나은행 등 BIS 비율이 8% 이상인 우량 은행에 각각 이전(P&A)하도록 계약이전명령을 내림으로써 불건전 은행에 대한 퇴출 조치를 단행했다.

2) 공적자금의 투입

외환위기를 극복하는 과정에서 김대중 정부는 과거 정부처럼 정부 주도의 자의적 방법이 아닌 법과 원칙에 의한 공적자금을 투입하고 지원 관리하게 됐다. 1997년 말 금융회사들의 신규 차입은 물론 대외적으로 채무의 만기 연장이 불가능할 정도로 자금이 경색된 상태에서 한국은 금융위기 극복을 위해 천문학적 규모의 공적자금을 투입하지 않을 수 없었다.[2] 1998년 6월 말 1차 금융 구조조정을 단행할 당시에는 64조 원의 공적자금으로 금융 구조조정을 마무리하는 것이 가능할 것으로 판단했다. 그러나 이후 대우그룹이 부도 사태를 겪으며 금융권 부실이 늘어나자 추가적인 금융위기의 확산을 막기 위해 2차 금융 구조조정을 위해 2000년 12월 50조 원(순 채권 발행 자금 40조 원과 회수자금 10조 원)의 추가 자금 지원을 결정하게 됐다. 공적자금 투입 규모가 적정했는가는 차지하고 금융위기가 경제 붕괴로까지 이어지는 급박한 상황에서 조기에 공적자금을 투입하고 짧은 시간에 비교적 과감하게 구조조정을 추진했다는 평가를 받아왔다.[3] 회수와 상

---

2) 금융위기와 같은 시스템 위기를 판단하는데 드지오벡과 파자바시오글루(Dziobek & Pazarbasioglu, 1997)는 적어도 한 국가의 총 은행예금의 20% 이상에 영향을 줄 수 있는 상황이라고 정의하고 있다. 1997년 말 외환위기 시 한국 정부는 위기 초기에 신속히 예금 전액에 대해 정부 지급 보장을 선언했기 때문에 20% 이상의 금융기관 예금이 인출 사태로 이어질 만큼의 위기 상황이었는지에 대해 단언을 내리기는 어려우나 1998년 3월말 현재 예금은행의 부실 여신 비율이 16.9%에 달했다는 점과 1998년 러시아 역시 국가 부도사태를 맞았고, 이러한 금융위기 상태가 남미로 확장되는 상황이었다는 점에서 위기의 심각성을 유추할 수는 있을 것이다.

3) IMF가 우리 정부에 금융 구조조정정책의 성공 조건으로 제시했던 폭넓은 접근(comprehensive approach), 즉각적 행동(prompt action), 기업퇴출정책(firm exit policies), 주도기관의 선정(designating a lead agency) 등은 대체로

환의 문제에서도, 공적자금 상환이 본격적으로 시작된 2002년 이후 49조 원의 우발채무를 명시적인 직접채무로 전환해 재정에서 부담하는 내용을 골자로 하는 공적자금 상환대책이 많은 논란 끝에 확정됐다. 공적자금 투입에 따른 부실 금융사와 기업에 대한 구조조정은 김대중 대통령의 임기 내인 2001년 말에 이르러 상당 부분 마무리됐다.[4)]

4. 노동 부문 개혁

1) 노사정위원회의 상설화와 신노사관계 정립

김대중 정부의 노동 부문 개혁의 중대 과제는 대기업과 금융기관을 구조조정하면서 정리해고를 하는 일이었다. 대기업과 금융기관은 노동조합 활동이 활발해 극심한 반발이 예상되는 상황이었다. 정부는 노사정위원회의 발족과 운영을 통해 사회적 협의를 발전시키고 대립과 갈등의 노사관계를 청산하고 신노사문화를 정착시키고자 노력했다. 또한 노동시장의 유연성을 제고하고 노동기본권을 신장하기 위한 제도 개혁을 추진했으며, 근로복지 향상을 위한 다양한 정책을 시행했다. 그동안 노동계의 반대로 도입에 어려웠던 파견근로제와 1996년 노동법 파동의 핵심 쟁점이었던 정리해고제가 노사와 정치권의 합의로 법개정이 이뤄졌다. 이에 대한 반대급부로 노동기본권이 대부분 확보됨으로써 한국의 집단적 노사관계 제도에서 문제점들이 상당 부분 해소됐다. 그러나 개별 노사관계법과 관련된 문제들은 여전히 과도한 규제의 문제점을 남기게 됐다.[5)]

1998년 2월 노사정위의 합의와 관련법 개정에 의해 그동안 노동조합이 요구해 오던 교원노조의 허용, 노조의 정치활동 허용, 실업자의 노조 가입 허용, 사회보장법제의 정비 등이 이뤄졌다. 또한 기업 측에 유리한 것으로는 정리해고제와 파견근로제가 도입됐는데 사실상 정리해고와 파견근로제는 현장에서 행해지고 있었기 때문에 전반적으로는 노조 측에 유리한 것이라 평가되고 있었다. 그러나 노사정 합의 이후 노동계가 정리해고를 정당화하는 데 동원됐다는 인상을 주어 이후 노사정위원회는 노조와 조합원에게 불신을 받게 됐다.

충족된 것으로 평가되고 있다.

4) 2005년 말에는 '공적자금비리 합동단속반'의 조사활동도 종료됐고, 2006년 말에는 발행됐던 정부보증채권의 국채 전환이 마무리됐다.

5) 예를 들어 최근 문제가 되는 ILO의 최저 규정을 넘어서는 50%의 높은 초과근로수당의 문제나 퇴직금의 법제화와 비정규직의 장기계약을 허용하지 않는 문제 등은 여전히 숙제로 남아 있다.

그럼에도 불구하고 김대중 정부가 추진한 노사관계 측면에서의 가장 중요한 정책은 노사정위원회의 상설화를 통해 노동정책뿐만 아니라 고용 및 근로 조건에 영향을 미치는 경제사회정책 및 구조조정 과정에 노동조합이 일정한 역할을 할 수 있도록 한 것이었다. 이는 1996년 노사관계개혁위원회 이후 추구돼온 노동조합의 참여를 통한 사회통합적 발전의 큰 진전이었다. 1998년 1월 15일 발족한 노사정위원회는 동년 2월 6일 경제위기 극복을 위한 공정한 고통 분담에 관한 노사정 대타협에 성공했고, 2월 9일 90개 항목에 달하는 '사회협약'을 체결했다. 이 사회협약에서는 노동시장의 유연성 제고와 노동기본권 신장, 사회안전망 확충 등 노동 관련 사항뿐만 아니라 기업 구조조정, 세제개혁, 정치개혁 등을 포괄하는 국정 전반의 개혁 방향에 대해 경제 주체가 합의하는 내용이 포함돼 있었다.

노사관계에서도 그동안의 대립·투쟁의 노사문화를 청산하고 새로운 문화를 만들어 가기 위한 정책이 추진됐다. 정부는 열린 경영 촉진, 지식근로자 육성, 작업장 혁신 지원, 성과 보상 확대, 노사 협력 인프라 구축, 노사 관계 제도 개선 추진 등 신노사문화 6대 과제를 선정·추진했다.

2) 노동시장 유연성 제고와 노동기본권 신장

세계화와 무한경쟁이 진전되면서 노동시장의 유연성 제고는 1990년 초부터 그 필요성이 꾸준히 강하게 제기돼 왔었다. 1997년 3월 노동법 개정으로 고용조정에 관한 규정이 입법화됐고 변형근로시간제, 재량근로·선택적 근로시간제 등이 도입돼 노동시장 관련 제도의 유연화가 이뤄지기 시작했다. 더욱이 1998년 3월 법 개정으로 '고용조정을 위한 긴박한 사유'에 M&A가 포함되고, 고용조정 절차가 구체적으로 명시됐으며, 파견근로가 입법화됨으로써 노동시장 유연화가 제도적으로 큰 진전을 보였다.

노동기본권의 신장과 관련해서는 이미 1997년 3월 노동법 개정으로 복수 노조 금지, 제3자 개입 금지, 정치활동 금지 등이 폐지됐으며, 1998년 2월 노사정 대타협에 따라 교원노조가 합법화되고, 공무원의 단결권(직장협의회 형식)이 보장됐다. 또한, 국내외에서 오랫동안 노동기본권에 대한 제약의 상징처럼 인식돼온 민주노총의 법적 지위 문제도 1999년 11월의 합법화를 통해 해소됐다.

5. 공공부문 구조개혁

1) 정부조직 개편 및 민영화계획 수립

민간에서의 강력한 구조조정을 선도하고 국가경제의 효율성을 제고하기 위해 공공부문에서의 구조개혁도 추진됐다. 먼저 위기의 주범으로 주목을 받았던 재정경제원을 해체하고 금융감독위원회 및 기획예산위원회의가 신설되는 등 정부조직 개편을 단행했다.

구조조정에 필요한 재정수입을 확보하고 국가재정 건전화를 통한 국가신인도를 높이기 위해 강력하고 폭넓은 민영화계획을 수립했다. 1998년 김대중 정부가 세운 민영화 계획은 26개의 공기업 모기업 중에서 포항종합제철, 한국중공업, 한국종합화학, 한국종합기술금융, 국정교과서 등 5개의 공기업은 즉각 민영화 대상이 됐다. 한국전기통신공사, 한국담배인삼공사, 한국전력공사, 한국가스공사, 대한송유관공사, 한국지역난방공사 등 6개의 공기업은 단계적으로 민영화를 실행하도록 했다. 나머지 12개의 공기업에 대해서도 자체적으로 경혁 혁신이나 구조조정을 실행할 것을 요구했다. 그 밖에도 중앙정부와 지방정부 산하에 있는 수많은 산하기관과 투자기관에 대해서도 인력과 조직을 대폭 축소 조정하도록 요구됐다.

2) 과감한 규제개혁 및 대국민 서비스 제고

중장기적 시각에서 정부 친화적 기능을 확립한다는 차원에서 국무총리실 산하에 규제개혁위원회를 상설화하고 규제를 반으로 줄이는 과감한 규제개혁을 실행했다. 준조세라고 하는 정부의 각종 부담금을 정비하기 위한 「부담금관리기본법」이 제정됐으며, 정부조직에 대해서도 개방형 임용제나 성과급보수제를 도입해 효율성을 높이려는 노력을 했다. IT 사회에 맞게 전자정부사업을 추진하고 정부에 대한 국민의 신뢰를 높이기 위해 대국민 서비스도 대폭적으로 개혁하려는 정책적 노력을 기울였다.

6. 실업 및 복지정책

1) 종합실업대책

외환위기와 함께 출범한 김대중 정부는 위기로 인한 실업문제의 해결과 실업자를 위한 사회안전망의 확충을 최우선 과제로 삼았다. 외환위기 당시 한국의 사회안전망 관련 제도는 공공부조제도인 생활보호제도(1961)와 사회보험제도인 산업재해보상보험(1964), 의료보험(1977), 국민연금(1988), 고용보험(1995)을 중심으로 기본 틀을 마련해 나가는 수준이었다. 아직 제도적 틀을 완전하게 갖추지 못한 상태에서 외환위기라는 커다란 충격을 받게 됐고, 일차적 희생자인 취약계층은 물론이고 심지어는 중산층에 대해서도 충격을 완화해 줄 완충 장치가 충분하지 못했다. 대량의 실업자가 발생하는 상황에서 1995년 도입된 실업보험에서 실업급여는 법적으로 상시근로자 30인 이상의 사업장에만 적용되고 있었다. 김대중 정부는 급속하게 악화된 실업문제에 대처하기 위해 1998년 3월 종합실업대책을 마련했다. 이 대책은 고용 유지 · 고용 창출 · 직업훈련 및 직업 안정 · 생계 보호 등 네 가지 영역에서 다양한 프로그램을 포함하고 있었다.

종합적으로 실업대책을 추진하는 것에 덧붙여 공공직업 안정 서비스도 크게 개선했다. 우선 노동부 지방노동사무소의 직업안정과와 고용보험과를 통합해 고용안정센터를 설치했는데, 이로써 1997년 말 46개 지방노동사무소를 포함해 53개에 불과하던 공공직업 안정기관 수가 2001년 말에는 168개의 고용안정센터를 포함해 191개로 크게 늘어났다. 또한 직업상담원 수도 같은 기간에 100명에서 1,949명으로 증가했다. 또한 인터넷을 통한 구인 · 구직연계망인 워크넷(work-net)을 개통함으로써 취업알선 서비스의 질을 제고했다.

2) 사회안전망 확대

실업대책과 함께 사회안전망도 급속하게 확충했다. 먼저 실업자를 위한 핵심 사회안전망인 고용보험제 적용 대상을 위기 전 종업원 30인 이상 사업장에서 단계적으로 확대해 1998년 10월부터는 1인 이상 사업장까지 전면 적용했다. 이에 따라 고용보험 가입 근로자 수가 1995년 도입 당시 전체 임금근로자의 32.6%인 420만 명에서 2000년 10월에는 전체 임금근로자의 절반인 664만 4천 명까지 확대됐다. 고용보험뿐만 아니라 산재보험과 국민연금의 적용도 2000년부터 근로자 1인 이상의 전 사업장으로 확대됐다. 4대 사회보험의 적용 확대와 함께 2000년 10월부터 국민기초생활보장제를 시행해 빈곤계층에 국민최저 수준(national minimum standard)의 생활을 보호받도록 했다. 특히 기초생활보호제도의 경우 근로 능력이 있는 근로자에 대해서는 가능한 자활사업이나 직업훈련과 연계해 시행해 빈곤계층의 일을 통한 생활 안정을 도모했다는 면에서 의의가 있다. 소위 생산적 복지라는 개념을 도입해 복지의 확대가 근로 동기의 저하를 통한 성장 둔화를 유발하지 않도록 했다.

3) 근로복지 개선과 여성·고령자·장애인 대책

일하는 삶의 질 향상을 위해 최저임금제를 2000년 11월부터 전 사업장에 적용했다. 최저임금 수준도 큰 폭으로 인상함으로써 최저임금의 영향률이 97년 2.3%에서 2002년에는 6.4%로 높아지게 됐다. 또한 1998년 임금채권보장제를 도입해 도산기업 근로자와 그 가족의 생계 유지를 지원했다. 이와 함께 2001년 「근로복지기본법」을 제정하고, 2002년 제1차 '근로자 복지증진 기본계획'을 수립해 근로자의 삶의 질 개선과 선진 근로복지 구축을 위한 기반을 마련했다. 특히 여성·고령자·장애인의 일하는 복지 증진을 위해 차별 해소, 적극적 고용 촉진 조치, 직업 능력 개발, 모성 보호와 보육 서비스 등에서 효과적인 정책 수단이 개발되도록 노력했다.

제4절 성과 및 평가

1. 부실 해소 및 금융시장의 안정성 제고

1) 부실채권 및 부실 금융기관 정리 및 금융시장 건전성 제고

위기 극복의 무엇보다 직접적인 성과는 금융 부문의 부실채권을 정리하고 재무적 안정성을 회복해 금융시장의 안정성을 제고한 것이다. IMF 외환위기로 인해 위기 직후인 1998년 3월부터 2002년 3월 말까지 4년간 총 197조 4천억 원에 달하는 부실채권이 정리됐다. 1998년 3월에 112조 원[6]에 달했던 금융권 부실채권은 1999년 말에 66조 7천억 원으로 감소해 20여개월간 92조 원이나 줄어드는 등 신속하게 정리됐다. 2000년 3월 이후 'FLC 고정이하여신 기준'이 단계적으로 도입[7]되고 기업 구조조정이 지속됨에 따라 2002년 3월 말까지 부실채권은 72조 4천억 원 증가했고 105조 4천억 원 정리되어 잔액은 33조 7천억 원 수준으로 감소했다.[8]

6) 1999년 12월 당시의 부실채권 산정 기준(FLC 무수익 여신)으로 1998년 3월 당시의 부실채권 규모를 역추정한 수치다.

7) FLC 고정이하여신 기준으로 재산정할 경우 1999년 말 부실채권 규모는 88.0조 원으로 증가한다.

8) 2002년부터 금융감독원은 부실채권 규모 산정 대상 금융기관의 범위를 확대해 기존의 은행, 보험사, 증권사, 투신사, 상호저축은행, 종합금융회사, 리스회사, 신용협동조합 외에 카드사, 할부금융사, 신기술금융사까지 포함시키고

표 2-1-18 부실 금융기관의 정리

금융권별	1997년 말 기관 수(A)	구조조정 현황					신설 등	2007년 5월 말 기관 수
		인가 취소	합병	해산 · 파산 · 영업 이전	계(B)	비중 (B/A)		
은행	33	5	11	-	16	48.5	1	18
비은행	2,070	166	181	550	897	43.3	113	1,286
종금	30	22	7	-	29	96.7	1	2
증권	35	5	7	3	15	41.7	19	40
보험	50	10	6	6	22	44.0	21	49
투신	32	7	6	-	13	40.6	30	49
저축은행	231	109	28	1	138	59.7	16	109
신협	1,666	2	125	539	666	40.0	15	1,015
리스	25	11	2	1	14	56.0	11	22
합계	2,103	171	192	550	913	43.4	114	1,304

자료: 한국경제60년사 편찬위원회. 한국경제60년사 총괄편(2011: 105). 〈표 1-21〉에서 재인용.

라인하트와 로고프(Reinhart & Rogoff, 2008)에 의하면, 19세기 이후 세계적으로 정부에 의한 대외채무 파산이 250건 국내 채무 파산 70건 이상이 발생했고, 이러한 데이터를 바탕으로 분석한 바에 의하면 한국의 1997년 위기의 국내 경제의 충격 규모는 GDP 대비 10% 이내이며 지속 기간도 1년 정도인 것으로 분석하고 있다. 〈표 2-1-18〉에서 보듯이 1997년 말 33개나 되는 은행이 인가 취소나 합병 등으로 그 숫자가 반으로 줄어들었으며, 금융위기를 촉발한 요인이었던 종금사의 경우 30개 중 29개사가 인가가 취소되거나 합병 등으로 사라졌다. 그 밖에 비은행 기관들의 43.3%가 없어졌다. 무엇보다 대마불사(大馬不死)의 신화를 깨고 대형은행들의 문을 닫게 하는 등 금융기관의 부실 정리는 괄목할 만한 수준이었다고 평가된다.

2) 금융회사의 건전성 제고

금융 부문의 구조조정이 진행되면서 금융사의 건전성을 보여주는 지표인 BIS 자기자본 비율(일반은행의 경우)은 1997년 말 기준 7.0%에서 2002년 말에는 10.5%로 향상됐다.

있는데, 이 기준에 따르면 새로 포함된 3개 금융권의 부실채권 3천억 원이 추가되어 금융권 전체 부실채권 규모는 38조 원으로 증가한다.

더욱이 2000년부터 신자산건전성 분류 기준에 따라 대손충당금을 적립해야 할 부실채권의 범위가 확대된 것을 감안하면 금융사의 자산의 건전성은 크게 제고된 것으로 볼 수 있다. 은행의 부실채권 비율(고정이하여신 기준)도 1997년 말 6.70%에서 1998년 말 10.4%, 1999년 말 12.9%로 급증했지만 김대중 정부 말기인 2002년에는 2.33%까지 감소하는 등 빠르게 부실채권을 정리한 것은 평가받을 만하다. 이러한 부실채권의 감소 및 정리 수준은 당시 금융위기를 겪은 유사한 동남아 국가 및 일본 등과 비교할 때도 매우 낮은 수준이다.

표 2-1-19 국내 은행의 부실채권 규모 및 비율 추이

(단위: 조 원, %)

연도	1997	1998	1999	2000	2001	2002
잔액	31.6	33.7	61.0	42.1	18.8	15.1
비율	6.70	10.40	12.90	8.00	3.41	2.33
BIS 자기자본 비율	7.0	8.2	10.8	10.5	10.8	10.5

주: 부실채권 기준은 1998년 7월 '고정 이하' 분류 기준을 '6개월 이상 연체'에서 '3개월 이상 연체'로 강화했다. 1999년 12월에는 신자산건전성 분류 기준(FLC)이 도입됐으며, 2000년은 잠재 부실을 반영하는 등 기준이 점차로 강화됐다.

자료: 금융감독원, 은행분석 결과(각 연도).

구조조정 과정에서 직원 수가 감소해 금융사의 1인당 생산성지표가 크게 개선됐으며, 금융사 전반의 효율성 제고 효과도 2001년 이후에는 가시화되기 시작했다. 공적자금의 투입과 더불어 금융사 스스로의 비용 절감, 생산성 향상 노력의 결과로 볼 수 있다. 일반은행의 경우 당기순이익이 1998년 12조 5천억 원의 적자에서 1999년에는 신자산건전성 분류 기준(FLC)의 도입, 대우그룹 사태 등에 따른 충당금 적립 부담에도 불구하고 적자 규모가 6조 원으로 크게 줄었다. 2000년에는 신자산건전성 분류 기준의 완전 도입, 추가적인 기업 구조조정 추진 등으로 2조 8천억 원의 적자를 보였지만 2001년에는 대손

표 2-1-20 국내 은행의 ROA 및 ROE 추이

(단위 : %)

	1997	1998	1999	2000	2001	2002
총자산 순이익률(ROA)	-1.06	-3.61	-1.42	-0.59	0.76	0.17
자기자본 순이익률(ROE)	-14.18	-52.53	-23.13	-11.90	15.88	7.17

자료: 금융감독원, 은행분석 결과(각 연도).

충당금을 적립한 후에도 사상 최대 규모인 3조 5천억 원의 흑자를 기록했다. 이에 따라 총자산수익률(ROA)이 외환위기 기간인 1997년에서 2000년 사이 마이너스를 보였지만 2001년 플러스로 돌아서 0.76%를 보였다.

3) 금융시장의 안정성 제고

IMF위기 직후 우량기업의 3년 만기 회사채 유통수익률은 일시적으로 30%대를 상회했지만 1998년 중반 이후 금리 인하로 정책이 전환되면서 1999년 하반기에는 한 자릿수로 하락했다. 2000년 들어서는 대우그룹 부실채권과 관련한 투신사 수익증권 환매사태와 현대그룹 등 일부 대기업의 유동성 부족 사태로 회사채 유통수익률이 다시 두 자릿수대로 상승하기도 했다. 하지만 시장 안정화를 위한 정책적 노력에 따라 결국 금리는 큰 폭으로 하락했고 금리 변동성도 안정적 수준에 머무르게 됐다.

금융위기의 정중앙에 있었던 외환시장의 안정성은 역시 매우 중요하다. 1997년 12월 16일 외환시장에서 자유변동환율제를 시행한 직후에는 원/달러 환율의 변동성은 크게 확대됐지만 1999년 이후 축소되기 시작했다. 한국은행의 분석에 의하면 주요국(G20+아시아 5개국)과 비교해 볼 때 한국의 환율변동성은 리먼사태 이전까지 10번째로 중간 수준을 보이는 등 안정적 기조로 이행한 것으로 평가된다.[9)]

표 2-1-21 원/달러 환율 수준 및 변동성의 기간별 비교 (단위: 원, %)

	시장평균환율제도	자유변동환율제도			
	외환위기 이전 (1990.3월~1997.12월)	리먼사태 이전 (1998.1월~2008.9.12)	글로벌 금융위기 기간 (2008.9.15~2009.3월)	2009.4월 이후[3)] (2009.4월~2010.12월)	
원/달러 환율	794.3	1,139.0	1,371.8	1,188.60	(1,156.0)
전일 대비 변동폭[1)]	2.30	4.50	22.7	7.0	(6.9)
전일 대비 변동률[2)]	0.21	0.37	1.69	0.58	(0.60)

주: 1) ┃금일 종가 - 전일 종가┃
2) ┃금일 종가 - 전일 종가┃/ 전일 종가
3) ( ) 안의 수치는 2010년 기준.
자료: 서영경 · 성광진 · 김동우(2011: 4).

9) 한국은행(2011). BOK경제브리프 2011-1, '원/달러 환율변동성이 큰 배경과 시사점'.

4) 외환 및 주식 시장의 양적 성장

외환위기 이후 한국의 자본시장은 선진국에 가까운 개방 수준을 가져가게 됐지만 국제 금융시장이 안정적일 때는 자본 유입이 활발하나 불안정적일 때는 자본이 급격히 유출되는 모습을 보이는 문제점을 내포하게 됐다. 그럼에도 불구하고 외환시장은 양적인 면에서 큰 성장을 하게 됐다. 은행 간 외환 거래 규모 차원에서 보면 1997년 일 평균 35.6억 달러에 불과하던 외환시장 거래 규모는 2000년들어 위기 전 수준을 회복한 이래 꾸준히 증가하여 외환시장의 양적 발전을 가져왔다고 평가할 수 있다. 하지만 외환시장의 거래 규모에 비해 시장구조가 충분히 발달하지 못해 충격 흡수 기능이 미흡한 실정이다. 북한의 존재도 지정학적 위험을 높이면서 환율변동성 증가의 배경으로 작용하고 있다. 우리나라의 대외의존도(명목GDP 대비 수출입 비율)가 이미 100%를 상회하는 상황에서 이와 같은 높은 환율변동성은 경제에 구조적으로 상당한 부담으로 작용할 것이다.

표 2-1-22 우리나라 외환시장의 거래 규모 추이[1)]

(단위: 억 달러)

	1997	2001	2004	2007	2010
현물환	25.1	58.6	102.6	174.2	184.9
기타 외환 관련 상품[2)]	10.5	39.5	102.7	178.2	253.4
합계	35.6	98.1	205.3	352.4	438.2

주: 1) 각 연도 4월 중 일평균 기준.
2) 선물환, 외환스왑, 통화스왑 및 통화 옵션.
자료: 서영경・성광진・김동우(2011: 12).

외환위기 이후 크게 축소됐던 주식시장의 유동성은 2000년 중 1998년 대비 4배 이상 증가했으며 침체를 보이던 2001년에도 위기 이전 수준을 크게 상회했다. 2001년 말 기준 증권거래소 상장주식의 시가 총액은 256조 원으로 1997년 말의 71조 원에 비해 구조조정이 마무리된 2001년 말 4년 만에 3.6배 성장했다. 이후에도 주식시장은 양적인 면에서 괄목할 만한 성장을 했다고 할 수 있다. 시가 총액 증가와 더불어 거래대금도 큰 폭으로 늘어나 시장 전체의 유동성은 위기 전후에 비해 크게 개선됐다. 증권거래소의 연간 거래대금은 1997년 대비해 구조조정이 마무리된 2001년 말에는 3배, 코스닥시장은 386배 증가했고, 이에 따라 거래회전율(거래대금/시가 총액)은 1997년 137.3에서 2001년 599.8로 크게 상승했다. 코스닥시장까지 합치면 더욱 괄목할 만한 성장이라 할 수 있다.

특히 1998년 외국인 투자한도를 철폐해 외국인의 주식 보유 규모와 직접 투자 규모가 빠르게 신장했다. 2001년 말 기준 외국인 주식보유 금액은 93조 6,982억 원으로 1997년 말 대비 9배 이상이나 늘었다. 전체 상장 주식에 대한 외국인 보유 시가 총액 비중도 늘었으며, 기관투자가를 중심으로 투자자 등록자 수도 늘고 국적도 다양화돼 투자자 기반이 다변화된 점은 평가받을 만하다. 그러나 외국인 투자의 증가는 장단점이 존재하며 외환시장과 밀접한 연관이 있으므로 긍정적인 성과로만 보기는 어렵다.

표 2-1-23 주식시장의 유동성과 상장(등록)사 추이

(단위: 조 원, %, 사)

구분	증권거래소		거래 회전율	상장(등록) 회사 수
	시가 총액	거래대금		
1997년	70.9	1,622	137.3	766
1998년	137.7	1,928	274.8	748
1999년	349.5	8,669	467.1	725
2000년	188.0	6,271	387.5	704
2001년	255.8	4,913	599.8	689
2008년	576.9	1287.0	296.7	763
2009년	887.9	1466.3	408.7	770
2010년	1141.9	1410.6	292.1	777
2011년	1042.0	1702.1	254.1	791
2012년	1154.3	1196.3	338.5	784

주: 연말 기준이며 거래회전율은(거래대금/시가 총액)임.

자료: 한국은행, 경제통계시스템(http://ecos.bok.or.kr/6.2.2) 주식거래 및 주가지수에서 저자 재작성.

2. 실물경제의 회복

1) 기업 자금 사정 개선

금융시장의 안정으로 기업들이 자금을 원활히 조달할 수 있게 됨에 따라 외환위기 이후 크게 악화됐던 기업의 단기자금 사정도 호전돼 2001년 이후에는 위기 이전 수준을 회복했다. 기업의 긴급 자금 수요를 나타내는 당좌대출한도 소진율의 경우 1998년 3월에는 33.5%에 달했으나, 그 이후에는 하락세가 지속됐다. 2000년 들어 대우그룹 구조조정의 여파로 다시 상승했으나, 2001년 이후 하락세가 지속돼 2002년 4월에는 13.4%를 기록했다. 1998년 중 총 22,000개, 1일 평균 76개에 이르던 부도업체 수[10]는 1999년에는 총 6,700개, 1일 평균 22개로 감소해 1997년 이전 수준[11]을 크게 하회했다. 1997년 말 0.4%에 이르던 어음부도율도 대우사태로 인해 1999년 하반기 잠시 상승하기도 했으나, 꾸준히 하락해 1999년 말에는 0.33%, 2001년 말에는 0.23%에 이르렀고 부도업체 수도 위기 이후 꾸준히 감소해 안정된 모습을 보이게 됐다.

표 2-1-24 어음부도율 및 부도업체 수

(단위: %, 사)

연도	어음부도율 (장수 기준)	어음부도율 (전자결제분 포함 금액 기준)	부도업체 수
1996	0.09	0.14	11,589
1997	0.10	0.40	17,168
1998	0.14	0.38	22,828
1999	0.04	0.33	6,718
2000	0.04	0.26	6,693
2001	0.03	0.23	5,277
2008	0.02	0.03	2,735
2009	0.02	0.03	1,998
2010	0.02	0.03	1,570
2011	0.02	0.02	1,359
2012	0.03	0.02	1,228

자료: 한국은행, 경제통계시스템 (http://ecos.bok.or.kr/ 5.1. 어음교환 및 부도).

2) 주요 경제지표의 빠른 회복

기업의 자금 조달 여건 개선은 설비 투자의 급속한 회복으로 이어져 우리 경제가 외환위기의 충격으로부터 신속하게 벗어날 수 있는 견인차 역할을 수행했다. 1998년 38.8%나 감소했던 설비 투자가 1999년과 2000년 중 각각 36.3%, 35.3%라는 급증세를 나타냈고, 민간 소비도 1998년의 11.7% 감소에서 1999년에는 11.0%, 2000년에는 7.9% 증가로 호전됐다. 이에 따라 GDP성장률도 1998년의 마이너스 성장에서 1999년에는 10.9%, 2000년에는 9.3%로 급격한 회복세를 보였다. 고용시장도 빠르게 안정을 되찾게

10) 당좌거래정 기업체 기준.

11) 1996년 36.7개사, 1997년 56.7개사로 추정.

표 2-1-25 외환위기 이후 주요 경제지표 증가율 추이 (단위 : %)

	1997	1998	1999	2000	2001	2007	2008	2009	2010	2011	2012
국내총생산	5.0	-6.7	10.9	9.3	3.0	5.1	2.3	0.3	6.3	3.6	2.0
설비 투자	-8.7	-38.8	36.3	35.3	-9.8	9.3	-1.0	-9.8	25.7	3.7	-1.8
민간소비	3.5	-11.7	11.0	7.9	4.2	5.1	1.3	0.0	4.4	2.3	1.8
물가상승률	4.5	7.5	0.8	2.3	4.1	2.5	4.7	2.8	3.0	4.0	2.2
실업률	2.6	6.8	6.3	4.1	3.4	3.2	3.2	3.6	3.7	3.4	-

자료: 한국은행, 경제통계시스템(http://ecos.bok.or.kr/국민계정(2010년 기준).

돼 1998년 6.8%를 기록했던 실업률도 이후 점차 하락해 2001년 이후 3%대로 하락했다. 다만 설비 투자는 외환위기 직후 기저 효과로 확대되는 보습을 보이다가 2001년 이후 다시 위축되는 현상이 이어지게 됐다.

3. 위기 극복 노력 평가

1) 조속한 외환위기 극복

김대중 정부의 가장 잘한 업적 중 하나가 외환위기의 극복일 정도로 외환위기 그 자체는 성공적으로 극복했다는 평가를 받고 있다. 객관적인 반증은 1997년 12월 하순 투자 부적격으로 하락했던 국가신용 등급이 빠르게 조정돼 S&P, Moody's, Fitch IBCA 등 주요 신용평가회사는 1999년 들어 투자 적격으로 상향 조정됐다는 점이다. 가장 먼저 유럽계 신용평가기관인 Fitch IBCA가 1999년 1월 19일 우리나라의 국가신용 등급을 투자 적격 등급으로 환원했고, S&P와 Moody's도 각각 동년 1월 25일 및 2월 12일에 투자 적격 등급을 부여했다. 2002년 들어서는 3개 신용평가회사 모두 우리나라의 국가신용 등급을 A등급으로 상향 조정했다. 대외신인도도 빠르게 회복됨에 따라 외국인 직・간접 투자가 늘어나면서 외환보유액은 급속도로 늘어 2002년 말 6월 말 현재 외환보유액은 1,124억 3,800만 달러로 일본(4,197억 달러), 중국(2,384억 달러), 대만(1,398억 달러)에 이어 세계 4위 수준이 됐다. 외환유동성 확보 노력과 함께 외환보유액 중 차입 비중이 크게 감소돼 1999년부터 순채권국으로 전환했다. 또한 IMF로부터 외환유동성 위기 극복을 위해 차입한 200억 달러를 당초 계획보다 3년 앞당긴 2001년 8월 23일에 전액 상환

표 2-1-26 우리나라 국가신용 등급 추이

	1997	1998	1999	2000	2001	2002	2003 ~2011	2012
Moody's	A3(97.11) Baa2(97.12) Bal(97.12)	-	Baa3 (99.2) Baa2 (99.12)	-	-	A3 (02.3)	A2(07.7) A1(10.4)	Aa3(12.8)
Fitch IBCA	A+(97.11) A(97.11) BBB-(97.12) B-(97.12)	BB+ (98.2)	BBB- (99.1) BBB (99.6)	BBB+ (00.3)	-	A (02.6)	A+(11.11)	AA-(12.9)
S & P	A+(97.10) A-(97.11) BBB-(97.12) B+(97.12)	BB+ (98.2)	BBB- (99.1) BBB (99.11)	-	BBB+ (01.11)	A- (02.7)	A(05.7)	

주: ( ) 안은 변경 시점이며, 최저 투자적격 등급은 Baa3(Moody's), BBB(Fitch IBCA), BBB-(S&P)임.
자료: 저자 직접 작성.

했다. 이로써 우리는 3년 8개월이라는 유례 없이 빠른 기간 내에 IMF 관리 체제를 완전히 벗어나게 됐다는 점은 역사적으로도 평가받을 만한 일이다.

2) 경제 시스템 개선

외환위기 극복의 가장 큰 편익은 경제구조 개혁을 빠른 시간 내에 이뤄 시스템 전반의 효율성이 개선됐다는 점이다. 금 모으기 운동 등 가계・기업 등 모든 경제 주체가 합심해 경제 구조개혁을 함으로써 금융위기를 겪은 아시아 국가에 비해 빠르게 개선된 모습을 보여 국제사회의 모범 케이스로 인식되기도 했다. 금융기관의 경영 실적이 장기적인 금융산업의 경쟁력을 반영하는 방향으로 개선됐고, 국민경제의 효율적 자원 배분, 위험의 흡수 분산 등의 기능도 개선됐다. 직접적인 금융위기의 원인으로 지목됐던 대기업의 과도한 부채경영과 금융기관의 부실 심화, 대외신인도 하락, 정부의 위기관리 능력 미흡 등의 환경적 요인도 개선됐다. 다만 금융 부문의 양적 성장에 비해 GDP 대비 투자율은 장기간 침체 현상을 보이고 있어 실물과 금융의 괴리가 심화되고 있고 경제 각 부문별로 양극화 현상이 심화되면서 불균형 성장이라는 또 다른 문제점을 잉태하게 됐다. 경제적 손실과 더불어 사회 전반에 대한 신뢰 하락, 공동체에 대한 정체성과 가치

규범이 상실되는 등 사회적 자본의 손실이 있었다.

외환위기 이후 거시경제정책의 정합성이 높아진 것은 큰 실적으로 평가된다. 이인실・박승준(2003)은 1972년부터 2011년까지 40년의 기간 중 재정정책과 금융정책이 모두 경기 순응적인 해는 모두 7년이었는데 이 중 외환위기 이후는 오직 1개년인 2002년에 불과한 반면에 두 정책이 모두 경기 역행적이었던 9개년 중 5개년이 외환위기 이후에 해당되는 해라고 평가하고 있다. 외환위기 이후 거시경제정책의 경기 변동 정합성이 향상됐음을 의미한다. 외환위기로 인해 한국은 인플레이션 목표제과 변동환율제로 통화 및 환율정책을 불가피하게 선택했다. 신관호(2008)는 인플레이션이 안정적인 모습을 보이고 있지만 이는 한국은행이 강력한 의지를 가지고 인플레이션에 대응했다기보다는 국내외 여건이 호전된 결과이며, 한국은행은 경기 변동에 더 적극적으로 대처했다고 평가하고 있다. 나아가 변동환율제로 인해 정부는 외환위기 이후 수출 증대를 위해 환율 절상 압력에 적극적으로 대응했지만 추세 변화를 꺾지는 못했고 많은 비용을 수반했다고 보고 있다.

3) 노동 부문 개혁 평가

노동 부문 정책에 대한 첫 번째 평가는 정부의 종합실업대책에 힘입어 실업자 수가 빠르게 감소했다는 점이다. IMF위기 직전인 1997년에는 실업자가 56만 명(2.6%)이던 것이 경제위기 이후 급격히 증가해 1999년 2월에는 178만 명(8.6%)까지 치솟았지만 2002년 10월에는 60만 명(2.6%)으로 줄어들었다. 하지만 이에 반해 고용의 질적인 측면에서 고용 상태가 불안하고 근로 조건이 열악한 비정규 근로자가 급속하게 늘어나고 시장이 양극화됐다는 점은 부정적 평가를 받고 있다. 김대일(2008)은 실업의 항구적 증가와 비정규직의 양산, 임금 및 소득 불평등도 심화, 대기업 중심의 대립적 노사구도 심화와 노사관계의 정치화 등을 노동시장의 변화 및 개혁 이후 나타난 주요 변화로 지적하고 있다(박영철 외, 2008). 아직도 비정규 근로자의 임금 수준은 정규 근로자의 50~70%에 불과하고 기업 복리후생에서도 제외되는 경우가 많아 비정규직의 근로문제를 둘러싸고 노사간, 노노간 갈등을 확대시켰다. 또한 다양한 실업대책과 사회안전망의 급속한 확충에도 불구하고 이러한 공공 서비스에 대한 근로자의 체감만족도는 높지 않다. 노동시장 인프라의 급속한 확충에도 불구하고 실업대책 및 사회안전망 서비스의 전달 체계가 이를 따라가지 못한 탓이다.

이원덕(2002)은 노사관계 제도개혁에서의 진전에도 불구하고 실제 제도의 운영과 노사관계의 발전이라는 측면에서는 성과가 미흡했다고 지적하고 있다. 노사정위원회가 노사정 대타협 성공 등 경제위기 시 경제 주체 사이의 협의·협력기구의 역할을 했고, 노동시장 유연성 제고, 노동기본권 신장에도 기여했지만 노사정위원회는 노사관계를 지나치게 정치화시키는 문제를 야기했다는 것이다. 노동계가 중요한 고비마다 탈퇴·불참을 반복하고 사회적 협의를 통한 타협과 절충보다는 노정 협상을 통한 완전 합의를 끌어내고자 하여 결국은 위원회의 원활한 운영을 어렵게 만드는 결과를 가져왔다는 것이다. 정부 역시 합의 사항의 이행을 지연하거나 금융 구조조정 문제 등 주요 현안 협의에 성의를 보이지 않아 노동계의 노사정위원회에 대한 신뢰를 저하시키는 결과를 초래하게 했다. 신노사문화 정책을 추진한 것은 평가받아야 하지만 실제로 산업 현장에서 노사의식과 관행을 바꾸는 구체적인 방안은 부족했다고 보았다. 김대중 정부 후반기에는 기업의 대규모 구조조정으로 노사 간 대립과 갈등이 불가피한 상황이어서 새로운 노사문화의 정착이 더욱 어려웠다.

4) 공공부문 개혁 평가

김대중 정부는 공공 부문에서 과감한 구조개혁을 위해 노력하여 일부에서는 큰 성과를 거뒀지만 당초에 추진했던 계획을 모두 실천하기에는 현실적 어려움이 컸다. 1998년 민영화계획에 따라 2002년 말까지 즉각 민영화 대상이었던 5개의 공기업은 모두 민영화됐다. 다만 단계적 민영화 대상 공기업은 6개 가운데 절반인 3개의 공기업이 민영화됐다. 공기업의 수는 자회사를 포함해서 98개에서 35개로 감소해 수적으로 78%가 줄어드는 결과를 가져왔다. 관련해서 공기업 및 자회사 인력이 62%나 획기적으로 감소했으며 정부로서는 24.3조 원의 매각 수익을 확보하게 됐다는 점에서 괄목할 만한 성과라 할 수 있다. 하지만 계획했던 개혁 의지가 갈수록 쇠퇴했고 취지도 퇴색해가는 행태를 보였다.

5) 시장규율의 확립

김대중 정부는 그동안의 한국의 금융 역사상 쉽지 않은 결정을 내렸다. 회생 가능성이 없는 금융사를 과감히 퇴출시키고 회생 가능한 금융사는 경영을 정상화시켰다. 이 과정에서 공적자금을 투입해서 예금대지급을 신속히 함으로써 거의 모든 예금자가 직·간접적으로 예금을 보호받을 수 있었다. 2002년 6월 말까지 종금사 18개, 증권사 4개, 저축은행 74개, 신협 194개 등 총 290개의 금융사가 예금을 대지급받았고 이들 금융사의 파산에 따른 예금대지급으로 총 26조 4,483억 원의 공적자금이 지원됐다. 같은 기간 중 예금을 보호받은 국민은 약 167만 명에 이른다는 점은 평가받을 만한 실적이다. 금융 구조조정 과정에서 각 경제 주체들이 과거에 관행이라는 형식으로 있어온 도덕적 해이를 줄이고 자율과 책임을 바탕으로 한 경제행위를 할 수 있는 환경을 마련하게 된 점은 매우 의미있는 일이다. 공적자금을 투입된 금융사의 자본에 대한 감자 및 경영진 교체 및 손해배상 청구, 점포 및 인원 축소 등을 실시했다. 또한 외환위기 직후 예금을 전액 보장했지만 위기를 진정시킨 이후인 2001년 이후부터는 부분보장 제도[12]를 통해 손실을 분담하는 체제로 전환했다. 정부 주도의 고도 성장 과정에서 남아 있었던 관치금융의 잘못된 인식과 관행을 바꾸는 계기가 됐다. 더욱이 1998년 6월에 있었던 5개 은행의 퇴출은 은행이 더 이상 공공적 금융기관이 아니라 시장에서 퇴출될 수 있는 상업적 금융회사임을 국민에게 명확히 각인시켰다. 또 다른 성과는 금융권별로 금융사 부실의 기준이 명확히 설정되고 부실 금융사의 처리절차가 법적 원칙에 의해 제도화된 점이다. 2000년부터 도입된 새로운 자산건전성 분류 기준(Forward Looking Criteria)에 따라 금융사의 자산을 평가하고 개별 금융사의 부실 여부에 대한 판정과 그 처리절차는 지난 1997년부터 금융권별로 도입된 적기 시정 조치(Prompt Corrective Action)에 의거해 처리해 다시는 같은 실수를 반복하지 않도록 제도적 장치를 마련한 점도 평가받을 만하다.

6) 위기 극복의 대가

긍정적인 평가가 많지만 미흡한 부문도 적지 않다. 충분한 경험이 축적돼 있지 않은 상태에서 외부의 압력을 받으면서 법과 제도를 정비해가며 구조조정을 해나가다 보니 구조조정 과정에서 잣대가 된 원칙에 대해 끊임없이 시비가 일었으며 위기 당시 3.2%에 불과했던 외국인들의 한국 기업 소유가 40%대에 이르러 외국 투기자본에 의해 경제가 좌지우지된다는 비판을 감수해야 했다. 김대중 정부의 개혁은 시장경제를 위한 제도와 기본틀 마련에 주력했지만 국민들의 의식과 관행이 새로운 제도에 부합할 수 있는 수준으로까지 개혁을 이루지는 못했다. 기업 지배구조 개선 등 새로운 제도가 기업경영 일선에 실질적으로 정착되기까지는 많은 시간이 소요됐다. 정권 말기로 갈수록 개혁 분위기가 이완되면서 집단이기주의, 불법행동 등이 만연했다. 무엇보다 경제회복 성과에 비춰 계층 간·산업 간 불균형이 과도하게 심화됐으며, 소득분배 구조도 크게 악화돼 1999

---

12) 실적배당상품에 대해서는 일정 부분 투자자가 손실을 부담했으며 일반예금의 경우에도 2000년까지는 전액 보장되었으나 2001년부터는 부분 보장으로 전환됐다.

년 하반기부터 조금씩 개선됐음에도 외환위기 이전 수준을 회복하지 못할 정도로 큰 대가를 치러야 했다. 외환위기 극복을 위해 재정이 적극적인 역할을 수행하는 과정에서 국가채무가 급증했으며, 경기 침체로 세수가 감소하는 가운데 복지정책을 확대하고 실업대책과 중소기업 지원책을 추진해 추가적으로 국가채무가 증가하게 됐다. 위기 극복 과정에서 추진한 부동산 경기 활성화 정책의 추진으로 분양가 전면 자율화 및 전매 허용, 양도세 한시적 면제, 임대사업자 주택 여건 완화 등 다양한 규제완화책의 실시된 결과 다음 정권에서 부동산 투기로 이어지게 됐다. 또한 노동시장 유연화 실행으로 한국 사회에서 평생직장의 개념이 사라지고, 중산층 가정이 몰락하고 실업자를 양산하는 커다란 사회적 변혁이 일어났다.

참고 문헌

고용선 · 최경수 · 신인석 · 임원혁 · 박진 · 한진희 · 신석하 · 박창균 · 이창용 · 박대근 (2007). 경제위기 10년: 평가와 과제. 기타보고서. 한국개발연구원.

김대일 (2008). 노동의 유연안정화정책이 노동시장에 미치는 영향 분석: OECD국가를 중심으로. 한국경제연구원.

박성준 (2010). 외환위기 이후 노동시장의 변화와 분석. 한국경제연구원.

박영철 외 (2008). 한국의 외환위기 10년: 전개 과정과 추후 과제. 한국경제연구원.

박종규 (2007). 공적자금 상환대책의 이행실적 평가. 주간금융브리프, 16(10).

서영경 · 성광진 · 김동우 (2011). 원/달러 환율변동성이 큰 배경과 시사점. BOK 경제브리프, 2011-1.

신관호 (2008). 외환위기 이후 통화 및 환율정책의 평가와 전망. 한국경제연구원.

이원덕 (2014). 실업극복과 사회적 협의체제 구축: 국민의 정부 5년, 노동정책 평가와 과제. 월간 노동, 12.

이인실 외 (2002). 공적자금 투입의 중간평가와 과제. 한국경제연구원 연구보고서.

이인실 · 박승준 (2013). 우리나라의 정책조합과 재정건전성. 재정학연구, 6(1): 209-243.

이영수 (2000). 자기자본 규제 강화가 은행 자산 포트폴리오에 미치는 영향. 금융시스템, 2: 12-32.

예금보험공사 (각 연도). 연차보고서.

______(2000). 부실채권정리백서(1997, 11~1999. 12).

자산관리공사 (2001). 한국자산관리공사 부실채권정리기금 기금운용 평가편람: 현황 및 요약보고서, 종합관리, 사업운영, 자산운용.

재경부 (2000). 공적자금백서: 금융구조개혁의 완결을 위한 중간점검.

재경부・공적자금관리위원회(각 연호). 공적자금관리백서.
한국경제60년사편찬위원회(2011). 한국경제60년사: 총괄편.

Claessens, Stijn, Daniela Klingebiel & Luc Laeven (2001). Financial Restructuring in Banking and Corporate Sector Crises: What Policies to Pursue?. NBER Working Paper. 8386(1).

Dziobek, Claudia & Ceyla Pazarbasioglu (1997). Lessons from Systemic Bank Restructuring: A Survey of 24 Countries. IMF Working Paper. 1997(12).

Dziobek & Claudia (1998). Market-Based Policy Instruments for Systemic Bank Restructuring. IMF Working Paper, WP/98/113, August 1998.

Glick, R. & M. Hutchison (2001). Banking and currency crises: How common are twins?. In Glick, R., R. Moreno, & M. M. Spiegel (eds.). *Financial crises in emerging markets*. Ch. 2. Cambridge. UK: Cambridge University Press. Previously issued as Federal Reserve Bank of San Francisco Center for Pacific Basin Studies Working Paper No. PB99-08, Federal Reserve Bank of San Francisco.

Kaminsky, G. L. & C. M. Reinhart (1999). The Twin Crises: The Causes of Banking and Balance-of-Payments Problems. *The American Economic Review*, June: 473-500.

Levine, R., N. Loayza, & T. Beck (2000). Financial Intermediation and Growth: Causality and Causes. *Journal of Monetary Economics,* 46: 31-77.

Reinhart, C. M., & K. S. Rogoff (2008). This Time is Different: A Panoramic View of Eight Centuries of Financial Crises. Mimeo. 2008(4).

공적자금관리위원회 홈페이지. http://www.fsc.go.kr (2014.8.28).
예금보험공사 홈페이지. http://www.kdic.or.kr (2013.1.21).
자산관리공사 홈페이지. http://www.kamco.or.kr (2013.1.21).
전국은행연합회, 기업신용정보자료. http://www.kfb.or.kr (1998.9.30).
한국은행 홈페이지, 경제통계시스템. http://ecos.bok.or.kr (2014. 8.28).

제 2 장

대북화해 · 협력정책

박종철
통일연구원

제 1 절 정책의 추진 배경

1. 한반도 문제의 주도권 확보 필요

한반도 문제는 남북한 당사자의 문제이자 국제관계와 밀접한 관련을 맺고 있다. 한반도의 분단과 대립, 한반도 평화, 남북관계 등은 국제적 역학관계와 긴밀하게 연관돼 있다. 냉전 시대에 남북분단, 6 · 25 전쟁, 남북한의 대립 등은 세계적 차원의 냉전구조의 직접적 부산물이었다. 그리고 1970년대 초 남북대화는 미 · 소 데탕트, 미 · 중의 접근, 아시아문제의 아시아화를 천명한 닉슨 독트린 등으로 야기된 국제환경 변화에 대해 남북한이 대응한 결과였다. 또한 1990년대 초 남북기본합의서 및 한반도비핵화공동선언의 채택과 남북관계 진전은 사회주의권의 붕괴라는 세계적 차원의 격변에 대해 남북한이 대응한 것이었다.

한편 1990대 초 이후 한반도 문제의 국제화 현상이 증대했다. 김대중 정부의 대북화해 · 협력정책은 한반도 문제의 국제화 현상에 대해 남북한이 주도권을 확보해야 한다는 문제의식을 지니고 있었다.

첫째, 북핵문제가 발생함에 따라 한반도에 대한 국제적 영향력이 증대했다. 북핵문제가 발생한 이후 남북관계는 핵문제의 전개 양상과 직접적으로 관련됐다. 북핵문제로 인해 한반도 문제의 국제화 현상이 증대한 반면, 북핵문제를 해결하기 위한 남북협상은 무위로 끝났다. 이것은 핵문제와 같은 국제 안보문제에 대해 남북한의 주도권이 제약돼 있다는 것을 입증했다.[1] 남북한 간 핵협상이 무산된 대신 미·북 협상이 북핵문제를 다루게 됐다. 미 · 북간 핵협상이 진행되는 동안 남북한 간 직접 대화는 중단됐으며 남한은 미국을 통해 간접적으로 회담 진행에 대해 알 수 있었다. 미 · 북 협상 결과 1994년 10월 제네바합의에 의해 북핵 프로그램을 동결하는 대신 북한에 경수로를 건설해 주기로 합의됐다. 한국이 대북경수로사업에 참여했지만 한반도에너지개발기구(KEDO)라는 다자기구의 일원으로 참여했다.

둘째, 한반도 평화 정착을 위한 다자회의도 한반도 평화문제에 대해 남북한의 주도권이 제약돼 있음을 보여줬다. 6 · 25 전쟁 후 한반도 평화문제를 관리해 온 한반도 정전 체제는 한반도 평화문제에 대해 국제적 영향력이 결정적이라는 점을 보여준다. 한반도 정전 체제를 한반도 평화 체제로 전환하기 위한 문제에도 국제적 영향력이 작용하지 않을 수 없다. 한반도 평화문제가 UN총회나 ASEM의 의제로 다뤄진 것은 한반도 평화문제가 국제적 성격을 지니고 있음을 보여준다. 이러한 맥락에서 1997년부터 1999년까지 한반도 평화 정착을 위한 4자회담이 운영된 것도 한반도 평화문제에 대한 국제적 영향력을 나타낸다. 한반도 평화 정착의 직접 당사자가 남북한임에도 남북한 양자간 구도보다는 다자간 구도를 통해 평화 체제 전환문제가 논의된 것이다.

셋째, 미 · 북 제네바합의서 채택 이후 정치, 경제, 군사, 인도주의 문제 등의 분야에서 진행된 미 · 북관계 진전과 일 · 북관계 정상화 논의도 한반도 문제의 국제화를 촉진했다. 북한은 사회주의권의 붕괴로 인한 국제적 고립과 경제난을 탈피하기 위해 미국과 일본을 비롯한 서방 국가와 관계를 개선하고자 했다. 또한 북한은 1990년대 초 국제사회에 식량난 해소를 위한 지원을 호소했다. 미국, 일본, 중국, 세계식량기구(WFP), 국제구호단체 등이 대북 지원을 제공함으로써 국제사회와 국제기구가 북한문제에 대해 관여할 수 있는 기회가 확대됐다.

---

1) 1992년 3월부터 1993년 1월까지 남북핵통제공동위원회는 본회의 13회, 위원 접촉 8회, 위원장 접촉 1회 등의 회의를 개최해 남북 상호 사찰의 범위 · 방법 · 절차 등에 대해 논의했으나 합의 도출에 실패했다.

이와 같이 1990년대에 전개된 한반도 문제의 국제화는 긍정적인 측면과 함께 부정적 측면을 갖고 있었다. 우선 대북경수로사업을 위한 KEDO, 한반도 평화 체제를 논의하기 위한 4자회담 등은 북핵문제 해결과 한반도 평화 정착 논의를 위한 제도적 장치를 마련했다는 점에서 긍정적 의미를 지니고 있었다. 또한 미국과 일본의 대북관계 진전이 북한의 안정적 변화를 유도하고, 북한으로 하여금 국제사회의 규범 준수를 요구하게 됐다는 점은 긍정적이다. 이런 점에서 주변국과 국제사회가 북한의 비핵화화 평화 체제 전환, 북한의 변화 등을 촉구하는 환경을 조성했다는 점은 긍정적으로 평가된다.

그러나 한반도 문제에 대한 국제사회의 관여와 한반도 문제의 국제화가 남북관계 진전과 직접적으로 연결되지 않는 것이 문제였다. 국제사회의 한반도 문제에 대한 관여와 북한과 국제사회와의 관계 개선과는 달리 1990년대 중반 남북대화는 중단되고 남북관계도 답보 상태에 머물러 있었다. 그 결과 한반도 문제의 당사자인 남북한은 소외된 채 주변국과 국제사회의 입지가 확대되고 남북한의 주도권이 약화되는 결과가 초래됐다. 또한 북한은 국제사회로부터 지원을 얻게 됨에 따라 남북관계 개선의 필요성이 감소되는 결과가 빚어졌다.

이러한 상황을 감안해서 김대중 정부는 남북한의 주도로 한반도에 평화를 정착시키고 남북협력을 증진시켜야 할 필요성을 인식했다. 김대중 정부는 세계적 차원의 냉전구조가 해체된 상황에서 남북한도 당사자 간 화해 · 협력을 통해 한반도 냉전구조를 불식시킬 필요성을 절감했다. 김대중 정부는 한반도 문제의 국제화 현상과 남북관계 진전이 상호 긍정적 영향을 미치는 선순환 구조를 정착시키고자 했다.

2. 외환위기 극복과 남북관계 진전의 필요성

김대중 정부가 출범하기 전 남한은 IMF 관리를 받는 경제위기 상황에 놓이게 됐다. 1997년 당시 외환보유액 39억 달러, 외채 250억 달러로 국가신용 등급이 '투자 부적격'으로 평가되게 한 외환위기는 남북관계에 긍정적 측면과 함께 부정적 영향을 미쳤다(국정홍보처, 2003: 16). 우선 남한의 외환위기가 대북 협상력을 약화시켰다는 점에서 부정적이었다. 탈냉전 이후 한국의 역대 정부의 대북정책은 북한에 경제적 지원을 하는 대신 북한으로부터 이에 상응하는 양보를 받아낸다는 가정에 토대를 두고 있었다. 남북경협을 매개로 남북대화를 추진한 것이나 경수로 건설사업에서 남한이 중심적 역할을 할 수 있었던 것은 경제력의 뒷받침이 있었기 때문이다. 그러나 남한의 외환위기는 대북협상의 입지를 축소시킨 측면이 있다. 또한 외환위기로 인해 남한의 국민들은 대북 지원에 대해 부정적 입장을 보이게 된 점도 있었다.

한편, 외환위기는 경제위기 극복을 위해 남북경협이 출구가 될 수 있다는 생각을 가지게 한 측면도 있다. 남한의 기업들이 북한의 노동력과 자원을 이용할 수 있는 분야에 투자함으로써 남북한이 서로 이익을 얻을 수 있다는 점이 고려됐다. 외환위기는 남북관계를 좀 더 현실적이고 실리적인 입장에서 바라보게 하는 요인이 됐다. 외환위기는 남북한이 남북 공존과 공생을 모색해야 한다는 실리적 판단을 하게 하는 요인이 됐다.

또한 외환위기를 극복하기 위해서는 해외 신인도를 제고하고 국제사회의 투자를 유치하는 것이 급선무였다. 남한의 경제적 어려움이 안보위기와 한반도 정세 불안으로 이어진다고 판단될 경우 해외 투자 유치가 어려울 것으로 예상됐다. 따라서 한반도에서의 긴장을 완화하고 화해협력 분위기를 조성함으로써 코리아 리스크를 감소하는 것이 외환위기 극복을 위해서도 필요했다.

3. 북한의 대남정책 변화를 위한 새로운 접근의 필요성

1990년대 초 사회주의권의 붕괴 이후 북한은 체제 생존과 붕괴의 기로에 봉착했다. 사회주의권의 붕괴로 북한은 이념적 측면에서 정당성 위기뿐만 아니라 외교적 고립과 사회주의권의 경제망 와해에 따른 경제난에 직면했다. 북한은 이러한 위기에서 벗어나기 위해 국제사회에 지원을 요구하는 한편, 대미·일관계 개선을 시도했다. 그러나 국제사회의 지원과 대외관계 개선은 북한의 경제난을 해소하기에는 미흡했다. 물론 북한의 대외관계 개선의 가장 큰 걸림돌은 북한의 핵개발이었다. 북한의 비핵화가 이행되지 않는 한 북한의 대외관계 개선이나 국제적 지원 확보에는 근본적 한계가 있었다. 북한은 국제 고립 탈피와 경제난 해소를 위해 대외관계 개선이 필요했지만 체제 생존을 위해 핵개발을 추진하는 모순적 정책을 채택했다.

체제 생존을 위한 북한의 딜레마는 대남정책에서도 나타났다. 북한은 서독이 주도한 독일 통일을 목격하면서 동독과 같은 전철을 밟지 않기 위해 고심했다. 역설적으로 남한이 독일 통일로부터 교훈을 얻으려고 하는 것과 마찬가지로 북한은 독일 통일에서 동독과 같은 운명을 피하기 위해 반면교사의 시사점을 얻고자 했다.

북한의 고민은 남한에 의한 흡수통일을 방지하고 체제 생존을 모색해야 하면서도 경제난 해소를 위해 남한으로부터 경제적 지원을 필요로 한다는 것이었다. 국력 면에서 남한에 비해 열세에 처한 북한은 남한 주도의 흡수통일을 저지해야 하는 한편, 남한으로부터 실리를 얻어 체제 생존을 지속해야 하는 모순을 안고 있었다. 북한에게 남한은 경제적 지원과 협력을 요청해야 할 대상인 동시에 체제 위협의 대상이었다. 북한에게 적대적 남북관계는 한편으로 대내적 통합을 위해 필요한 측면이 있었다. 그러나 대립적 남북관계는 국제사회와 남한으로부터의 지원 획득을 위해서는 걸림돌이었다.

탈냉전 이후 북한은 체제 생존과 경제적 지원 확보를 위해 남북관계의 진전을 필요로 했다. 이런 점에서 북한은 1990년대 초 남북 고위급회담을 개최하고 남북기본합의서와 비핵화공동선언을 채택했다. 그러나 북한은 남북기본합의서에 의해 남북관계가 전면적으로 진전될 경우 북한 사회의 개방이 이뤄지고 남한의 영향력이 확대될 것을 우려했다. 그리고 북한 핵개발 문제가 부각되면서 남북관계는 전면 중단되고 핵문제가 남북관계를 압도하는 이슈가 됐다. 또한 북한은 경제적 지원을 얻기 위한 실리적 목적에서 남북대화를 수용하면서도 대남 무력 위협, 잠수정 침투 등 군사 도발 행위를 중단하지 않았다.

이러한 북한의 이중적 대남전략을 변화시키기 위해 김대중 정부는 새로운 대북정책을 추진하고자 했다. 북한의 대남 군사 위협에 대해서는 안보를 튼튼히 하는 한편, 가능한 분야에서 남북협력을 추진함으로써 북한의 대남전략을 변화시키고자 했다. 김대중 정부의 대북화해 · 협력정책은 유럽의 긴장 완화와 통합에 적용된 기능주의이론에 바탕을 두고 있다. 제2차 세계대전 후 유럽은 기능주의적 접근법에 입각해 비군사적이고 비정치적인 경제, 사회, 문화 분야에서 점진적이고 누적적으로 교류협력을 추진함으로써 평화를 정착시키고 결과적으로 유럽 통합을 달성했다.

김대중 정부의 대북화해 · 협력정책은 북한과 경제 및 사회문화 부문의 교류협력을 확대하면 궁극적으로 군사적 긴장이 완화되고 갈등이 감소할 것이라고 가정했다. 그리고 이러한 경제 교류협력 및 사회문화 분야의 교류협력을 바탕으로 정치적 통합을 달성할 수 있는 바탕이 마련될 것으로 기대했다(홍익표 · 진시원, 2004: 39-51).

제 2 절 정책의 추진체계

대북정책을 추진하기 위해서는 다른 분야의 정책과 마찬가지로 정책 추진체계가 필요하다. 정책 추진체계는 크게 보면 두 가지 차원에서 생각할 수 있다. 우선 대북정책과 관련된 정부의 여러 부처 간 업무 협조 체계를 구축하는 것이다. 대북정책에는 주무 부서인 통일부뿐만 아니라 안보를 담당하는 국방부, 대외협력을 담당하는 외교부, 북한 정보의 수집 및 분석 업무를 담당하는 국정원 등 여러 부처가 관련돼 있다. 따라서 이러한 여러 부처가 대북정책에 대한 기본 방향과 원칙에 대해 공감대를 형성하고 부처 간 업무 협조와 역할 분담을 하는 것이 중요하다.

또한 대북정책은 대내적으로 국민적 합의 기반을 바탕으로 추진돼야 한다. 특히 대북정책을 둘러싸고 이념, 세대, 계층에 따라 다양한 견해가 존재한다. 따라서 대북정책에 대한 다양한 의견을 조율하고 정책적 합의 기반을 마련하는 것은 매우 중요하다. 북한과 같이 이중적인 대남전략을 구사하는 상대를 대응하고 상황에 따라 변화무쌍한 남북관계를 관리하기 위해서는 대북정책에 대한 국내적 협력 체계를 만드는 것이 중요하다.

1. NSC 상설화

잠재적 위협 대상인 동시에 화해・협력의 대상인 북한을 상대로 정부가 균형 잡힌 대북정책을 일관되게 유지하기 위해서는 대북정책 추진체계를 정비하는 것이 중요하다. 이러한 목적을 위해 김대중 정부는 대북정책의 조율과 통합을 위해 국가안전보장회의(NSC)의 기능을 강화했다(김문성・조춘성, 2010: 136). 이전 정부의 대북정책 추진체계는 외교안보수석실과 통일안보정책조정회의로 이원화돼 있었다. 외교안보수석실은 일상적 업무를 담당하고, 통일안보정책조정회의는 특정 주요 정책 사안을 다뤘다. 이와 같은 이원적 체제 하에서는 각 부처를 대표하는 비서관들의 입장이 제시될 뿐, 일관된 정책 조율이 거의 불가능했다. 김대중 정부는 이러한 문제점을 해결하기 위해 미국식 국가안전보장회의(National Security Council: NSC)를 부분적으로 도입했다. 기존에 있던 국가안전보장회의법을 개정해 국가안전보장회의(NSC) 상임위원회와 NSC 사무처를 설치함으로써 국가안전보장회의로 하여금 부처 간 입장을 조율하는 역할을 맡도록 했다.

이전 정부에서 통일안보정책조정회의가 법적 근거 없이 필요에 따라 운영됐던 것과 비교하면 국가안전보장회의의 상설화는 제도적으로 발전된 것이었다. 그러나 여전히 외교안보수석실이 운영되고 있었기 때문에 국가안전보장회의가 기획했던 바대로 운영될 수 없었고 성과가 기대에 미치지 못했다(전봉근, 2008: 8). 외교안보수석실과 국가안전보장회의의 역할 분담으로 NSC의 조정・통합 기능이 취약했다. 또한 NSC 사무처는 총 인원 10명(실무자 5명)에 불과한 작은 조직으로, 위상이나 인력 면에서 영향력이 제한적이었다. 따라서 NSC 사무처의 역할은 NSC 운영위원회를 지원하는 수준에 그쳤다. 또한 국가안전보장회의에 파견된 각 부처의 관료들이 소속 부처의 입장을 대변할 경우 NSC 사무처가 이를 조정할 수 있는 역량이 결여됐다.

2. 정책 네트워크 구축

김대중 정부는 민주주의의 발전과 더불어 대북정책 수립 과정에서도 국민의 다양한 의견을 수렴하고 정책에 반영하려고 노력했다. 대북정책을 수립·집행하고, 그 결과를 평가하여 정책에 반영하는 과정에 국회, 시민단체 등 다양한 행위자들이 참여해 영향을 미치게 됐다. 김대중 정부는 대북정책에 대한 국민적 지지를 바탕으로 정책의 추진 기반을 확장하고자 했다. 김대중 정부는 정부, 여·야 정치권, 정치사회적 행위자들 간의 다양한 입장을 수렴하여 대북정책을 마련함으로써 정책 추진의 동력을 확보하려고 했다.

김대중 정부는 대북정책에 대한 일반 국민의 여론을 수렴하고 전문가의 견해를 참조하기 위해 다양한 노력을 했다. 정책의제 형성(agenda setting)에서부터 정책 결정(policy making)과 집행(implementation), 정책 결과에 대한 분석·평가(evaluation), 피드백

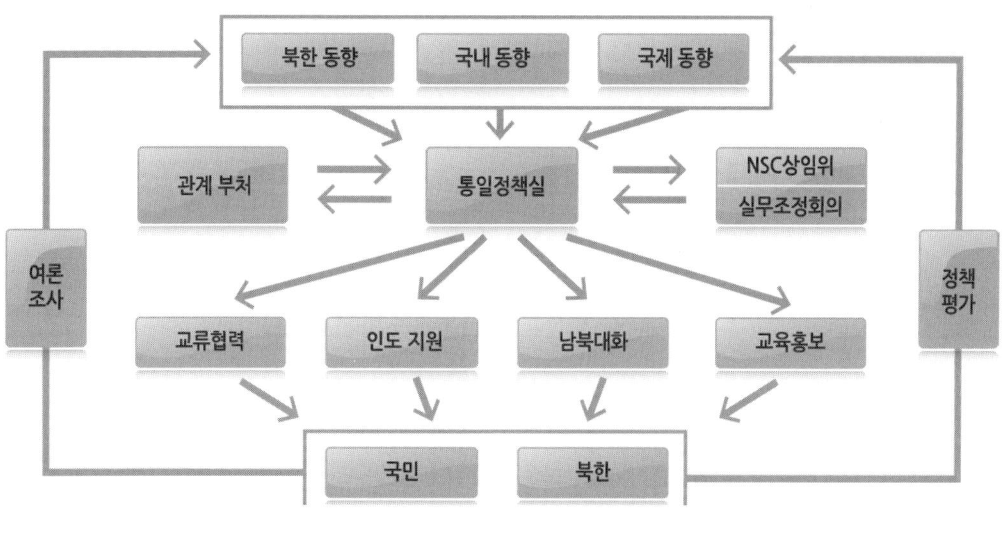

그림 2-2-1 김대중 정부의 통일부 대북정책 추진 체계도

자료: 허문영 외(2003: 295).

(feedback) 등 일련의 과정에서 국민 여론을 다양하게 반영했다. 통일부가 주로 국민 여론 수렴 역할을 담당했다. 통일부는 대북정책을 수립·집행하고, 그 결과를 평가해 정책을 조정하는 과정에서 다양한 방식으로 국민의 여론을 청취·수렴하고 전문가와 여론 주도층의 견해를 반영하는 역할을 했다. 여론 전문조사기관의 여론조사나 인터넷을 통해 국민 여론이 수시로 파악됐다. 아울러 통일고문회의, 전문가 자문회의, 대북지원 민관정책협의회, 국회 통일외교통상 상임위원회 등을 통해 정치권, 전문가, 여론 주도층의 견해가 정책형성, 정책평가, 정책평가에 반영됐다.

제3절 정책의 추진 과정 및 내용

1. 정책의 추진 과정

1) 한반도 냉전구조 해체

1990년대 초 이후 소련 및 동구 공산권의 몰락과 시장화·민주화가 진행되는 가운데 세계적인 차원의 냉전 질서가 종식되고, 정보화, 개방, 협력을 골자로 탈이념의 새로운 국제 질서가 모색되고 있었다. 반면 북한이 고립과 폐쇄의 길을 고집하며 체제를 유지하고 있는 한반도는 여전히 냉전구조에서 벗어나지 못하고 있었다.

김대중 정부는 이러한 국제 질서의 변화를 감안해 한반도에서도 냉전구조를 해체하고 평화와 협력을 정착시킬 필요성을 절감했다. 김대중 정부는 출범 이듬해인 1999년 한반도 차원의 냉전구조 해체라는 관점에서 한반도 평화 정착 문제에 접근했다. 김대중 정부의 대북정책은 남북한의 교류협력과 함께 정치군사적인 문제의 해결을 병행해 추진하겠다는 것이었다.

김대중 대통령은 한반도 냉전구조 해체를 위해 다음의 다섯 가지 사항을 제시했다. 한반도 냉전구조 해체의 구체적 과제로 ① 남북기본합의서의 성실한 이행과 남북 화해·협력, ② 미국과 일본의 대북한 관계 정상화 과정 시작, ③ 북한의 변화와 개방을 위한 여건과 환경 조성, ④ 북한의 대량 살상무기 위협을 제거하는 등 군비통제 실현, ⑤ 정전 체제의 평화 체제 전환을 통한 통일 상황의 달성을 제시했다.

한반도 냉전구조 해체는 남북관계 개선을 긴장 완화와 평화 정착, 국제환경, 북한의 대내적 변화, 북한의 대외관계 개선 등과 연관시켜서 구조적 관점에서 접근했다. 우선 한반도 냉전구조 해체는 남북기본합의서에서 합의된 사항들을 준수함으로써 이뤄질 수 있다고 판단했다. 남북기본합의서는 남북한 간 정치적 화해와 신뢰 구축, 군사적 긴장 완화와 평화 정착, 교류협력, 인도주의 문제 등 모든 분야를 망라했다. 따라서 남북기본합의서를 이행함으로써 남북협력을 제도화하고 한반도 냉전구조를 해체할 수 있다고 인식한 것이다.

그리고 한반도 냉전구조 해체를 위해 북한과 미국, 일본의 관계 정상화가 추진돼야 한다고 판단했다. 탈냉전 후 남한과 중국, 소련의 관계 정상화가 추진됐기 때문에 북한과 미국, 일본이 관계 정상화가 추진되는 것이 필요하다고 보았다. 북한의 대미 · 일 관계 정상화는 북한을 국제법적 국가로 승인함으로써 북한이 국제사회의 규범과 법을 준수하도록 하는 의미를 지니고 있다. 아울러 북한의 대미 · 일 국교 정상화는 북한의 개방 · 개혁을 위한 환경을 조성하는 의미를 지니고 있다.

또한 한반도 냉전구조 해체를 위해서는 실질적으로 북한의 핵무기와 화학무기, 생물무기 등 대량 살상무기 제거돼야 하며 군비통제가 실시돼야 한다. 북한의 대량 살상무기 제거와 군비통제는 한반도 평화 정착의 궁극적 목표이자 남북협력을 위한 바탕이기도 하다.

그리고 한반도 냉전구조 해체는 평화 체제 전환을 통해 실현될 수 있다. 한반도 평화 체제 전환이 이룩되면 한반도 평화 정착이 실현될 뿐만 아니라 실질적인 통일환경이 조성된다고 할 수 있다(박종철, 2006: 103-136).

2) 베를린 선언

2000년 3월 김대중 대통령은 독일 베를린 자유대학에서의 강연을 통해 인도적 지원 및 교류에 한정됐던 남북관계를 발전시키기 위해 북한의 경제 발전을 지원하는 종합적 개발 지원, 평화 정착, 이산가족 문제 해결, 당국 간 대화 등을 포괄하는 '한반도 평화와 통일을 위한 남북 화해 · 협력 선언(베를린 선언)'을 발표했다.

베를린 선언은 다음과 같은 의미를 지니고 있었다. 첫째, 베를린 선언은 우선 남북경협을 통해 북한의 경제 회복을 지원하고, 도로 · 철도 · 항만 등 사회간접자본 건설을 비롯해, 투자 보장, 이중과세 방지 등의 제도적 기반을 마련하고, 나아가 농업 협력 등을 제안한 한반도형 마셜 플랜이라고 할 수 있다.

둘째, 베를린 선언은 한반도에서의 냉전 종식과 남북 간 평화 공존을 제안했다. 남북한 간 공존공영의 토대 없이 이뤄진 통일은 경제적 부담을 초래하고, 사회적·문화적·심리적 충격과 혼란을 초래할 수 있다. 이러한 점을 감안해 베를린 선언은 냉전 종식과 평화 정착을 위한 실질적인 협력과 노력이 필요하다는 것을 강조했다.

셋째, 베를린 선언은 이산가족 문제를 조속히 해결하자고 했다. 이산가족 문제는 이산 1세대들의 고령 추세를 감안했을 때 지체할 수 없는 과제라는 점이 고려됐다. 이산가족 문제의 해결을 위해 남북한 당국의 협조가 필수적이고 중요하다. 이 점을 감안해 베를린 선언은 북한 당국에게 이산가족 문제 해결에 나설 것을 촉구했다.

넷째, 베를린 선언은 남북기본합의서 이행과 현안 해결을 위해 당국 간 대화가 필요하다는 점을 강조했다. 특히 평화를 정착시키고 남북관계를 개선하기 위한 모든 내용을 포함했던 남북기본합의서의 이행이 우선적으로 추진돼야 한다는 점이 강조됐다.

베를린 선언은 김대중 정부가 북한의 경제 회복 지원을 비롯한 남북 간 화해·협력을 적극 추진하겠다는 실천 의지를 밝힌 것이었다. 베를린 선언은 남북협력과 통일 여건 조성의 청사진을 제시함으로써 북한이 남북정상회담에 대해 긍정적으로 호응할 수 있는 여건을 조성하는 계기를 마련했다(박종철, 2000: 7-8).

3) 6·15 정상회담

2000년 6월 15일 개최된 남북정상회담은 남북한이 공식적으로 정치적 실체와 대화 상대자로서 상대방의 위상을 상호 인정한 것이었다. 남북정상회담은 한반도 문제의 당사자 원칙을 재확인하고 남북한이 한반도 문제의 해결을 위해 적극적으로 주도권을 행사할 수 있는 계기가 됐다. 남북 정상회담을 통해 남북한이 한반도 문제 해결의 당사자임을 과시했으며, 국제사회는 남북정상회담의 결과를 반영해 각각 남북관계 진전을 추진하게 됐다. 그리고 6·15 정상회담은 카터 전 미국 대통령의 중재에 의해 추진됐다가 성사되지 못했던 1994년 남북정상회담 시도와는 달리 남북한 당국의 직접 접촉에 의해 성사됐다는 의미를 지녔다.

남북정상회담에서 합의된 6·15 공동선언의 골자는 통일 원칙, 통일 방안, 인도적 문제, 교류·협력, 남북대화 등의 다섯 가지였다. 6·15 공동선언은 다음과 같은 특징을 지니고 있었다.

첫째, 6·15 공동선언은 한반도 문제를 민족 내부적으로 해결할 수 있는 문제와 국제적인 협조 하에 해결할 수 있는 문제로 구분했다. 평화 체제 전환, 북한의 핵·미사일

문제, 주한미군 문제, 군사적 신뢰 구축과 군비통제 등은 남북한 간 문제임과 동시에 국제적 문제다. 그리고 이러한 문제들은 단기간에 해결되기 힘든 문제다. 이러한 점을 감안해 6·15 공동선언은 국제적 문제로서 단기간에 합의를 도출하기 어려운 문제를 논의대상에서 제외하고, 남북한 간 문제로서 합의 도출이 용이한 문제를 중심으로 다뤘다.

둘째, 6·15 공동선언은 단·중기 과제인 협력 방안과 함께 장기 목표인 통일 방안에 대해 언급했다. 바꿔 말하면 현상 유지의 틀에서 가능한 협력 방안을 모색하면서도 현상을 발전적으로 변경시키기 위한 목표 지향적인 통일 방안도 언급했다. 6·15 공동선언의 1항 통일 원칙과 2항 통일 방안은 통일의 목표와 방향을 제시한 반면, 3항 인도적 문제와 4항 교류·협력문제는 협력 방안에 대한 것이다.

셋째, 6·15 공동선언은 각종 남북협력을 추진하기 위한 제도적 장치로 남북한 당국 간 대화를 명시했다. 이는 각종 교류·협력사업을 추진하는 과정에서 기능적 필요에 의해 여러가지 수준의 회담이 개최할 수 있는 근거를 제공했다. 이에 따라 이후 남북장관급 회담, 국방장관 회담, 군사 실무회담, 남북경협 실무회담, 특사회담, 적십자회담 등이 개최될 수 있었다.

넷째, 6·15 공동선언은 남북한의 입장이 절충된 결과라고 할 수 있다. 남한이 의제로 설정하고자 했던 과제 가운데 평화 정착과 냉전 종식 문제를 제외한 대부분의 사항이 6·15 공동선언에 포함됐다. 그리고 북한이 관심을 갖고 있던 의제 가운데 통일 원칙 문제와 통일 방안 문제가 6·15 공동선언에 포함됐다. 북한은 경제적 실리 확보에 못지않게 통일문제에 높은 우선순위를 두었다.

다섯째, 6·15 공동선언의 합의 사항은 구체적 사업을 명시하기보다는 항목별 원칙에 대한 기본 방향을 언급했다. 따라서 각 항목의 후속 조치 이행을 위한 회담이 뒤따르게 됐다.

여섯째, 남북정상회담의 개최와 여기서 합의된 6·15 공동선언은 남북관계의 새로운 이정표가 됐다. 6·15 공동선언은 남북기본합의서 가운데 변화된 국제관계와 남북한의 정세를 반영해 우선적으로 실천 가능한 사항들에 대해 합의를 도출했다. 6·15 공동선언은 이후 남북관계의 방향과 분야별 협력사업을 추진하는 준거 틀이 됐다.

일곱째, 이전에 남북한 간 합의됐던 7·4 공동성명이나 남북기본합의서와 달리 6·15 공동선언은 남북한의 정상이 직접 만나서 회의하고 합의 문건에 서명한 것이었다. 6·15 공동선언에는 남북한의 최고지도자와 당국의 실천 의지가 반영된 것이었다. 따라서 김대중 정부 기간 동안 남북한은 6·15 공동선언의 구체적 이행을 위해 각종 회담을 개최하고 후속 조치들을 이행하는 데 역점을 두었다.

2. 정책 내용

1) 목표와 기본 방향

김대중 정부의 대북 화해・협력정책은 북한의 점진적 변화를 유도해 한반도에 평화를 정착하고 종국에는 '사실상의 통일 상황(de facto unification)'을 실현한다는 목표를 갖고 있었다(임동원, 2008: 3). 남북 화해와 협력을 통해 북한의 개방・개혁을 이끌어내고, 평화 공존과 남북한 간 교류협력이 남북한 관계 진전을 가져옴으로써 민족동질성을 회복하고 실질적으로 통일과 마찬가지인 상황을 형성한다는 것이었다.

(1) 원칙

대북 화해・협력정책의 목표는 김대중 대통령이 1998년 2월 25일 취임사에서 표명한 3대 원칙에 토대를 두었다. 대북 화해・협력정책의 첫째 원칙은 평화를 파괴하는 일체의 무력 도발을 용납하지 않겠다는 것이다. 이는 한반도 평화 유지가 대북 화해・협력정책을 추진할 수 있는 토대이자 남북관계를 개선하고 통일을 실현할 수 있는 기본 전제이기 때문이다. 김대중 정부는 확고한 안보 태세를 유지함으로써 전쟁을 억지하는 가운데 평화 공존의 기반을 다지겠다는 입장을 분명히 했다. 남북한이 군사분계선을 경계로 대규모 군사적 대결 상황에 놓여 있는 현실을 감안할 때 확고한 안보 태세의 유지가 가장 중요한 과제임을 천명한 것이다. 무력 불용 원칙은 '평화를 지키는 정책'에서 더 나아가 '평화를 만들어가는 정책'을 추진할 수 있는 바탕을 마련하겠다는 것이다. 그리고 무력 불용 원칙을 통해 결과적으로 한반도에서 냉전구조를 종식시키고 공고한 평화 체제를 구축할 수 있는 제도적 장치를 마련하겠다는 것이었다.

둘째는 북한을 상대로 흡수통일을 기도하지 않는다는 흡수통일 배제 원칙이다. 이는 사회주의권의 붕괴와 독일 통일을 목격한 북한이 남북 화해협력으로 인한 체제 붕괴를 우려하는 것을 해소하기 위한 것이다. 또한 흡수통일 배제 원칙은 남북한 간 이질성이 심화된 상황에서 어느 일방의 주도에 의한 통일이 가져올 갈등과 부작용을 염두에 둔 것이다. 김대중 정부의 대북 화해・협력정책은 평화를 바탕으로 점진적・단계적 통일을 실현하겠다는 것이다. 이를 위해 북한이 남북교류・협력에 호응하도록 유도하고 시간을 두고 민족동질성을 회복하는 데 주력하겠다는 것이었다.

셋째는 북한이 개방과 변화의 길로 나올 수 있도록 남북한 간 화해와 협력을 적극 추진한다는 원칙이다. 북한에게 남북한 간 화해·협력이 남북한의 상호 이익과 민족 구성원 모두의 복리를 도모하는 것임을 설득하고, 남북한 간 호혜적인 관계를 형성하겠다는 것이다. 남북화해·협력 원칙은 화해·협력을 통해 분단 이후 누적된 남북한 간 적대 감정을 해소하고 상호 이해의 기초를 마련하려는 것이었다(통일부, 2003a: 4).

(2) 대북정책 추진 기조

김대중 정부의 대북정책은 다음과 같은 기조에 입각해 추진됐다.

첫째, 굳건한 안보 하에서 교류와 협력을 추진함으로써 남북관계를 개선하고자 했다. 북한이 화해·협력을 통한 통일의 대상이기는 하지만, 안보를 위협하는 존재이기도 한 점이 간과되지 않았다. 자주적 안보 역량을 강화할 뿐만 아니라 한·미 동맹 체제의 강화 등 주변 국가들과의 협조를 통해 안보 태세를 공고히 함으로써 화해·협력 정책의 안정성과 지속성을 확보하고자 했다.

둘째, 평화 공존과 교류·협력이 우선적으로 실현돼야 한다는 기조가 설정됐다. 궁극적으로 통일이 목표이지만 통일을 달성하기 위해서는 오랜 시간이 필요하기 때문에 남북한이 상호 위협을 해소하고 화해·협력하면서 공존·공영을 추구하는 것이 선행돼야 한다는 점이 강조됐다(통일부, 2003a: 5).[2] 따라서 우선적으로 분단의 평화적 관리에서 출발해 분단 상황을 평화적 상황으로 변화시키는 노력이 필요하다는 점이 강조됐다.

셋째 기조는 남북한 간 화해·협력을 통해 북한의 변화 여건을 조성한다는 것이다. 보편 가치가 구현되는 통일국가를 이루기 위해서는 북한의 변화가 선행돼야 하며, 이를 위해 대북압박 정책보다는 북한의 점진적 변화를 유도하는 것이 현실적 방안이라는 것이다. 김대중 정부는 북한의 위협, 비난 등 비합리적 행태에 대해 의연하게 대처하는 한편, 교류·협력을 증진시킴으로써 북한이 스스로 변할 수 있는 여건과 환경을 조성하고자 했다.

넷째, 김대중 정부의 대북정책은 남북한 간 상호 이익을 지향했다. 이것은 남북한 간 협력이 북한에 대한 일방적인 지원이나 시혜의 차원을 벗어나 민족 전체의 공동 발전과 번영이라는 차원에서 추진돼야 한다는 것이었다.

다섯째, 김대중 정부는 남북당사자 해결 원칙을 견지하는 대북정책을 추진하면서도 남북관계 진전 및 통일에 대해 국제적 지지를 얻고자 했다. 독일 통일의 사례가 보여주

2) 김대중 대통령 독일 베를린 자유대학 연설(2000. 3. 9).

듯이 통일을 이룩하기 위해서는 주변 국가들의 이해관계를 고려하지 않을 수 없다. 김대중 정부는 남북대화를 통해 남북관계 진전을 도모하는 동시에 국제사회의 협력을 통해 통일에 유리한 환경을 조성하고자 했다.

여섯째, 김대중 정부는 국민적 합의에 기초한 대북정책을 추진하고자 했다. 국민적 합의가 결여된 상태에서 소수의 정책결정권자에 의해 대북정책이 결정될 경우 정책의 지속성과 실효성이 보장되기 어렵다(국정홍보처, 2003: 322). 김대중 정부는 정책결정 과정의 투명을 유지하면서 일관성과 실효성 있는 정책 추진을 통해 국민의 지지와 합의를 이끌어내고자 했다.

(3) 대북정책 추진 과제

김대중 정부는 이상과 같은 대북정책의 원칙과 기조에 입각해 다음과 같은 정책과제를 추진하고자 했다.

첫째 과제는 남북 간 대화를 통한 남북기본합의서의 이행・실천이다. 남북관계 개선과 통일 환경 조성에 필요한 모든 사항이 망라돼 있는 '남북기본합의서'를 성실히 이행・실천함으로써 남북관계를 개선하고 통일 여건을 조성하고자 했다.

둘째 과제는 정경분리 원칙에 입각한 남북경협 활성화다. 남북 경제협력의 목적은 북한에 시장경제 원리의 효용성을 인식시키고 남북경제 공동체를 형성함으로써 민족의 복리를 도모하는 것임을 분명히 했다. 그리고 정경분리 원칙에 입각해 남북 경제교류・협력이 정치적・군사적 상황으로부터 영향을 받지 않고 시장경제 원리에 따라 기업인의 자율적 판단에 의해 추진될 수 있도록 했다.

셋째, 남북 이산가족 문제의 우선 해결이 주요 과제로 설정됐다. 이산가족 문제 해결은 분단에 따른 고통을 직접 겪고 있는 사람들의 아픔을 덜어주기 위한 것으로 상당수의 이산가족이 고령임을 감안해 하루속히 해결해야 할 과제로 설정됐다.

넷째, 북한 식량문제 해결을 위한 대북 지원의 탄력적 제공이 과제로 설정됐다. 김대중 정부는 북한 주민의 식량난을 덜어주기 위한 인도적 차원에서 정부가 대북 지원을 추진해 나가는 한편, 민간 차원의 대북 지원도 병행했다.

다섯째 과제는 차질 없는 대북경수로 사업의 지원이다. 대북경수로 사업은 북핵문제의 해결을 위한 의미도 지니고 있지만 남북한 간 인적・물적 교류가 수반되기 때문에 남북관계 개선에도 기여하는 의미를 지니고 있었다. 김대중 정부는 북한의 비핵화를 위한 제네바 합의의 이행을 지원하고 남북 화해・협력에 기여한다는 관점에서 대북경수로 사업을 성실하게 추진하고자 했다.

여섯째 과제는 한반도 평화환경 조성이다. 한반도의 안정과 남북관계 개선의 기본 조건이 한반도의 평화적 환경 조성이다. 김대중 정부는 한반도의 평화 정착과 함께 장기적 측면에서 동북아지역의 평화와 협력을 도모하고자 했다.

2) 특징

김대중 정부의 대북정책은 접근 방식, 정책 추진 방향의 측면에서 다음과 같은 특징을 지니고 있었다.

첫째, 대북 화해 · 협력정책은 교류 · 협력의 확대에 의해 남북한 간 신뢰 구축과 관계 개선을 추구했지만 정치 · 군사 분야의 과제를 도외시한 것은 아니었다. 대북 화해 · 협력정책은 안보와 화해 · 협력을 병행 추진하는 데 초점을 두었다. 김대중 정부는 경제 · 사회 분야의 교류 · 협력은 남북한 주도로 추진하고, 군사문제는 4자회담이라는 국제적 틀을 통해 해결한다는 접근 방식을 택했다

둘째, 김대중 정부는 '민족공동체 통일방안'에서 상정한 단계적 통일 방안을 수용했다. 김대중 대통령은 대통령이 되기 전 제시했던 남북연합 단계, 연방 단계, 완전통일 단계의 3단계 통일 방안(아 · 태평화재단, 1995: 34-44)[3)]을 통일 방안으로 천명하지는 않았다. 그 대신 남북 화해 · 협력과 '남북기본합의서'의 실천을 통해 남북연합을 실현할 수 있는 여건 조성에 우선순위를 두었다. 이것은 단계적 통일 과정을 전제하되, 궁극적 목표인 통일보다 분단의 평화적 관리와 화해 · 협력을 우선시한다는 것을 의미했다.

셋째, 북한을 정치적 실체로 인정하고 북한과의 공존을 모색했다. 기존의 통일 방안도 이론적으로는 북한의 실체를 인정하고 남북한 공존과 북한의 점진적 변화에 의한 통일을 상정했다. 그러나 북한의 경제난 심화로 북한붕괴론이 대두되면서 북한 붕괴 시 조기 통일도 가능하다는 견해가 제시되기도 했다. 그러나 김대중 정부는 북한 체제의 존속을 가정하고 북한을 흡수통일하지 않겠다는 것을 대북정책 3대 원칙의 하나로 제시했다. 이것은 대내외적 위기에도 불구하고 북한 체제가 붕괴할 가능성은 희박하다는 판단하에, 북한과의 교류 · 협력을 통해 남북관계 진전과 통일 여건을 조성하겠다는 것이었다.

---

3) 김대중의 3단계 통일 방안 중 연방 단계에서는 외교와 국방, 주요 내정은 연방정부가 관장하고, 그 밖의 일반적인 내정은 남북의 지역자치정부가 자치하도록 돼 있다. 이러한 연방제는 사실상 통일국가의 한 유형이라고 할 수 있다. 그리고 완전통일 단계에서는 중앙집권제나 여러 개의 지역자치정부로 구성되는 미국이나 독일의 연방제 가운데 선택할 수 있는 것으로 가정되고 있다.

넷째, 김대중 정부는 분단 상황의 관리와 북한의 변화 유도를 위해 대북 압박 정책보다는 실리적인 분야에서부터 교류 · 협력을 시작해서 다른 분야로 확대하는 기능주의 정책이 효과적이라고 판단했다.

다섯째, 김대중 정부는 주변 국가들로부터 대북 화해 · 협력정책에 대한 지지를 얻고자 했다. 이것은 한반도 문제의 국제화 현실을 수용한 바탕 위에서 한반도 문제를 해결하고자 한 것이었다. 김대중 정부의 대북정책은 국제사회와 보조를 맞춤으로써 대북정책을 둘러싼 주변국과의 갈등이나 이견을 해소하고자 했다.

여섯째, 김대중 정부는 정부 차원의 대북 지원 및 협력은 신축적 상호주의 원칙[4]에 입각해 추진하고자 했다. 정부 차원의 대북 식량 지원과 농업 개발 지원 및 협력 등에는 정부예산이 소요되며 국민적 합의가 필요하기 때문에 북한의 상응하는 조치가 수반돼야 한다. 그러나 남북한의 국력 차이와 입장 차이 등을 감안할 때, 북한의 상응하는 조치를 동시에 동일한 규모로 기대하기는 힘들다. 따라서 북한의 호응에는 시차가 있을 수 있으며, 호응의 정도에도 사안별로 차이가 있을 수 있다는 것을 인정했다.

일곱째, 김대중 정부는 민간 차원의 대북 접촉을 허용함으로써 창구다원화를 실시했다. 과거 한국 정부는 북한에 사실상 민간단체가 없다는 판단 하에 대북접촉 창구를 정부로 일원화했다. 그러나 김대중 정부는 남한 체제의 우위에 대한 자신감을 반영하는 한편, 가능한 한 다양한 통로를 통한 북한과의 접촉을 통해 남북 화해와 북한의 변화를 유도한다는 '접촉을 통한 변화'정책을 적용했다. 이러한 방침에 따라 김대중 정부는 개인 및 민간단체의 대북 접촉에 자율성을 부여했다.

제 4 절 성과 및 평가

김대중 정부는 출범과 함께 대북 화해 · 협력을 제시하고 북한과의 관계 개선을 추진했다. 대북 화해 · 협력정책은 궁극적으로 정치 · 군사 문제의 해결까지 염두에 두고, 교류 · 협력을 실시함으로써 남북한 간 신뢰 구축과 관계 개선을 추구하려 했다. 대북 화해 · 협력정책은 남북 화해 · 협력을 통해 분단 상황을 평화적인 상태로 관리하고 사실

4) 신축적 상호주의는 1 대 1의 상호주의, 등가성의 원칙에 입각한 엄격한 상호주의가 아니라 사안에 따라 상호 납득할 만한 수준의 대응을 기대하는 탄력적 상호주의라고 할 수 있다.

상의 통일 상태를 형성하고자 했다. 또한 대북 화해 · 협력정책은 북한을 정치적 실체로 인정하고 북한과의 공존을 모색하면서도, 교류 · 협력을 통해 북한의 변화를 유도하는 실용주의 정책이었다(Jongchul Park, 1999: 5-25).

1. 성과

1) 남북대화의 증가

김대중 정부 기간에 남북정상회담을 비롯해 70여 회가 넘는 다양한 남북대화가 개최됐다. 특히 남북정상회담에서 합의된 사항들을 실천하기 위해 남북장관급 회담을 중심으로 다양한 분야의 남북대화가 개최돼 정상회담 이후 총 60차례의 회담이 열렸다. 특히 1995년 이후 한반도에서 개최되지 못했던 남북회담이 김대중 정부 출범 후 재개됐고, 판문점도 1994년 이후 약 6년 만인 2000년부터 회담 장소로 복원됐다.

표 2-2-1 국민의 정부 출범 이후 남북회담 개최 현황

구분		합계	1998	1999	2000	2001	2002~2003.1
합계		76	2	2	26	8	38
남북정상회담 및 관련 회담 (12회)	남북정상회담	1			1		
	남북특사 접촉	3			3		
	남북정상회담 준비 접촉	5			5		
	통신 · 보도 실무 접촉	2			2		
	의전 · 경호 실무 접촉	1			1		
남북장관급회담(9회) 및 실무 접촉(1회)		10			4	2	4
남북 군사 분야 회담(17회)	남북국방장관회담	1			1		
	남북군사실무회담 및 접촉	9			3	2	4
	남북군사실무 접촉	7					7
	남북경제협력추진위원회	3			1		2
	남북경제협력 실무 접촉	2			2		
	금강산관광 활성화를 위한 당국회담	2				1	1

남북 경제 분야 회담(21회)	남북 철도·도로 연결 실무협의회	2					2
	남북철도·도로연결 실무 접촉	3					3
	임남댐 공동조사를 위한 실무 접촉	1					1
	개성공단 건설 실무협의회	1					1
	개성공단 건설 실무 접촉	1					1
	임진강 수해방지 관련 실무협의회	2				1	1
	남북전력협력 실무협의회	1				1	
	남북해운협력 실무 접촉	2					2
	남북경제협력제도 실무협의회	1					1
남북적십자 회담(7회)	남북적십자회담	4			2	1	1
	남북적십자 실무 접촉	3					3
남북 체육 분야 회담(2회)	부산아시아경기대회 북측 참가를 위한 실무회담	2					2
남북특사회담(3회)		3			1		2
정상회담 이전 남북회담(4회)	남북당국대표회담	1	1				
	대북구호물자 전달을 위한 남북 적십자 대표 접촉	1	1				
	남북차관급 당국회담	2		2			

자료: 통일부(2003b: 10).

2) 대북 인도적 지원

김대중 정부는 남북 화해·협력을 증진시키기 위해 북한에 식량, 비료 등의 인도적 지원을 확대했다. 또한 민간 차원에서도 종자 개량, 농자재 지원, 결핵 퇴치, 병원 현대화, 삼림 복구 등의 대북 지원을 실시했다.

김대중 정부 출범 이후부터 2002년 말까지 5년간 정부와 민간의 총 대북지원액은 4억 6,280만 달러(정부: 총 2억 7,208만 달러)로, 연평균 약 9,256만 달러(정부: 약 5,442만 달러)의 대북 인도적 지원이 제공됐다.

정부 차원의 연평균 대북지원액은 1998년도 이전 3년간 연평균 8,724만 달러에 비해 감소했지만, 민간 차원의 연평균 대북지원액 3,814만 달러는 과거 연평균 지원액 745만 달러에 비해 약 5배 이상 증가했다.

표 2-2-2 연도별 인도적 대북지원액

(단위: 만 달러(억 원))

구분	연도	정부 차원	민간 차원	합계
김대중 정부 이전 3년	1995	23,200(1,850)	25(2)	23,225(1,852)
	1996	305(24)	155(13)	460(37)
	1997	2,667(240)	2,056(182)	4,723(422)
	소계	26,172(2,114)	2,236(197)	28,408(2,311)
김대중 정부	1998	1,100(154)	2,085(275)	3,185(429)
	1999	2,825(339)	1,863(223)	4,688(562)
	2000	7,863(944)	3,513(421)	11,376(1,365)
	2001	7,045(913)	6,494(844)	13,539(1,757)
	2002	8,375(1,075)	5,117(641)	13,492(1,716)
	소계	27,208(3,425)	19,072(2,404)	46,280(5,829)
	합계	53,380(5,539)	21,308(2,601)	74,688(8,140)

자료: 통일부(2003b: 93).

3) 이산가족 문제 해결 노력

김대중 정부 기간 동안 여섯 차례의 이산가족 상봉이 이뤄졌으며 총 6,300여 명이 상봉했다(통일부 통일교육원, 2003: 147). 그리고 김대중 정부는 제3국에서 이뤄지는 민간 차원의 이산가족 교류도 적극적으로 지원했다. 1998년 4월부터 경제적으로 어려운 이산가족들에 대해 교류를 위한 소요 경비가 부분적으로 지원되기 시작했으며, 2000년 3월부터 생사 · 주소 확인, 상봉 등에 대해 경비 지원이 확대되고 지원 액수도 증액됐다. 그리고 이산가족 1세대(1953. 7. 27 이전 출생)에 대해서는 신고만으로 방북할 수 있도록 절차가 간소화됐다. 또한 종합적인 이산가족 데이터베이스인 '이산가족정보통합센터'가 설치 · 운영됐다.

한편, 1998년에 5월에는 22개 이산가족 관련 민간단체들이 참여한 '남북이산가족교류협의회'가 발족돼 이산가족 문제 해결을 위한 민간부문의 역량이 강화됐다.

4) 인적 교류 및 남북교역 증대

대북화해 · 협력정책에 의해 남북한의 인적 교류와 남북교역이 대폭 증대했다. 1998년부터 2002년 말까지 총 37,572명(연평균 약 7,514명)의 남한 주민이 북한을 방문했다. 이는 1989년 6월 '남북교류협력에 관한 기본 지침' 시행으로 방북이 허용된 이후

표 2-2-3 연도별 방북 인원 (단위: 명)

연도	1989	1990	1991	1992	1993	1994	1995	1996	1997	1998	1999	2000	2001	2002	계
인원	1	183	237	257	18	12	536	146	1,015	3,317	5,599	7,280	8,551	12,825	39,977

주: 금강산 관광객 제외.
자료: 국정홍보처(2003: 384).

1997년까지 9년간 방북한 인원 2,405명의 약 15.6배에 달하는 것이었다(통일부, 2003b: 85).

남북교역은 1998년부터 2002년 말까지 5년간 20억 2,522만 달러(연평균 4억 504만 달러) 규모로 이뤄졌다. 1998년에는 외환위기로 인해 남북교역도 위축됐고, 교역량이 2억 2,194만 달러에 그쳤다. 1999년에는 국내 경기 회복에 따라 위탁 가공교역이 확대되고 금강산관광사업 및 경수로 건설사업 등으로 교역량이 다시 3억 달러를 넘어섰다. 2000년과 2001년에는 남북교역액이 4억 달러 선을 유지했고, 2002년에는 대북 식량 차관, 철도·도로 연결 공사 관련 자재·장비 지원 등에 따라 남북교역량이 6억 4천만 달러로 증가했다(통일부, 2003a: 171-172).

그리고 김대중 정부는 남북 경제교류·협력의 제도화를 위한 법적·제도적 장치를 마련하는 데 주력했다. 김대중 정부는 남북장관급회담을 통해 남북교류·협력의 제도적 장치 마련의 필요성을 북에게 지속적으로 촉구했다. 그 결과 제2차 남북장관급 회담

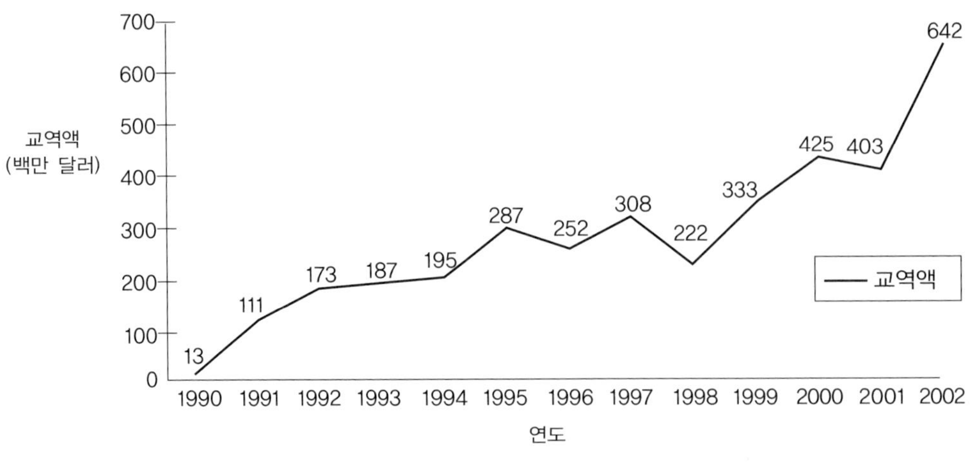

그림 2-2-2 남북한 물자교역액

자료: 통일부(2003a: 172).

에서 남북한은 경제협력을 확대 · 발전시키기 위해 투자 보장, 이중과세 방지 등 제도적 장치를 마련하는 것에 대해 합의했다. 남북한은 2차례 경협실무 접촉을 갖고 투자 보장, 이중과세 방지, 상사분쟁 해결절차, 청산결제 등 4개 합의서를 타결하고 가서명했다.

5) 3대 경협사업 추진

김대중 정부 기간 동안 남북 경제협력은 금강산 관광사업, 개성공단사업, 경의선 · 동해선 철도 및 도로 연결사업 등 소위 3대 경협사업을 중심으로 이뤄졌다.

(1) 금강산관광사업

금강산관광사업은 대표적인 민간 차원의 남북 경제협력 사업으로 남북 간 긴장 완화와 화해협력에 기여했다. 1998년 11월 18일 '금강호'의 첫 출항으로 시작해 2002년 12월 말까지 총 514,243명이 금강산 관광에 참여했다.

한편, 2001년 관광인구의 급격한 감소로 금강산관광사업이 중단 위기에 직면하자, 김대중 정부는 2002년 1월 23일 '금강산 관광객에 대한 경비 지원 지침'을 발표하기도 했다. 또한 2002년 9월 금강산 관광 활성화를 위한 제2차 남북 당국자회담에서 2002년 12월 초 육로관광 시작에 대한 합의가 이뤄졌다. 그리고 2003년 1월 남북군사실무회담에서 군사 보장합의서가 체결됨에 따라 육로관광이 시작됐다.

(2) 개성공단사업

북한 내에 우리 기업을 입주시켜 공업단지를 조성하기 위한 개성공단사업은 남한의 자본 · 기술을 북한의 노동력 · 토지와 결합해 남북이 모두 이익을 얻고자 하는 남북 상생의 경제사업이다. 그리고 개성공단은 남북경협의 거점 역할을 수행하고 향후 남북경협의 모델이 될 것으로 기대됐다. 또한 비무장지대에서 근접한 북한 지역에 남한에 의해 건설 · 운영되는 산업단지를 조성하는 것은 남북한의 대결 지역을 화해와 평화 지역으로 변모시키는 의미를 지니고 있다.

개성공단사업은 북한 개성직할시의 개성시와 판문군 평화리 일대 약 2,000만 평(공단 800만 평, 배후도시 1,200만 평)을 개발하는 것으로, 김대중 정부 기간에 1단계 100만 평 규모의 시범공단 조성이 추진됐다.

개성공단사업을 위해 2000년 8월 남한의 기업 현대와 북한의 조선아시아태평양평화위원회 간에 개성지역 공업단지 조성에 관한 합의서가 채택됐다. 그러나 남북관계의 소강 국면으로 인해 개성공단사업은 정체기를 맞다가 2002년 4월 대통령 특사 방북 시

실무협의회 재가동이 합의됨으로써 사업에 대한 논의가 재개됐다. 2002년 제7차 남북장관급회담에서 개성공단사업이 구체적으로 논의되기 시작해 2002년 8월 제2차 남북경제협력추진위원회(경추위)에서 북한의 개성공업지구법 제정이 합의됐다.

남북장관급회담과 경추위의 합의에 따라 개최된 제1차 개성공단 건설 실무협의회에서 1단계 100만 평 개발을 2003년까지 끝내도록 하는 것에 대해 합의가 이뤄졌다. 그리고 개성공단 단지 조성이 책임을 맡은 현대아산과 한국토지공사는 2000년 11월 체결한 협약서를 변경해 1단계 개발 사업에 대한 역할 분담을 재조정했다.

(3) 경의선 · 동해선 철도 · 도로 연결

남북한 간 철도 · 도로를 연결하는 사업은 분단된 한반도를 연결하는 상징적 사업으로 남북한 간 긴장 완화와 남북 화해의 실질적인 진전을 가져올 수 있다는 점에서 큰 의미를 갖는다. 장기적으로 남북종단철도와 대륙횡단철도를 연결하면 한반도와 유라시아를 연결하는 '철의 실크로드'가 구축됨으로써 한국이 동북아 물류 중심국가로 부상할 것으로 기대된다.

남북정상회담 직후인 2000년 7월에 개최된 제1차 남북장관급회담과 8월에 열린 제2차 남북장관급회담에서 경의선 철도(서울-신의주) 및 도로(문산-개성)를 연결하기로 합의됐다. 김대중 정부는 2000년 8월, '남북철도연결사업추진단'을 결성했으며, 9월 남한 측 지역 공사를 위한 기공식이 개최됐다.

남북 철도 · 도로 연결을 위해 비무장지대의 공사를 위한 군사 분야 실무회담이 개최됐다. 그러나 2001년 '비무장지대 공사와 관련한 군사보장합의서' 교환이 북측의 거부로 무산됐다. 이러한 상황에서 김대중 정부는 비무장지대 이외 지역의 공사를 우선 진척시켰다. 그 결과 2001년 12월 말 경의선 철도는 문산역에서 도라산역까지, 도로는 통일대교 북단에서 비무장지대 앞까지 구간의 공사가 완료됐다.

그런데 남북관계의 소강 국면에서 벗어나기 위해 2002년 4월 대통령 특사가 방북해 철도 · 도로 연결에 대한 합의가 이뤄졌다. 그리고 2002년 8월 제7차 남북장관급회담에서 경의선 철도 · 도로와 동해선 철도 · 도로 착공식을 9월 18일 갖기로 합의됐다. 이 합의에 따라 경의선은 파주시 도라산역 비무장지대 내와 개성 남쪽 봉동역에서, 동해선은 강원도 고성군 통일전망대 앞과 금강산 온정리 금강산역에서 동시에 착공식이 개최됐다. 2002년 12월에 경의선 남한 측 구간 공사가 완료됐고, 2005년 12월 말에 경의선과 동해선의 본선 궤도 부설공사가 완료됐다. 2007년 5월 17일 남북 열차 시험 운행이 실시됐다. 이후 2007년 남북정상회담과 총리회담 합의에 따라 2007년 12월부터 경의선 남한 측 도라산역과 북측 판문역 간에 남북 화물열차가 정례적으로 운행됐다.

도로의 경우, 2003년 10월 경의선 남한 측 구간 공사가 완료됐으며, 2004년 10월 경의선과 동해선의 남북 연결공사가 완료돼 그해 12월부터 남북 왕래에 이용됐다.

6) 사회문화 분야 교류협력 증가

사회문화 분야 교류협력은 이질화된 문화에 대한 상호 이해의 폭을 넓힘으로써 남북한 간의 내적 통합을 위한 기반을 조성하고, 사회문화 공동체 기반을 마련할 수 있다는 점에서 중요한 의미를 갖고 있다.

1998년 김대중 정부 출범 이후 남북관계 개선에 대한 기대감으로 사회문화 분야의 교류 · 협력 열기가 고조되면서, 1998년 이전 3건에 불과하던 사회문화 분야 교류 · 협력 사업이 1998년 이후 28건으로 증가했다. 또한 내용 면에서도 문화 · 예술 · 학술 · 체육 · 종교 · 방송 등 사회 모든 분야로 교류가 확대됐다. 또한 주로 제3국에서 이뤄지던 민간 교류행사가 서울 · 평양 · 금강산 등 한반도 내에서 이뤄졌다. 구체적으로 보면, 평양교예단의 서울공연(2000. 6), 언론사 사장단의 방북(2000. 8), 남북교향악단(KBS교향악단, 조선국립교향악단) 합동연주회 개최(2000. 8. 서울), 춘향전 평양 공연(2001. 1), 8 · 15 남북공동행사(2001. 8), 남북교향악단 합동연주회(2002. 9), 대중가수 평양특별공연(2002. 9), 금강산가극단 합동공연(2002. 11), 고구려 유물전시회(2002. 12) 등의 성과가 있었다.

2. 문제점과 한계

1) 한반도 문제 주도권 확보의 한계

김대중 정부의 대북 화해 · 협력정책은 '한반도 문제의 한반도화'를 위해 노력한 결과 남북관계 개선과 동북아지역의 국제 정세에 긍정적 영향을 미쳤다. 김대중 정부는 한반도 문제가 국제적 역학관계에 의해 결정되는 것으로 보지 않고 남북한의 주도적 노력에 의해 분단 상황을 개선하고 통일 여건을 형성할 수 있는 것으로 보았다(김학노, 2010: 593-594). 그러나 김대중 정부의 노력에도 불구하고 한반도 문제에 대한 국제환경의 제약을 극복하기는 쉽지 않았다(황지환, 2012: 98-103).

한반도 문제에 대한 국제사회의 규정력은 북핵문제 대두 이후 뚜렷하게 나타났다.

또한 미국 등 주변국의 대(對)한반도 정책도 한반도 문제에 대한 남북한의 주도력을 제약하는 요인으로 작용한다. 특히 미국의 정권 교체에 따른 한반도 정책의 변화는 김대중 정부의 대북정책에 대해 지대한 영향을 미쳤다. 김대중 정부는 2001년 출범한 미국의 부시 행정부가 클린턴 행정부의 기존 대북정책을 유지하기를 희망했다. 그러나 부시 행정부는 북한을 '악의 축'으로 규정하고 클린턴 행정부 기간에 이뤄진 미·북관계를 전면적으로 재검토했다. 이렇게 되자 북핵문제 및 대북정책을 둘러싸고 김대중 정부와 부시 행정부 간 입장 차이가 드러났다. 김대중 정부와 부시 행정부 간 대북정책의 차이는 김대중 정부 말기에 대북 화해·협력정책의 추진력이 약화되는 요인이 됐다.

2) 북핵문제의 미해결

1990년대 북핵문제가 대두한 이후 북핵문제는 한반도 문제의 기본 성격과 남북관계를 결정하는 가장 중요한 요인이 됐다. 김대중 정부의 대북 화해·협력정책은 제네바합의에 의해 북핵문제 해결의 구도가 마련된 상황에서 가능했다. 이러한 배경에서 6·15 남북정상회담에서 북핵문제는 주요 의제로 다뤄지 않았으며, 인도적 문제와 남북교류협력이 정상회담의 주요 의제였다. 남북장관급회담에서 북핵문제의 해결 원칙과 제네바합의 준수의 필요성이 언급됐지만 북핵문제가 주된 의제는 아니었다. 그리고 김대중 정부는 북한에 대해 인도적 지원을 제공하고 교류·협력을 지속하면 중장기적으로 북한이 핵무기를 포기하고 개혁·개방을 추진하고 적대적 대남정책을 포기할 것이라고 가정했다.

그러나 2001년 부시 행정부 출범 이후 미·북관계가 경색되고 제네바 합의는 2002년 10월 와해됐다. 북한의 고농축 우라늄 프로그램 문제가 불거진 후, 미국은 북한이 제네바 합의를 위반했다며 대북 중유 공급을 중단했다. 이에 대해 북한은 미국이 그동안 제네바 합의에서 유일하게 이행하던 사항을 폐기했다며 제네바 합의의 파기를 선언했다. 이후 상황이 악화되면서 북한은 2003년 1월 10일 핵확산금지조약(NPT)의 탈퇴를 선언했다. 북핵문제의 해결 구도를 마련하려는 김대중 정부의 노력에도 불구하고 2002년 가을 이후 북핵문제는 계속 악화됐다.

3) 군사적 긴장 완화 및 평화 정착의 어려움

김대중 정부의 대북정책은 남북한 간 교류협력의 진전을 통해 군사적 긴장 완화에 기여했다. 금강산관광사업이 시작되면서 북한의 군사기지가 있는 장전항이 개방되고 동부전선의 군사적 긴장이 완화되는 효과가 있었다. 또한 개성공단 건설로 인해 서부지역의 북한의 일부 군부대가 후방으로 이전했으며, 남북한 간 인적 교류의 증가로 군사적 충돌 가능성이 감소된 측면이 있었다. 또한 남북철도 · 도로 연결사업은 비무장지대의 지뢰 제거를 수반했으며, 이를 계기로 남북군사실무회담이 이뤄진 성과도 있다.

그러나 남북한 교류협력에도 불구하고 1998년의 잠수함 침투사건이나 1999년의 제1연평해전, 그리고 2002년의 제2연평해전 등 북한의 대남 도발과 군사적 긴장이 중단되지 않았다. 이것은 북한의 대남전략이 변화하지 않는 한 남북한 간 평화 정착에 일정한 한계가 있다는 점을 보여주었다. 북한은 대북 지원을 제공받고 교류협력을 수용하면서도 남북협상의 주도권 확보와 대내 결속을 위해 대남 도발과 군사적 위협을 지속했다. 이것은 대북 화해 · 협력정책이 교류 · 협력과 긴장 완화에 어느 정도 기여함에도 불구하고 평화문제에 대한 근본적 타결이 이뤄지지 않는 한 한반도 평화 정착에는 어려움이 있다는 것을 입증했다.

4) 북한 변화 유인의 한계

북한의 가장 중요한 목표는 체제 유지다. 북한은 교류협력을 통한 경제적 실리에 대해서는 긍정적이지만, 교류협력의 증가로 야기될 수 있는 부정적 측면에 대해서는 적극적으로 방어하는 입장을 취했다.

김대중 정부는 경제 및 사회문화 부문에서의 교류 · 협력을 진전시킴으로써 정치 및 군사 부문에서도 북한과 협력을 도출하고자 했다. 북한은 인적 교류, 교역, 금강산관광사업, 개성공단사업, 철도 · 도로 연결 등의 남북경협을 받아들였다. 여러 분야의 남북대화와 교류 · 협력으로 인해 남북한 당국과 기업인, 민간인이 접촉하고 대화할 수 있는 기회가 많아지고 대화의 영역도 넓어졌다. 남북한 간 대화, 접촉, 교류 · 협력에 의해 남북한이 상호 이해하고 협력할 수 있는 가능성이 증가했다.

남북한 간 접촉과 교류협력은 경제적 실리와 관련된 분야에서 북한의 대남정책의 변화를 수반했다. 북한이 금강산 관광, 개성공단 건설, 철도 · 도로 연결 등을 위해 군사회담을 수용하고 군사적 긴장 완화를 받아들인 것도 북한의 대남정책 변화의 일부라고 할 수 있다.

그러나 북한은 체제 유지와 관련된 안보문제, 평화문제, 정치문제 등에서는 기존의 대남정책을 유지했다. 북한은 체제 안보의 담보로 핵무기를 개발했으며, 군사적 긴장 완화와 평화문제에 대해서는 남한은 배제한 미·북 평화협정 체결 입장을 고수했다.

한편, 김대중 정부의 대북 화해·협력정책은 북한 주민과의 접촉 확대를 통해 외부 정보와 실상을 북한 주민에게 전파하고 개방·개혁의 필요성을 실감하도록 했다. 금강산관광사업, 개성공단사업 등을 통해 북한 주민들이 외부 정보를 획득하고 제한적이나마 개방의 혜택을 누린 것도 사실이다. 그러나 이러한 변화가 북한의 본격적인 개방·개혁 정책으로 연결되는 데는 한계가 있었다.

참고 문헌

국정홍보처 (2003). 국민의 정부 5년 國政資料集 1: 정치 외교 통일 국방. 서울: 국정홍보처.

김대중 (2000. 3. 9) 독일 베를린 자유대학 연설.

김문성·조춘성 (2010). 한국의 대북정책 변동 요인: 노무현 정부와 이명박 정부의 대북정책을 중심으로. 평화학연구, 11(3): 136.

김학노 (2010). 김대중 정부의 햇볕정책과 6·15 남북정상회담. 함택영·남궁곤 편. 서울: 사회평론.

박종철 (2000). 남북정상회담의 의의와 전망. 서울: 통일연구원.

______(2006). 한반도 비핵화와 평화체제 전환. 한국과 국제정치, 22(1): 103-136.

아·태평화재단 (1995). 김대중의 3단계통일론: 남북연합을 중심으로. 서울: 아태평화출판사.

임동원 (2008). 피스메이커: 남북관계와 북핵문제 20년. 서울: 중앙books.

전봉근 (2008). 이명박 정부 외교안보 조정체계의 특징과 의미. 정세와 정책, 5: 8.

통일부 (2003a). 국민의 정부 5년 평화와 협력의 실천. 서울: 통일부.

______(2003b). 통일백서 2003. 서울: 통일부.

통일부 통일교육원 (2003). 2003 통일문제 이해. 서울: 통일부.

허문영 외 (2003). 통일정책 추진체계 실태연구. 서울: 통일연구원.

홍익표·진시원 (2004). 남북한 통합의 새로운 이해. 서울: 오름.

황지환 (2012). 남북한 관계의 국제정치학. 서울대 국제문제연구소 편. 남북한 관계와 국제정치 이론. 서울: 서울대 국제문제연구소.

Jongchul Park (1999). Seoul's Engagement Policy towards Pyongyang: Setting, Framework, and Conditions. *Korea and World Affairs*, 23(1): 5-25.

제 3 장

IT · 벤처기업 육성

최흥석
고려대학교

제 1 절 정책의 추진 배경

컴퓨터가 인터넷 방식으로 연결되면서 정보통신혁명이 시작됐다. 미국에서는 1993년 클린턴 정권이 집권하면서 국가정보인프라(National Information Infrastructure) 계획을 추진하여 정보통신혁명을 가속화했고, 한국 정부도 1994년 12월에 체신부를 정보통신부로 확대 개편하고 지식정보사회에 대비하는 국가 핵심 인프라정책으로 초고속정보통신망 구축계획을 추진하기에 이르렀다.

오늘날 대한민국이 자타가 공인하는 IT강국이 되고, 첨단의 전자정부를 보유하게 된 것은 민간과 정부를 막론하고 많은 사람의 노력의 결과다. 그럼에도 불구하고 IT강국으로서의 대한민국이 있기까지 정보통신혁명의 초기 단계에서 IT산업의 발전과 전자정부 구축에 비상한 노력을 기울였던 김대중 정부의 공을 높이 평가할 수밖에 없다. 만일 김대중 정부가 집권했던 1998~2003년의 시기에 대한민국이 정보통신혁명과 지식정보화라는 물결에 다소라도 소극적이었다면 현재의 결과가 있었을지 의문인 것이다. 비록 어느 정도의 시행착오는 있었을지라도, 김대중 정부는 새로운 산업으로서 그리고 국정운영의 수단으로서 정보통신기술의 막대한 함의를 직시하고, 국가적 노력과 자원을 그에 집중시킴으로써 IT와 전자정부 강국으로서 오늘의 대한민국을 있게 하는 데 핵심적인 기여를 했다.

김대중 정부에서 정보화 및 정보통신산업정책의 우선순위가 높아지게 된 것은 김 대통령 스스로의 인식에서 비롯된 바 크다. 김대중 대통령은 옥중에서 읽었던 앨빈 토플러(Alvin Toffler), 피터 드러커(Peter F. Drucker) 등의 저술이 그에게 지식정보화의 중요성을 크게 일깨워주었다고 술회한 바 있다. 그리고 그는 1997년의 경제위기를 극복하기 위한 한 전략으로 정보통신기술산업 및 벤처기업 육성을 선택했다.

지식정보화에 대한 김대중 대통령의 인식과 의지는 그의 연설 곳곳에서 배어나는데, 그 일부를 인용하면 아래와 같다.

> 우리 민족은 21세기 정보사회에 큰 저력을 발휘할 수 있는 우수한 민족입니다. 새 정부는 자라나는 세대가 지식정보사회 주역이 되도록 힘쓰겠습니다. 초등학교부터 컴퓨터를 가르치고 대학입시에도 컴퓨터 과목을 선택할 수 있도록 하겠습니다. 세계에서 컴퓨터를 가장 잘 쓰는 나라를 만들어 정보대국의 토대를 굳건히 닦아 나가겠습니다(대통령 취임사, 1998).

> 21세기는 지식기반의 세기입니다. 지식과 정보, 그리고 문화의 창의력이 국가 운명을 가늠합니다. 우리의 미래가 여기에 달려 있습니다(광복절 경축식 대통령 연설, 1999).

> 우리는 산업혁명에는 뒤졌지만 정보화혁명에는 반드시 성공해야겠습니다(제16대 국회 개원 대통령 연설, 2000).

지식정보화 시대의 도래에 대한 김 대통령의 인식은 자연스럽게 IT・벤처기업 육성에의 관심으로 이어진다. 그는 대통령 취임사에서 벤처기업의 중요성에 대해 아래와 같이 언급했다.

> ……대기업과 중소기업을 똑같이 중시하되, 대기업은 자율성을 보장하고 중소기업은 집중적으로 지원함으로써 양자가 다같이 발전해 나가도록 하겠습니다…… 기술입국의 소신을 가지고, 21세기 첨단산업 시대에 기술 강국으로 등장할 수 있는 정책을 과감히 추진해 나가겠습니다. 벤처기업은 새로운 세기의 꽃입니다. 이를 적극 육성하여 고부가가치의 제품을 만들어 경제를 비약적으로 발전시켜 나가겠습니다. 벤처기업은 많은 일자리를 창출해

서 실업문제를 해소하는 데도 크게 이바지할 것입니다(대통령 취임사, 1998).

김대중 대통령은 또한 실리콘밸리 방문길의 스탠퍼드대학 총장 주최 오찬 연설에서 다음과 같이 연설한다.

> 21세기가 벤처기업가 여러분의 세기가 될 것이라는 점은 아무도 부인할 수 없는 명백한 사실입니다. 무한경쟁의 세계화 시대를 맞아 새로운 기술과 창의적인 아이디어가 뒷받침되지 않고서는 승리할 수 없기 때문입니다…… 세계 각국은 기술집약적 벤처기업의 육성과 벤처 캐피털의 활성화를 정책의 주요 과제로 삼고 있습니다. 이렇듯 세계는 벤처기업 시대로 가고 있는 것입니다. 미국은 그 대표적인 성공 사례라 할 수 있습니다. 1980년대 반도체와 자동차를 비롯한 주요 전략산업 분야에서 일본에게 주도권을 내주었지만, 정보산업을 중심으로 창조와 혁신에 기초한 벤처기업의 성공적인 발전으로 재도약을 할 수 있었습니다……한국은 이러한 미국의 경험을 대단히 소중하게 생각합니다. 경쟁력 회복과 고용 창출이 절실한 우리에게 미국은 큰 교훈을 주고 있는 것입니다. 나는 네 가구 중 한 가구가 벤처사업 등 개인 사업을 하거나 투자하고 있는 벤처 천국 미국을 한국이 제대로 배울 수 있게 되기를 기대하고 있습니다. 그런 벤처정신과 벤처문화가 한국을 오늘의 경제위기에서 구할 것이라고 믿기 때문입니다(미국 스탠퍼드대학 총장 주최 오찬 연설, 1998).

김대중 당선인의 정권인수위원회가 내건 100대 국정과제 중 3개가 구체적으로 정보통신에 관련된 것이었다. 그 내용은 첫째, 지식정보사회로의 전환을 위해 그의 기초적 사회간접자본인 초고속정보통신망을 조기 구축하고, 1인 1컴퓨터 사용을 정착시킨다. 아울러 각종 정보통신기기와 소프트웨어의 표준화를 추진하고, 관련 법령의 개정 등을 통해 전자상거래를 조기에 활성화시킨다는 것이다. 둘째, 정보통신 인력 양성을 위한 투자를 대폭 확대하고, 차세대 이동통신(IMT-2000), 디지털방송기술, 멀티미디어기술 등 전략적인 정보통신 핵심기술을 개발한다. 이를 위해 특히 2002년까지 6,500억 원을 투입해 정보통신 전문 인력 44만 명을 육성하고, 정보화촉진기금 6조 1,000억 원을 통해 정보통신기술 개발을 지원한다는 것이다. 그리고 셋째, 통합 방송법의 조기 제정 등을 통해 다채널 위성방송을 허가하고 디지털 TV방송을 실시한다는 것이다. 김대중 정부 정권인수위원회의 정보통신 관련 3개 국정과제는 곧이어 1998년에 정보통신부가 수립한 '사이버코리아(Cyber Korea) 21' 계획에 좀 더 구체적인 내용으로 반영됐다.

지식정보화와 IT산업에 대한 김대중 정부의 관심은 구호의 수준에서 멈추는 것과는 거리가 멀었다. 실제로 김 대통령은 집권 3년차인 2001년에도 5대 국정지표를 민주 인권국가 구현, 국민 대화합 실현, 지식경제강국 구축, 중산층과 서민 보호, 그리고 남북 평화협력 실현으로 제시한 바 있다.

제 2 절 정책의 추진체계

김대중 정부 정보화 추진체계의 법제도적 골간은 정보화촉진기본법에 의해 규정되고 있다. 즉, 최상위 논의 및 의결기구로 정보화전략회의와 정보화추진위원회가 있고, 정보통신부의 정보화기획실이 이 기구들의 사무국 역할을 하면서 중요 정책결정에 참여하며, 한국전산원이 정책집행과 정책연구의 상당 부분을 수행하는 구도다. [그림 2- 3-1]은 이러한 공식 추진체계를 도식적으로 표현한다. 정보화전략회의는 김대중 정부가 출범하면서 보고 위주로 운영되던 기존의 정보화추진확대보고회의를 대신해 1998년 5월부터 시작됐다. 정보화전략회의는 대통령이 직접 주재해 과거의 정보화추진확대보고회의에 비해 정보화 및 IT정책 관련 이슈에 대한 실질적 논의와 조정 능력을 강화했다.

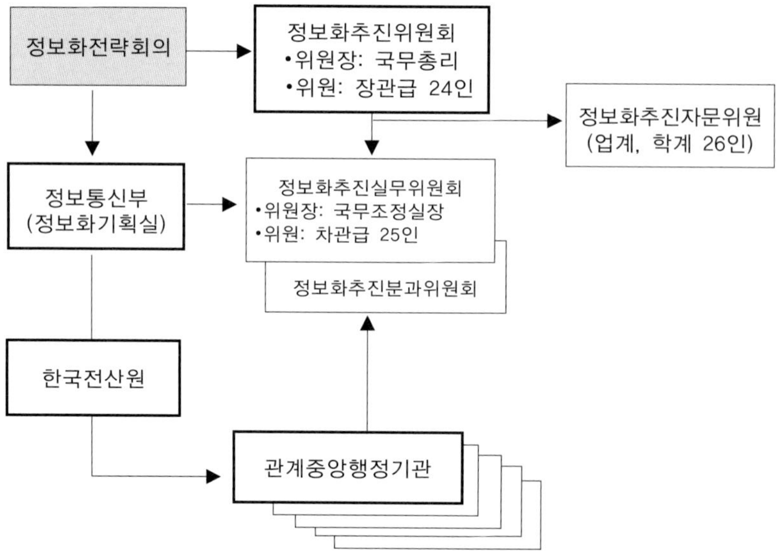

그림 2-3-1 정보화 추진체계

자료: 정보통신부(2001: 14).

그러나 국무총리가 주재하는 정보화추진위원회는 1996년 1월에 정보화촉진기본법이 시행되면서 그해 4월에 이미 발족됐던 기구다. 각 부처 장관 등 24명으로 구성돼 국무총리가 위원장이고, 재정경제부 장관이 부위원장이며, 국무조정실장이 간사를 맡는 정보화추진위원회는 범부처적인 정보화 관련 이슈들을 논의하고 조정하는 기구이지, 새로운 정책 이니셔티브를 구상하고, 정보화 및 IT정책에 대한 자원 배분 우선순위를 조정하는 기구는 아니었다. 김대중 정부에서 정보화 및 IT정책이 높은 우선순위를 부여받고 범정부적 차원에서 추진될 수 있었던 이면에는 김 대통령 자신과 청와대 보좌진의 각별한 노력이 있었다.

정보화를 김대중 정부의 핵심 정책 어젠다로 올려놓고 그를 추진하는 데에는 김성재 정책기획수석의 역할이 대단히 컸다고 한다. 대통령의 지대한 관심에도 불구하고 정보화 업무가 청와대의 정책기획과 경제기획 사이에서 표류하고 있었는데, 당시 민정수석이던 김성재 수석이 정보화를 정책기획에게 맡기는 것으로 정리했고, 2000년 12월에는 민간이 다분히 주도하는 전자정부특별위원회(안)를 대통령에게 보고해 재가를 받았다(전자신문, 2014).

복수 부처 사이의 정책 조정(coordination)이 긴요한 상황에서는 청와대의 리더십이 대단히 중요하다. 당시 한국의 정보화 추진체계는 국가사회정보화와 정보통신산업을 전담하는 부처조직으로서 정보통신부의 존재, 정보화촉진기금이라는 강력한 재정적 정책수단, 정보화와 정보통신산업 사이의 상승적 환류 메커니즘 등의 강점을 지니고 있다. 그러나 정보화의 중요성에 대한 인식과 우선순위가 높아지고 각 부처들이 나름의 정보화사업을 추진하게 되면서, 정보화추진위원회를 정점으로 하는 한국의 정보화 추진체계는 범부처적 성격을 지닌 정보화 및 정보통신산업을 추진하기에 점차 미흡하게 됐다. 특히 기획 및 조정 기능이 취약해 관련 부처 간의 영역 갈등과 중복 투자가 심각하고, 정보 공동 활용이 이뤄지지 않으며, 정보통신 계획 사이의 연계 미흡 및 파편화 현상이 벌어지고 있었고, 통신 · 방송 융합에 대한 조직적 대응 태세도 미흡한 상황이었다(이종수 · 유평준 · 최흥석, 1998).

좀 더 구체적으로, 정보통신산업의 관할권은 정보통신부, 산업자원부, 문화관광부 등에 분산돼 존재했다. 그리고 디지털 위성방송을 매개로 하여 통신과 방송의 융합화가 대세인 상황에서 통신과 방송에 대한 관할권은 정보통신부와 문화관광부에 나뉘어 있었다. 대국민 서비스 정보화(G2C), 민간기업을 위한 정보화(G2B), 부처 간 정보화(G2G) 등을 위해 복수 부처 사이의 정보 공유와 정책조정이 긴요한 것은 말할 것도 없다. 그럼에도 불구하고 부처 간 정보 공유는 쉽사리 이뤄지지 않고, 정보통신산업 진흥을 위한 정부정책은 부처들의 관할권을 중심으로 파편화(fragmentation)돼 있었으며, 디지털 위성방송을 위한 방송통신 융합도 부처 간 조정의 부족으로 진척이 대단히 느린 상황이었다. 이렇듯 파편화된 정책 추진의 상황에서 김대중 정부는 1997년 경제위기 극복을 위한 정부 및 공공부문 개혁에의 국민적 명령(mandate)을 지니고 출발하고, 지식정보화의 정책적 우선순위를 높게 인식함으로써 다른 어느 정권보다도 큰 추진력을 지니고 국가의 지식정보화와 IT산업정책을 좀 더 통합적・체계적으로 시행할 수 있었던 것이다.

정보화에서 청와대의 조정 능력이 발휘된 대표적인 예로 대통령 소속 정보화추진위원회가 주도해 2002년 말에 개통한 11대 전자정부사업을 들 수 있다. 정보화를 통한 민원 업무 혁신사업인 G4C, 정부 조달을 포함해 정부부처와 기업 사이의 전자상거래 혁신사업인 G2B, 정부 내의 다부처 관련 사업인 G2G와 전자정부기반사업은 모두 정부부처 사이의 원활한 정책 조정 없이 성공하기 어려운 정보화사업들이다. 그리고 이러한 정보화사업들은 그의 중요성에도 불구하고, 관련 부처 사이의 조정과 협조 문제 때문에 과거 수년 동안 그의 진척이 대단히 느렸었다. 그러한 사업들이 2002년 11월 일시에 개통을 보게 된 것이다.

표 2-3-1 전자정부특별위원회 위원

특위위원	정부위원	김진표 재정경제부 차관, 최희선 교육인적자원부 차관, 정영식 행정자치부 차관, 김병일 기획예산처 차관, 김동선 정보통신부 차관, 이경호 보건복지부 차관, 김송자 노동부 차관, 맹정주 국무조정실 경제조정관, 이필곤 서울시 행정1부시장, 김영주 청와대 정책기획조정비서관(간사)
	민간위원	안문석 고려대 교수(위원장), 김성태 성균관대 교수, 서삼영 한국교육학술정보원장, 송희준 이화여대 교수, 윤영민 한양대 교수, 윤창번 KISDI 원장, 황성돈 한국외국어대 교수
지원단원	정부단원	김병기 재정경제부 국고국장, 김정기 교육인적자원부 국제교육정보화기획관, 정국환 행정자치부 행정정보화계획관, 이영근 기획예산처 행정개혁단장, 김동수 정통부 정보기반심의관, 윤경태 보건복지부 연금보험국장, 노민기 노동부 고용총괄심의관, 이권상 중앙인사위 인사관리심의관, 이재만 국세청 전산정보관리관, 이공재 조달청 물자비축국장, 박재문 청와대 비서실 행정관, 위금숙 기획예산처 전문위원
	민간단원	오광석 한국전산원 정보화지원단장, 손연기 한국정보문화진흥원장, 유평준 연세대 교수, 이석한 쓰리소프트 대표, 신형식 LG CNS 수석, 이용효 한국교육학술원 실장, 최준옥 조세연구원 박사, 황주성 정보통신정책연구원 팀장

표 2-3-2 김대중 정부 11대 전자정부사업의 개요

구분	사업명	사업 내용	담당 부처
G2C	정보화 통한 민원 업무 혁신(G4C)	주민 · 부동산 · 자동차 · 기업 · 세금 등 5대 국가 기본 DB를 통합 연계해 400여종의 민원을 온라인으로 안내 · 처리 · 의견 수렴하는 창구민원 업무	행정자치부
	4대 보험 정보시스템 연계	건강 · 산재 · 고용 보험과 국민연금 정보 시스템을 연계해 가입자 변동 사항 신고 · 보험료 고지 및 납입 내역 조회 등 공통 · 유사 업무를 인터넷 통합 처리	보건복지부 노동부
	인터넷을 통한 국세 납부	소득세 등 국세의 신고 · 고지 · 납부 · 민원 · 상담 · 증명 발급 등 국세 업무 과정을 인터넷을 통해 처리하는 대민 창구 업무	국세청
G2B	전자조달 시스템	조달 관련 단일 웹사이트를 구축해 업체 등록 · 입찰 · 계약 · 대금 지급 등 전 조달 과정을 인터넷으로 처리하고 진행 상황을 공개하는 기업 관련 조달 거래 업무	기획예산처 조달청
G2G	통합 재정정보 시스템	예산 · 세금 · 기금 · 범칙금 · 부채 등 국가재정의 편성 · 집행 · 결산 등 상황을 실시간에 파악 · 분석 · 예측하고, 전자고지 · 납부 · 이체를 통합 제공	재정경제부
	시 · 군 · 구 행정정보화	중앙정부 · 지방자치단체 간 행정 업무를 연계해 정보 공동 활용, 인터넷 기반으로 민원 서비스를 제공하는 토대 구축	행정자치부
	교육행정 정보화	교육부 · 교육청 · 일선 학교 사이에 학사 · 인사 · 재정 등 교육행정 업무를 인터넷으로 연계 처리해 일선교사의 행정 잡무 경감 및 학부모 정보 제공	교육인적 자원부
	표준 인사관리 시스템	공무원의 채용부터 퇴직까지 전 인사 과정의 전자적 처리 및 표준화된 인사관리를 통해 적재적소 배치와 공직 관련 정보의 온라인 제공	중앙 인사위원회
전자 정부 기반	전자결재 및 전자문서 유통	공문서 기안 · 결재 · 발송 · 보관 · 기록 보존의 전 과정을 표준화된 문서규격에 의거 전자적 체계화 · 통합화하는 사업	행정자치부
	전자서명 및 행정전자서명	종이문서상의 인감과 유사 효과를 갖는 인증을 통해 증명 발급 · 조달 · 납세 등의 전자 거래적인 해결을 위한 전자서명 및 행정전자서명(관인)의 도입 확산사업	정통부 행자부
	통합 전산환경 구축	각 부처별로 분산 구축 · 운영되는 전산조직 · 인력 · 예산의 물리적 · 제도적 통합 및 연계를 단계적으로 추진하는 장기적 추진과제	정통부 행자부 기예처

앞의 〈표 2-3-1〉은 정보화추진위원회에 참여했던 인사들의 목록을 담고 있다. 이 표에서 볼 수 있듯이 대통령 소속 전자정부추진위원회는 관련 부처 인사들과 사회 각계각층의 전문가 및 여론 주도층 인사로 구성돼, 11대 전자정부사업이라는 범부처적 노력을

이끌었던 것이다.

김대중 정부의 11대 전자정부사업은 정부의 각종 업무를 정보화했다는 데에서 멈추지 않는다. 이 사업들을 추진하는 과정에서 삼성 SDS, LG CNS 등의 대규모 및 중소 규모 SI(system integration) 업체들이 공공부문의 전자정부사업을 추진하는 사업 기회 및 경험을 얻게 됐고, 시스템을 개발하고 운영하는 과정에서 10대 전자정부사업이 한국의 IT 산업 진흥에 이바지한 바 크다.

제 3 절 정책의 추진 과정 및 내용

1995년 8월에 제정된 정보화촉진기본법은 국가사회정보화와 IT산업에 대한 정부의 기본 정책을 규정하고 있다. 그리고 김대중 정부 IT정책도 정보화촉진기본법의 틀을 따르고 있다. 좀 더 구체적으로 보아, 김대중 정부의 IT정책은 기본적으로 ① 정부 및 국가사회의 정보화, ② 정보통신산업의 진흥, 그리고 ③ 지식정보화 사회의 원활한 작동을 지원하는 정보통신 인프라의 고도화라는 세 축으로 구성된다. 그리고 이러한 정책을 추진하기 위한 자원 동원의 수단으로 정보화촉진기금을 설치하고 있다. [그림 2-3-2]는 정보화촉진기본법에 담긴 IT정책의 대강을 요약한다.

1. 사이버코리아(Cyber Korea) 21

김대중 정부는 정보화촉진기본계획(1996~2000)을 고도화하고 2002년까지로 기간을 확대한 사이버코리아 21 계획을 마련했다. 사이버코리아 21은 2002년까지 지식기반산업의 GDP 비중을 선진국 수준으로 향상시키고, 대한민국을 세계 10위권의 지식 정보화 선진국으로 발전시키겠다는 목표를 제시했다. 그리고 이를 위해 3대 분야 159개 세부과제, 즉 정보화 기반 마련(63개 과제), 정보화를 통한 국가 전반의 생산성 향상(58개 과제), 신산업 창출을 위한 정책(38개)을 제안하고 있다. 예를 들어, 정보화를 위한 사업으로는 초고속정보통신망 등 정보 인프라 구축, 인터넷 확산, 공공부문 정보화 추진 및 전자정부 구축, 전자상거래 확산, 정보격차 해소 종합계획(2001~2005) 수립 및 추진, 정

총칙
- 목적
- 정의
- 국가 및 지방자치단체의 책무
- 정보화시책의 기본 원칙
- 연차보고 등

정보화 촉진 등을 위한 계획의 수립과 추진체계
- 정보화촉진기본계획의 수립
- 시행계획의 수립
- 정보화촉진 등에 관한 정책 등의 조정
- 정보화추진위원회
- 정보화책임관의 임명 등
- 정보화계획의 반영 등
- 한국전산원의 설립

국가사회정보화의 촉진
- 공공정보화 등의 추진
- 정보문화의 확산
- 건전한 정보통신윤리의 확립
- 공공기관의 정보 제공의 촉진
- 정보보호 등
- 정보보호시스템에 관한 기준고시 등
- 정보시스템에 대한 감리
- 이용자의 권익 보호 등
- 보편적 역무의 제공과 복지정보통신의 실현
- 정보통신 응용 서비스 이용 등의 활성화
- 지적소유권의 보호

정보통신산업의 기반 조성
- 정보통신산업의 기반 조성
- 기술 개발의 추진
- 정보통신 표준화의 추진
- 정보통신 기술인력의 양성 등
- 정보통신산업단지의 조성
- 정보통신 우수신기술에 대한 지원 등
- 신기술 지정의 취소
- 유통구조의 개선
- 정보화 촉진 등의 국제협력 촉진
- 정보통신 관련 기관의 지원 등

정보통신 기반의 고도화
- 초고속정보통신 기반의 구축 촉진 및 이용 활성화
- 전담기관의 지정 등
- 초고속국가망의 관리 등
- 정보통신망의 상호 연동 등
- 초고속 정보통신망 확충을 위한 협조 등

정보화촉진기금
- 정보화촉진기금의 설치
- 기금의 재원과 용도
- 기금의 운용·관리
- 정보통신연구진흥원의 설립 등

보칙 및 부칙
- 권한의 위임
- 과태료
- 부칙

그림 2-3-2 정보화촉진기본법의 구성

자료: 정보통신부(2001: 17).

보화 역기능 방지 추진 등을 제시하고 있다. 그리고 신성장 엔진으로서 IT산업 육성을 위한 사업으로 IT인력 양성사업, 미래 핵심 IT기술 개발(6대 중점기술, 2대 전략기술, 2대 기반기술), 정보통신 중소벤처기업 활성화, 소프트웨어산업 육성 등을 제시했다.

정보통신 인프라 구축, 국민정보화 등을 통한 정보화의 기반 강화, 즉 정보통신 기반 구축, 정부부문과 민간부문에의 정보통신기술 적용을 통한 생산성 향상－즉 정보화－, 그리고 정보화에 드는 정보통신 하드웨어와 소프트웨어의 공급, 즉 정보통신산업은 정보사회 구축의 3요소다. 사이버코리아 21 계획은 이렇듯 정보사회 구현의 세 가지 요소를 체계적으로 포괄하는 국가사회정보화 계획의 면모를 지녔다고 하겠다.

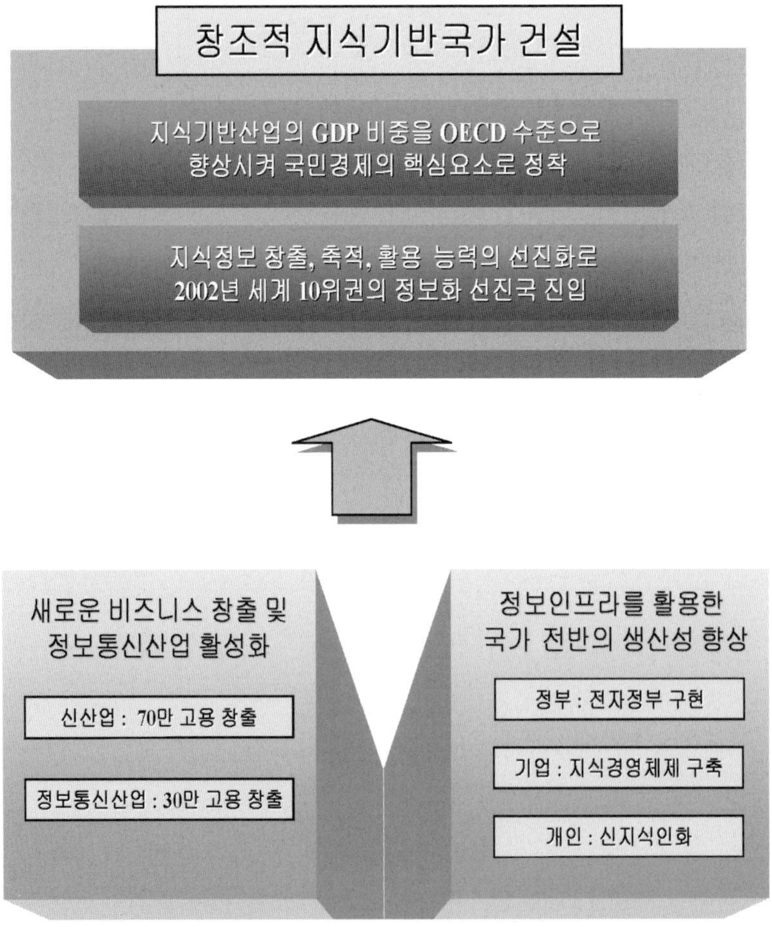

그림 2-3-3 사이버코리아 21 계획의 개념도

2. 정보통신 중소 · 벤처기업의 전략적 육성

앞서 지적한대로 김대중 정부는 산업구조를 고도화하고 신규고용을 창출하기 위한 방안으로 벤처기업 육성을 크게 강조했다. 정부는 '산업의 꽃'이라는 표현으로 벤처기업의 중요성을 강조하면서 핵심적인 정책과제의 하나로 본격적인 벤처기업 지원정책을 추진했다.

IT 중소 · 벤처기업 육성정책의 진원지는 누구보다도 김대중 대통령 자신이었다. IT 중소 · 벤처기업에 대한 김대중 대통령의 인식은 아래와 같은 연설문에서도 나타난다.

> 벤처기업은 새로운 세기의 꽃입니다. 이를 적극 육성하여 고부가가치의 제품을 만들어 경제를 비약적으로 발전시켜야 합니다. 벤처기업은 많은 일자리를 창출해서 실업문제를 해소하는 데도 크게 이바지할 것입니다(대통령 취임사, 1998).

벤처기업은 위험성은 높지만, 성공할 경우 높은 기대수익이 예상되는 신기술 개발아이디어를 사업화하는 신생기업을 의미한다. 벤처기업은 기술 및 제품의 신규성, 매출의 급성장, 신규 시장 개척, 기술 창업인에 의한 경영, 초기 자본의 부족 등의 기업 특성 때문에 경영상의 위험 요소가 크다(정보통신부, 2002). 이러한 위험을 완화시키고 벤처창업을 활성화하기 위해 당시의 정보통신부는 〈표 2-3-3〉에 요약한 바와 같은 정책을 수립했다.

표 2-3-3 정보통신부 벤처기업 지원 체계

벤처기업 관련 위험	관련 정책		세부 정책
사업 위험	표준화 지원		• 정보통신 분야 표준화 포럼 활성화
경영관리 위험	창업보육		• 대학 정보통신창업지원센터 · 소프트웨어지원센터 · ASIC지원센터
	경영 지원		• 경영지원단
	수출 지원		• 해외정보통신기술협력센터
재무 위험	간접 지원		• 정보통신 전문투자조합 · 정보통신 전문투자회사
	직접 지원	출연	• 산업기술개발사업 · 우수 신기술 지정 · 지원사업 · 선도기반기술개발사업
		융자	• 산업기술개발사업 · 우수 신기술 지정 · 지원사업 · 선도기반기술개발사업

자료: 정보통신부(2002).

정보통신부가 설치된 것은 김영삼 정부에 의해서였다. 김영삼 정부는 1994년 12월 체신부를 정보통신부로 개편하면서 당시의 상공자원부, 과학기술처, 공보처 등에 흩어져 있던 정보화 및 정보통신산업 관련 업무를 정보통신부로 일원화했다. 그리고 정보화 정책의 골간을 이루는 '초고속정보통신망 구축 종합계획'(1994.3)을 구상하고, 정보화촉진기본법(1995.8)을 제정한 것도 김영삼 정부 시절에 이뤄졌다.

1990년대 중반에 구축된 국가사회정보화 정책의 골격은 김대중 정부에 들어 사이버코리아 21 계획 등을 통해 더욱 보강되고 확대됐다. 김대중 정부의 정부조직개편심의위원회는 '작지만 강한 정부'를 캐치프레이즈로 내걸고 정보통신부를 폐지한 후 정보통신산업 관련 업무를 산업자원부로 넘기는 등의 안을 검토한 바 있다. 그러나 IT산업 진흥을 통한 경제난 극복과 전자정부를 지향하는 김대중 정부에서 정보통신부를 폐지하는 것이 적합하지 않다는 의견이 힘을 얻으면서 정보통신부 해체 안은 폐기됐다(전자신문, 2012).

정보통신부는 이명박 정부 대통령직 인수위의 정부조직 개편에 따라 2008년 2월에 폐지됐다. 당시 정보통신부의 주요 기능이 여타의 정부조직에 어떻게 이관됐는지를 살펴봄으로써, 김대중 정부 시절 대한민국의 국가사회정보화와 정보통신산업정책을 주도하던 정보통신부의 기능 영역을 좀 더 잘 이해할 수 있을 것이다. 〈표 2-3-4〉는 2008년 정부조직 개편에 따라 정보통신부의 업무가 어떻게 다른 조직에 이관됐는지를 요약한 것이다.

표 2-3-4 정보통신부 주요 기능의 이관 내역

	주요 기능	신설 조직	이관 법률
정보통신부	통신 서비스 관련 정책 및 규제	방송통신위원회	전기통신사업법, 전파법, 인터넷주소법 등
	전파정책		
	정보통신산업 관련 정책 (정보통신기금 운용 포함)	지식경제부	소프트웨어산업법 등
	소프트웨어산업 관련 정책		
	전자정부	행정안전부	전자정부법, 전자서명법, 정보격차해소법, 지식정보자원법 등
	정보 보호		
	디지털 콘텐츠	문화체육관광부	온라인디지털콘텐츠법, 컴퓨터프로그램보호법 등

3. 정보 격차 해소

지식정보사회는 정보통신기술산업의 발전, 정부와 기업의 지식정보화, 그리고 지식정보 상품에 대한 국민적 수요 사이의 상승적 관계를 통해 효과적으로 발전하게 된다. 김대중 정부는 한편으로는 정보화촉진기금 등을 활용한 IT벤처 지원을 통해 정보통신기술사업의 발전을 도모하고, 다른 한편으로는 전자정부사업 추진, 전자서명 및 공인인증제도 도입 등을 통해 국가사회 정보화를 도모했다. 그리고 이에 더해 개별 국민의 정보화를 촉진하고 정보 격차를 줄이기 위한 정책적 개입을 적극 추진했다.

정보화를 마치 새마을운동과 같은 범국민운동으로 전개하겠다는 취지에서 1998년 5월 '한반도 정보화추진본부'가 출범했다. '1인 1PC, 1인 1홈페이지, 1인 1발명'이 구호였다. '한반도 정보화추진본부'에는 정계, 재계, 학계, 언론계 등의 오피니언 리더 150여 명이 참가했다. 김대중 정부에서 지식정보화는 어느 부처의 정책 수준을 뛰어넘어 국민운동의 수준에까지 이르렀다.

지식정보 시대의 정보 불평등(digital divide)은 새로운 빈부 격차로 이어질 가능성이 있다. 김대중 정부는 정보 불평등을 완화하고 정보사회의 국민적 저변을 넓히기 위한 정책의 일환으로 2000년 '1,000만 명 정보화교육 계획'을 수립하고, 정보통신부 등 10개 부처가 공동으로 농 · 어민, 근로자, 교사, 학생, 보호소년 · 재소자, 군 장병, 지역주민 등 전 국민에 대해 정보화교육을 실시했다. 이러한 전 국민 정보화교육은 인터넷 사용인구의 증가에 크게 기여했고, 사회계층 간 정보 격차 완화에도 기여하는 효과를 거둔 것으로 사료된다.

2001년 12월에는 2001년에 교육을 받은 각 계층 3,000명을 대상으로 정보화교육 수혜자 만족도 조사를 실시했는데, 종합만족도가 75점(100점 기준)으로 나타나 교육생들이 정부가 추진하는 정보화교육에 대해 전반적으로 높은 만족을 표한 것으로 조사됐다. 또한 정보화교육 이수 후 정보기기 이용 시간 증대(81.5%), 정보 이용 능력 향상(89.5%), 일상생활에 도움(85.8%) 등 교육의 효과 및 성과 측면에서도 상당히 높은 수치를 보였다.

한편, 정부는 2002년 상반기에 1천만 명 정보화교육이 성공적으로 마무리됨에 따라 하반기부터는 실용 위주의 제2단계 국민정보화교육 계획을 수립해 추진했다. 2단계 정보화교육의 기본 방향은 기초 정보 활용 능력을 갖춘 국민을 대상으로 가정과 직장에서 실질적으로 활용 가능한 수준 높은 정보화교육을 추진하되, 정보 격차 해소 차원에서 정보 소외계층에 대한 기초교육은 지속적으로 추진한다는 것이다.

표 2-3-5 1,000만 명 정보화교육 실적

(단위: 명)

교육 대상	목표	실적	관련 부처
장애인	206,730	100,578	보건복지부, 노동부, 정보통신부
농업인	170,916	129,170	농림부
어업인	20,000	16,242	해양수산부
노인	170,800	442,735	보건복지부, 정보통신부
주부	2,000,000	434,003	정보통신부
보호소년 · 재소자	31,602	120,198	법무부
지역주민	1,600,000	5,358,840	행정자치부, 정보통신부
근로자	1,500,000	1,435,344	노동부
군 장병	740,000	623,357	국방부
공무원	510,000	510,000	행정자치부
교사	614,931	1,108,904	교육인적자원부
학생	3,363,860	3,372,500	교육인적자원부
공기업 임직원	200,000	153,319	기획예산처
계	11,128,839	13,805,190	

자료: 정보통신부(2002).

제 4 절 성과 및 평가

1996~98년 시기 한국과 주요 국가 사이의 정보화 지수 격차를 보면 1997년에 미국이 우리나라의 3.3배, 스웨덴 2.8배, 캐나다 2.3배, 싱가포르 2.2배, 호주 2.5배, 일본 1.8배, 독일 1.5배, 대만이 1.1배 수준이었으나, 1998년에는 미국이 우리나라의 2.5배, 스웨덴 2.3배, 캐나다와 싱가포르, 호주는 각각 1.8배, 일본 1.5배, 독일 1.3배, 대만이 1.2배 수준이었다. 대한민국의 정보화는 〈표 2-3-6〉을 통해 알 수 있듯이 뒤처지는 상황에서 출발해 다른 국가들을 앞지르게 된 눈부신 노력의 결과다.

한국의 인터넷 보급률이 세계 최고 수준인 것은 이미 널리 알려져 있는 사실인데, 이러한 변화가 이뤄진 것도 바로 김대중 정부 집권기다. 〈표 2-3-7〉에 나타나듯이 1997년 말 163만 명에 불과하던 국내 인터넷 이용자 수가 2001년에는 전체 인구의 52% 수준인 2,438만 명으로 증가했다. 그리고 2001년의 인구 대비 초고속인터넷 보급률은 17.16%로 OECD 평균인 2.9%의 6배 이상에 달하게 됐다(정보통신부, 2003).

표 2-3-6 한국과 여타 국가의 정보화 종합지수 및 주요 항목 간 격차 비교

(한국 : 1)

	종합지수			PC 보급 대수			이동전화 가입자 수			인터넷 HOST 수			인터넷 사용자 수		
국명 \ 연도	1996	1997	1998	1996	1997	1998	1996	1997	1998	1996	1997	1998	1996	1997	1998
스웨덴	3.3	2.8	2.3	2.4	2.3	2.3	4.0	2.4	1.5	18.5	14.9	10.7	15.7	9.7	5.9
캐나다	2.7	2.3	1.8	0.9	1.8	2.1	1.6	0.9	0.6	13.8	10.5	9.2	12.1	9.4	3.7
싱가포르	2.2	2.2	1.8	1.8	2.7	2.9	2.0	1.8	1.1	6.5	7.0	5.3	8.3	8.8	3.5
미국	3.8	3.3	2.5	1.4	2.7	2.9	2.4	1.4	0.8	26.2	29.0	27.9	19.9	13.4	3.3
호주	3.1	2.5	1.8	1.8	2.4	2.6	3.0	1.8	0.9	19.3	13.5	10.5	16.8	11.9	2.4
대만	1.0	1.1	1.2	0.5	0.8	1.0	0.6	0.5	0.7	1.1	3.1	3.5	1.4	1.9	2.1
일본	2.0	1.8	1.5	2.0	1.3	1.5	3.1	2.0	1.2	4.0	3.5	3.3	4.8	4.1	2.0
독일	1.8	1.5	1.3	0.7	1.7	1.9	1.0	0.7	0.6	5.8	5.2	4.4	4.8	3.2	1.4

자료: 정보통신부(2000a: 14; 2000b); ITU(2000).

표 2-3-7 인터넷 이용자의 연도별 증가 추세

(단위: 만 명)

구분	1997	1998	1999	2000	2001
인터넷 이용자 수	163	310	1,086	1,904	2,438

자료: 정보통신부(2002).

한국은 인터넷의 양적 보급뿐만이 아니라 사용의 질적인 측면에서도 상당히 양호한 면모를 갖게 됐는데, 그 예를 온라인 금융거래 증가를 통해서도 엿볼 수 있다. 〈표 2-3-8〉은 1998년부터 2001년 사이의 온라인 금융거래 증가 추세를 요약한 것이다. 표에 나타나듯이 인터넷뱅킹 등록자 숫자는 1999년 12만 명에서 2001년에는 1,131만 명에 이르게 됐다.

온라인 금융거래가 급증했다는 것은 단순히 인터넷 보급률의 증가를 통해서만 설명하기 어렵다. 즉, 1998년 말에 전자거래기본법과 전자서명법을 통과시키는 등의 제도적 조치를 함께 추진해 전자문서 인증 시대를 열었기 때문에 이러한 온라인 금융거래의 활성화가 가능하게 됐다 할 것이다.

표 2-3-8 온라인 금융거래의 증가

구분	1998	1999	2000	2001
인터넷뱅킹 등록자 수(만 명)	-	12	409	1,131
온라인 주식 거래 비중(%)	2.9	25.4	55.9	69.3

실제로 국민의 정부 기간 동안 정보화와 관련해 제·개정한 법률안의 숫자는 168개에 달한다. 여기에는 위에서 언급한 전자거래기본법과 전자서명법, 정보격차해소법, 전자정부구현법 등이 포함된다. 〈표 2-3-9〉는 김대중 정부 기간 동안 제·개정된 주요 정보화 관련 법령을, 〈표 2-3-10〉은 제·개정의 내용을 요약한 것이다. 1998년부터 2002년의 기간 동안 제·개정된 법령들은 전자정부의 구축, 민간부문의 전자상거래 활성화, 정보화 혜택의 국민 간 불평등 축소 등 다방면으로 추진돼 지식정보사회의 조기 구축에 필요한 법제도적 기반을 제공했다.

표 2-3-9 국민의 정부 5년간 정보화 관련 법령 제·개정 성과

연도	1998	1999	2000	2001	2002	계
제·개정 법령 수	16	24	32	44	52	168

자료: 정보통신부(2003).

표 2-3-10 주요 정보화 관련 법령 제·개정 내역

연도	법령 명칭	제·개정 이유
1998	전기통신사업법	'보편적 서비스' 제도로 정보 격차 해소의 기틀 마련
1999	전자거래기본법 전자서명법	전자거래의 활성화를 위한 법적 토대 마련 전자문서의 안전과 신뢰에 한 법적 토대 마련
2000	지식정보자원관리법	국가 및 지방자치단체 차원에서 지식정보자원에 대한 디지털화, 유통·표준화 계획 수립 토대 마련

<table>
<tr><td rowspan="4">2001</td><td>정보격차해소법</td><td>정보 격차 해소정책 추진의 기반 마련</td></tr>
<tr><td>전자정부구현법</td><td>전자정부 구현의 토대 마련</td></tr>
<tr><td>정보통신기반보호법</td><td>주요 정보통신기반시설에 대한 보호제도 수립</td></tr>
<tr><td>정보통신망법</td><td>개인정보 보호, 청소년 보호 등 정보화 역기능에 대처</td></tr>
<tr><td>2002</td><td>전자상거래소비자보호법</td><td>전자상거래 등에서 소비자보호제도의 정립</td></tr>
</table>

자료: 정보통신부(2003).

국민의 정부 기간 동안 IT산업도 기록적인 수준의 성장을 이뤘다. 1997년에 75.5조 원의 생산액을 지녔던 한국의 IT산업은 2002년에 들어 그 두 배를 뛰어넘는 170조 원을 기록했다.

표 2-3-11 정보통신산업의 성장

(단위: %)

<table>
<tr><th colspan="3">구분</th><th>1997</th><th>1998</th><th>1999</th><th>2000</th><th>2001</th><th>2002</th></tr>
<tr><td rowspan="4">생산</td><td colspan="2">IT산업
생산액(조 원)</td><td>75.5
(27.1)</td><td>88.1
(16.7)</td><td>115.0
(30.5)</td><td>148.2
(28.9)</td><td>152.6
(2.9)</td><td>170
(11.4)</td></tr>
<tr><td colspan="2">전체 산업
부가가치액(조 원)</td><td>453</td><td>444.4</td><td>482.7</td><td>517.1</td><td>532.1</td><td>553.4</td></tr>
<tr><td colspan="2">부가가치
(조 원)</td><td>39.1</td><td>41.4
(5.6)</td><td>54.1
(30.8)</td><td>69.6
(28.7)</td><td>71.7
(3.0)</td><td>79.9
(11.4)</td></tr>
<tr><td colspan="2">GDP내 비중
(%)</td><td>8.6</td><td>9.3</td><td>11.2</td><td>13.4</td><td>13.4</td><td>14.4</td></tr>
<tr><td rowspan="5">무역</td><td rowspan="3">수출</td><td>전체 산업
수출액(억$)</td><td>1,362</td><td>1,323</td><td>1,437</td><td>1,723</td><td>1,504</td><td>1,620</td></tr>
<tr><td>수출액
(억$)</td><td>313</td><td>305</td><td>400</td><td>513.9</td><td>384</td><td>507</td></tr>
<tr><td>전체 산업 내
비중(%)</td><td>23.0</td><td>23.1</td><td>27.8</td><td>29.8</td><td>25.5</td><td>31.2</td></tr>
<tr><td rowspan="2">수입</td><td>수입액
(억$)</td><td>219</td><td>182</td><td>265</td><td>356.2</td><td>278</td><td>358</td></tr>
<tr><td>전체 산업 내
비중(%)</td><td>15.1</td><td>19.5</td><td>22.1</td><td>22.2</td><td>19.7</td><td>23</td></tr>
</table>

	수지	수지액 (억$)	94	123	134	157.7	106	148
	수지	전체 산업 내 비중(%)	(전체 수지 85억 달러 적자)	31.5	56.1	39.8억 달러 초과	12.4억 달러 초과	
업체 수		정보통신 사업체 수(개)	9,397	10,218	12,382	15,107	N/A	
고용		정보통신직종 종사자 수(명)	N/A	104만	108만	124만	N/A	
고용		정보통신산업 종사자 수(명)	N/A	56만	57만	69만	66만	69만

주: ( )는 전년 대비 증가율.
자료: 정보통신부(2002).

정보통신산업의 성장은 당시 정부의 연구개발 투자에 힘입은 바 큰데, 정보통신부는 IT 핵심기술 개발, 인력 양성, 표준화, 연구기반 조성사업 등의 방식으로 1998~2002년의 5년 동안 총 5조 264억 원을 투자했다. 그리고 민간부문 IT연구개발 투자도 1998년 3조 9,800억 원에서 2002년에는 8조 9,800억 원 규모로 지난 5년간 연평균 18% 확대됐다(정보통신부, 2003). 〈표 2-3-12〉와 〈표 2-3-13〉은 김대중 정부의 정보통신 기술개발 투자 내역을 요약한 것이다.

표 2-3-12 정부의 IT연구개발 사업별 투자 현황 (단위: 억 원)

구분		1998	1999	2000	2001	2002	계
출연	기술 개발	2,303	1,900	1,970	5,093	3,542	14,808
	인력 양성	1,010	830	690	4,311	2,556	9,397
	표준화	260	210	180	337	330	1,317
	연구기반 조성	430	414	460	1,148	1,025	3,477
	출연 소계	4,003	3,354	3,300	10,889	7,453	28,999
기술개발 투자 ·융자		4,365	4,300	3,700	4,950	3,950	21,265
합계		8,368	7,654	7,000	15,839	11,403	50,264

자료: 정보통신부(2003).

표 2-3-13 정보통신 기술개발 투자 실적 (단위: 억 원)

구분	1998	1999	2000	2001	계
선도 기반	1,741	1,500	1,570	3,693	8,504
산업기술	462	300	300	1,300	2,362
우수신기술	100	100	100	100	400
계	2,303	1,900	1,970	5,093	11,266

자료: 정보통신부(2002).

국민의 정부에서 IT 중소 · 벤처기업은 양적으로도 괄목할 성장을 보였는데, 1998년도에 10,055개였던 IT 중소 · 벤처기업이 2002년에는 21,812개로 5년 동안 두 배를 넘는 수로 증가했다. 그리고 IT산업이 대한민국의 GDP에서 차지하는 비중은 1998년 9.3%에서 2002년 14.9%로 확대됐다(정보통신부, 2003).

국민의 정부에서 IT중소 · 벤처기업을 위한 지원은 창업 지원에서부터 애로 해소와 해외 진출 지원에 이르기까지 다양한 방식으로 이뤄졌다. 〈표 2-3-14〉는 정보통신부의 IT 중소 · 벤처기업 지원사업 유형과 지원 규모를 요약한 것이다.

표 2-3-14 사업별 IT중소·벤처기업 자금 지원 현황 (단위: 백만 원)

사업명	1998	1999	2000	2001	계
• IT중소 · 벤처 창업 지원	22,320	52,400	18,800	12,886	106,406
• 투자위주의 자금 공급 확대	13,500	10,000	55,000	155,000	233,500
• IT중소 · 벤처 R&D 지원(융자 포함)	497,500	551,000	365,000	370,000	1,783,500
• IT중소 · 벤처 애로 해소 지원	1,500	3,250	2,175	2,300	9,225
• IT중소 · 벤처 해외 진출 지원	2,550	2,450	2,920	11,587	19,507
계	537,370	619,100	443,895	551,773	2,152,138

자료: 정보통신부(2002).

표 2-3-15 IT 중소 · 벤처기업의 증가 추세

구분	1998	1999	2000	2001	2002
IT사업체 수(개)	10,218	12,382	13,944	17,719	22,127
IT중소 · 벤처 수	10,055	12,105	13,629	17,404	21,812
신규 IT중소 · 벤처 수	808	2,050	1,524	3,775	4,408

자료: 정보통신부(2003).

표 2-3-16 S/W지원센터 개소 및 입주·졸업업체 현황 (단위: 개)

구분	1998년 이전	1998년	1999년	2000년	2001년	계
S/W지원 센터(지역)	서울, 부산, 광주, 대구, 대전	인천, 전주	강릉, 안산, 울산, 충북	안양, 포항, 제주	마산, 목포	16개 센터
입주업체	135	153	223	388	279	1,178
졸업업체	-	37	129	186	126	478

자료: 정보통신부(2003).

표 2-3-17 소프트웨어 연도별 수출 실적 (백만 달러)

구분	1998	1999	2000	2001	4년간 평균성장률
S/W 수출액	52	60	201	237	41.4%

자료: 정보통신부(2003).

김대중 대통령은 2002년 11월 13일 '전자정부 기반 완성 보고회'를 주재하면서 "내 인생에서 오늘같이 기쁘고 뜻깊은 날이 흔치 않았다"고 말했다고 한다(전자신문, 2012). 대한민국의 국가사회정보화에 김대중 정부는 가히 결정적인 기여를 했다. 초고속정보통신 인프라를 구축했고, 전자서명 및 인증제도를 정착시켜 전자상거래 확산의 제도적 기반을 마련했다. 그리고 IT벤처에 대한 적극적 지원을 통해 정보통신산업이 신성장 동력으로 자리를 잡는 데에도 크게 기여했다. 국가정보화지수가 일본이나 대만보다도 뒤처지던 상황에서 출발해 2002년에는 초고속인터넷 1천만 명을 돌파함으로써 1,450만 가구 기준으로 국민의 69%가 초고속인터넷 서비스를 사용하는 큰 변화가 만들어진 것도 국민의 정부 5년 동안의 일이다. 대한민국이 1990년대 말부터 수년 동안의 기간에 지식정보사회에 성큼 다가서게 된 것이 과연 얼마만큼이나 정부정책의 결과였는지는 알기 어려운 일이다. 그럼에도 불구하고 그 기간 동안 김대중 정부가 추진했던 초고속정보통신의 물리적 및 제도적 인프라 구축, 정보 격차 해소, IT벤처산업 지원 등이 대한민국 지식정보화에의 필요 조건들을 제공했다는 점은 명백한 듯하다.

참고 문헌

이종수 · 유평준 · 최흥석 (1998). 우리나라 정보통신 관련 정부조직의 문제점과 개편 방안. 한국정책학회보, 7(1): 367-391.

정보통신부 (2000a). 정보화연차보고서.

______ (2000b). 국가정보화백서.

______ (2001). 정보화연차보고서.

______ (2002). 국민의 정부 4년 정보통신 분야 정책성과.

______ (2003). 21세기 지식정보강국을 향하여: 지난 5년간 IT정책 성과와 과제.

ITU (2000). *Yearbook of Statistics*.

전자신문. 2012. 4. 3, 2012. 11. 15, 2014. 3. 20.

김대중 대통령 취임사. 1998. 2. 25.

미국 스탠퍼드대학 총장 주최 오찬 연설. 1998. 6. 12.

광복절 경축식 대통령 연설. 1999. 8. 15.

제16대 국회 개원 대통령 연설. 2000. 6. 5.

제 4 장

국민기초생활보장제도 도입

김병숙
건국대학교

제 1 절 정책의 추진 배경

1. 복지 패러다임의 변화

제1 · 2차 세계대전을 거치면서 영국에서 등장하여 점차 서유럽 전체로 확산된 복지국가는 사회민주주의의 이념에 입각해 시장의 불평등과 불안정성에 대항하고, 사회적 연대와 소득과 부(富)의 평등, 사회적 위험에 대한 공동체의 보장을 추구했다. 그리하여 사회복지의 대상은 전 국민으로 확대됐고, 소득보장은 물론 보건의료, 주택, 교육에 이르기까지 프로그램이 다양화됐으며, 복지는 더 이상 자비나 은전이 아닌 시민의 권리(citizenship)로 인정돼 사회문제의 해결보다는 욕구(needs)의 충족을 중시하게 됐다. 마셜(Alfred Marshall)은 서구 자본주의 사회의 발달을 18세기의 공민권(civil right), 19세기의 정치권(political right), 20세기의 사회권(social right)이라는 각 권리의 발달로 특징지으면서 완전한 시민복지의 구현이 궁극적으로 국가의 책임임을 밝히고 있으며(박순우, 1998:

72), 이 가운데 '사회권'은 광범위한 의미의 복지권으로서 경제적 복지와 보장에 대한 권리로부터 문명화된 삶을 누리고 사회적 유산에 참여할 권리에 이르는 제반 권리로 구성돼 있다(남찬섭 역, 1996). 이러한 권리들은 현대 복지제도와 맞물려 상호 발전돼 왔으며, 웰먼(Wellman, 1982)은 광범위한 개념의 복지권 인정이 복지국가의 이상과도 부합한다고 하여, 인권으로서의 복지권 확립을 주장했다.

로마니신(J. M. Romanyshyn, 1971)은 이러한 사회복지와 관련된 전반적인 변화를 근·현대 이전과 근·현대로 나눠 구분했다. 즉, 보충적(보완적, 잔여적) 복지에서 제도적 복지로, 자선에서 시민의 권리로, 빈민을 대상으로 하는 특수한 서비스(선별성)에서 전체 국민을 대상으로 하는 보편적 서비스(보편성)로, 최저 조건의 복지에서 최적 조건의 서비스로, 문제 해결 중심의 개인적 해결에서 문제 예방 중심의 사회개혁으로, 민간 중심의 지원에서 공공 지원으로, 빈민구제를 중심으로 한 빈민복지에서 복지국가 또는 복지사회로의 변화 등으로 복지 패러다임의 변화를 설명하고 있다.

한편, 복지국가에 대한 대안으로 블레어(Tony Blair) 주도의 영국 노동당 정부는 이른바 '제3의 길'을 주창했다. '제3의 길'은 1980년대 영·미식 개혁과 자유와 경쟁을 바탕으로 하는 시장 논리를 주축으로 사고한다는 점에서는 공통점이 있으나, 시장에만 맡겨놓는다면 사회문제를 해결할 수 없기 때문에 사회정책적인 개입을 통해 사회구성원의 복지를 보장해줘야 한다고 주장하는 점에서 차이가 있다.

이러한 복지 패러다임의 변화는 우리나라의 헌법 개정에서도 나타났다. 제8차 개헌에 의한 1980년의 제5공화국 헌법에서는 국민의 '행복추구권'을 도입해 신설 규정했으며, 국가의 사회보장 증진 의무뿐만 아니라 사회복지 증진 의무도 추가해, 국가는 물질적 궁핍이나 각종 재난으로부터 국민을 보호할 대책을 세울 의무를 부과함으로써 국민의 '인간다운 생활을 할 권리'를 보장하기 위한 법적 근거가 마련됐다.

1995년 12월 30일 제정된 사회보장기본법에서는 모든 국민이 인간다운 생활을 할 수 있도록 최저생활을 보장하고 사회공동체의 참여가 가능하도록 하기 위한 복지사회를 실현하는 것을 사회보장 제도의 기본 이념으로 하여, 사회보험, 공공부조, 사회복지 서비스 및 관련 복지 제도를 포함해 국민복지 증진의 토대를 마련했다. 또한 사회보장에 대한 국가 및 지방자치단체의 책임과 역할 및 비용 부담을 명시하고, 민간부문이 적극적으로 참여할 수 있는 여건을 조성하도록 하여 사회복지 증진을 도모하고자 했다.

복지 패러다임의 변화와 더불어 출범 초부터 경제위기로 인한 대량실업 및 대량빈곤 문제를 실제로 해결해야 하는 부담을 안게 된 김대중 정부는 이러한 절박한 상황 속에서 사회안전망의 구축을 위한 제도적인 사회복지 체제가 필요하다는 인식과 아울러 '생산적 복지' 패러다임에 근거한 사회복지의 개혁을 추진하게 됐다(전영평, 2001: 80)

즉, 우리 사회의 현실적 조건을 토대로 하여, '제3의 길'로 대표되는 서구의 복지국가 재편의 의미를 발전적으로 수용해 구축하는 복지 체계로 사회복지 체계를 획기적으로 확대함으로써 과소 복지에서 벗어나는 동시에 복지 실패에 대한 예방책도 마련하고자 했다. 아울러 근로 능력이 있는 사람은 근로를 조건으로 급여를 받을 수 있고, 자활 지원을 제도화하는 등 '고복지 → 복지의존성 증대 → 복지국가의 위기'라는 서구의 실패 경험을 반복하지 않고 복지 시스템이 지속적으로 발전할 수 있는 제도적 장치를 모색했다(국정홍보처, 2003c: 168).

2. 사회적 배경

1960년대 이후 지난 30여 년간 연평균 8%의 고도 성장과 실업률 2~3%의 이른바 '완전고용'을 유지하면서 개발도상국의 성공 사례로 칭송받던 우리나라는 1997년 말 국제통화기금(IMF)의 구제금융을 받은 이후로 심각한 경제위기를 경험했다. 1998년 마이너스 6.7%의 성장을 기록한 우리 경제는 실업률도 급상승해 1998년 10월 7.1%, 실업자 수 약 153만 6천 명[1]에 이르렀고, 실업통계에서 실업자로 분류되지 않는 실망실업자[2]나 무급가족 종사자, 불완전 취업자까지 포함하게 되면 약 400만 명 정도가 경제위기 상황에서 생활상의 곤란을 겪고 있었다고 볼 수 있다.[3]

더욱 심각한 문제는 전반적인 경제위기의 여파가 한계계층에 집중돼, 최상위계층의 소득 감소폭은 미미한 반면에, 최하위의 소득은 큰 폭으로 떨어져 계급의 양극화 현상

---

1) 출처: 통계청 「경제활동인구조사」. e-나라지표. 통계청, 2014. 8. 19 확인.

2) '정상적인' 상태라면 구직활동을 했을 사람이 경기가 지나치게 위축됨에 따라 일자리가 없을 것 같아 구직활동을 포기하고 비경제활동 상태에 있는 사람을 말한다. 다시 말해 구직활동을 오랫동안 하다가 일자리를 찾을 수 없어 조사 기간 중 구직활동을 포기해 비경제활동인구로 분류되는 노동력을 말한다. 따라서 실망실업자는 구직 단념자라고 말하기도 하는데, 구직 단념자란 비경제활동인구(만 15세 이상 인구 중 취업자도 실업자도 아닌 모든 사람으로 주부, 학생, 연로자, 심신장애자 등) 중 취업 의사와 일할 능력은 있으나 ① 적당한 일거리가 없을 것 같아서 ② 조사 대상 주간 이전에 구직해 보았지만 일자리를 찾을 수 없어서 ③ 자격이 부족해 등과 같은 이유로 조사 대상 주간에 구직활동을 하지 않은 자 중 지난 1년 내 구직 경험이 있었던 사람을 말한다(시사경제용어사전, 2010.11, 대한민국정부).

3) 대우경제연구소의 보고서 'IMF 1년 평가와 향후 정책과제'는 우리 국민의 생활 수준이 12년 정도 후퇴해 1980년대 중반 수준으로 되돌아간 것으로 분석했다. 이에 따라 실업률과 물가상승률을 더한 데서 국내총생산(GDP) 증가율을 뺀 '고통지수'는 지난해에 비해 무려 14배나 증가한 것으로 나타났다(연합뉴스, 1998. 12. 08).

이 두드러지고 있었다.[4] 그 결과 경제적 이유로 부모를 시설이나 친지에 위탁하거나, 아동을 시설이나 친지에게 위탁하는 등, 한계계층에서 가족해체가 가속화돼,[5] 결식아동과 노숙자의 수가 급증하는 등[6]의 사회적 문제 상황이 나타났다.

표 2-4-1 실업가구의 가족구조 변화

구분	비율(%)
경제적 이유로 아이를 시설이나 친지에게 위탁	2.0
경제적 이유로 부모를 시설이나 친지에게 위탁	1.3
자녀의 진학을 포기하거나 연기	5.2
경제적 어려움으로 군입대나 휴학	5.9
자녀의 사교육을 중단	24.1

자료: 보건사회연구원 · 노동연구원, 실업실태 및 복지욕구조사 실태 보고서(1991: 91).

이와 같이 외환위기에 따른 대량실업 등의 경제위기는 누구나 실업자와 빈민이 될 수 있다는 사실을 확인시켜주었고, 따라서 기초생활보장의 책임은 개인에게 있는 것이 아니라 국가에 있다는 생각이 널리 퍼지게 됐다.

그럼에도 불구하고 기존의 생활보호 제도는 노동 능력이 없는 사람들만 보호하는 제도[7]로서 1997년 8월 생활보호법 개정에도 불구하고, 무한정한 보호를 지양하기 위해 보호의 기본 원칙을 정해놓고 있었다. 즉, 보호는 보호대상자가 자신의 생활 유지 · 향상을 위해 그 자산, 근로 능력 등을 활용해 최대한 노력하는 것을 전제로 하여 보충적인

---

4) 도시근로자가구의 가계소득 지니계수는 1990년대 초중반에는 0.25~0.27 사이에 머무르며 추세적 변화가 없었으나 외환위기를 계기로 급상승해 1998년 0.293, 1999년 0.298에 달했다(통계청, 가계동향 조사, 2014. 8. 19 확인).

5) 1998년 11월 5일 통계청이 발표한 '97년 인구동태 통계 결과'를 인용한 연합뉴스 보도에 따르면 "1997년 전국의 이혼은 9만 3천 2백 건으로 전년의 7만 9천 7백 건에 비해 16.9%가 증가했고, 이는 1990년의 4만 4천 9백 건에 비해 무려 두 배로 늘어났다. 특히 경제문제로 이혼한 경우는 전체 이혼의 4.2%로 전년의 3.6%에 비해 0.6%포인트 높아졌고, 1988년의 2.2%에 비해서는 약 두 배로 증가했다. 통계청은 '이혼 사유로 부부 불화가 80% 이상의 비중을 차지하고 있으나 대부분의 경우 경제문제와 연관돼 있으며, 지난 해부터 본격화된 경제위기가 가족해체를 가속화시키고 있다'고 진단했다"라고 했다.

6) 1998년 말까지 전국에 약 6,000명의 실직 노숙자가 발생한 것으로 추정됐고, 1999년 들어 경제회복 국면에도 불구하고 10월 경에는 전국에 약 5,800명의 노숙자가 상존하는 것으로 파악됐다(정원오, 1999).

7) 1961년 12월 30일 제정된 생활구호법은 생활을 유지할 능력이 없거나 생활이 어려운 자에게 필요한 보호를 행하여 이들의 최저생활을 보장하고 자활을 조성함으로써 사회복지의 향상에 기여하는 것을 목적으로 했으며, 보호대상자의 범위는 부양의무자가 없거나 부양의무자가 있어도 부양 능력이 없는 ① 65세 이상의 노쇠자, ② 18세 미만의 아동, ③ 임산부, ④ 폐질 또는 심신장애로 인하여 근로능력이 없는 자, ⑤ 기타 생활이 어려운 자로서 보호기관이 이 법에 의한 보호를 필요로 한다고 인정하는 자이며(3조), 보호의 종류에는 생계보호 · 의료보호 · 자활보호 · 교육보호 · 해산(解産)보호 · 장제(葬祭)보호의 6종이 있다(7조).

범위 내에서만 행하는 것을 원칙으로 하고 있었다.

이것은 비록 생계 유지의 능력이 없다 하더라도 국가 등의 구호에만 전적으로 의지하지 말고 자신의 힘으로 최대한 노력한 다음, 그래도 부족한 부분에 한해서만 국가 등의 보호를 요청하도록 함으로써 보호대상자 개인의 자립심을 일깨우기 위한 것이었다. 따라서 노숙자, 결식아동, 생계문제로 인한 이혼율, 자살률이 급속히 증가하는 등의 사회문제가 심각성을 더해가는 상황에서 최저생계비 이하의 빈곤계층에 대한 사회안전망의 역할을 하기에는 미흡했다. 보건사회연구원과 노동연구원(1999)의 '실업실태와 복지욕구 조사'에 따르면, 정부의 실업대책 관련 사업에 참여하지 않고 있는 실업자가 조사대상의 70%를 넘고 있는 것으로 밝혀졌으며, 특히 최저생계비에도 못 미치는 빈곤실업가구가 38%나 되는 것으로 밝혀졌다. 그 밖에도 감사원의 감사 결과 무자격자나 중복수혜자의 다수 존재, 중복적인 직업훈련, 실업대책 총괄 기능의 미약, 중장기 실업대책의 부재 등의 문제점도 지적됐다(연합통신, 1999. 3. 24).

이에, 기존의 생활보호 제도를 전면적으로 개정한 「국민기초생활보장법」을 제정하여 경제위기로 인해 고통받고 있는 저소득층에게 기초적인 생활을 영위할 수 있는 권리를 부여하는 것이 경제위기 상황에서 사회적 안정을 이룩하는 길이라는 주장이 시민사회단체를 중심으로 제기됐다.

한편, 이에 앞서 국민들에게 기초적인 사회안전망을 제공해야 한다는 인식은 생계보호기준 헌법소원에서 시작됐다. 1994년 2월 서울시 중구 중림동에 거주하는 노인 부부가 생활보호급여의 적정 기준 문제에 대해 참여연대의 도움을 받아 헌법재판소에 헌법소원 심판청구를 내면서, 보건복지부가 매년 1월 고시하는 생활보호사업지침상의 생계보호 기준은 우리나라 국민의 최저생계비 기준에 미치지 못하기 때문에 헌법이 보장하는 국민의 인간다운 생활을 할 권리와 행복추구권을 침해하고 있다고 주장했다. 이들은 80세가 넘은 고령으로, 1994년 매월 65,000원의 생활보호급여를 받고 있었는데, 이 금액으로는 최소한의 인간다운 생활을 할 수 없어, 국가의 사회보장 의무 이행을 위한 보건복지부의 사업지침이 위헌임을 심판해 달라는 취지였다. 비록 직접적인 성과는 없었지만 국민에게 '최소한의 인간다운 삶'을 보장하기 위해서는 사회복지를 확충해야 한다는 공감대가 형성되기 시작했으며, 이후 노령수당 미지급 관련 소송 등 복지운동 차원의 공익소송의 효시가 됐다.

이후 1996년 11월 참여연대에서 생활보호법 개정을 청원해 1997년 8월 개정됐으며, 1998년 3월 4일 참여연대의 주관으로 열린 '긴급제안, IMF시대－고실업사태의 사회적 대안'을 기초로 하여 저소득 실직자와 장기 실직자 등 저소득층에 대한 최소한의 생존보장과 사회안전망 구축을 목적으로 한 '국민기초생활보장법 제정 추진 연대회의'가 발족했다.

즉, 한계계층에게 기초적인 삶을 누릴 수 있는 권리를 부여함으로써 헌법에서 보장하는 인간다운 생활을 누릴 구 있는 가장 기초적인 틀로서 「국민기초생활보장법」의 필요성이 대두된 것이다.

3. 정치·경제적 배경

집권 이후 IMF 체제 극복을 위한 일련의 활동으로 국민적 지지를 받았던 김대중 정부는 점차 그 후유증으로 인한 지지 기반 훼손에 심각한 위협을 느끼기 시작하고 근본적인 대책 마련에 부심하게 된다. 그동안 자유경쟁 원리를 강조해 구조조정을 통한 경쟁력 강화 및 노동시장 유연성 확보 위주의 노동정책을 폈던 김대중 정부의 정책노선은 더욱 악화되는 실업 및 이로 인한 지지계층의 이탈이라는 장벽에 부딪히게 됐고, 이에 따라 김대중 정부는 1999년 초부터 민생 및 복지를 강조하기 시작하며 국정운영의 기본 기조 전환을 모색하게 됐다. 즉, 김대중 정부의 국가경영 노선이 '신자유주의'에서 '생산적 복지'로 이행하게 되면서 이는 '시장의 원리' 못지않게 '분배의 정의'를 중시하겠다는 것으로, 단순한 정책 변화의 차원을 넘어 국정운영 전반에 혁신적인 변화를 몰고 올 사안이었다(경향신문, 1999. 7. 30).

실제로 대통령의 사회복지적 입장은 과거 정부들과는 어느 정도 차별성을 가지고 있던 것으로 여겨지고 있다. 당시 김대중 대통령 후보는 복지예산의 대폭적인 확충과 국민복지 기본선의 보장 및 삶의 질의 선진화를 사회복지 부문 공약으로 제시했다.

김상균(1999) 등은 김대중 대통령의 복지관을 전임 대통령들과 비교해 볼 때, 경제성장과 사회복지의 관계는 조화 가능한 것으로서 이른바 '복지병'보다는 복지제도의 미비로 인한 사회문제가 훨씬 심각한 과제로 보았고, 근로 능력이 있어도 빈곤한 사람들의 최저생활 수준을 보장하는 보편주의적 관심을 가지고 있고, 국가 책임을 적극적으로 인정하는 방향에 가까우며, 제도 운영 방식에서 분립주의보다는 통합주의를 주장하는 것으로 평가했다(김상균 외, 1999).

즉, 국민의 정부가 지향하는 선진 복지국가는 시장경제 원리와 사회적 형평성의 조화로 '건강한 국민', '더불어 사는 사회'를 구현하는 데 초점을 두고, 저소득층에 대한

표 2-4-2 대통령의 국정기조 변화

구분	전반기	후반기
기조	시장경제 + 민주주의	생산적 복지
노선	신자유주의	제3의 길
모델	미국	유럽
목표	IMF 외환위기의 탈출	선진복지국가 건설
정부 역할	* 최소화 * 작고 강한 정부	* 강화 * 참여민주적 민관협력 정부
정책 내용	* 자유경쟁 원리 강조 * 구조조정 →경쟁력 강화 * 일시적 실업구제 * 노동시장 유연성 확보 위주 노동정책	* 정부 주도 재벌개혁 * 중산 · 서민층 보호 육성 * 국민기초생활법 제정 * 공평과세 실현을 위한 세제 개혁 * 고용 안정 위주 노동정책

자료: 경향신문(1999. 7. 30. 5면)

기초생활의 보장, 취약계층에 대한 복지 서비스의 제고 등 복지급여를 강화하되 수급자들이 빈곤의 늪에 빠지지 않고 오히려 근로 의욕을 고취할 수 있는 복지제도의 구축, 사회보장 제도의 내실화로 견고한 사회안전망의 정비, 그리고 모든 국민의 건강이 생애주기별로 빈틈없이 보살펴질 수 있는 보건 제도를 완성하는 데 역점을 두고자 했다. 사회안전망 확충이라는 측면에서 볼 때, 특히 주목할 점은 이전의 시혜적 공공부조와 다른 성격의 '생산적 복지' 개념의 도입을 들 수 있다.

생산적 복지는 김대중 정부가 추진한 사회복지 개혁, 즉 국민기본생활을 보장하는 복지, 생산 과정에서의 참여를 통한 복지, 취약계층을 지원하는 복지라는 세 가지 기본 정향을 설정해 이를 '생산적 복지'로 표현한 것이다(전영평, 2001). 즉, 모든 국민이 인간적 존엄성과 자긍심을 유지할 수 있도록 기초적인 생활을 보장함과 동시에 자립적이고 주체적으로 경제 · 사회활동에 참여할 수 있는 기회를 확대하고 분배의 형평성을 제고함으로써 삶의 질을 향상시키고 사회 발전을 추구하는 복지 원리를 의미한다.

생산적 복지가 국정지표로 설정된 배경은 경제의 압축성장기로부터 누적돼온 차별과 소외문제를 시정하고, 1997년 외환위기로 촉발된 경제위기를 계기로 경제 성장 제일주의와 국가 주도 개발주의 신화가 깨지고, 공정한 경제의 시장질서 원칙에 기반하지 않은 경제는 언젠가는 무너질 수밖에 없다는 사실을 확인했기 때문이다(국정홍보처, 2003a: 41).

실제로 경제위기로 인한 IMF 체제의 상황은 우리나라 경제 전반에 엄청난 영향을 주었다. 국민총소득은 1996년 5,183억 달러에서 1997년 4,743억 달러, 1998년 3,130억 달러로 급감하고, 이를 GDP성장률로 나타낼 경우 1996년 6.8%, 1997년 5.0%, 1998년 -6.7%로 나타난다. 특히 기업의 설비투자율은 1997년 -8.7%, 1998년 -38.5% 감소해 당시의 경제적 충격이 얼마나 컸는지를 나타내 준다. 이에 따라 국민 1인당 총소득도 1996년 11,380달러에서 1997년 10,307달러, 1998년 6,742달러로 감소했고, 전 산업 실질임금 수준도 감소해 1996년의 경우 130만 4천 원으로 전년 대비 6.7% 오른 데 비해 1997년은 133만 5천 원(2.4%), 1998년 122만 1천 원(-9.3%)으로 나타났으며, 특히 1998년의 경우 1/4분기 -8.2%, 2/4분기 -8.6%, 3/4분기 -14.2%, 4/4분기 -6.0%로 나타났다.

이러한 경제적 상황은 곧 대량의 실업사태로 이어져 1997년의 경우 실업자 수가 약 56만 명, 실업률이 2.6%, 1998년 146만 명(6.8%)으로 나타났다. 실업률은 1999년 초에 절정에 달하게 되는데 이를 구체적으로 보면 1999년도 1/4분기에 175만 명(8.4%)으로 가장 높게 나타나고, 이후에도 144만 명(6.6%)으로 나타나며, 7월 135만 명(6.2%), 국민기초생활보장법이 국회를 통과한 8월에는 124만 명으로 여전히 높은 수준을 보이고 있다.

그러나 실업자 수가 150만 명을 넘어서고 있는 상황에서 정부의 무성한 실업대책에도 불구하고 대량실업에 따른 저소득 실직자의 생계보장은 실질적인 효과를 거두지 못했다. 1998년 실업대책 예산은 간접적인 실업대책을 제외할 경우 5조 3,263억 원에 달하며, 이 중 공공근로사업에 투입된 예산이 1조 444억 원으로 전체 실업대책 예산에서 거의 1/5에 달할 만큼 단일 사업으로서 그 비중이 컸다(노동부, 2003: 50). 그러나 예산의 확대와 고용보험이 포괄하지 못하는 영역에 대한 안전망의 확대에도 불구하고 정부의 실업대책에 대한 국민들의 평가는 여전히 부정적이어서 그 효과를 피부로 느끼지 못하는 것으로 나타나, 사회안전망이 작동하지 않는 사각지대가 여전히 광범위하게 존재한다는 의미로 해석됐다(정원호, 1999). 특히 비자발적인 실업자이면서 실업급여에서 제외되고 생활보호 제도에도 편입되지 못한 한계계층의 저소득 실직자들이 마땅한 생계대책이 없는 이러한 사각지대에 놓여 있어 이들에 대한 대책이 시급한 상황이었다.

이러한 정치적 · 경제적 배경으로 인해 모든 국민의 기본적인 생활을 제도적으로 보장해야 할 필요성이 대두됐고, 노동계를 비롯한 기초생활보장연대회의의 움직임이 가시화됨에 따라 노동부는 사회복지심의관실에서 정부 관련 부서 실무과장급 회의를 소집하여 시민사회 요구에 대한 대응 방안 등 기초생활보장법을 검토하기 시작했다.

제 2 절 정책의 추진체계

1. 조직

1) 정부 지원 체계

(1) 국민기초생활보장추진준비단

정부는 국민기초생활보장법의 세부적인 추진 방안을 마련하기 위해 '국민기초생활보장추진준비단'(이하 추진단)을 설치해 운영했다. 추진단은 1999년 10월 1일 발족됐고, 추진단장, 부단장 각 1인과 각계 대표 6인, 전문가 3인, 관계 부처 공무원 4인 등 15인 이내의 위원으로 구성됐으며, 추진단장 보좌 및 추진단 운영에 대한 행정적인 지원을 위해 보건복지부 기초생활보장심의관을 간사위원으로 두었다.

추진단 산하에 추진 과제의 조사연구, 심의 안건과 작성과 추진단 의결 사항을 추진하기 위해 지원반을 설치·운영했다. 지원반은 보건복지부 생활보호 과정을 지원반장으로 하여 보건복지부 공무원과 사회복지 전문요원으로 구성됐다.

추진단장은 국민기초생활보장법의 세부적인 시행 방안 마련에 전문가의 필요한 경우, 3인의 전문가로 구성된 자문위원회를 두도록 했으며, 자문위원은 추진단장의 요청에 따라 추진단 회의 또는 별도의 자문위원회 회의에 참석해 특정 분야에 대해 자문하는 기능을 하도록 했다.

(2) 추진단의 주요 과제

① 최저생계비 심의·의결

② 시행령·시행규칙·지침 등 하위 법령의 주요 내용 심의

* 합리적이고 객관적인 대상자 선정 기준의 개발
* 합리적인 생계·주거 급여 기준 개발
* 근로능력자에 대한 체계적인 자립 지원 방안 수립

③ 국민기초생활보장법 시행을 위한 인프라 구축 관련 심의

④ 사회복지 전문요원 확충과 재교육, 일반직으로의 전환

⑤ 효율적 복지전달 체계 구축을 위한 정보화 인프라 구축 및 관련 전산망 연계

⑥ 중고령 및 미숙련 근로자의 자립 지원을 위한 자활지원센터 확충
⑦ 사회복지관, 주간보호서비스 센터, 사회복지 관련 민간단체 등 지역사회 복지자원의 조사 및 D/B 구축
⑧ 국민기초생활보장 대상자 선정 및 급여 결정
⑨ 기존 보호자 및 신규 보호신청자에 대한 소득재산 조사
⑩ 대상자 여부 결정 및 급여 내용 통지
⑪ 자활지원계획 수립 시민사회조직

2) 시민사회조직

국민기초생활보장법 제정 과정에서 가장 특징적인 점은 시민사회단체의 역할이다. 이미 1994년 9월부터 '국민복지기본선(National Minimum) 확보운동'을 시작으로 1998년 7월 23일 전국민주노동조합총연맹(민주노총), 경제정의실천시민연합(경실련), 참여연대, 전국의료보험노동조합(의보연대), 한국여성단체연합(여연) 등 19개 노동시민사회단체는 공동으로 국민기초생활보장법을 청원했고, 1998년 11월 11일에는 민주노총과 참여연대가 공동으로 "고실업사회의 최우선적 과제, 국민기초생활보장법을 즉각 제정하라"는 내용의 성명서를 발표했다. 이어서 11월 26일에는 'IMF 1년: 개혁을 위한 시민행동'에 참가하는 18개 단체가 중심이 돼 '국민복지 권리선언'을 발표하고 국민기초생활보장법의 제정을 촉구했다.

이 후 광범위한 공감대가 형성되어 종교계, 사회복지 관계자 집단 등이 참여하면서 국민기초생활보장법에 대한 제정 및 사안의 이슈화 노력이 이뤄졌다.

1999년 7월 5일에는 건강사회실천운동협의회, 과소비추방범국민운동본부, 민주사회를위한변호사모임, 시민연대회의, 한국노총, 한국사회복지사협회 등 다수의 시민단체가 참여하는 '국민기초생활보장법 제정추진 연대회의'를 결성했고,[8] 소속단체 회원 200여 명이 국민기초생활보장법 제정촉구대회를 개최하여 성명서를 발표하고, 여야 총재, 국

---

8) 연대회의의 조직 구성은 다음과 같다. 우선, 최고의사결정기구로서 참여연대의 대표로 구성된 대표자회의를 두고, 그 밑에 연대사업과 사업 집행을 담당하는 집행위원회(위원장 송경용 신부)와 정책 개발과 상황에 따른 대응 논리 개발을 위한 정책위원회(위원장 문진영 교수)를 두었으며, 간사단체로는 참여연대가 선정되었다. 발족 당시의 주요 참여단체는 경제정의실천시민연합, 일용직저소득노동자실업대책협의회, 장애우권익문제연구소, 전국민주노동조합총연맹, 전국실직자대책종교시민단체협의회, 첨여연대, 한국노동조합총연맹, 한국종교단체사회복지대표자협의회, 한국여성단체연합 등이었다. 이후 법 제정 추진 과정과 제정 이후에도 각 지방의 지역단체를 비롯한 많은 단체가 결합해 총 64개 단체가 된다(박윤영, 2002: 277).

회의장에게 제정 촉구 서한을 전달했다.

2. 재정

일반적으로 사회정책 프로그램을 구성할 때 가장 먼저 고려해야 하는 사항은 재정지출의 수준이라고 볼 수 있다. 그 프로그램이 사회적 필요성을 충족시키는 이상적인 내용으로 구성돼 있다 하더라도 그 사회가 부담할 수 없을 정도로 규모가 크다면 실현성이 없기 때문이다. 우선 국민기초생활보장법의 준비 기간이 최소한 1년 이상 소요되므로, 2001년 시행된다고 가정할 때, 2001년의 빈곤율은 6.3%이며, 빈곤자의 수는 300만 명 정도로 추계됐다(김미곤, 1999: 41). 하지만 이러한 300만 명의 빈곤자가 모두 국민기초생활보장제도의 수혜자가 되는 것이 아니라, 부양의무자의 규정과 신청보호주의의 원칙 등으로 인해 약 204만 명 정도로 낮아질 것으로 예상돼, 총 소요 예산은 최대 3조 6,321억 원(거택보호 대상자 자가소득 평균액 5만 6천 원 적용), 추정치 2조 7,336억 원(보호대상자 자가소득 평균액 10만 원 가정)으로 추계됐다. 또한 국민기초생화보장법의 제정에 따른 예상되는 예산은 최대 1조 3,421억 원과 추정치 4,445억 원으로 산출됐다(문진영, 1999: 115).

수급 요건으로서 인구학적인 요소를 배제한 이 규정에 의해 국민기초생활보장 제도는 수급자 수의 격증과 소요 비용의 폭발을 가져올 것이라는 우려를 자아내기도 했다. 국민기초생활보장 제도가 처음 실시된 2000년의 예산은 전년도에 비해 26.2%가 증가했고, 2001년에는 2000년에 비해 다시 39.0%가 증액돼 이러한 우려가 어느 정도 타당성을 가질 수 있게 됐다. 그러나 2002년의 예산은 전년도에 비해 4.3%의 증액에 그침으로써 시행 초기의 급격한 비용 증대는 제도 변화에 따른 일시적 현상에 그칠 뿐 이것이 항시적인 경향성을 가진 것은 아니라는 사실을 보여주고 있다.

제도 도입 시기에 기초보장예산의 증대를 초래한 2대 요인은 생계급여와 의료급여라 할 수 있는데, 이 두 급여는 절대 금액 면에서 비중이 현저하게 크고 증가 속도도 빠름을 알 수 있다. 이 중에서 생계급여는 기초생활보장 제도 도입 전인 1999년에 한시적인 생활보호 제도의 실시와 더불어 이미 전년 대비 87.1%가 증대됐으며(4,484억 원 → 8,388억 원), 국민기초생활보장법이 실시된 2000년과 2001년에도 매년 2,000억 원 정도 증대돼 기초보장 관련 예산의 증대를 주도했다. 그러나 증가 추세가 지속되지 않고 2002년에는 오히려 감소함으로써 향후 더 이상 예산 증대의 주요 요인이 아니 될 것으로 예측됐다. 의료급여는 1999년에 전년 대비 48.3% 증액돼 예산 팽창을 주도했으며, 2001년에도 전년 대비 54.0% 증대됨으로써 기초보장예산 팽창의 주된 요인이 됐다. 의료급여는 2001년 예산의 절대 규모 면에서도 생계급여비용을 초과했다(박능후, 2002: 19).

표 2-4-3 연도별 기초생활보장 제도 예산 (단위: 억 원, %)

연도 예산	1997년	1998년	1999년	2000년	2001년	2002년
합계	9,008	10,901	18,479	23,321	32,427	33,832
기초급여	9,002	10,640	17,467	22,542	31,499	32,343
- 생계급여	3,507	4,484	8,388	10,730	12,835	12,641
- 주거급여	-	-	-	414	1,742	1,793
- 교육급여	668	649	914	986	960	940
-해산・장제급여	51	45	67	89	65	65
- 의료급여	4,776	5,462	8,098	10,323	15,897	16,904
자활 지원	6	261	1,012	779	924	1,476
- 자활지원센터	6	11	12	29	141	231
- 자활공공근로	-	250	1,000	500	600	1,203
- 기초생활보장기금	-	-	-	250	-	-
- 자원봉사	-	-	-	-	177	21
- 재활 프로그램	-	-	-	-	3	16
- 자활후견협회 지원	-	-	-	-	3	3
기초생활보장 추진					5	13

자료: 박능후(2002b: 16) 재인용.

제3절 정책의 추진 과정 및 주요 내용

1. 추진 과정

국민기초생활보장법을 제정하기 위한 추진 과정을 시계열적으로 살펴보면 다음과 같다.

1) 기초생활보장법 제정을 위한 시동

국민기초생활보장법 제정을 위한 시동은 시민사회단체를 중심으로 이뤄졌다. 1998년 3월 4일 참여연대 주관으로 열린 '긴급제안, IMF 시대: 고실업사태의 사회적 대안'을 시작으로 4월 15일에는 '생활보호법 전면개정 입법청원 및 참여연대 실업대응 사업계획' 발표 기자회견이 열렸다. 이어서 민주노총, 의보연대, 참여연대, 여연, 일용직저소득노동자실업대책협의회 등 19개 단체를 중심으로 국민기초생활보장법 제정을 위한 국민청원 및 제정촉구대회가 열렸다.

11월 11일에는 민주노총과 참여연대가 "고실업사회의 최우선 과제, '국민기초생활보장법' 즉각 제정하라"는 공동성명을 발표했으며, 11월 26일에는 여연, 걷고싶은도시만들기시민연대, 경실련, 녹색연합, 민주노총, 열린사회시민연합, 참여연대, 한국노총, 환경련 등 18개 단체가 '고용실업대책 및 사회보장 확충 촉구대회'를 통해 국민복지 권리선언을 발표했다.

이러한 노동시민단체의 노력의 결과 1998년 12월 28일에는 국회 보건복지위원회 법안심사소위원회를 통과해 기초생활보장법 제정에 한 발 다가서게 됐다.

그러나 정부는 국민기초생활보장법이 통과될 경우, 일할 의지와 능력을 갖춘 실업자의 근로 의욕 저하는 물론 복지 체계가 잘 구축된 선진국에서도 만연한 이른바 '복지병'이 번질 수 있다는 점을 이유로 반대 의사를 표명함으로써 국민기초생활보장법의 제정은 불투명해졌다.

2) 기초생활보장법 제정 연대회의 구성 및 활동

노동시민단체는 법 제정을 촉구하기 위해 '국민기초생활보장법 제정추진 연대회의(이하 연대회의)'를 구성해 이 법의 직접적인 대상자인 한계계층과 더불어 정부를 설득하고 압박을 가하는 방향으로 기초생활보장법 제정운동을 본격적인 활동을 벌이기 시작했다.

연대회의는 1999년 3월 17일 '국민기초생활보장법 제정의 쟁점과 전망' 공청회를 시작으로 4월 9일 주민기초생활보장 모범조례를 완성했으며, 4월 16일에는 '제1차 정책위원회 회의' 이후 4월 23일 국민기초생활보장법 제정을 위한 지역별, 단체별 서명 작업이 실시됐다. 5월 15일에는 '제2차 정책위원회'를 열었으며, 5월 19일 홍보용 리플렛 1차 제작 및 배포가 이뤄졌다. 5월 22일 '제3차 정책위원회 회의' 이후 6월 10일 복지부 차관과의 면담에서 국민기초생활보장법의 조속한 제정을 촉구했다.

3) 입법 단계

1999년 6월 21일 김대중 대통령은 울산에서 「국민기초생활보장기본법」을 제정하겠다고 밝힘으로써 법의 제정은 기정사실화됐고, 다음날인 6월 22일 긴급 실무회의가 개최돼, 9월 정기국회 통과를 위한 법안 정비에 박차를 가하고 관련 의원의 면담과 공청회 개최 등을 결정했다. 이어서 6월 23일 긴급정책위원회가 개최돼, 7월 임시국회 통과를 우선적인 목표로 설정하고, 심사소위 통과한 안에서 크게 벗어나지 않는 범위에서 법안을 재정비해 준비하도록 했다.

6월 24일에는 사회복지학회 주체로 국민기초생활보장법 공청회가 개최됐으며, 6월 27일 정책위원 등의 법안 정비작업이 진행됐다.

6월 28일부터 한나라당 이부영 원내총무, 김홍신 의원, 국민회의 정세균 제3정책조정위원장 등 관련 국회의원들과의 면담이 이뤄졌고, 7월 5일에는 기초생활보장 연대회의 주관으로 '사회안전망 구축과 국민기초생활보장법 제정을 위한 촉구대회'가 개최됐고, 청와대 민정수석, 복지노동수석과의 면담이 이뤄졌다.

이 후 7월 6일 한나라당 김홍신 의원 외 131명이 '국민기초생활보장법'을 발의해, 7월 12일 국회 보건복지상임위원회가 개최되고 국민기초생활보장법이 안건으로 상정됐으며, 법안심사소위원회로 송부됐다.

그러나 임시국회가 파행되고 국민기초생활보장법을 심의하기로 했던 법안심사소위원회도 무산됐다. 이에 연대회의는 7월 21일 임시국회의 조속한 재소집과 국민기초생활보장법의 제정을 촉구하는 기자회견을 개최했다.

1999년 8월 2일 제206회 임시국회가 개원됨에 따라 국민기초생활보장법은 8월 9일 보건복지법안심사소위원회와 보건복지상임위원회를 통과했고, 8월 11일에는 법제사법위원회 법안심사소위원회를 통과했으며, 8월 12일 법제사법위원회 상임위원회와 제206회 임시국회 전체회의를 통과했고, 1999년 9월 7일 제정됐다.

2. 주요 내용

1) 추진 내용

(1) 사회복지 개혁

김대중 정부가 추진한 사회복지 개혁은 첫째, 국민기본생활을 보장하는 복지, 둘째, 생산 과정에의 참여를 통한 복지, 셋째, 취약계층을 지원하는 복지라는 세 가지 기본 방향을 설정해 이를 생산적 복지로 표현했다. 이는 공정한 시장 경쟁에서 낙오한 사회적 약자에게 국가에 의한 재분배를 실시하고, 근로 능력을 가진 취약계층에게 자활, 인간 개발, 근로 기회 제공을 위한 사회적 투자를 강화하는 것으로(삶의질향상기획단, 1999), 미국의 근로연계복지(workfare)와 매우 유사한 개념으로서, 기든스(1998: 171, 한상진 · 박찬욱 옮김)가 주장하는 적극적 복지사회 및 사회투자 국가의 사상과도 일맥상통하는 것이다(전영평, 2001: 83).

정부는 '생산적 복지기반 확충'이라는 정책 슬로건 아래 총 9개의 과제[9]를 선정하고 그것을 대상으로 사회복지 개혁을 추진했다. 그 중에서 「국민기초생활보장법」과 '전국민연금 실시', '고용보험 및 산재보험의 전 사업장 확대' 등은 사회안전망을 확충함으로써 복지가 더 이상 국민에 대한 시혜가 아니라 헌법상 국민들이 복지 혜택을 받을 권리, 즉 모든 국민이 인간다운 생활을 누리는 데 필요한 복지 서비스를 국가로부터 보장받을 권리라는 개념을 더욱 발전시켰다.

(2) 법 제정

국민기초생활보장법은 1999년 9월 7일 법률 제6024호로 제정됐다.

국민기초생활보장법은 법 제1조에서 "국민기초생활보장 제도는 국민의 생존권 보장을 목적으로 이들의 최저생활을 보장함으로써 생활이 어려운 자에게 필요한 급여를 행하여 이들의 최저생활을 보장하고 자활을 조성하는 것을 목적으로 한다"라고 규정함으로써 헌법 제34조 제5항의 "신체장애자 및 질병 · 노령 기타의 사유로 생활 능력이 없는 국민은 법률이 정하는 바에 의하여 국가의 보호를 받는다"라는 국가 책임의 원칙을 근거로 하고 있다.

---

9) 사회복지 개혁의 9개 과제는 ① 사회안전망의 확충, ② 노인 · 장애인 등 취약계층에 대한 복지시책의 강화, ③ 복지 구현을 위한 세제 · 세정 개혁 추진, ④ 보건의료 개혁의 추진, ⑤ 노사정 협력과 노동기본권의 신장, ⑥ 적극적 실업대책 추진, ⑦ 근로자의 권익보호 제도 확충, ⑧ 생활환경 개선, ⑨ 사회간접자본의 확충 등이다.

이어서 국민기초생활보장법 시행령이 대통령령 제16924호로 2000년 7월 27일 제정됐으며, 국민기초생활보장법 시행령에서는 국민기초생활보장법에서 위임된 사항과 그 시행에 관해 필요한 사항을 규정함을 목적으로 하고 있다.

또한 국민기초생활보장법시행규칙이 보건복지부령 제169호로 2000년 8월 18일 제정돼 국민기초생활보장법 및 동법 시행령에서 위임된 사항과 그 시행에 관해 필요한 사항을 규정했다.

이상과 같이 국민기초생활보장법 외에 관련 법규가 잇따라 제정됨으로써 2000년 10월 1일 국민기초생활보장법이 시행되기 위한 발판이 구축됐다.

(3) 전달 체계의 정립

① 보장기관

국민기초생활법에 의한 국가 또는 지방자치단체는 보장기관이 된다. 그러나 실제 급여는 수급권자 또는 수급자의 거주지를 관할하는 특별시장, 광역시장, 도지사, 시장 · 군수 · 구청장이 행하게 된다. 다만, 보건복지부 장관과 시 · 도지사는 수급자를 각각 국가 또는 당해 지방자치단체가 경영하는 보장시설에 입소하게 하거나 다른 보장시설에 위탁해 급여를 행할 수 있게 했다.

② 생활보장위원회

국민기초생활보장사업을 기획하고 조사하며, 그 실시에 관한 구체적인 사항을 심의하고 의결하기 위해 보건복지부에 중앙생활보장위원회를 두고, 시 · 도(특별시, 광역시 · 도) 및 시 · 군 · 구에 생활보장위원회를 둔다.

중앙생활보장위원회는 생활보장사업의 기본 방향 및 대책을 수립하고, 소득인정액 산정 방식의 결정, 급여 기준의 결정, 최저생계비의 결정, 보장기금의 적립 · 관리 및 사용에 관한 지침의 수립 등 중요 정책을 결정한다. 시 · 군 · 구 생활보장위원회는 중앙보장위원회의 결정에 따라 그 지역의 생활보장사업에 관한 구체적인 사항을 심의 · 의결한다.

③ 보장시설

법 제32조에서 규정하는 보장시설은 기초생활보장법 시행령 제38조에서 보는 바와 같이 장애인복지법 제48조 제1항 제1호의 규정에 의한 장애인생활시설, 노인복지법 제32조 제1항 제1호의 규정에 의한 양로시설 및 동법 제34조 제1항 제1호 · 제4호의 규정에 의한 노인의료복지시설, 아동복지법 제16조 제1항 제1호 내지 제6호의 규정에 의한 아동복지시설 및 동법 제16조 제2항의 규정에 의한 종합시설(동조 제1항 제1호 내지 제6호의 시설이 포함된 경우에 한한다), 정신보건법 제3조 제4호 및 제5호의 규정에 의한 정신질환자 사회복귀시설 및 정신요양시설, 사회복지사업법 제34조 제4항의 규정에 의한 부랑인 보호를 위한 시설, 기타 보건복지부령이 정하는 시설 등이다.

(4) 복지행정 전산망 구축

기초생활보장 제도는 스스로 기초생활을 영위할 수 없는 국민을 대상으로 하기 때문에 정확한 대상자 선정이 전제돼야 한다. 정부는 효율적인 소득 및 재산을 파악하기 위해 2000년 10월에 시·군·구의 복지행정 시스템과 토지·건물·국세·Work-Net 등 관련 전산망을 연계하는 생산적 복지정보 공동이용 시스템을 구축했다.

2) 국민기초생활보장법의 주요 내용

(1) 목적

국민기초생활보장법은 생활이 어려운 자에게 필요한 급여를 행해 이들의 최저생활을 보장하고 자활을 조성하는 것을 목적으로 한다(법 제1조).

(2) 적용 대상

① 대상자의 개념 및 범위

국민기초생활보장 제도의 보호 대상은 수급권자와 수급자다. 수급권자란 이 국민기초생활보장법에 의해 급여를 받을 수 있는 자(법 제2조 제1호)이며, 부양의무자가 없거나 부양의무자가 있어도 부양 능력이 없거나 부양을 받을 수 없는 자로서 소득인정액이 최저생계비 이하인 자로 한다(법 제5조 제1항), 수급자란 국민기초생활보장법에 의해 급여를 받는 자(법 제2조 제2호)를 말한다. 다만 생활이 어려운 자로서 일정 기간 동안 이 법이 정하는 급여의 전부 또는 일부가 필요하다고 보건복지부 장관이 정하는 자도 예외적으로 수급권자로 인정받을 수 있도록 했으며, 국내에 체류하고 있는 외국인 중 대한민국 국민과 혼인해 대한민국 국적의 미성년자를 양육하고 있는 사람으로서 부양의무자가 없거나 부양의무자가 있어도 부양 능력이 없거나 부양을 받을 수 없는 자로서 소득인정액이 최저생계비 이하인 자는 수급권자가 된다.

② 수급권자의 권리와 의무

수급자는 급여를 받을 권리가 있고 수급자에 대한 급여는 정당한 사유 없이 이를 불리하게 변경할 수 없으며, 수급자에게 지급된 수급품과 이를 받을 권리는 압류할 수 없도록 하여 최저 생계를 보장하도록 했다. 또한 수급자는 급여를 받을 권리를 타인에게 양도할 수 없도록 하고, 거주지역이나 세대의 구성에 변동이 있거나 재산 상황 등에 현저한 변동이 있는 때에는 지체없이 관할 보장기관에 이를 신고하도록 하여 부정 수급을 방지하고자 했다.

(3) 최저생계비

최저생계비란 국민이 건강하고 문화적인 생활을 유지하기 위해 필요한 최소한의 비용으로서 보건복지부 장관이 공표하는 금액을 말하며, 보건복지부 장관은 국민의 소득·지출 수준과 수급권자의 생활 실태, 물가상승률 등을 고려해 최저생계비를 결정해야 한다. 또한 보건복지부 장관은 최저생계비를 결정하기 위해 필요한 계측조사를 5년마다 실시하며, 이에 필요한 사항은 보건복지부령으로 정하도록 했다.

(4) 급여

① 급여의 기준 등

급여는 건강하고 문화적인 최저생활을 유지할 수 있는 것이어야 하며(법 제4조 제1항), 급여의 기준은 보건복지부 장관이 수급자의 연령·가구 규모·거주지역 기타 생활여건 등을 고려해 급여의 종류별로 정하도록 했다(법 제4조 제2항). 보장기관은 이 법에 의한 급여를 개별가구를 단위로 하여 행하되, 특히 필요하다고 인정하는 경우에는 개인을 단위로 하여 행할 수 있다(법 제4조 제3항).

수급권자에 대한 급여는 생계급여와 수급자의 필요에 따라 주거급여 내지 자활급여를 함께 행하는 것으로 하며, 이 경우 급여의 수준은 생계급여 내지 교육급여 및 자활급여와 수급자의 소득인정액을 포함해 최저생계비 이상이 되도록 했다. 의료급여는 의료급여법에서 따로 정하는 것으로 했다.

② 급여의 기본 원칙

이 법에 의한 급여는 수급자가 자신의 생활의 유지·향상을 위해 그 소득·재산·근로 능력 등을 활용해 최대한 노력하는 것을 전제로 이를 보충·발전시키는 것을 기본원칙으로 하며(법 제3조 제1항), 부양의무자의 부양과 다른 법령에 의한 보호는 이 법에 의한 급여에 우선해 행해지는 것으로 한다. 다만, 다른 법령에 의한 보호의 수준이 이 법에서 정하는 수준에 이르지 아니하는 경우에는 나머지 부분에 관해 이 법에 의한 급여를 받을 권리를 잃지 아니한다(법 제3조 제2항)라고 규정함으로써, 공공책임의 원칙, 최저생활 보장의 원칙, 보충급여의 원칙, 자립 지원의 원칙, 개별성의 원칙, 가족 부양 우선의 원칙, 타 급여 우선의 원칙, 보편성의 원칙 등을 지향했다.

③ 급여의 종류

급여의 종류로는 생계급여, 주거급여, 의료급여, 교육급여, 해산급여, 장제급여, 자활급여 등 일곱 가지 종류가 있으며, 이 가운데 주거급여는 종전의 생활보호법에는 없던 항목으로 국민기초생활보장법에 의해 신설됐다.

(5) 자활사업

국민기초생활보장 수급자에게 취업 또는 자활 프로그램에 참여할 수 있는 기회를 제공함으로써 실질적으로 자립·자활할 수 있도록 돕는 데 목적을 둔 '근로조건부 복지' 프로그램을 제공하도록 했다. 자활사업은 단순히 수급자에게 근로 기회를 제공하는 것을 넘어, 수급자 가구의 생애 전반에 걸친 장기적 자활지원계획을 수립한 다음 거기에 적합한 자활급여를 제공하도록 했다. 또한 근로 능력이 있는 수급자가 생계급여를 지급받기 위해서는 근로활동을 하도록 유인하고, 나아가 빈곤의 함정(poverty trap)에 빠지지 않도록 유도하고자 했다.

자활사업 대상자는 조건부 수급자,[10] 자활급여특례자, 일반수급자 및 차상위 계층을 포함했다.

(6) 생활보호법과의 비교

국민기초생활보장 제도는 이전의 생활보호 제도와는 몇 가지 점에서 차이가 있다.

① 법적 용어

이전의 생활보호 제도는 프로그램 규정설에 입각한 제도로서 생활보호 대상자에게 생활보호급여청구권이 없었으며, 국가에 의한 보호적 성격, 즉 국가의 예산 범위에서 행할 수 있는 시혜적 성격을 띠고 있었다. 반면에 국민기초생활보장 제도는 프로그램 규

---

10) 조건부 수급자란 근로가능자(18세~64세) 중 등록장애인, 질병·부상자, 기타 근로무능력자, 개별 가구·개인 여건 곤란자, 근로·사업종사 소득자, 환경 적응기간 필요자, 조건제시 유예자(지역·가구 여건 등 사업 시행 여건이 개선될 때까지 자활사업 참여를 한시적으로 유예하는 자로서 경미한 장애인, 도서벽지 주거 수급자, 질병·부상자, 시험준비생, 직업훈련, 학원수강생, 18세 이상 고등·대학교 중퇴 및 휴학생 등의 사유를 가진 자) 등이다.

정설에 대응되는 권리설에 입각한 제도로서, 최저생계의 보장이 국민의 기본권으로 인정됐다. 즉, 급여를 받는 사람의 권리를 인정해 수급자와 수급권자, 급여라는 용어를 사용하고,[11] 보호 신청을 급여 신청으로 변경하는 등 공공부조 급여를 헌법에 의해 귀속된 재량, 즉 하나의 권리로 인정했다.

② 적용 대상

이전의 생활보호 제도는 근로 능력과 연령을 중시했으나, 국민기초생활보장 제도는 근로 능력과 연령에 상관없이 최저생계비에 미달하는 모든 가구를 수급권자로 인정하고 있다.

③ 급여 수준

생활보호제도는 보건복지부 장관이 정하는 소득과 재산 이하인 자, 즉 1인당 월 소득 23만 원, 가구당 재산 2,900만 원을 기준으로 대상자를 선정해, 일단 생활보호 대상자로 선정되면 소득의 크기와 무관하게 동일한 급여를 제공함으로써 대상자의 개별적인 욕구를 무시하고 획일적으로 급여를 제공하는 불합리한 측면이 있었다. 이에 반해, 국민기초생활보장 제도는 보건복지부가 매년 최저생계비를 고시하고 최저생계비와 가구소득의 차액으로 급여를 결정하는 이른바 보충급여 방식을 채택함으로써 대상자의 개별적인 욕구를 충실히 반영하고 모든 수급자의 최저생계비가 보장되도록 했다.

④ 자활 지원

국민기초생활보장제도는 근로 의욕과 근로 능력, 가구 여건 등을 감안해 체계적 자활지원계획을 수립했다. 즉, 근로능력자에 대해서는 스스로 일자리를 찾거나, 직업훈련, 공공근로, 자활공동체, 자원봉사 등에 참가하는 것을 조건으로 생계비를 지급하고, 근로 의욕과 근로 능력, 가구 여건 등에 따라 자활 지원 프로그램 및 사회복지 서비스를 제공함으로써 근로능력자의 자립이 강화됐다.

11) 생활보호 제도에서는 보호대상자로 규정했다.

제4절 성과 및 평가

1. 정책의 의의

국민기초생활보장법에서는 종전의 거택·자활 보호의 구분을 없애고 근로 능력 여부·연령 등에 관계없이 최저생계비에 미달하는 모든 가구에 대해 생계비를 지급하도록 하고, 주거급여를 신설해 저소득층의 주거 안정을 도모하고, 긴급급여를 통해 긴급 생계 지원이 필요한 수급권자에 대한 지원 체계를 강화했으며, 수급자의 근로 능력·가구 여건·자활 욕구 등을 감안해 가구별 자활지원계획을 수립하고, 자활지원 서비스를 제공하도록 했다. 또한 근로능력자에 대해서는 근로 유인장치를 두어 근로 의욕 감퇴를 방지하는 제도적 장치를 마련했고, 소득인정액 산정 시 근로활동으로 발생하는 소득은 일부 공제함으로써 산정 기준을 현실화·합리화할 수 있게 했다. 국민기초생활보장 제도의 의의를 정리하면 다음과 같다(원석조, 2012: 318).

첫째, 근로 능력에 관계없이 빈곤선 이하의 모든 저소득층에게 최저생계비 이상 수준의 생활을 국가가 보장하게 됐다. 즉 '가난의 책임은 그 개인뿐 아니라 사회에도 있다'는 빈곤관의 일대 전환에 따른 국가에 의한 절대 빈곤의 해소를 의미한다.

둘째, 근로능력자에 대해서는 빈곤에서 스스로 탈출하도록 체계적 자활 지원 서비스를 제공함으로써, 빈곤층에게 단순히 생계비를 지원하는 데 그치지 않고, 가난에서 벗어날 수 있도록 적극적으로 지원해 생산적 복지를 구현하고자 했다.

빈곤문제가 자본주의 체제와 산업화가 진척됨에 따라 사회문제로 성격이 규정되고

표 2-4-4 가구 규모별 최저생계비

(단위: 만 원)

구분	1인 가구	2인 가구	3인 가구	4인 가구	5인 가구	6인 가구
1997		42				
2000	32	54	74	93	106	120
2001	33	55	76	96	109	123
2002	35	57	79	99	113	127

주: 1999년도 이전에는 2인 가구 1인당 최저생계비 계측.

자료: 보건복지부, 「보건복지백서」, 각 연도.

국가가 사회적 · 공식적 정책으로 대응해야 하는 것으로 인식이 전환됨에 따라 「국민기초생활보장법」으로 대표되는 공공부조는 국민생활의 최후의 안전망으로서 그 의의가 크다.

2. 정책의 결과[12)]

1) 수급자 선정 기준의 합리화

기초생활보장 제도는 부양의무자로부터 부양을 받을 수 없는, 일정 소득 이하인 자가 대상자가 된다는 점에서 종전의 공공부조 제도와 큰 차이는 없다. 그러나 생활보장 제도에서 가장 핵심이라 할 수 있는 대상자 선정 기준을 소득 기준과 재산 기준, 부양의무자 기준으로 합리화했다.

2) 실질급여 수준의 대폭 증가

기초생활보장 제도 도입 실시 이후, 전체 생활보호 수급자는 1997년 141만 명에서 2002년 155만 명으로 약 10% 증가에 그쳤다. 그러나 기초생활보장 제도의 핵심 급여라 할 수 있는 생계급여 수급자의 경우, 1997년 37만 명에서 2002년 155만 명으로 4.1배가 증가했다. 즉, 기초생활보호 제도의 시행으로 약 120만 명의 저소득층이 사회안전망의 보호를 실질적으로 받게 됐음을 의미한다.

표 2-4-5 연도별 기초생활보장 수급자 수 추이 (단위: 만 명, %)

구분	1997	1998	1999	2000	2001	2002
전체 수급자	141	147	192	151	149	155
생계급여 수급자	37	44	54	151	149	155
생계급여 수급자 비율	26.2	29.9	28.1	100.0	100.0	100.0

주: 1) 2000년의 경우 국민기초생활보장법이 시행된 10월 이후.
2) 2002년의 경우 예산상 계상된 수급자 수.
자료: 보건복지부, 「2000~2001년 국민기초생활보장 수급 현황」, 2002. 5.

12) 국민의 정부 5년 국정자료집(국정홍보처, 2003c: 176-182)의 내용 중 일부를 재구성한 것임.

3) 실질적인 최저생활 보장

기초생활보장 제도는 급여 대상의 확대와 더불어 급여 수준과 내용을 대폭 확대했다. 급여 수준은 수급자의 연령, 가구 규모, 거주지역 기타 생활 여건 등을 고려해 정하되, 수급자의 소득인정액을 포함해 최저생계비 이상이 되도록 정했다. 이에 따라 수급자에게 현금으로 지급되는 생계비와 주거비의 현금급여가 4인 가구를 기준으로 할 때 1997년 약 33만 원에서 2000년 약 75만 원으로 크게 늘어났고, 다시 2002년에는 약 87만 원으로 약 2.6배 인상됐다.

표 2-4-6 김대중 정부 5년간 현금급여 기준 현황 (단위: 원)

구분	1인 가구	2인 가구	3인 가구	4인 가구	5인 가구	6인 가구
1997	99,630	194,620	267,540	330,040	383,000	456,840
1998	124,630	242,780	330,270	403,320	463,000	510,180
1999	152,130	267,000	363,200	443,500	509,100	561,000
2000(1~9)	193,000	275,000	378,000	476,000	541,000	610,000
2000(10~12)	261,000	433,000	585,000	729,000	816,000	913,000
2001	286,000	482,000	667,000	842,000	959,000	1,083,000
2002	314,000	504,000	693,000	871,000	991,000	1,118,000

자료: 보건복지부, 「보건복지백서」, 각 연도.

4) 정부예산의 획기적 증가

정부는 국민기초생활보장제도의 대폭적인 수급자 수의 확대, 급여 수준의 향상을 뒷받침하기 위해 이에 따른 예산을 대폭 확대했다. 1997년 9,008억 원에 불과하던 생활보장 예산을 2000년에는 2조 3,321억 원으로 확대하고, 2002년에는 3조 4,034억 원으로 늘어나, 보건복지부 전체 예산에서 생활보장이 차지하는 예산 비율이 1997년 31.6%에서 2000년 이후에는 약 44% 수준으로 증가됐다.

표 2-4-7 연도별 기초보장 예산 증가 추이 (단위: 억 원, %)

구분	1997	1998	1999	2000	2001	2002
보건복지부(A)	28,512	30,457	38,968	53,100	74,581	77,495
기초생활(B)	9,008	10,901	18,479	23,321	32,696	34,084
비율(B/A)	31.6	35.8	47.4	43.9	43.8	43.9

자료: 한국보건사회연구원, 『보건복지포럼』, 2003. 1. 자료를 바탕으로 재구성.

5) 복지전담 공무원의 대폭 확충

정부는 기초생활보장 제도의 원활한 시행과 '찾아가는 복지' 구현을 위해 복지의 일선 핵심 요원인 사회복지전담 공무원을 대폭 확충했다. 1997년 3,000명에 불과하던 일선 읍·면·동의 사회복지전담 공무원을 1999년부터 지속적으로 증원해 2002년에는 7,200명으로 대폭 확충했다. 이에 따라 사회복지전담 공무원 1인당 기초생활 관리가구 수가 350가구에서 100가구로 크게 줄어 서비스의 질적 수준을 향상시켰다.

표 2-4-8 사회복지전담 공무원 확충 현황

(단위: 명)

연도	1997	1998	1999	2000	2001	2002
인원수	3,000	3,000	4,200	4,800	5,500	7,200

자료: 보건복지부, 『2003년 보건복지통계연보』.

3. 평가

국민기초생활보장법은 종전의 공공부조 정책과는 획기적으로 구분되는 제도적 사회복지 안전망을 구축하는 정책(안병영, 2000; 이영환, 1999)으로서, 2000년 10월 이 법의 시행으로 인해 생계비의 지급 대상은 97년 37만 명에서 2000년 151만 명으로 확대됐으며, 또한 수급권자의 근로 의욕을 제고하기 위해 조건부 생계급여와 근로소득 공제제도를 도입·실시함으로써 일자리 창출을 위한 자립 지원을 강화하고자 했다. 따라서 이 법의 실시는 한국의 사회복지정책이 종래의 잔여적 복지정책의 개념에서 제도적 공적부조의 개념으로의 이동을 의미하는 것으로서 한국 사회복지사에 중요한 전환점이 될 것(전영평, 2001)으로 평가했다.

양현모 등(2003)은 국민기초생활보장 제도의 도입은 한국 공공부조 제도의 발전에 가장 큰 변화로 받아들일 수 있음에 주목하면서 사회안전망으로서의 기능을 가진 국민기초생활보장 제도는 개인의 필요에 따른 최저생계의 경제적·비경제적 원조를 제공함으로써 인간다운 생활을 구체적으로 실현시켜주는 것을 목적으로 하는 제도로서 공공부조 제도 가운데 가장 핵심적인 위치에 있음을 강조했다.

또한 윤진호 등(2004)은 소득보장, 고용보장, 의료보장, 주거보장 등으로 이뤄지는 국민기초생활보장 제도의 기능을 강조하면서 부양의무자 선정 결과의 적정성, 소득인정액 판단의 정확성, 전달 체계의 정립, 자활지원 제도의 운영 체계 및 프로그램 등에 대한 평가를 기초로 하여 공공부조 제도의 통합, 자활지원사업과 고용보장 제도의 연계, 국민기초생활보장 제도에 의한 의료급여와 건강보험 제도 간의 대상자 범위의 조정, 공공임대주택의 우선 입주권 부여 등 주거급여의 영역 확대, 부양의무자의 부양 능력 기준 상향, 최저생계비와 공공부조급여 기준선의 합리적 설정, 근로 동기 강화 방안 확충, 사회복지 담당인력의 확충 등을 개선과제로 제시했다.

이 밖에도 이환범(2004)은 수급자 만족도를 중심으로 실시한 조사에서 빈곤계층에 대한 '복지 혜택 부여' 및 '고용 효과 창출'이라는 국민기초생활보장 제도 본연의 목적을 달성하기 위해서는 개별 서비스 간 상호 연계성 강화 및 통합화가 필요함을 강조했으며, 이태진(2009)은 기초생활보장법 시행에 따른 전달 체계의 확립 및 인프라 구축, 사회복지 전담 공무원의 지속적 충원 등을 통한 복지 업무의 전문화를 추진하려 노력한 점을 긍정적으로 평가하면서 한편으로는 빈곤의 장기화 및 근로 유인 효과 등에서 실효성 있게 대응하고 있지 못하다는 점을 들어 적극적인 탈빈곤 대책의 필요성을 지적했다.

한편, 류정순(2002)은 국민기초생활보장법 입법화 과정에서 무리하게 여러 입장이 다른 사람들과 기관들의 의견을 반영시킴에 따라 법의 근본적인 정신인 '최저생계의 사회적 보장'이 하위 조항에서 '근로연계 조건부 수급'으로 인해 훼손된 채 통과됐음을 지적하면서 시행에 대한 문제점으로 방치된 수급자가 많고, 최저생계비가 낮으며, 예산의 부족 및 운영 과정에서의 수급권자 감시 기능 강화 등을 들고 있다.

이 밖에도 국민기초생활보장 제도에 대한 평가는 제도의 시행 이후 지속적으로 이뤄지고 있으며, 법률의 2005년 일부 개정을 비롯해 2006년, 2007년 개정을 거쳐 2012년 개정 법령을 기준으로 시행되고 있다.

참고 문헌

고경환 외 4인 (2009). 2007년도 한국의 사회복지지출 추계와 OECD국가의 노후소득보장체계. 한국보건사회연구원.

국정홍보처 (2003a). 국민의 정부 5년 국정자료집. 제1권.

______(2003b). 국민의 정부 5년 국정자료집. 제2권.

______(2003c). 국민의 정부 5년 국정자료집. 제3권.

______(2003d). 국민의 정부 5년 국정자료집. 제4권.

기든스 (1998). 『제3의 길』. 한상진 · 박찬욱 옮김. 생각의 나무.

김미곤(1999). 국민기초생활보장법 제정에 따른 향후 과제. 한국보건사회연구원.
______(2003). 2003년 기초생활보장 예산분석과 과제. 한국보건사회연구원.
김미혜 · 정진경(2002). 한국인의 「복지권」에 대한 인식과 태도 연구. 한국사회복지학회.
김상균 · 홍경준(1999). 한국 복지국가 지출 증가의 구조와 성격에 관한 비교사회정책연구. 한국사회복지학회.
김은정(2007). 빈곤 해결을 위한 국가재정 운용의 현황과 문제점: 공공부조 정책을 중심으로. 복지동향, 104: 10-15. 참여연대.
김형배(2010). 노동법. 서울: 박영사.
남찬섭(2002). 국민의 정부 생산적 복지의 비판적 이해와 전망. 기독교사회복지 제11호. 156-186. 서울신학대학교 기독교사회복지연구소.
______(2004). 국민기초생활보장법 제정 5년. 복지동향, 43-52. 참여연대.
노동부(2003). 국민의 정부 5년(1998~2002) 실업대책백서.
류정순(2001). 국민기초생활보장법 시행의 문제점과 개선 방안. 한국사회복지협의회.
______(2002). 2002년 기초생활보장제도의 평가와 개선 방안. 한국사회복지학회 춘계학술대회.
문진영(1998). 국민기초생활보장법 제정과 저소득자 생활보장 방안: 사회적 안전망 구축 방안. 실업대책 정책공청회.
______(1999). 국민기초생활보장법 제정의 쟁점과 운영 방안에 관한 연구. 한국사회복지학, 38: 100-125. 한국사회복지학회.
문창진(2003). 기초생활보장제도의 변천 과정과 현황. 보건복지포럼. 5-25. 보건사회연구원.
박능후(2002a). 기초생활보장 예산분석. 보건복지포럼. 16-24. 한국보건사회연구원.
______(2002b). 국민기초생활보장제도의 시행 과정과 발전과제. 보건복지포럼. 53-65. 한국보건사회연구원.
박순우(1995). T. H. Marshall 시민권론의 재조명. 사회복지정책 창간호, 71-82. 사회복지정책학회.
박윤영(2002). 국민기초생활보장법 제정 과정에 관한 연구. 한국사회복지학, 서울: 한국사회복지학회: 264-295.
백종만(1999). 국민기초생활보장법의 제정과 추진 방향. 한국사회복지협의회.
삶의질향상기획단(1999). 새천년을 향한 생산적복지의 길. 서울: 퇴설당.
손건익(1999). 국민기초생활보장법과 생활보호법의 비교. 한국보건사회연구원.
손병덕(2012). 사회복지정책론. 서울: 양서원.
안병영(2000). 국민기초생활보장법의 제정 과정에 대한 연구. 행정논총, 38(1): 1-50. 서울대학교 한국행정연구소.
양현모 외(2003). 국가 중장기 발전 전략. 서울: 한국행정연구원.
원석조(2008). 경제사회적 위기와 사회복지의 이념: 김대중 정부의 사회복지 이념에 대한 비판적 고찰. 한국사회복지학회.

______(2012). 사회복지정책론. 서울: 양서원.
윤진호 외 (2004). 국민기초생활보장제도의 평가 및 개선 방안. 한국보건사회연구원.
윤찬영 (2000). 21세기 사회복지 분야의 전망과 비전. 한국행정연구. 9(1): 153-163. 한국행정연구원.
______(2010). 국민기초생활보장법 10년의 의미와 과제. 한국사회복지협의회.
이영환 (1999). IMF 경제위기와 사회복지의 대응. 상황과 복지. 7-9. 비판과 대안을 위한 사회복지학회.
이중엽 (2013). 사회복지법제론. 서울: 양서원.
이진숙 외 (2012). 사회복지정책론. 서울: 양서원.
이환범 (2004). 수급자 만족도 분석에 따른 국민기초생활보장제도 평가. 한국행정연구, 13(4): 250-277. 한국행정연구원.
이현주 (1999). 국민기초생활보장법 제정 배경 및 의의. 한국보건사회연구원.
이태진 (2009). 2009년 국민기초생활보장제도 모니터링 및 평가: 법제정 10년의 제도운영 점검. 한국보건사회연구.
임종률 (2009). 노동법(勞動法). 서울: 박영사.
전영평 (2001). 김대중 정부의 사회복지정책 개혁과 위기관리 책무. 한국행정연구, 10(2): 79-102. 한국행정연구원.
정원오 (1999). 김대중 정부의 실업대책: 공공부조를 중심으로. 복지동향, 6. 참여연대.

경향신문 (1999. 7.30).
연합뉴스 (1998. 11.05; 12.08).
연합통신 (1999. 3.24).
국가법령정보 http://www.law.go.kr/lsSc.do?menuId~ (검색일: 2014.08.18).
e-나라지표 http://index.go.kr/potal/main/EachDtlPageDetail.do?idx_cd=2759 (검색일: 2014.08.19).
참여연대 홈페이지 http://www.peoplepower21. org/660757 (검색일: 2014.08.15).

제 5 장

월드컵 개최

이주헌
서울시립대학교

제 1 절 정책의 추진 배경

1. 사회적 배경

2002년 한국/일본 월드컵(이후 한일 월드컵)의 개최는 크게 두 가지의 사회적 요인으로부터 시작됐다. 첫째는 국내적 요인으로, 1980년대 아시안게임(1986년)과 서울올림픽(1988)의 성공적인 개최를 통한 국가 역량에 대한 전 국민적 신뢰의 증진이다. 1980년대 민주화운동을 통해 대한민국 정부 수립 40년 만에 산업화와 민주화를 모두 달성한 유일무이한 국가로서의 국가적 역량의 발산은 1986년과 1988년의 국제적 행사의 성공적 개최로 인해 국민 신뢰를 더할 수 있었고, 이는 또 하나의 지구적 행사인 월드컵 개최라는 새로운 국가적 목표로 수렴되는 중요한 배경이 됐다.

둘째, 외부적 및 국제적 요인으로, 1980년대 국제 축구계에서 가장 큰 영향력을 가지고 있던 아벨란제(Jean-Marie F. G. de Havelange) 당시 FIFA 회장의 아시아지역 월드컵 개최 가능성 언급이다. 1986년 스위스 잡지인 *Sports*와의 인터뷰에서 그는 2002월드컵은 아시아지역에서 개최될 가능성이 매우 높음을 시사했다. 이러한 FIFA 회장의 언급은, 1970년대 이후 지속적으로 제기돼온 제3세계(아시아 및 아프리카 국가들, 여기서는 유럽과 남아메리카를 제외한 지역을 뜻함) 국가의 월드컵 개최라는 명분을 현실화할 수 있는 수준까지 분위기가 무르익었음을 나타내는 것이다. 이러한 아벨란제 당시 회장의 언급 이후 가장 발빠르게 움직인 국가는 일본으로 일본은 이미 1986년부터 2002년 일본 월드컵 개최를 위한 다양한 조직적 준비를 착수하고 있는 상황이었다. 따라서 아시아 지역에서의 첫 월드컵 개최라는 대외적 환경은 분명 우호적인 상황이었으나, 역내에 일본이라는 강한 경쟁자의 존재는 한국의 단독 월드컵 개최에 가장 큰 불안 요인으로 평가되고 있었다.

2. 정치·경제적 배경

월드컵 개최라는 국가적 목표는 앞에서 서술한 국내외적 사회적 배경에 의해서만 추진된 것이 아니다. 오히려, 1980년대 말 이후 한국의 정치·경제적 상황의 변화가 월드컵 개최라는 결과의 더 중요한 원인으로 평가될 수 있다.

이러한 한국의 정치·경제적 상황은 아래의 네 가지 정도로 요약할 수 있다.

첫째, 1980년대 한국 사회의 다양한 질서의 변화와 새로운 민주국가로서의 역량을 세계에 지속적으로 각인시킬 필요성이 지속되고 있었다는 것이다. 특히, 1987년 이후 지속적인 사회구조의 민주화를 추구해 나가고 있던 상황에서, 더 이상 국가 주도의 정책목표 달성이 아닌 국민의 역량과 자발성이 변화를 이끌고, 정책을 완성해내는 국가운영 거버넌스의 전환이 필요한 상황이었다. 상대적으로 국가 주도의 행사 운영이라는 성격을 가질 수밖에 없었던 아시안게임과 올림픽과는 달리, 월드컵은 원칙적으로 민간부문의 주도(각 국가의 축구협회)로 운영된다는 점에서도 월드컵의 개최는 당시의 사회적 분위기와도 그 맥락이 닿아 있었다고 할 수 있다.

둘째, 변화하는 사회분위기의 외적 표출의 수단에서는 국제대회 개최의 경로의존성이 영향을 미쳤다고 평가할 수 있다. 대한민국이 국제사회에 역동성 있는 신생국으로 알려지기 시작한 중요한 계기 중의 하나가 바로 1988년 하계올림픽 개최 유치였으며, 1988년, 12년 만에 당시 동서 진영이 모두 모이는 상징적 올림픽을 성공적으로 개최한 이후, 한국의 국가적 역량에 대한 평가는 획기적으로 달라진 것 또한 사실이다. 이러한 대내외적 평가는 민주적 사회질서의 재편기에도 그 영향을 미쳐, 새로운 사회질서 속에서 이뤄지는 또 다른 국제적 행사의 유치라는 정책이 추진되기 쉬운 환경을 조성했다고 평가될 수 있다.

셋째, 월드컵의 유치 및 개최는 '북방외교'로 상징되는 전 지구적 외교 지평의 지속적 확장으로도 이해될 수 있다. 1980년대 후반 이후 지속적으로 추진되던 노태우 정부의 구 공산권 블록과의 관계 정상화 추진은 1988년 올림픽의 성공적인 개최 이후 다양한 가시적 결과를 가져왔다. 노태우 정부의 북방정책은 한국이 그동안의 이념적 한계를 벗어나 역동적인 세계 질서 변화에 능동적으로 참여할 역량과 의지가 있음을 상징하는 것이었다. 이러한 외교정책의 변화는 동서 냉전의 구시대적 질서에서 협력과 통합의 체제로 전환돼가는 거대한 세계 질서의 전환과 그 시대적 조화를 상징하는 것이었다. 표면적으로 전 지구적인 축제를 상징하는 월드컵은 이러한 변화를 상징하는 호스트(host) 국가를 역사적으로 선호하는 경향이 있었기에, 1980년 말 나타난 한국의 대외정책의 변화는 월드컵 개최를 가능하게 하는 가장 기본적인 토대를 제공했다고 할 수 있다.

월드컵 유치 및 개최의 중요 정치・경제적 요인으로 제시될 수 있는 마지막 요인은 바로 전방위적인 자유화정책의 추진이라고 할 수 있다. 앞에서 전제한 민주적 사회질서의 확립은 필연적으로 개인과 기업, 그리고 다양한 사회단체들에 대한 적극적인 자유화 정책을 수반했다. 즉, 과거와는 달리 다양한 개인과 기업, 그리고 사회단체들이 스스로의 목적과 필요에 의해 다양한 목표를 수립하고 그 목표 달성에 필요한 자원을 자발적으로 동원할 제도적 역량을 갖추기 시작했다는 것이다. 특히, 월드컵과 같이 민간단체를 중심으로 유치 및 운영이 이뤄지는 국제행사에서는 민간부문의 운영 및 경영 능력, 네트워킹, 그리고 시민들의 자발적 참여가 매우 중요한데, 이러한 역량은 모두 제도적인 자유화가 보장된 기초에서만 발생할 수 있기 때문이다. 따라서, 시민사회에 대한 적극적인 자유보장정책의 추진은 월드컵 유치를 위한 역량 발전의 중요한 배경으로 평가될 수 있다.

한편, 정치・경제적 자유화는 경제적 차원에서의 자유화를 의미하기도 한다. 경제적 자유화는 특히 신세계질서(New World Order)의 가장 핵심적인 내용으로, 이는 경제적인 차원에서는 국경 없는 인적・물적 자본의 빠른 순환과 이동 현상을 나타내는 것으로, 당시 한국 사회 역시 이러한 세계 정치경제 체제의 전환에 적극적으로 참여하고자 했다. 이는 특히 1993년 문민정부 출범 이후 김영삼 정부의 '세계화'정책으로 구체화됐으며, 국정의 기본적인 목표로 대한민국 체제의 자유화가 추진됐다. 월드컵 유치 노력은 따라서, 이러한 세계화 혹은 자유화 국정기조의 중요 정책으로 자리 잡을 수 있었으며, 국가적 역량이 월드컵 유치라는 목표로 수렴되는 계기가 마련됐다.

제 2 절 정책의 추진체계

1. 조직

2002 한일 월드컵 준비 및 운영에서 가장 중심적인 조직은 대회 조직위원회였다. 월드컵 개최국 조직위원회는 FIFA를 대리하며, 대회 운영을 총괄한다. 한국의 경우, 1996년 5월 31일 공동 개최 결정 이후, 6월 25일 월드컵축구대회 준비기획단 발족, 그리고 12월 30일 대회 조직위원회가 창립됐다. 조직위원회는 대외적으로는 FIFA와 각 국가의 축구협회 및 각 대륙 축구연맹과의 원활한 협력 관계를 구축하고, 공동 개최의 파트너인 일본축구협회 및 일본 월드컵 조직위원회(JAWOC)와의 밀접한 협력 네트워크를 구성할 책임을 부여받았다.

또한, 조직위원회는 대내적으로 정부와 10개 경기 개최 도시와의 공동 운영의 중심 역할을 수행함과 동시에, 사회의 다양한 협력기관 및 단체, 그리고 시민들의 적극적 참여를 유인할 역할도 담당했다. 다시 말해서, 조직위원회는 거대한 월드컵 개최라는 프로젝트의 네트워크 허브로서의 역할을 수행하도록 구성된 것이다.

2. 법제도

1) 국회의 월드컵 운영 지원 법규 제정

월드컵의 성공적인 운영을 위한 가장 중요한 제도적 기반은 국회의 「2002년 월드컵 축구대회지원법」이다. 1997년 1월 3일 제정된 이 법은 다음과 같은 지원 내용을 명문화하고 있다.

- 조직위원회는 국가와 지방자치단체로부터 협조와 지원금을 받을 수 있다.
- 조직위원회는 체육 목표 및 기념주화의 판매 등 수익사업을 할 수 있다.

- 조직위원회는 행정기관이나 법인단체 등에서 인력의 파견이나 지원을 받을 수 있다.

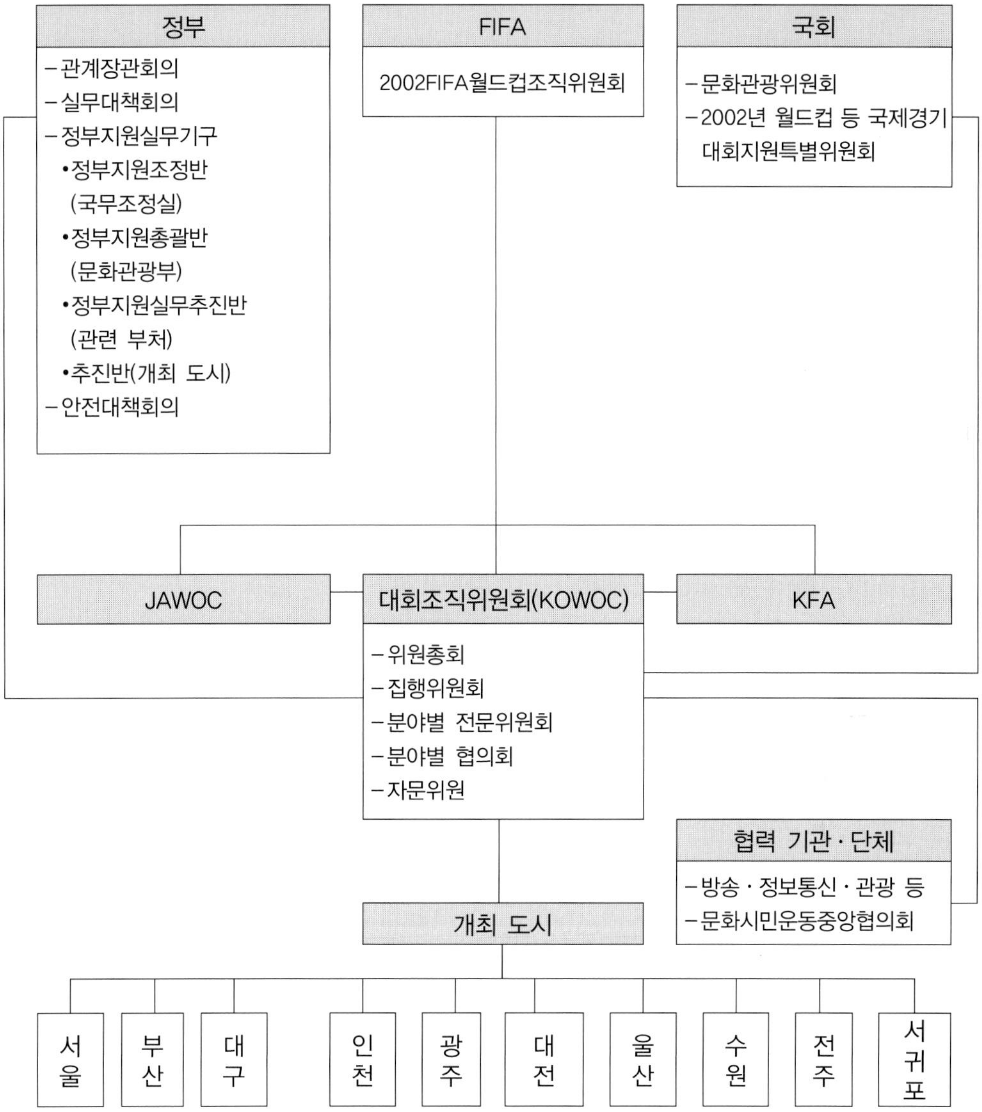

그림 2-5-1 대회 준비 추진 체계

주: FIFA-대회 주체(대회 개최 전반에 관한 준비·운영 권한 보유, 대회 개최는 국가 협의에 위임
KOWOC(Venues)/KFA-FIFA의 대리인으로서 대회 개최 준비 및 운영
정부/국회-경기장 건설, 안전 대책, 법령 제·개정 등 대회 준비·운영 지원
자료: 월드컵축구대회조직위원회(2002: 61).

- 개최도시 자치단체장은 대회 관련 시설의 설치에 관한 계획을 수립하고 시행할 수 있다.
- 도시계획법에 의해 인가를 받은 대회 관련 시설은 사방(砂防)사업법 등 다른 법률에 의한 허가를 받은 것으로 간주한다.

이 같은 내용을 중심으로 하는 해당 법률은 이후 1998, 1999년, 그리고 2000년에 걸쳐 다섯 차례 개정됐다. 그리고, 이 법률에 의거해 「2002년 월드컵축구대회지원법 시행령」(1997. 5. 6)과 「2002년 월드컵축구대회지원법 시행규칙」(1997년 6. 23)이 제정됐다.

2) 정부의 월드컵 운영지원 협력제도 운영

월드컵과 같은 거대 규모의 국제대회는 조직위원회가 비록 그 중심 역할을 수행하나, 개최국 정부의 적절한 지원 없이는 효과적으로 운영되기 어렵다. 2002 한일월드컵의 경우도 마찬가지로, 정부는 모든 부서가 총리실을 중심으로 한 협의 체계를 갖추고 대회 준비 및 운영을 지원했다. 정부의 대회 지원은 ① 안전하고 완벽한 대회 개최, ② 국가 이미지 제고, ③ 경제 효과 극대화, ④ 지방의 세계화, ⑤ 대회 참가국들과의 우호 증진 등의 주요 목표를 가지고 있었다.

한편, 정부의 지원 체계는 2002년 월드컵축구대회지원법과 그 시행령 및 시행규칙에 근거해 다음과 같은 세 가지 형태를 가지고 있었다.

① 관계장관회의: 대회 관련 주요 정책 사항을 심의하고 조정하는 기구로 국무총리를 위원장으로, 10개 관계 부처 장관이 참석했다. 또한, 10개 개최지 자치단체장 및 국가정보원장, 국무조정실장, 대통령비서실 교육문화수석비서관, 조직위원회위원장, 국정홍보처장, 부산아시안게임조직위원회 위원장, 문화시민운동중앙협의회 회장 등 27명이 참석해, 관계장관회의는 명실상부한 범국가적 지원 체계를 대표했다.

② 관계차관회의: 관계장관회의에 상정할 안건의 사전 검토와 정부 지원 사항에 대한 관계 부처 간의 협의를 위해 만든 기구다. 위원장은 국무조정실장이 맡고, 재정경제부, 외교통상부, 법무부, 국방부, 행정자치부, 문화관광부, 산업자원부, 정보통신부, 보건복지부, 환경부, 건설교통부, 기획예산처의 차관 및 국정홍보처 차장이 참석했다. 이 밖에 대통령 비서실의 문화관광업무 담당 비서관, 국무총리가 지명하는 국무조정실의 조정관, 국가정보원의 월드컵 업무 담당자(차관급), 그리고 조직위원회 사무총장 및 문화시민운동협의회 사무총장 등이 참석했다.

③ 실무대책협의회: 관계장관회의 심의 조정 사항을 중심으로 관계 부처 간 실무를

협의하는 기구다. 문화관광부 차관(추후 국무조정실장으로 변경)을 위원장으로 하여 13개 부처 1급 공무원과 대통령 비서실, 국무조정실, 국가정보원의 관계 실국장, 월드컵, 부산아시안게임조직위원회 사무총장, 10개 개최지 자치단체 부단체장으로 구성됐다.

한편, 각 부처는 부처별 고유 업무와 관련해 월드컵 준비 및 운영에 대한 지원 체계를 내구적으로 구성했으며, 이는 세부 지원계획으로 구체화됐다. 각 부처의 지원 내역은 〈표 2-5-1〉과 같다.

표 2-5-1 정부 부처별 대회 지원 기본 체제 및 지원 내용

주관 부처	세부 지원 계획	협조 부처
각 부처 공통	-정부지원총괄반(문화관광부) -지원추진반 구성 운영	
재정경제부	-지방채 인수 및 공공자금 융자 지원 -대회 관련 물품 통관 및 세제 지원	행정자치부
통일부	-북한의 대회 참여 유도 및 북한과의 협의 지원	
외교통상부	-한일출입국공동위원회 구성 운영 -해외 주재 공관에 홍보협의체 구성 운영	법무부 국정홍보처
법무부	-출입국 절차 간소화 및 편의 제공 -대회 참가자 등 출입국 안전 대책 지원	외교통상부 국가정보원
국방부	-행사인력·물자 지원 및 경기장 건설 관련 협조 -경기장, 대회 관련 시설, 참가자, 관람객 등 경비 지원	국가정보원
행정자치부	-조직위원회 운영 인력의 안정적 확보 지원 -기채 승인 등 개최 도시 경기장 건설 재원 조달 지원 -조직위원회 옥외광고 사업 허용 및 지원 -개최 도시 문화시민운동 전개 지원 -개최 도시 추진단 구성 운영	 재정경제부 문화관광부
과학기술부	-대회 기상 정보 제공 협조	
문화관광부	-정부지원계획 총괄 -경기장 건설 미원 및 추진 상황 점검 독려 -관광진흥 종합대책 수립 시행 -숙박 시설 확보 지원 -대회 주관 방송사 선정 지원 -국제방송센터 운영 및 중계 시스템 구축 지원 -국내외 각종 문화·예술 행사 개최 및 지원 -문화시민운동 지원	 건설교통부 기획예산처 정보통신부 행정자치부

산업자원부	-대회 관련 상품 개발 지원 -전통 고유 기술 산업 육성	
정보통신부	-정보통신망 구축 지원 -대회 기간 중 임시우체국, 전화국 설치 운영	
환경부	-개최 도시의 대기오염 및 환경 개선 추진 -경기장 주변 환경 정화, 확충	
건설교통부	-개발제한구역 내 경기장 수익시설 설치 -건설 중인 교통망 대회 개최 전 완공 추진 -개최도시 경기장 진입도로 건설경비 국고 지원 -도로안내 표지판 확충, 정비 추진 -특별 수송대책 수립, 시행	
국가정보원	-안전대책 수립 시행 -안전대책위원회, 안전대책통제본부 구성 운영	10개 관련 부처
기획예산처	-경기장 건설비 국고 지원 -일부도시 도로건설비 국고 지원	문화관광부 건설교통부
국정홍보처	-홍보대책 수립 추진	외교통상부

자료: 월드컵 축구 대회조직위원회(2002: 76-77).

월드컵 개최를 위한 각 지역의 도시들 역시 내부적으로 대회 준비를 위한 추진단을 추가로 구성했다. 개최 도시들의 업무는 크게 조직위원회 업무에 대한 협력과 지원, 경기장 기반시설 확보, 도시환경 정비 등 대회 여건 조성, 홍보 및 문화행사 준비 등으로 나눌 수 있다. 이 중에서 경기장 건설 부문은 대회 계획 단계부터 전담 조직을 구성, 추진했으며, 조직위원회에 대한 협력과 지원 그리고 홍보 및 문화행사 부문은 대회 준비 단계에서 전담조직을 구성하고 추진하는 형태를 취했다(월드컵대회 조직위원회, 2002: 80).

이들 업무 중, 조직위원회 업무에 대한 협력과 지원은 개최 도시 준비 업무의 가장 핵심이었다고 할 수 있다. 대회 준비가 모두 FIFA의 규정과 요구 사항에 의거해 추진된다는 대회 특성에 따라 개최 도시는 대회 업무 관련 모든 사항에 대해 조직위원회로부터 지침을 받아 수행했다.

3) 시민운동의 조직화와 적극적 역할

한편, 2002년 월드컵대회의 준비 과정에서 시민사회의 역할을 무시할 수는 없다. 정부와 조직위원회는 월드컵의 성공적 개최를 위해 급성장하고 있는 한국 시민사회의 역량을 활용하는 한편, 시민사회의 다양한 단체들과의 협력적 관계를 유지하려는 계획을 세웠다. 이러한 시도는 월드컵문화시민운동중앙협의회의 출범으로 가시화됐다.

1997년 1월 17일 월드컵문화시민운동협의회 설립 준비단이 발족하고, 1997년 6월 20일 법인 설립과 정관 및 임원 취임 등에 대한 문화체육부의 허가를 취득해, 협의회는 그 제도적인 기반을 구축했다. 1997년 기초적 구성을 마친 협의회는 1998년 7월부터 11월까지 10개 개최 도시 지역협의회를 결성했다.

협의회는 자칫하면 막연하고 추상적인 분위기로 흐를 수 있는 시민운동을 체계화하기 위한 힘을 기울였으며, 친절·질서·청결 등 공동체적 시민의식을 함양하고, 이를 범국민 실천운동으로 정착시키는 데 운동의 목표를 두었다. 그리고 이를 위해 문화시민운동을 준비 단계, 본 단계, 월드컵 이후 단계 등 3단계로 나눴다. 이는 시민사회가 월드컵을 위한 자원 동원의 대상으로 인지되기보다는 월드컵을 계기로 공동체 의식과 공공선을 확산시키는 주요 행위자로 자리매김하게 됐다는 것을 의미하는 것이다.

문화시민운동의 제1단계(1997-2000)는 2002 월드컵을 위한 준비 단계이며, 제2단계(2002년)는 대회 개최 기간을 중심으로 한 본 단계다. 이 운동은 2002년 월드컵 이후 제3단계를 진행해, 시민운동의 상승과 연속성을 목표로 했다. 이는 월드컵문화시민운동중앙협의회는 기획 단계부터 월드컵을 통한 시민의식이 장기적 배양과 적극적 역할을 목표로 하고 있었다는 것을 의미한다(월드컵대회 조직위원회, 2002: 84).

3. 재정

2002 한일월드컵의 재정은 조직위원회를 통해 기획, 운영됐고, 기본적으로 기업 경영 방식에 의한 독립채산제를 기본 방침으로 했다. 약 4,000억 원 규모로 수립된 재정은 1차적으로 FIFA 지원금, 입장권 판매수입, 공식 공급자 후원금, FIFA 후원업체 지원물품 및 FIFA 지원 컴퓨터 솔루션 등이었다.

원활한 재정 운영을 위해 조직위원회는 월드컵 기금을 조성했다. 조직위원회는 FIFA 및 각 개최 도시와 협약을 체결하고 대회 준비와 운영에 필요한 비용은 조직위원회가 부담하고, 경기장 시설, 환경, 교통과 같은 대회 인프라는 국가 및 개최 도시가 부담하도록 재정 부담 원칙을 설정했다. 또한 FIFA는 대회 TV 중계 방영권 사업, 공식 후원업체 사업, 라이선스 판매사업 등을 관장해 필요한 재정수입을 확보했으며, 수익금 중 일부를 개최국에 지원금으로 교부했다. 2002년 9월 말 현재까지의 조직위원회 기금 사용액은

3,118억 원이었으며, 최종 3,518억여 원이 사용됐다. 기금의 총 수익금 4,780여억 원과 비교했을 때, 기금 면에서 2002 한일월드컵은 1,662억 원 정도의 흑자 규모를 보인 것으로, 이는 1994년 미국 월드컵의 약 660억 원, 1998 프랑스 월드컵의 880억 원 규모의 흑자를 크게 능가하는 성과로 평가될 수 있다.

한편, 기금과는 달리, 월드컵 준비를 위한 시설 투자 및 경기장 건설은 국고(2,714억 원)

표 2-5-2 대회 기금 수지 결산

구분		1997	1998	1999	2000	2001	2002	2003	합계
수입	연간	6,129	1,445	3,676	38,733	107,915	314,966	5,029	
	누계	6,129	7,664	11,340	50,073	157,988	472,954	477,983	477,983
FIFA 지원금					3,376	12,986	106,879		123,241
입장권 판매사업						43,241	136,607		179,848
공식공급자 선정사업					28,720	7,860	12,620		49,200
영접구역 운영사업						14,448	19,189		33,635
복권판매사업			811	3,494	5,356	4,337	2,132	2,000	18,130
광고사업					1,176	5,932	6,430	2,029	15,567
기념주화 판매사업						16,179	21,843		38,022
체육진흥투표권 사업							71		71
기타 (출연금, 수입이자)		6,219	634	182	105	2,932	9,194	1,000	20,269
지출	연간	3,301	4,306	4,668	12,011	60,918	216,575	9,994	
	누계	3,301	7,607	12,273	24,284	85,202	301,777	311,721	311,721
기획관리		2,636	2,536	2,874	8,386	22,824	44,391	9,862	93,509
행사 운영		49,	198	255	178	5,549	37,420		43,646
경기시설 운영		79	232	201	544	2,747	33,365		37,168
영접, 편익		217	563	499	1,167	3,898	24,217		37,168
미디어, 정보통신		100	180	166	481	1,069	27,672		29,668
홍보		209	517	411	922	5,059	6,479	82	13,679
수익사업		11	80	263	333	19,772	43,031		63,490
잉여금	연간	2,918	-2,861	-990	26,722	46,997	98,391	-4,915	
	누계	2,918	57	-933	25,798	72,786	174,177	166,262	166,262

* 2002, 2003년은 추정 금액임.

자료: 월드컵 축구 대회조직위원회(2002: 161).

및 지방자치단체 예산(1조 2,025억 원), 광역자치단체 보조금(1,879억 원), 및 민자(782억 원)가 투자됐으며, 이를 통해 총 10개 도시(서울, 인천, 수원, 대전, 전주, 대구, 광주, 울산, 부산, 제주)에 경기장이 건설됐다.

제3절 정책의 추진 과정 및 내용

2002 한일 월드컵의 유치와 선정, 그리고 대회 운영과 성과라는 정책 과정은 시간의 흐름에 따라 다음과 같은 단계를 거치며 구체화됐다고 평가할 수 있다.

1. 월드컵 유치의 '기회의 창'

앞에서 서술했듯이, 월드컵 유치라는 정책 결정은 다양한 사회적 · 정치적 · 경제적 원인에 근거하고 있다. 그중에서 정책 실현의 가능성을 증폭시켜 실질적 정책으로 구체화될 수 있게 한 가장 중요한 원인은 바로 FIFA의 아시아에서의 월드컵 개최 가능성 언급이라고 할 수 있다. 1986년 아벨란제 FIFA 회장의 언급으로 시작된 아시아지역 월드컵 개최의 가능성은 1989년 12월 일본의 월드컵 유치 의사 공동 표명으로 더 구체화 됐음은 앞에서 밝힌 바와 같다. 또한 1989년 5월 방한한 해리 캐번 FIFA 수석부의장의 한국 개최의 가능성 언급도 또한 한국 내 월드컵 개최를 위한 여론 조성에 매우 긍정적으로 작용했다.

1980년대 후반의 이러한 움직임은, 1988년 올림픽 개최 이후 고무돼 있던 한국의 스포츠계에 강한 자극을 주었으며, 이러한 에너지는 1989년 국민체육진흥공단의 업무보고회(1989년 8월 8일)에서 언급된 이후 즉각적으로 확산되기 시작했다. 이후 1990년 6월 1일 당시 김우중 대한축구협회 회장은 2002년 월드컵 유치 의사 표명을 담은 서한을 FIFA에 보냈고, 이에 대한 FIFA의 접수 회신을 받게 됐다. 이후, 월드컵 유치를 공약으로 내세운 김영삼 대통령이 당선됐고, 월드컵 유치를 위한 준비는 속도를 내게 됐다. 마침내 1993년 12월 13일, 대한축구협회 정몽준 회장은 공식적으로 2002년 대회를 유치하겠다는 의사를 밝힘으로써 2002년 월드컵 유치는 최종적으로 공식화됐다.

2. 유치활동과 정부의 지원

월드컵 개최를 위한 유치활동은 유치위원회의 결성과 더불어 공식화됐다. 1994년 3월 15일 공식적으로 발족한 '재단법인 2002년 월드컵축구대회 유치위원회'는 ① 2002년 월드컵축구대회 유치에 필요한 제반 사항 협의 및 대책 수립, ② FIFA집행위원회 및 FIFA 회원국을 상대로 한 교섭활동, ③ 남북 공동 유치를 위한 분위기 조성, ④ 대회 유치 및 개최에 필요한 재원의 확보, ⑤ 정부 및 유관기관과의 업무 협조, ⑥ 기타 대회 유치 목적 달성에 필요한 사업 등을 그 목적으로 했으며, 초대 위원장은 이홍구 전임 총리가 맡았다.

본격적인 유치활동은 유치위원회의 주도와 대한축구협회의 실무 지원으로 이뤄졌으나, 활동의 효율성은 정부의 다각적인 지원활동으로 극대화됐다. 특히, 170회 정기국회의 '2002년 월드컵축구대회 유치를 지지하는 결의문'이나 정부의 자원을 동원한 지원은 일본보다 4년이 늦은 시점에서 유치활동의 경쟁력을 단기간 높일 수 있는 중요한 자원이었다(월드컵대회 조직위원회, 2002: 49-56).

3. 공동개최론의 대두와 결정

한국과 일본의 2002년 월드컵 개최를 향한 경쟁은 시간의 흐름에 따라 더 치열해지고 있었다. 일본은 4년 이른 유치활동 시작과 국제 사회에서의 경제적 영향력을 앞세워 유치의 우위를 점하려 하고 있었고, 반면 한국은 1994년 FIFA 부회장에 당선된 정몽준 한국축구협회장의 개인적 영향력과 아시아의 축구 맹주라는 명성에서 우위를 주장하고 있었다. 이러한 경쟁은 FIFA 측을 점점 긴장시키게 된다. 이는 이웃나라들의 지나친 경쟁으로 유치 결정 이후 예상되는 탈락한 국가 내부의 정치적 불신 발생 가능성과 유치국가에 대한 적대감이 및 평화적이고 조화로운 축제라는 월드컵의 명분에 흠을 남기게 될 가능성이 농후하기 때문이었다.

1996년 5월의 FIFA 집행위원회에서의 유치국가 결정에 앞서, 1995년 9월 29일 한국유치위원회는 대회 유치신청서를 제출했고, 1995년 10~11월 사이 조사단의 현지조사를 받았다. 비슷한 과정을 일본 역시 수행했다. 양 국가를 방문해 현장 및 분위기를 파악하는 데 주력한 조사단은 결과보고서를 통해 두 나라가 각각 2002년 월드컵을 개최하는데 모두 적격이라는 결론을 내렸다.

이와 같은 결론은 FIFA 임원들의 입장을 더욱 곤혹스럽게 만드는 것이었다. 다른 때보다 훨씬 격렬해진 국가 간의 유치 신경전은 세계 평화에 이바지한다는 FIFA의 목적에도 어긋나는 쪽으로 진행되고 있었기 때문이다. 이러한 분위기는 FIFA 집행위원들 사이에서 패자를 지정하지 않는 월드컵의 공동개최론이 점점 더 힘을 얻게 되는 요인으로 작용하게 됐다.

결국 FIFA는 1996년 5월 30일 양국에 공동 개최를 수락할지 의사를 타진하게 된다. 이에 양국은 동일하게 "단독 개최를 원하지만 만일 FIFA가 공동 개최를 결의한다면 그 결의를 받아들이겠다"는 의견을 제시했다. 그리고 그 다음날, FIFA의 집행위원회는 취리히의 FIFA본부에서 공동 개최를 결정하게 된다. 한국과 일본은 이 결정을 받아들이고, 그동안 전례가 없었던 두 국가의 월드컵 공동 개최라는 프로젝트를 시작하게 된다.

4. 대회 준비와 제도적 기반 마련

월드컵 공동 개최가 결정된 이후, 가장 먼저 해야 할 일은 개최국 조직위원회를 구성하는 일이었다. 월드컵 대회는 FIFA가 주최자로서 대회의 준비와 운영을 총괄하며, 개최국 조직위원회가 FIFA를 대리해 실질적 대회 개최 준비와 운영 활동을 하는 구조로 짜인다. 즉, 조직위원회의 원활한 구성 없이는 월드컵 운영의 효율성을 담보할 수 없다는 것이다.

한국에서는 1996년 6월 25일, 정부의 주도 아래 2002 월드컵축구대회 준비기획단이 발족됐고, 기획단은 동년 12월 30일 민법 32조에 의거, 대회조직위원회를 창립했다. 국회는 법률 제5278호로 「2002년 월드컵 축구대회 지원법」을 제정함으로써 조직위원회의 법률적 지위를 제도화했다.

이로써 조직위원회(The Korean Organizing Committee for the 2002 FIFA WorldCup Korea/Japan; KOWOC)가 공식적으로 출범했고, 초대 조직위원장은 한국경영자총협회 이동찬 회장이 선임됐다. 조직위원회의 주요 사업으로는 ① 월드컵축구대회 개최를 위한 장·단기 종합계획의 수립과 집행, ② 월드컵축구대회의 준비 운영과 재원의 조달 및 집행, ③ 국제축구연맹과 각 대륙연맹, 각국 축구협회, 일본조직위원회 및 대한축구협회와의 협의, ④ 정부, 개최 도시, 기타 유관기관과의 업무 협조, ⑤ 월드컵축구대회 개최에 필요한 경기장 시설, 숙박시설, 부대시설 등 제반 시설 지원대책 수립과 월드컵축구대회 관련 단체와의 협력사업, ⑥ 기타 조직위원회의 목적 달성에 필요한 사업 등이 규정됐다(월드컵대회 조직위원회, 2002: 60-70).

제 4 절 성과 및 평가

2002 한일 월드컵의 성과는 대회 개최와 운영을 통해 창출된 직접적인 성과와 의도하지 않았거나 예측하기 어려웠던 비직접적 혹은 파생적 효과 및 성과로 구분될 수 있다. 여기에서는 월드컵의 성과를 직접적이고 대회 운영적인 성과와 월드컵 개최의 한국 사회에 대한 영향이라는 간접적 영향으로 구분해 그 성과를 파악하고자 한다.

1. 대회 운영적 성과

1) 대회 준비와 운영

2002 한일 월드컵의 가장 직접적인 성과는 경기 운영과 안전, 관객의 참여 및 교류의 측면에서 두드러진다. 대회조직위원회와 정부는 경기시설, 운영, 교통, 숙박, 음식, 통역, 자원봉사 등 원활한 대회 진행을 위한 시스템을 구축해 선수단 및 기자, 관계자, 그리고 관중 및 관광객들의 편의를 최대한 증진하기 위해 노력했다.

가장 주목할 만한 성과는 한국의 국가적 수준에서 보여준 놀라운 결집력이라 할 수 있다. 이는 공동 개최의 파트너였던 일본과의 비교를 통해 더욱 분명해지는데, 일본이 개최 도시로 결정된 도시들의 자체적인 운영에 무게를 두었다면, 한국은 정부와 조직위원회, 그리고 민간이 월드컵의 성공적이 개최라는 목표를 위해 각각의 역량과 에너지의 결집과 조화를 이뤄냈다는 것이다. 이는 그동안 국가 주도의 국가운영 모델에 익숙했던 한국 사회에서 등장한 새로운 정책 목표 달성의 모델로 이해될 수 있으며, 2002 한일월드컵은 새로운 정책운영 모델의 성공적 사례로 기록되기에 충분하다고 평가된다.

① 새로운 정책운영 모델: 협력적 거버넌스의 경험

민관협력, 협치, 협력적 거버넌스 등은 이미 행정학을 비롯한 한국 사회과학에서 매우 익숙한 개념으로 자리 잡았으며, 이 개념들은 모두 문제 해결을 위한 공공과 민간부문 간의 자발적인 협력을 의미한다. 하지만 2002년 당시, 그리고 월드컵을 준비하던 1990년대 중후반 한국 사회는 여전히 국가 주도의 집권적인 정책 결정과 집행에 익숙한 상태였다.

이러한 역사적 맥락에서 한일 월드컵은 국가 및 사회 전반에 새로운 도전이었다. 1988년 올림픽 이후 동원 기제를 통한 국제적 행사를 개최한 경험이 있기는 했지만, 2002년 월드컵은 민주화 이후 국가의 권위적 자원 동원에 의지할 수 없었고, 사회경제적으로 자발적인 시민사회 및 민간부문의 적극적 참여가 필요했다. 또한 외부적으로 2002 월드컵은 한국의 단독 개최가 아닌 일본과의 공동 개최로서 외부적으로도 국가의 권위보다는 일본과의 정책협력과 조화가 무엇보다 필요한 상황이었다. 즉, 한국 정부에 2002년 월드컵은 국가 내부적, 그리고 외부적으로 권위적 국정운영을 지양하고, 좀 더 수평적이고 시민사회의 자발적 참여를 유인할 수 있는 새로운 정책운영 모델을 수립해야 할 현실적 필요성을 제공하는 계기가 됐다고 할 수 있다.

2002 월드컵을 위한 거버넌스 체계의 중심엔 월드컵 조직위원회가 있었다. 앞의 2절에서 밝힌 바와 같이 월드컵 조직위원회는 인사와 예산의 독립성을 확보했으며, 국회의 법률적 지원을 통한 법적 권위도 확보할 수 있었다. 이러한 독립성은 국가관료 체계와 정치로부터의 적절하지 않은 영향력 행사를 차단하는 것과 더불어 시민사회의 조직위원외에 대한 접근성을 높이는 기능도 했다고 할 수 있다.

2002 월드컵의 성공적 운영을 위한 또 하나의 핵심 변수는 국제축구위원회(FIFA) 및 일본월드컵조직위원회(JAWOC)와의 유기적인 협력 관계의 구축 문제였다. 이 중 일본월드컵조직위원회와 어떤 방식을 통해 협력할 것인지에 대해 많은 관심이 모아졌다. 이전까지 월드컵은 일개 국가의 수준에서 개최됐을 뿐, 2002년의 경우처럼 두 개 이상의 국가가 공동 개최한 예가 없었기에, 한국 및 일본의 조직위원회는 대회 운영을 위한 공식적・비공식적 관계를 처음부터 만들어가야 하는 상황에 직면해 있었다.

이와 같은 대외적 협력 업무는 조직위원회의 대외협력국이 FIFA 및 JAWOC와의 소통을 담당했다. 조직 구성의 초기 한국의 조직위원회는 그 전문성 및 기능성에서 한계를 보인 경우도 있으나, FIFA, JAWOC 및 한국조직위원회로 구성된 3자 사무총장회의가 구성된 이후 커다란 문제없이 월드컵 운영을 진행할 수 있었다. FIFA에서도 언급했듯, 공동 개최 자체가 '진기한 경험(a novel experience)'이었기 때문에 대부분의 실무적 결정이 이뤄지는 곳으로서 3자 사무총장 협의회는 무엇보다도 중요한 협력과 조화의 기능을 담당해야 했다. 하지만, 3자 사무총장회의에서 결정하기 어렵거나, 합의를 도출하지 못한 사안에 대해서는 원칙적으로 FIFA조직위원회의 최종 결정을 구하도록 돼 있었다. 이러한 각종 결정에 대한 최종 권한을 가진 FIFA의 역할은 월드컵 운영에 정부 및 공공부문의 역할을 원칙적으로 제한했으며, 대회 운영에서 정부가 보조적 역할만을 수행할 수 있도록 하는 제도적 기반이 됐다(월드컵대회 조직위원회, 2002: 87).

이와 같은 제도적·맥락적 한계는 결론적으로 한국 국정운영 전반에서 국가와 관료의 우월적 권위의 제한과 시민사회 및 전문가집단의 능동적 역할이 강조되는 협력적 거버넌스 체제의 국가적 경험으로 귀결됐다고 할 수 있다.

② 분야별 대회 운영의 성과

가) 2002 월드컵과 문화행사 패러다임의 전환

2002 한일월드컵의 가장 중요한 문화행사는 무엇보다도 개막 전야제와 개막식이라고 할 수 있다. 개막식을 책임진 한국의 입장에서도, 강렬한 개막의 이미지를 남기는 것은 대회의 성공적인 개최를 위한 매우 중요한 일이었다. 다행히 로이터, AP, AFP 등 유수의 해외 통신사는 개막식 행사의 수준을 매우 높이 평가했으며, 특히 한국문화와 IT강국으로의 역량을 성공적으로 결합한 수준 높은 문화행사임을 전 세계에 타전했다.

개막식 등 공식행사뿐 아니라, 각 경기장에서는 첫 경기에 앞서 기념 문화행사가 열렸으며, 깃발축제 등 모두 6개의 공식 일반 문화행사 등이 개최됐다. 한편, 국민들의 자발적인 참여로 확산된 길거리 응원은 그 자체로 하나의 문화행사로 진화됐으며, 8개 지역의 월드컵 플라자의 운영은 축제 분위기 조성과 개최 도시의 이미지 개선에 매우 중요한 역할을 했다고 평가될 수 있다.

나) 시민사회의 자발적 행사 참여

대회 조직위원회와 정부는 월드컵과 같은 대규모 국제행사는 국가나 공공부문이 직접적으로 보유한 자원만으로는 원활하게 진행할 수 없다는 것을 처음부터 인지했다. 따라서 시민사회와 국민 개개인의 역량을 어떻게 월드컵 운영에 활용할 수 있을지에 대한 고민은 대회 유치 이전부터 계속됐다.

그중 시민 개개인의 자발적인 참여를 기반으로 한 자원봉사자의 활용은 성공적인 대회 운영을 위한 필수적인 요인으로 일찌감치 인지됐다. 대회 조직위원회는 2001년 4월부터 3개월간 외국어 서비스, 관중 안내 등 13개 분야의 자원봉사 신청을 받아 그해 9월 신청자 4만 8,000여명 가운데 1만 2,600명을 선발했다. 기본적으로 자발적으로 대회 운영에 기여하고자 한 자원봉사자들은 대회 기간 중 91%의 높은 출석률을 보여 시민 개개인의 월드컵에 대한 수준 높은 참여의식과 책임감을 보여주었다고 평가된다.

또한, 시민들은 질서정연한 경기장 입·퇴장과 높은 관람 질서, 질서정연하고 폭발적인 에너지를 가진 응원, 대중교통 이용 및 각종 거리 질서 확립 등을 통해 월드컵의 성공적 개최를 지원했다. 이와 같은 좋은 성과는 관련 단체들의 부단한 노력, 즉 문화시민운동, 열린화장실운동(22,844개소 참여), 서비스업 종사자 외국어교육(55만여 명), 생활환경 청결운동 등의 결과로 해석될 수 있다. 관중석 완전 금연, 경기장 쓰레기 발생 대폭 감소(평균 38% 감소), 관중 90% 이상 클린업 타임제 동참 등, 경기 후 경기장 내·외의 깨끗한 환경을 유지 등의 노력 역시 환경 올림픽을 위한 초석이 됐다(국정홍보처, 2003: 501).

다) 교통 및 숙박

짧은 기간 동안 많은 인원이 이동하는 월드컵대회에서는 관계자 및 관람객의 이동과 숙박문제는 항상 적절한 예측과 대응이 필요한 부문이었다. 한국의 경우 이를 위해 다양한 기법을 통한 시뮬레이션이 동원됐고, 이를 통한 교통 수요가 예측됐다. 또한 국제간, 국내 개최도시 간, 개최 도시 내의 교통수송 역량이 예측을 토대로 확충됐다. 또한, 월드컵대회 최초로 택시, 지정숙박업소의 제3자 통역 시스템이 운영됐다.

한편 숙박의 경우 호텔, 여관, 민박, 템플스테이(33개 사찰) 등 총 178,820실의 다양한 숙박시설이 확보됐다. 이는 예측 수요 151,453실의 118%에 해당하는 것으로 이들 중 많은 객실은 인터넷(www.worldinn.com)이나 전화로 예약이 가능했다. 또한 월드인 명판 및 유도 간판, 인근 식당과 연계한 조식식당 지정, 음식점의 외국어 메뉴판 보급, 각국 전문식당 지정 등을 추진해 관광객의 편의를 도모했으며, 관광호텔에는 국가 이미지 홍보를 위해 다양한 전시품 및 일간지, 주간지 등이 제공됐다(국정홍보처, 2003: 497).

그러나 9·11 뉴욕 테러사태 이후 전 세계적으로 나타난 장거리 해외여행 수요의 감소와 공동 개최에 따른 일본인 관광객 격감, 중국 여행사들의 출국보증금 인상 등에 따른 중국 응원단 수의 감소 등으로 인해 네 차례에 걸쳐 객실 예약이 해지되는 사태가 발생하기도 했다.

라) 안전 분야

국제대회의 안전·확보 부문은 실무를 책임진 조직위원회와 전문성과 역량을 가진 정부부처와의 협력이 어떤 분야보다도 필요한 부문이다. 대회조직위원회와 정부는 국정원을 중심으로 청와대, 국무총리실, 정부부처, 개최 도시 등을 합동으로 연결시키는 '안전대책통제본부'를 구성하고 범정부적인 차원의 현장 안전활동을 전개했다.

안전대책본부는 미국 CIA 대테러정보팀과 영국, 중국, 프랑스의 훌리건 전담경찰 등 세계 각국과의 사전정보 교류를 통해 테러 용의자와 훌리건의 입국을 차단했다. 또한 연인원 수십만 명에 이르는 안전요원이 경기장, 선수단 숙소, 국제미디어센터 등 대회 관련 시설과 주요 인사를 경비했으며, 대회에 동원된 안정경비요원으로는 군 20여만 명, 경찰 34만여 명, 기타 안전본부, 국정원, 안전자원봉사자 9만여 명에 이르렀다. 이와 같은 조직위원회-정부 각 부처-자원봉사자 등 사회 각 부문의 유기적인 협력 관계 구축을 통해 2002 한일월드컵은 월드컵 역사상 가장 안전했던 대회라는 평가를 획득할 수 있었다.

마) 미디어 지원 및 지적재산권 보호 분야

미디어 지원을 위해 한국 조직위원회는 서울에 국제미디어센터(IMC)를 설치해 IBC, MPC, 등록센터, 기타 편의시설 등을 갖춰 운영했다. 서울 IMC는 전 세계 미디어 관계자 약 7천여 명의 취재 및 방송활동을 상시 지원하며, 전경기의 중계방송 등을 송출했다. 한국에 등록한 미디어 관계자는 총 6,447명이었으며, IBC 입주 방송사는 30개국 69개사에 달했다. 또한 각 경기장도 미디어센터(SMC)와 취재석, 각종 방송시설을 갖춰 운영했는데, 경기장별로 약 2,000여명의 기자들이 별다른 문제없이 취재활동을 펼칠 수 있었다. 미디어 지원을 위해 조직위원회는 IMC와 SMC에 기간요원과 자원봉사자 약 2,000여 명을 투입했으며, 각 경기장에는 FIFA 미디어담당관 3명씩 상주해 한국조직위원회와 FIFA, 그리고 주관 방송사 간의 유기적인 협조 체제를 이뤘다.

한편, 한일 월드컵은 지적재산권 및 상업권 보호에서도 모범적인 대회로 기록될 수 있었다. 대회 조직위원회는 FIFA의 지적재산권 보호 규정과 관련한 종합계획을 수립하고, 이에 수반되는 각종 세부 시행계획과 경기장별 패트롤팀 활동지침을 마련해 시행했다. 이러한 노력에 대해 FIFA는 "역대 대회 중 FIFA의 지적 재산권 및 상업권이 가장 잘 보호된 대회였다"는 공식 입장을 표명하기도 했다(월드컵대회 조직위원회, 2002: 744).

바) 스포츠 강국으로서의 위상 강화

하계올림픽과 더불어 전 세계적인 스포츠 행사의 위상을 가진 월드컵은 그 자체로 스포츠와 문화의 중심과 주변을 나누는 특성을 가지고 있다. 유럽과 남미 두 개의 축을 통해 수십 년간 유지돼 오던 월드컵이 최초로 제3의 대륙에서 열린 것이 바로 2002년 월드컵 대회였고, 이를 계기로 대회 개최의 공동 호스트인 한국과 일본은 월드컵과 올림픽을 모두 개최한 명실상부한 스포츠 강국으로 자리매김할 수 있게 됐다.

스포츠 중심부로서의 위상은 비단 스포츠 행사에만 국한되는 것은 아니다. 국가 이미지 상승이나 직접적 경제 효과 등의 영향은 차치하더라도, 스포츠를 통한 국가 역량의 결집은 국제 정치경제 질서에서 한국의 영향력을 확대할 수 있는 계기가 됐다. 또한 UN이나 IMF, World Bank, WHO 등 다양한 주요 국제기구에서 한국 출신의 인사가 기관장이나 중요한 위치에 오를 수 있었던 것도, 올림픽이나 월드컵을 통해 결집된 국가적 에너지가 간접적으로 영향을 미친 것으로 이해할 수 있다.

또한, 혼(Horne, 2004)이 지적한 바와 같이, 월드컵 개최는 필연적으로 축구 기반시설에 대한 투자를 동반할 수밖에 없었으며, 이는 양 국가에서 프로축구팀 및 유소년 팀에 대한 관심의 증대로 이어졌다고 평가된다. 월드컵 자체는 엘리트 체육을 통한 국가대항전의 성격을 가지지만, 이 대회를 계기로 '축구'를 기제로 한 국민체육 증진에 대회의 개최는 매우 직접적인 영향을 미쳤다는 것이다.

③ 지역경제 성장 효과

월드컵 개최가 한국 사회에 미치는 영향 중 또 다른 중요한 부문은 국민경제 및 지역경제에 미치는 경제적 효과라는 점은 부인하기 어렵다. 대회 개최 이전, 2001년 한국개발연구원(KDI) 및 노기성(2002)의 연구는 월드컵 개최에 따른 직접적인 효과로 생산 유발 11조 4,797억 원, 부가가치 창출 5조 3,357억 원, 고용 창출 35만 명 등으로 추산했다. 또한 간접적인 효과로 국가 및 국내 기업의 대외 이미지 향상으로 장기적으로 국내 산업의 진흥과 수출 증대 등을 유발하는 효과가 나타날 것으로 분석했다. 이것은 대회 준비 과정의 경기장 및 관련 시설 건설, 운영비 지출 및 관광객의 소비 지출에 의해 창출되는 효과였다.

한편, 대회가 진행되는 동안 우리나라가 4강까지 진출하게 됨으로써 경제적인 효과는 더욱 늘어나게 됐다. 한국경제연구원의 분석에 의하면, 월드컵 4강 진출에 따른 경제적 효과가 26조 원(소비 진작 3조 7,000억 원, 국가 브랜드 홍보 7조 7,000억 원, 국내 기업 이미지 제고 14조 7,000억 원)에 이르는 것으로 분석됐다. 또한, 현대경제연구원에 따르면, 월드컵 대회 중 한국전 경기에 따른 국내 소비 진작 효과는 6조 5,800억 원에 달할 것으로 계산됐다. 브랜드 이미지 측면에서는 한국 100대 기업의 브랜드 인지도 1%를 올리는 데에 100억 달러가 소요되는 것을 감안할 경우, 국가 브랜드 가치 상승과 기업의 이미지 제고 효과를 환상하면 월드컵 개최를 통한 경제적 효과는 약 100조 원에 이른다고 분석됐다.

아울러, 국내외에서 다양한 수출, 투자 촉진행사를 개최해 실질적인 성과와 함께 기업 이미지 제고 등 역시 달성했다. 국내외에서 11개 수출 마케팅 행사를 개최해 총

표 2-5-3 월드컵의 경제적 파급 효과와 유발계수

	2001년 추정	
	총계(유발계수)	
총 유발 효과		
총생산	114,797	(3.31)
부가가치	53,357	(1.54)
수입	9,100	(0.26)
한일 간	1,628	(0.05)
기타 국가	7,472	(0.22)
고용	350,496	(3.05)
투자지출 효과		
총생산	81,451	(3.41)
부가가치	36,023	(1.51)
수입	6,463	(0.27)
한일 간	1,188	(0.05)
기타 국가	5,275	(0.22)
고용	220,360	(2.71)
소비지출 효과		
총생산	33,346	(3.08)
부가가치	17,334	(1.60)
수입	2,637	(0.24)
한일 간	440	(0.04)
기타 국가	2,197	(0.20)
고용	130,135	(3.90)

주: 고용유발계수는 고용지수/총생산액으로 명/억 원임.
자료: 노기성(2002: 73).

3,231개 업체가 참가했고, 해외 바이어 15,000여명을 포함한 총 24만여 명이 참관함으로써 수출 상담 24억 달러와 기술교류 · 투자사업 제휴 체결 등의 성과가 있었다.

한편, 2002년 한일 월드컵 이후 8여년이 지난 시점에서의 월드컵 개최 지역에서의 지역경제 성장 효과에 대한 연구(양지청 외, 2010)는 인적 · 물적 자본 측면 모두에서 15개 시 · 도 모두에 정(+)의 영향을 미쳤다는 것을 확인했다. 이는 월드컵 경기장이나 각종 사회간접자본의 건설에 투입된 투자와 대회 개최를 통한 물적 · 인적 교류의 영향으로 파악됐다. 즉, 전반적으로 월드컵 개최를 통한 다양한 투자의 효과는 지속적으로 관찰되고 있다는 것이다.

산업적 측면에서 한일 월드컵은 한국의 IT강국으로의 위상을 높이는 데에도 매우 큰 역할을 했다고 평가된다. 미국의 월스트리트 저널은 "한국은 월드컵을 계기로 자국의 하이테크 산업을 집중 부각시킴으로써 IT강국의 위상을 전 세계에 알리는 데 성공했다"고 평가했으며, 미국의 CNN방송은 데이터 중심의 3세대 이동 통신을 집중 소개했고, 워싱턴 포스트 및 요미우리신문 등 외국의 주요 언론에 한국의 IT산업이 집중적으로 노출돼, 한국의 산업적 역량이 효과적으로 해외에 소개되는 계기가 됐다.

2. 사회적 영향

2002 한일 월드컵의 개최의 성과는 비단 경기 및 대회 운영의 직접적・단기적 성과만 있었던 것은 아니다. 오히려, 2002년 월드컵 개최는 한국 사회 변화의 큰 변곡점을 이루는 역사적인 사건으로 기록될 수 있을 것이다. 2002년 월드컵은 우리 사회를 기존의 유교적 위계질서를 기반으로 한 전통적 사회질서에서 벗어나 수평적 네트워크와 자발적 참여를 기반으로 한 탈근대적 사회질서로 진입하게 하는 중요한 계기가 됐다. 월드컵이 한국 사회에 미친 좀 더 포괄적인 영향을 여기에서는 네트워크 세대의 등장으로 상징되는 사회・문화적 변화와, 사회질서의 근본적 변화가 유발한 2002년 대선 정국에서의 정치적 측면에서 분석하고자 한다.

1) 네트워크 세대의 배태

유교적 전통을 바탕으로 한 위계적인 사회질서는 오랜 기간 동안 한국 사회를 규정짓는 기본적 사회구조로 정의됐다. 사회적 위계는 나이와 성별, 그 밖의 개인적 특성들이 전통적인 가치관에 의해 사회적으로 배열되는 하나의 사회적 조직 체계를 뜻한다. 이러한 체제 내에서 집단의 행동은 동원과 명령 체계에 의존하는 경우가 많으며, 사회적 위계의 상위에서 생산되는 집단적 목표를 위해 사회구성원들이 동원되거나 조직되는 경우가 많다.

2002 한일 월드컵은 1990년대 이후 한국 사회구조와 운영 체제의 역동적인 변화의 흐름에 새로운 대안을 제기하는 계기가 됐다. 월드컵이 진행됐던 6월 한 달 동안 한국 사회는 이전에 목격하지 못한 엄청난 응원의 열기를 동시에 경험했다. 그간의 월드컵에

서의 부진과 아쉬운 탈락과 대비되는 수준 높은 경기력과 세계 강호를 차례로 물리치고 승승장구하는 한국 축구대표팀의 모습은 전 국민의 '자발적' 응집을 통한 응원으로 전이됐고, 많은 국민이 거리에서 응원을 펼치는 역사적인 경험을 하게 된 것이다. 이러한 경험은 개인적인 경험에서 사회적인 역동성의 인지, 그리고 공동의 목표 달성에 '자발적'으로 참여하는 새로운 국민성의 발견으로 이해될 수도 있는 것이었다.

자발적인 거리응원의 참여는 또한 과거의 사회과학이론으로는 설명하기 어려운 비정형적이고 비선형적인 사건의 진행으로도 이해될 수 있다. '복잡성이론'을 통해 거리응원의 진화를 연구한 이광모·장순희(2004)의 연구는 예상치 못했던 '붉은 악마'를 중심으로 한 응원 열기의 고조를 정치적 스트레스 및 IMF 후유증이라는 정치·사회적 환경을 시민 상호간 긍정 피드백과 자기복제, 그리고 공진화 과정을 거치는 일련의 비평형적·비선형적 과정으로 인식했다. 이러한 과정에서 핵심을 이루는 과정 중 중요 요인은 당시의 사회·정치·문화적 환경과 거리응원에 참여하는 개개인들의 상호간 긍정 피드백과 프랙탈(자기유사성) 인지라고 할 수 있을 것이다.

2002년 6월 우리 사회의 상황은 안정적이기보다는 혼돈적이라 할 수 있을 것이다. 현직이었던 김대중 대통령의 임기 말, 많은 부정부패 스캔들로 인해 정치권은 어수선했고, 차기 대통령 선거를 얼마 앞두지 않은 상황에서 국가적 리더십은 분열돼 있었다. 경제적으로도 1997~8년 외환위기 이후 급격한 경제 체제의 변화와 가시화되는 경제적 양극화는 국민들의 스트레스를 강화시키는 또 다른 원인이었다고 할 수 있다. 민주화 이후 사회적으로 확산되기 시작한 '자유화'와 '개인적 행복'에 대한 추구는 여전히 위계적이고 관료적인 사회질서와 여전한 갈등 상황에 있었고, 외환위기 이후 도입된 신자유주의적 경제제도는 평생직장과 중산층 진입의 서민적 욕구와 충돌을 일으키고 있었다. 더 이상 국가가, 사회가, 제도가 개개인의 행복과 미래의 안녕을 책임지지 못할 것이라는 현실 인식에 대한 두려움이 역설적이게도 전 국민적 '꿈의 실현'이 이뤄지는 월드컵에서의 선전에 폭발적으로 응집되기 시작한 것이라고 할 수 있다.

이러한 응집은 과거와 같은 개인과 개인 사이의 관계와는 다른, 전혀 새로운 양식으로 이뤄진 것이 2002년 월드컵 당시 거리응원의 모습이다. 일방적이고 아날로그적인 정보전달 방식이 아니라, 양방향적이고 비공식적인, 그리고 전방위적인 정보전달을 통해 개개인들은 자신의 참여 욕구와 공동체의 목표와의 일치를 인지할 수 있었고, 좀 더 쉽게 '공공의 장'에 참여할 수 있었던 것이다.

이러한 현상은 단순히 월드컵이 낳은 우발적 사건이 아니라, 이 사회의 구조적 변화를 보여주는 역사적 사건(이기중 · 김명준, 2008)이라고 평가된다. 이는 개개의 시민들이 즐겁게 놀고자 하는 일탈행위로 이해되기보다는 더 좋은 사회를 만들기 위한 단초를 제공하는 문화적 현상이라고 이해돼야 한다는 주장과 그 맥락을 같이한다. 또한 이동연(2002)은 붉은 악마 현상을 시민들의 자발적인 참여에 초점을 맞췄다. 그는 한국 사회의 시민운동은 시민들의 참여가 매우 미약하지만, 2002년 월드컵 당시의 시민들의 자발적인 참여의 에너지가 주는 삶의 생생함은 경제 및 정치적인 의지라기보다는 문화적인 의지이며, 주로 네거티브한 운동전략을 가진 현 시민운동의 방식을 포지티브한 전략으로 전환시키는 시민들의 집단적 권고라고 해석했다.

2002 한일 월드컵 당시 처음으로 목격했던 대규모의 자발적 거리응원은 분명 한국 사회에 큰 영향을 미쳤다. 과거와는 다른 소통 방식과 자발성으로 상징되는 네트워크 세대의 출현은, 새로운 세대의 등장을 예측하지 못했던 정치인들과 관료들을 긴장시키기에 충분한 사건이었으며, 이를 계기로 공공의 영역에서 '네트워크'의 영향력을 확대됐다. 이러한 새로운 세대의 출현은 억압과 실패와는 다른 승리와 성공의 집단 경험을 그 배경으로 한다. 즉, 개개인의 참여와 욕구는 개인적이지만, 자발적 참여를 통한 공동체 구성과 집단 목표의 달성이라는 개인과 공동체 사이의 인식적 모순이 2002년 거리응원의 장을 통해 현실화된 것이다.

2) 우리는 강팀이다: 개인주의와 공동체성의 조화

2002 한일 월드컵은 자발적인 거리응원으로 상징되는 '개인주의를 바탕으로 한 공동체성의 발견'만으로 그 사회적 의미가 다한 것은 아니다. 한국 대표팀의 4강 진출과 대규모의, 질서정연하면서도 열광적인 거리응원은 외부 관찰자뿐 아니라 참여자에게도 예상하지 못했던 경험이었다. 이러한 새로운 경험은 한국 국민들에게는 쉽게 허용되지 않았던 '집단의 성공'이라는 의미가 있다. 즉, 엘리트 주도로 이뤄진 경제 성장과 민주화를 거치면서 상대적으로 소외돼 왔던 일반 시민들에게 공동체의 성공이 자신의 성공으로 인지되는 거의 첫 경험이었다는 것이다. 이러한 경험은 또한 한국인들에겐 익숙하지 않았던 '축제'의 의식으로 사회에 축적될 수 있는 단초를 마련하게 했다. 자신이 심리적 · 물리적으로 깊은 일체감을 느끼는 공동체가 집단적으로 높은 수준의 성공을 일구고, 이를 자신의 같은 '편'과 같이 즐기고 축하할 수 있는 장이 있다는 것은 수동적이었던 우리 국민들에게 적극적인 자기 표현의 기회를 제공해주는 것이었다.

이와 같이 개인을 기반으로 한 새로운 공동체성의 발현이라는 점과는 달리, 2002 한일월드컵은 전통적인 한국의 공동체 구성 방식에 새로운 대안을 제시해주었던 계기로 기억된다. 혼과 맨젠라이터(Horne & Manzenreiter, 2004)에 의하면, 한국의 공고한 공동체는 세 가지의 '연(緣)' 즉 혈연, 지연, 학연을 통해 구성되어 왔는데, 2002년의 집단적 경험을 통해 한국인은 이제 공정한 경쟁, 확고한 비전, 그리고 일관적인 일처리라는 리더십을 통해 공동체가 구성될 수 있으며, 사회적 계층 이동이 가능하다는 것을 깊이 인식하게 됐다는 것이다. 일명 '히딩크 현상'으로 대표되는 이러한 새로운 리더십에 대한 국민적인 열광은 히딩크 감독의 리더십이 폐쇄적이고 구태의연함의 상징으로 비춰진 대한축구연맹과의 비교를 통해 더욱 선명하게 부각됐다는 것에서 더욱 쉽게 이해될 수 있다.

이렇듯 '공공의 장에 적극적으로 참여하는 국민'이라는 새로운 집단적 경험과 히딩크(Guus Hiddink) 감독의 리더십으로 상징되는 새로운 시대의 리더에 대한 열망은 이후 한국의 정치・경제적 환경과 맞물려 예측하지 못했던 정치・사회적 현상으로 귀결되게 되는데, 이는 2002년 지속됐던 '반미의식의 확산'과 2002년 12월 대통령 선거 과정에서 가장 폭발적으로 분출하게 된다.

3) 2002 대선 정국에서의 영향

한국의 정치사에서 2002년은 그동안 존재하거나 시도되지 않았던 다양한 정치적 제도가 현실화된 해로 의미가 있다. 특히, 주요 정당의 대통령 후보 경선에서 '국민참여경선'이라는 제도의 도입이 가장 눈에 띄는 변화라고 할 수 있다. 미국식의 오픈 프라이머리(Open Primary)의 변형으로 이해되는 국민경선은 정당인이나 정당의 당원이 아닌 일반 국민에게도 한 정당의 대통령 후보 선출에 참여할 수 있는 권리를 제공한다는 점에서 기존의 대통령 후보 선출과는 다른 특성을 가진다.

2002년 3~5월 중의 정당의 대선후보의 선출 과정은 예상을 뛰어넘는 국민들의 정치적 참여 욕구를 확인할 수 있는 계기였다. 특히 노무현 후보의 대선후보 선출 과정은 일반 국민의 정치적 참여의 방식의 변화와 참여의 중요성을 일깨우는 매우 중요한 정치적 사건으로 기록되고 있다.

이와 같은 '참여'의 경험과 참여의 중요성에 대한 관찰은 2002년 거리응원으로 상징되는 또 다른 자발적 시민 참여로 연결되며, 이후 2002년 정치 과정 내내 시민들의 자발적 참여는 매우 중요한 정치적 경쟁의 변수로 영향을 미치게 된다.

2002 월드컵이 국민 참여의 중요성을 증폭시킨 역할을 했다면, 대선 정국에서 월드컵은 당시 대한축구협회 회장이었던 정몽준을 유력한 대선후보로 등장시킨 실질적인 정

치적 효과를 발휘했다. 극적으로 민주당의 대선후보로 등장한 노무현 후보는 그 정치적 지지를 오래 지속하지 못했고, 국민들은 월드컵 4강이라는 신화를 이끌어낸 정몽준 대한축구협회 회장의 리더십에 주목하기 시작했다. 월드컵 이후, 적극적으로 정치적 자리매김을 모색하던 정몽준 회장은 그를 지지하는 국민들의 정치적 요구에 응답했으며, 2002년 11월 '국민승리 21'이라는 정당을 창당함으로써 2002년 12월 19일 대선에의 참여를 선언했다. 이후, 정몽준과 노무현은 야권의 후보 단일화에 합의했으며, 이 경쟁에서 승리한 노무현 후보는 이후 대선에서 한나라당 이회창 후보에게 승리함으로써 제16대 대통령으로 취임하게 된다.

이와 같이 2002년 대한민국의 대선, 즉 한국 정치의 흐름서 월드컵의 영향을 결코 과소평가될 수 없다. 정치문화와 절차적인 면에서 국민들의 직접적이고 자발적인 참여 욕구의 폭발은 상대적으로 젊고 진보적인 성향의 국민들의 지지를 얻는 민주당 및 야당 후보들에게 유리하게 작용했다. 또한, 월드컵의 성공을 통해 등장한 정몽준이라는 야권 후보의 지지를 고스란히 흡수함으로써 노무현 후보는 여당 후보와의 경쟁에서 매우 유리한 위치를 차지할 수 있었던 것이다. 이와 같이 2002년 한국의 정치적 과정에서 월드컵은 정치문화, 환경, 리더십, 인물 등 거의 모든 부문에서 중요한 영향을 미쳤으며, 그 영향은 10여년이 훌쩍 지난 지금까지 지속되고 있다고 평가할 수 있다.

참고 문헌

2002년월드컵축구대회조직위원회 (2002). 2002 FIFA 월드컵 한국/일본 공식보고서.

국정홍보처 (2003). 국민의 정부 5년 국정자료집. 1권.

김진동 · 김남조 (2003). 2002년 한 · 일 월드컵의 영향분석: 신문기사의 내용분석을 중심으로. 관광학연구, 41: 57-75.

노기성 (2002). 월드컵 축구대회의 경제적 파급 효과. 계간 사상, 52-76.

양지청 · 이효중 · 정창무 (2010). 국제스포츠행사의 지역경제성장효과 평가분석: 2002년 FIFA월드컵 한국/일본 유치와 개최를 중심으로. 국토계획, 45(1): 111-122.

이광모 · 장순희 (2004). 복잡성이론의 적실성에 관한 사례연구: 2002년 월드컵 거리응원의 자기조직화 현상을 중심으로. 한국사회와 행정연구, 15(1): 355-378.

이기중 · 김명준 (2008). 네트워크 사회의 미디어 퍼포먼스에 관한 소고: 2002 한일월드컵 '붉은 악마 현상' 사례를 중심으로. 한국방송학보, 21(6): 366-406.

이동연(2002). 월드컵에의 열광: 동원의 공학과 자발적 참여 사이이서. 당대비평, 19: 198-215.
임재영 · 조광익(2002). 2002 월드컵이 지역경제에 미치는 효과 분석: MRIO모형의 적용. 관광연구, 17(1): 1-14.
한국개발연구원(2001). 2002년 월드컵축구대회의 경제적 파급 효과.

Horne, John D. (2004). The Global Game of Football: The 2002 World Cup and Regional Development in Japan. *Third World Quarterly*, 25(7): 1233-1244.
Horne, John D. & Wolfram Manzenreiter (2004). Accounting for Mega-Events. *International Review for the Sociology of Sport*, 39(2): 187-203.

제 3 편

김대중 정부 정부개혁

제 1 장 정부개혁의 배경 및 방향
제 2 장 정부개혁의 내용
제 3 장 정부개혁 성과 및 평가

제 1 장

정부개혁의 배경 및 방향

송하중

경희대학교

제 1 절 정부개혁의 배경

국민의 정부는 이전의 정부와는 다른 어려운 상황 속에서 출발했다. 1997년 말 아시아 금융위기로 촉발된 경제위기는 한국이 IMF구제 금융을 받는 상황으로까지 확산됐다. 충격적인 경제위기 상황에서 김대중 대통령이 "한국전쟁 이후 최대의 국가적 위기"라고 표현하기까지 한 난국을 극복하고 국가경쟁력을 제고해야 한다는 시대적 사명에 따라 기존의 틀과 국가 운영 체제를 바꾸기 위한 전면적 개혁을 추진할 수밖에 없었다.

김대중 정부 출범 이전 50여 년 동안, 우리 정부는 견고한 조직과 거대한 인력 규모를 유지・확대시키면서 사회 전반을 주도해 왔다. 이 시기의 강력한 정부가 비약적 경제발전의 핵심적 역할을 담당한 것은 부인할 수 없지만, 그 강력함과 완고함이 IMF 경제위기라는 난국의 단초가 되었다는 점도 부인할 수 없다.

외환 관리의 문제가 외화 부족으로 이어지고, 그것이 외환위기-구제금융을 받아야 하는 상황으로 치달아 구제금융을 제공한 IMF의 권고는 경쟁과 효율에 기초를 둔 전반적인 구조조정이었고 정부는 그러한 주문을 받아들이지 않을 수 없었다.

1998년에 접어들면서 전례 없는 실업률과 저성장의 공포 아래 사회 모든 부문이 구조조정의 태풍에 휩싸였다. 정부를 비롯한 공공부문도 이러한 사태에서 예외일 수 없게 됐다. 상당한 부작용을 감내하고서라도 정부의 조직, 예산, 인력의 감량경영을 도모해 국난을 극복하기 위한 사회 전체적 노력과 보조를 맞춰야 하는 상황이 도래한 것이다. 이것은 공공부문이 수행하던 역할 중에서 필요성이 떨어진 것은 과감히 제거해 행정 서비스의 생산성을 높이는 것이 시급한 현안이 됐음을 의미한다(송하중, 1998: 5).

정부의 변화, 즉 '행정'개혁은 공식적인 정부조직에 한정되는 것이 아니라 준공공부문까지 포함한 넓은 범위에 걸쳐 요구됐다. 우선, 공공부문 조직의 구조와 기능, 예산제도와 운영 체제가 생산성의 관점에서 정비돼야 하고, 공공부문 인력관리 체제가 안고 있는 경직성과 비효율성을 도려내고 상황 적응력을 가지도록 바뀌어야 했다. 이와 같은 정부 변화에 대한 주문은 사회 전반에 대한 종합적인 개혁 없이는 경제위기를 극복할 수 없다는 공감대가 널리 형성돼 있었기 때문이다(이명석, 2001: 9). 이는 결국 정부와 민간의 역할을 새롭게 설정해 시장경제를 활성화시키고 민주주의를 정착시키라는 시대적 요구를 반영하는 것이었다.

이런 시대적 여건 하에서 새 정부는 '국민의 정부'를 표방하면서 기업, 금융, 공공, 노동 등의 4대 분야를 중심으로 개혁을 추진했다. 이러한 전 방위적 개혁을 추진한 이유는 공공부문의 개혁이 다른 부문의 개혁보다 선행돼야 하며, 공공부문의 개혁의 요체는 민주주의와 시장경제를 공공부문에 적극 도입하는 것으로 사회 전반의 변혁을 이루게 되는 것이기 때문이다. 이리하여 국민의 정부는 민주주의와 시장경제를 공공부문 개혁의 기본 방향이라고 천명하게 된다(이명석, 2001: 9).

제2절 정부개혁의 목표 및 추진 방향

1. 정부개혁 목표

국민의 정부는 우리 사회와 경제가 나아갈 방향으로 '민주적 시장경제'의 확립을 제시했다. 대통령 선거공약과 대통령 취임사 등에서 국민의 정부는 민주주의와 시장경제의 병행 발전을 국정 이념으로 강조했다. 이어서 1999년 후반 이후 '생산적 복지'가 국정 이념으로 추가된 이후 민주주의, 시장경제, 그리고 생산적 복지는 국민의 정부가 강조하는 국정 이념의 세 축이 됐다. 정부개혁은 이러한 3대 축에서 초기의 민주적 시장경제에 초점을 맞춰 국가 운영의 원칙과 틀을 정립하는 것을 지향점으로 삼았다(행정자치부, 2001: 232).

시장경제의 활성화를 위한 정부 역할의 축소와 민주주의, 복지 및 형평을 보장하기 위한 정부 역할의 강화라는 두 가지 입장이 국민의 정부의 역할에 대한 주문으로 대두된 것이라고 할 수 있다. 일견 상반된 이러한 두 요구는 정부가 행정환경의 변화를 수용하고 이를 조화롭게 통합할 수 있도록 균형 잡힌 행정개혁을 지향해야 된다는 것을 의미했다. 이것은 크게 행정개혁의 지향점을 제시한 것이라고 할 수 있는데, 이러한 국정 지표의 적극적 실천은 행정개혁을 전제로 해야만 가능하게 되는 것이었다.

행정개혁이 지향하는 정부의 역할로 먼저 강조됐던 측면은 시장경제 체제의 질서를 확립하고 지원하는 것이었다. 이것은 결국 공공부문과 민간부문 간의 균형이 회복돼야 함을 의미하는데, 이 균형점은 민간부문의 자율성이 확보될 수 있도록 직접 규제를 최소화하고 정책 제시와 공정한 조정자로서의 역할을 담당하는 데에서 찾아야 하는 것이다. 그리고 이것은 경제활동에서 특히 강조돼야 하며 선택과 경쟁을 보장하는 시장경제를 지향하는 것이 돼야 할 것이었다(송하중, 1998: 2-3).

국민의 정부의 행정개혁의 또 다른 지향점은 민주주의와 복지를 보장하는 삶의 질의 향상이었다. 사회의 민주화, 다원화 추세에 따라 국민의 행정 참여가 확대될 수 있도록 합리적인 정책결정과 집행절차를 확립하고 국민의 의식 수준 향상에 적절히 대응하고 행정환경 변화에 유연하게 대처할 수 있도록 행정 서비스 공급 체계를 탄력적으로 운용하는 행정개혁이 추진돼야 하는 것이다. 이는 행정 서비스 수요자의 평가와 요구를 수용하는 행정절차가 마련돼야 함을 의미하는 것이었다.

이러한 맥락에서 국민의 정부가 제시한 공공부문 개혁의 모토는 '작지만 국민에게 봉사하는 효율적인 정부'였다. 즉, '작고 효율적인 정부'에 더해 '봉사하는 정부'를 개혁의 방향으로 설정한 것이다(기획예산처, 2002: 6). 국민의 정부의 개혁 방향에 따른 정부개혁의 목표는 다음 세 가지로 요약할 수 있다.

첫째, 비대하고 비효율적인 공공부문의 조직 축소, 인력 감축 그리고 민영화 등 구조조정을 통해 공공부문의 규모를 축소하고 이전의 정부에서 지속적으로 확대, 비대화돼

온 공공부문의 틀을 변환해 작은 정부를 만드는 것이다.

둘째, 행정개혁을 통해 변화된 공공부문의 조직을 좀 더 효율적으로 작동하도록 하기 위해 운영 시스템을 제대로 갖추는 것이다. 따라서 개혁의 목표는 조직 운영 및 인사관리, 예산 및 재정 운영, 전자정부사업, 공기업과 산하기관의 개혁 등으로 능력과 성과에 따라 운영되는 효율적인 정부를 만드는 것이다.

셋째, 정부개혁은 궁극적으로 그 조직구성원들의 의식과 문화를 변화시킬 때에만 그 실효성이 있기 때문에 공직자들의 의식개혁이 정부개혁의 중요한 목표다. 투명하게 행동하고 국민에게 봉사하며 항상 자기 스스로 변화를 모색하는 자기혁신형 공직문화를 창조하는 일이 공공부문 개혁의 핵심이 되는 것이다.

2. 정부개혁 추진 방향

국민의 정부의 공공개혁의 기본 방향은 공공부문 축소와 민간 영역 확대, 공공부문 내에 경쟁 개념 도입, 결과 중심적 개혁으로 요약되는데, 김대중 정부가 추진해 왔던 공공부문 내부관리의 기본 방향은 이러한 관점에서 다음과 같이 살펴볼 수 있다(남궁근, 2002: 10-11).

1) 공공부문 축소와 민간 영역 확대

서구 주요 국가에서는 1980년대 중반 이후 지속적인 경기 침체와 재정적자로 인해 정부관료조직의 비효율성과 정부 능력에 대한 불신이 증대됐다. 이에 따라 관료제의 병리를 극복하고 정부에 대한 신뢰를 회복하기 위한 정부 영역 축소는 불가피한 것이었다. 이로 인해 공공 서비스 생산 기능들은 민간부문이 일정 영역에서 참여해 담당하는 행정개혁이 추진됐다.

2) 공공부문 내 경쟁 개념 도입

공공문제에 대해 좀 더 신축적이고 적극적인 대응을 위해 공공부문 내부에서의 경쟁 구조를 강화할 필요성이 제기됐다. '경쟁' 요소의 도입은 환경 변화에 대한 능동적 대응뿐 아니라 행정관리의 효율성 제고에서도 두드러진 효과를 창출하게 된다.

3) 결과 중심적 개혁

모든 정부 혹은 관료조직은 국가와 국민을 위한 노력과 성과를 강조하고 있는데, 1980년대 후반 서구의 주요 선진국에서는 계량적 지표로서 평가할 수 있는 구체적인 성과를 강조했다. 이에 따라 성과지표, 성과 측정 방법, 성과정보의 공개와 평가 등과 같은 미시적 작업들이 한층 강조됐다.

제3절 정부개혁의 추진체계

행정개혁의 당면 과제를 구체적으로 기획하고 실천에 옮기기 위해서는 효과적인 추진체계와 기구들이 마련돼야 한다. 이것은 제도와 조직, 예산, 운영 방식 등의 가시적인 문제들(하드웨어적 문제들)과 장기적인 관점에서 사람과 문화/풍토의 변화에 관한 문제들(소프트웨어적 문제들)을 다루는 것이어야 한다.

국민의 정부는 공공부문의 하드웨어적인 개혁과 소프트웨어적인 개혁을 포괄적이고 효과적으로 추진하기 위해서는 하드웨어적 개혁 추진체계인 기획예산위원회(후에 기획예산처로 개편), 행정개혁위원회, 정부혁신추진위원회, 정부기능조정위원회, 규제개혁위원회, 그리고 지방이양추진위원회와 소프트웨어적 개혁 추진체계인 중앙인사위원회를 두고 개혁과제를 추진했다.

국민의 정부의 공공개혁 추진체계는 과거 정부와 다른 다음과 같은 세 가지 특징이 있다(행정자치부, 2001: 232).

첫째, 공공개혁 추진조직이 처음으로 정부부처의 정규조직으로 자리 잡았다. 예산과 연계해 공공개혁을 총괄하는 기획예산처 정부개혁실의 행정개혁단, 재정개혁단, 공공관리단은 각각 재정 · 행정 · 공기업 등 공공부문이 개혁을 담당했다. 그 밖에 행정자치부(지방자치단체 관리), 국무조정실(규제개혁과 정책평가), 중앙인사위원회(공무원 인사관리) 등이 개혁 과정에 참여했다.

둘째, 과거 정부는 김영삼 정부의 행정쇄신위원회와 같이 1~2개의 정부개혁 자문기구들을 운영했으나, 현 정부에서는 개혁 대상 분야별로 정부혁신추진위원회, 규제개혁위원회 지방이양추진위원회 등으로 다양화 · 전문화됐다.

셋째, 공공개혁 과정에 시민단체와 민간기업 등의 참여가 증가했다. 각종 개혁 과정에 시민단체가 많이 참여하고, 정부 기능 경영진단에 경영 컨설팅 회사 등 국내외 민간기업들이 참여했다. 그 결과 조직개편이 공개적인 작업 과정을 거침으로써, 민주적인 개혁 절차가 갖춰졌다.

1. 국민의 정부 초기의 정부개혁 추진체계

1) 기획예산위원회와 정부개혁실

국민의 정부는 집권 초기의 행정개혁을 본격적으로 추진하기 위해 공공개혁 추진기구인 기획예산위원회를 대통령 직속기구로 두어 운영했다. 이는 대통령의 강한 리더십을 추진력으로 하여 공공개혁을 강도 높게 추진하기 위한 것이었다(기획예산처, 2002: 10).

기획예산위원회는 공공개혁과 재정개혁을 전담하는 기구로 국민의 정부가 출범하면서 단행된 정부조직 개편으로 설치됐다. 기획예산위원회는 재정기획국에서 예산 운영에 관한 기본지침을 작성하고, 예산의 기본 방향과 운영에 관한 한 사실상 위원회의 지시를 받도록 해서 공공개혁의 주요 정책들이 예산에 반영될 수 있도록 했다. 기획예산위원회는 정원 99명의 소규모 조직이었지만 상당수의 직원을 변호사, 회계사, 전문 컨설턴트, 연구원, 학자 등 공직 경험이 없는 외부 인력으로 충원했다. 이들의 보수도 성과에 따라 지급되도록 하는 등 기존에 전례가 없던 획기적인 조치를 취했다.

기획예산위원회의 개혁 추진의 핵심은 정부개혁실이었다. 정부개혁실은 통상의 비상설 임시조직이 아니라 개혁을 기획하고 추진할 권한을 갖춘 상설조직이었다. 행정개혁단, 재정개혁단, 공공관리단으로 구성된 정부개혁실은 각각, 예산/회계제도, 정부/지자체/출연/위탁 기관, 공기업/정부투자기관 등의 개혁안 작성을 분담했다. [그림 3-1-1]은 기획예산위원회 전체 조직구조를 나타내는 조직도다.

정부개혁실과 기획예산위원회는 공무원 인력 감축, 공기업 민영화, 책임운영기관제 도입, 예산회계제도 개혁 등의 공공개혁 작업을 1년여에 걸쳐 추진했다. 그러나 정부개혁의 핵심 수단이라고 할 수 있는 예산청이 다른 정부기관의 산하로 돼 있어 사실상 그 추진에 많은 제약이 뒤따를 수밖에 없었다.

2차 정부조직 개편에 따라 기획예산위원회는 기획예산처로 개편됐고, 이때 기획예산처가 재정경제부에 소속돼 있던 예산청을 통합해 예산권을 갖도록 기능이 조정되면서

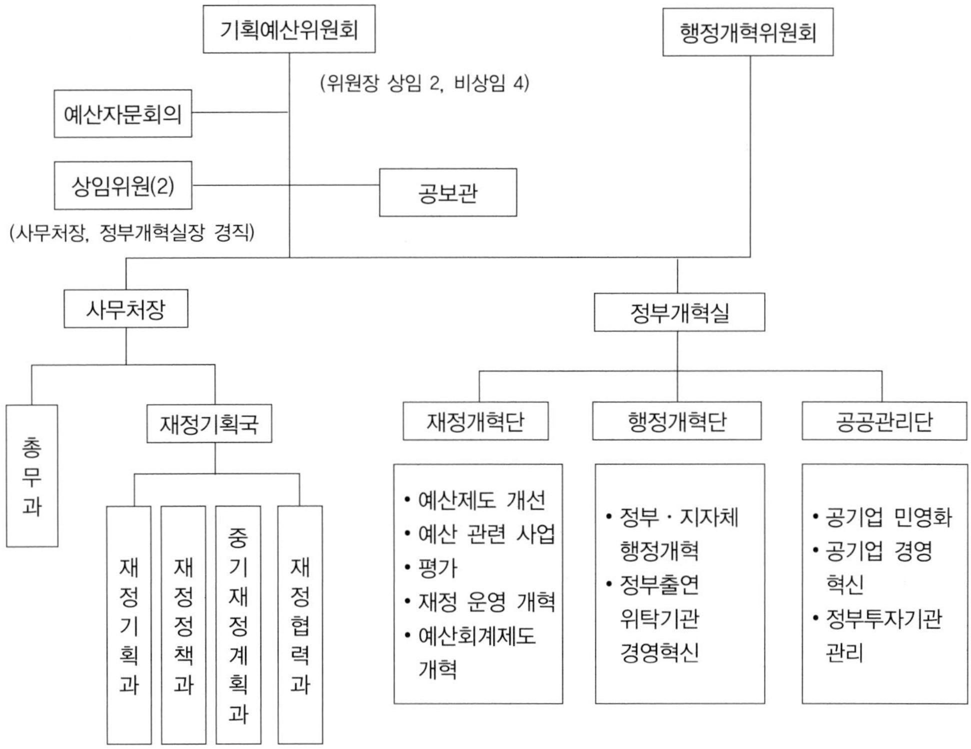

그림 3-1-1 기획예산위원회 조직

자료: 기획예산처(2002: 11).

기획예산처는 개혁작업에 필요한 핵심적 도구(예산)를 갖고 일을 추진하게 됐다.

2) 행정개혁위원회

행정개혁위원회는 정부개혁에 민간전문가의 아이디어와 의견을 수렴하는 조직이었다. 행정개혁위원회는 기획예산위원회의 자문기구로서 대국민 행정 서비스의 품질 향상과 민간경영 방식을 행정에 도입해 정부생산성을 제고하기 위한 목적으로 설치됐다. 기본적으로 안건은 행정개혁위원회의 심의를 거쳐 기획예산위원회 위원장이 이를 실천하는 형식을 취했다. 행정개혁위원회는 1998년 4월에 출범해 1999년 말까지 활동했다. 위원회는 총 22회의 전체회의와 28회의 분과 회의를 통해 공기업 및 정부산하기관의 경영혁신계획, 출연연구기관 운영시스템 개선, 중앙행정기관 경영진단 등 국민의 정부 집권 초기의 주요 공공개혁 조치들을 심의하고 건의했다(기획예산처, 2002: 12).

표 3-1-1 행정개혁위원회 위원 명단(가나다순)

구분	성명	직위
위원장	김인수	고려대학교 경영학과 교수
당연직위원	이계식	정부개혁실장
위촉위원	강응선	매일경제 수석논설위원
	고영채	안진회계법인 대표
	권회섭	경기화학사장
	김병섭	서울대 행정대학원 교수
	김우진	우진전자통신그룹
	김정국	삼일회계법인 고문
	김판석	연세대 행정학과 교수
	송하중	경희대 행정학과 교수
	이계경	여성신문사 사장
	이상경	현대리서치 사장
	이원평	(주)데코 회장
	장현준	KDI 연구위원
	전성빈	서강대 경영학과 교수
	정갑영	연세대학교 경제학과 교수
	정정목	청주대 행정학과 교수
	주혜경	삼성SDS 이사
	황승택	전 한백학원 이사장

자료: 기획예산처(2002: 459).

행정개혁위원회는 위원장(김인수 고려대 교수)을 비롯해, 당연직 위원인 정부개혁실장과 학계, 언론계, 경영인 등 관련 전문가 20인 이내의 위원으로 구성됐다(〈표 3-1-1〉 참조). 또한 위원회의 효율적인 활동을 위해 총괄기획분과위원회, 출연기관분과위원회, 공기업분과위원회, 보조·지원기관분과위원회, 기타 정부산하단체분과위원회 등 분과위원회를 설치하였다. 분과위원회의 명칭 및 구성은 이후 필요에 따라 변경됐다(기획예산처, 2002: 12).

3) 경영진단조정위원회

기획예산위원회는 국민의 정부 출범 당시의 조직개편이 미진하다고 판단해 광범위한 정부진단사업을 통해 개혁안을 입안하기로 하고, 1998년 11월부터 2월 말까지 19개 민간연구기관의 연구팀들을 9개 반으로 편성해 9개 분야로 분류한 정부기관들을 진단했다. 진단 대상 범주에 포함된 정부기관은 17부 4위원회 2처 16청과 시범 대상으로 선정된 지방자체단체들이었다. 경영진단 대상 분야 기관 그리고 담당기관은 〈표 3-1-2〉와 같다(오석홍 2008: 118).

표 3-1-2 경영진단 대상기관 및 경영진단기관

구분	부처 · 위원회	청 · 자치단체	경영진단기관
외교 · 안보	통일부,외교통상부, 국방부, 비상기획위	병무청	한국능률협회컨설팅
일반행정	법무부, 행정자치부, 법제처, 국무조정실	검찰청, 경찰청, 공보실	서울대학교 행정대학원, 대우경제연구소
교육 · 문화	교육부, 문화관광부	문화재관리국	매경경영연구원, 모니터컴퍼니
사회 · 복지	보건복지부, 노동부, 국가보훈처	식품의약품안전청	LG_EDS, ATK
재정 · 금융	재정경제부, 공정거래위원회, 금융감독위원회, 기획예산위원회	예산청, 국세청, 관세청, 조달청, 통계청	세동경영회계법인, 앤더슨컨설팅
산업 · 기술	과학기술부, 산업자원부	중소기업청, 특허청, 기상청	안진회계법인, 아더앤더슨코리아
SOC	건설교통부, 해양수산부	철도청, 해양경찰청	한국생산성본부, 가립회계법인
농림 · 환경	농림부, 환경부	농촌진흥청, 산림청	삼성경제연구소
지방자치1		충청남도, 천안시, 연기군, 강남구	한국능률협회, 한국지방행정연구원
지방자치2		언천광역시 및 남구, 대구광역시 달성군, 수원시 및 팔달구	삼일회계법인, 한국행정연구원

자료: 오석홍(2008: 118).

경영진단의 실시의 목적으로 제시된 것은 세 가지였다. 첫째, 행정 분야에 전략경영 개념 도입을 통한 정부경쟁력 제고, 둘째, 행정 업무를 고객 중심으로 재설계해 국민만족도 제고, 그리고 셋째, 경영진단에 근거한 기능 재조정을 통해 정부효율성 향상 등이었다(오석홍, 2008: 119).

경영진단팀이 수행해야 할 과제는 공통과제와 개별과제로 구분됐고 9개 진단팀들이 수행해야 할 공통과제는 다음과 같았다. 첫째, 조직문화, 기능진단 및 평가, 고객만족도 평가, 이해관계자 분석 및 조직문화 분석을 포함한 현황평가, 둘째, 기능진단 · 분석과 기능재설계, 셋째, 조직설계 및 적정인력 규모 산정, 넷째, 개방형 임용 대상 범위 결정과 직위의 선정, 다섯째, 효율성 평가지표의 개발과 고객헌장 개발, 여섯째, 해외 사례 연구, 일곱째. 행정규제에 대한 평가와 개선, 마지막으로 여덟째, 특별지방행정기관의 정비 방안 제시 등이었다(오석홍, 2008: 119-120).

이러한 경영진단 활동을 지도하고 조정하는 역할을 수행한 개혁추진 주체는 경영진단조정위원회였다. 경영진단조정위원회는 기획예산위원회의 규정에 의해 1998년 11월 18일에 구성되어 11월 27일 발족했다. 이에 의하면 경영진단위원회의 기능은 경영진단의 기본 방향과 원칙에 관한 사항, 경영진단 분야 간 평가 조정 통합, 경영진단의 범위에 관한 사항, 그리고 기타 경영진단 과정에서 필요하다고 인정하여 위원회에 부의하는 사항을 연구 · 심의하고 그 결과를 기획위원회 위원장에게 건의하는 것이었다(오석홍, 2008: 123).

경영진단조정위원회의 위원장은 오석홍 교수(서울대)였다. 위원은 공무원 2인, 기업인 1인, 컨설턴트 1인, 교수 7인 등 총 11인으로 구성됐다. 경영진단조정위원회는 출범한 이후 매주 1회 이상 회의를 하여 14회 회의를 가졌다. 1999년 2월에 팀별, 분야별 보고서를 취합해 부처설명회를 거치고 1999년 3월 8일 공청회를 개최했다. 경영진단 조정위원회는 공청회의 의견 등을 참고한 최종 건의안을 3월 11일 제출하고 위원회의 역할을 종료했다.[1] 건의안을 근거로 1999년 5월 법 개정과 직제 제 · 개정을 완료해 2차 정부조직 개편이 단행됐다(경영진단조정위원회의 활동 사항은 〈표 3-1-3〉 참조).

1999년 3월 11일 행정자치부 장관과 기획예산위원회 위원장에게 제출한 경영진단조정위원회의 건의안인 "21세기 지식 · 정보사회에 대비한 정부운영 및 조직개편 건의안의 내용을 보면, 조직개편에 관해 '작고 유연한 정부' 설계를 목표로 ① 정부의 기능을

1) 경영진단조정위원회의 존속 기간이 규정으로 정해져 있지 않았지만 본 위원회의 마지막 회의일인 1999년 3월 12일을 해체일로 보고 있다(오석홍, 2008: 124).

핵심 역량 위주로 개편하고 간소화한다. ② 민간이 더 잘 할 수 있는 기능은 민간으로 이양한다. ③ 지방자치단체가 할 수 있는 기능은 지방으로 이양한다. ④ 독립적 수행이 가능한 집행 기능을 책임운영기관화한다라는 4대 원칙을 제시했다. 운영 시스템에 관해서는 '국민에 봉사하는 깨끗하고 효율적인 정부'의 설계를 목표로 ① 고객 지향적 행정서비스 체계 설계, ② 시민 참여 확대를 통한 협조 체제의 강화, ③ 부패의 예방과 척결을 위한 투명성·공정성 확보, ④ 행정 시스템에 경쟁·성과·품질 개념 도입 등 4대 원칙을 적용하기로 했다(오석홍, 2008: 133-134).

표 3-1-3 경영진단조정위원회 활동 일지

일자/기간	주요 활동 사항
1998. 10. 21	경영진단기관 선정
1998. 10. 28, 11. 7	경영진단 설명회(2차)
1998. 11. 2	경영진단 시작
1998. 11. 18	경영진단조정위원회 구성
1998. 12~1999. 3. 25	경영진단조정위원회 14회, PM협의회 격주 개최
1999. 2. 17	최종보고서 초안 접수
1999. 2. 23~24	부처 설명회
1999. 2. 28	경영진단 최종보고서 접수
1999. 3. 8	정부운영 및 조직개편 관련 공청회
1999. 3. 11	조정위원회 최종 건의안 제출
1999. 6	경영진단 보고서 공개
1999. 12	경영진단보고서 CD-ROM 제작·배포

자료: 기획예산처(2002: 360).

2. 국민의 정부 중반기 이후의 정부개혁 추진체계

1999년 5월의 2차 정부조직 개편에 따라 기획예산위원회가 기획예산처로 바뀌면서 행정개혁위원회의 역할도 정부혁신추진위원회로 넘어가게 됐다. 정부혁신추진위원회는 관련 부처와 협조 및 민간의 의견 수렴 기능을 수행하게 됐다. 2차 정부조직 개편 이후 정부개혁 작업은 기획예산처와 정부혁신추진위원회가 주축이 됐다.

1) 기획예산처

2차 정부조직 개편에 따라 기획예산위원회는 기획예산처로 개편됐다. 이때 재정경제부에 소속돼 있던 예산청을 기획예산처가 통합하여 예산권을 갖도록 기능 조정되면서 기획예산처는 개혁작업에 필요한 핵심적 도구(예산)를 갖고 일을 추진하게 됐다.

기획예산위원회와 대비해 기획예산처의 특징은 예산 기능을 수행할 수 있다는 것이었다. 예산 기능을 갖게 됨으로써 기획예산처가 기획하는 각종 정부개혁 방안들이 실질적인 추진력을 가질 수 있게 됐는데, 실상 기획예산위원회는 대통령 직속기관으로서 다른 정부기관들에 비해 높은 위상을 지니며 상대적으로 강력한 영향력을 행사할 수 있는 위치에 있었다.

그런데 기획예산처로 변모하면서 대통령 직속기관에서 다른 중앙행정기관과 같은 위치로 위상이 변화하게 됨에 따라 기획예산처의 영향력은 과거에 비해 위축될 개연성을 지니게 됐으나 예산이라는 수단을 가지고 있어 그러한 가능성은 상당 부분 상쇄될

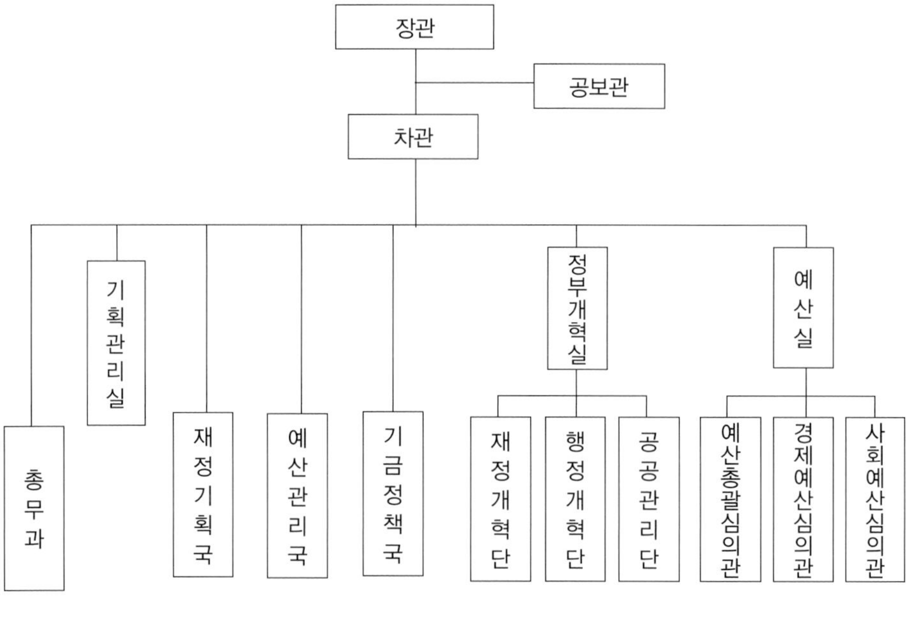

그림 3-1-2 기획예산처 조직구조

자료: 기획예산처(2002: 14).

수 있었다(기획예산처, 2002:13). 기획예산처의 조직 구성은 [그림 3-1-2]와 같다.

그러나 다른 여러 부처 중 하나라는 기획예산처의 기관 위상으로 인한 문제점, 즉 공공개혁 어젠다가 부처 수준의 과제(ministry-level)에 그치고 전국적인 과제(nationwide) 혹은 대통령의 의제(presidential agenda)가 되지 못한다는 것은 개혁 추진체계로서 큰 약점으로 지적돼 이러한 문제를 해결하기 위해 2000년 8월 대통령 자문기구인 정부혁신추진위원회가 발족됐다(기획예산처, 2002: 13-14).

2) 정부혁신추진위원회

기획예산위원회가 기획예산처로 개편됨에 따라 개혁을 추진할 때 관련 부처와의 협조 및 민간 의견 수렴 기능을 좀 더 원활히 할 수 있는 개혁할 때 추진체계의 보완 필요성이 제기됐다. 이에 개혁의제 선정 및 추진 과정에서 범부처적인 합의를 도출하고 민간의 의견을 수렴·반영할 수 있는 민관 합동의 정부혁신추진위원회가 2000년 8월 대통령 직속 자문기구로 발족하게 됐다(기획예산처 2002:15).

정부혁신추진위원회는 민간인 위원장(조창현, 추후 김동건)을 중심으로 학계, 시민단체, 언론계 등 사회 각 분야에서 선정된 민간위원 10인과 기획예산처 장관, 행정자치부

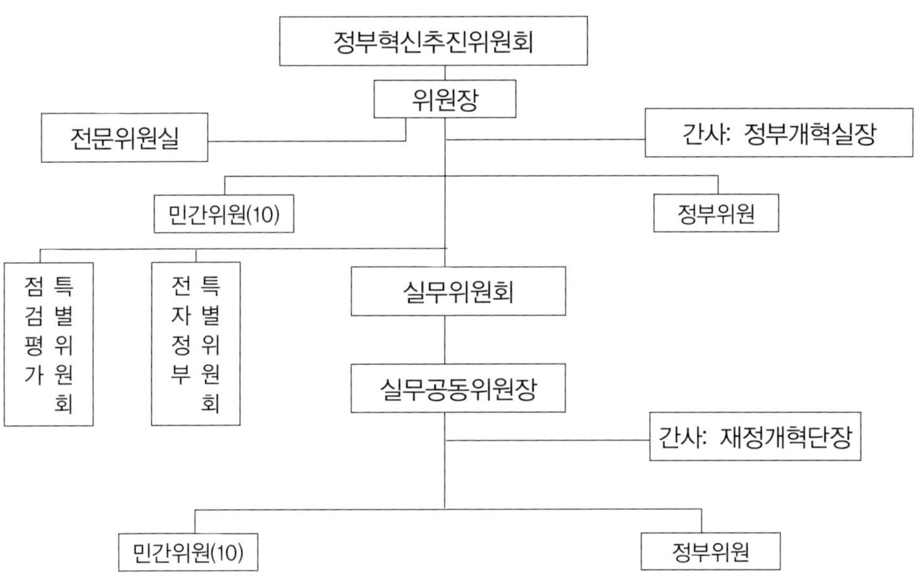

그림 3-1-3 정부혁신추진위원회 구성

자료: 기획예산처(2002: 15).

표 3-1-4 정부혁신추진위원회 제1기 위원 명단(2000년 8월 28일~2002년 8월)

구분	성명	직위
위원장	조창현[1)]	중앙인사위원회 위원장
	김동건[2)]	서울대학교 행정대학원 교수
민간위원	고영채	베어링포인트 대표이사
	김동건	서울대학교 행정대학원 교수
	김수곤	최저임금위원회 위원장
	김종심	저작권심의조정위원회 위원장
	문창재	한국일보 수석논설위원
	송두환	법무법인 한결 대표변호사
	신수연	코리아스테파 대표이사
	안문석	고려대학교 행정학과 교수
	전성빈	서강대학교 경영학과 교수
	좌승희	한국경제연구원 원장
정부위원	안병우	국무조정실장
	전윤철	기획예산처 장관
	고건	시·도지사협의회 회장/서울시장
	안병엽	정보통신부 장관
	김성재	대통령비서실 정책기획수석비서관
	김광웅	중앙인사위원회 위원장
	최인기	행정자치부 장관

주: 1) 재임 기간: 2000. 8. 23~2002. 5. 23.
2) 재임 기간: 2000. 6. 19~2002. 8. 27.
자료: 기획예산처(2002: 459).

장관, 정보통신부 장관 등 정부위원 7인으로 구성됐다(위원회 위원 명단은 〈표 3-1-4〉 및 〈표 3-1-5〉 참조).

정부혁신추진위원회는 14차례의 회의와 28차례의 실무위원회를 통해 공공개혁의 기본 방향과 기관별 추진계획을 수립하고 공공개혁 추진계획의 종합 조정 및 개혁 추진 실적의 점검과 평가를 수행하는 한편, 신규 개혁 과제의 발굴 등 총 71건의 안건을 심의 의결했다(기획예산처, 2002: 16).

또한 위원회의 효율적 운영을 지원하기 위해 산하에 실무위원회를 설치하는 한편,

표 3-1-5 정부혁신추진위원회 제2기 위원 명단(2002년 8월 28일~2004년 8월 27일)

구분	성명	직위
위원장	김동건	서울대학교 행정대학원 교수
민간위원	고영채	베어링포인트 대표이사
	김수곤	최저임금위원회 위원장
	김종심	저작권심의조정위원회 위원장
	문창재	한국일보 수석논설위원
	송두환	법무법인 한결 대표변호사
	신수연	코리아스테파 대표이사
	안문석	고려대학교 행정학과 교수
	이계경	여성신문사 대표이사
	좌승희	한국경제연구원 원장
정부위원	김진표	국무조정실장
	장승우	기획예산처 장관
	이명박	시·도지사협의회 회장/서울시장
	이상철	정보통신부 장관
	최종찬	대통령비서실 정책기획수석비서관
	조창현	중앙인사위원회 위원장
	이근식	행정자치부 장관

자료: 기획예산처(2002: 460).

인사·조직개혁반, 재정개혁반 등 분야별 작업반을 통해 신규 개혁 과제를 발굴·추진했다. 또한 점검평가특별위원회, 전자정부특별위원회 등을 만들어 공기업·산하기관의 경영혁신 과제 이행 실적을 점검·독려하고, 범정부적인 전자정부 구현을 추진했다. 점검평가특별위원회는 2000년 10월 1998년부터 추진해온 중앙부처, 공기업, 산하기관에 대한 경영혁신 이행 실적으로 종합적으로 점검하고 평가하기 위해 혁신위 민간위원, 시민단체 대표, 관련 민간전문가로 구성돼 2001년 1월까지 활동했다. 전자정부특별위원회는 범정부적 전자정부사업을 추진하면서 부처 간 이견 조정 및 정부혁신과의 연계를 위해 민간전문가 7명과 차관급 정부위원 10명으로 구성해 2001년 1월 발족해 민원서비스 혁신사업, 국가전자조달시스템 구축 등 11개 중점 추진 과제를 추진하고 2002년 11월 대부분의 사업을 완료했다(기획예산처, 2002: 16-17).

3) 정부기능조정위원회

2000년에 추진됐던 김대중 정부의 정부 기능 조정과 정부구조 개편의 행정개혁은 정부기능조정위원회 설치를 통해 본격화됐다. 이 이전에 정부조직에 대한 기구개편은 어느 정도 진척됐기 때문에 이 위원회는 대통령이 2000년 신년사에서 밝힌 "경제부처의 유기적 총괄, 인력개발정책의 종합적 관장 그리고 정부부처에 분산돼 있는 여성 업무의 일관 관리 및 집행" 등의 내용을 구체화하기 위해 설치된 위원회라고 할 수 있다(김영평, 2008: 90-91).

정부기능조정위원회는 위원장(서울대 정정길 행정대학원 교수)을 비롯, 행정자치부 차관과 기획예산처 차관을 당연직 위원으로 하고 민간인위원으로는 학계, 재계, 여성계, 관계의 대표적 인사 4명(김영평 한국행정연구원장, 한국개발연구원장 이진순, 제일모직 대표이사 원대연, 여성신문사 사장 이계경) 등 총 7 명으로 구성해 2000년 2월 15일 발족했다.

정부기능조정위원회를 지원하기 위해 관계 부처 간 실무협의 및 조정 역할을 수행하는 실무위원회와 실무지원팀이 만들어졌는데, 실무위원회는 행정자치부 기획관리실장, 기획예산처 정부개혁실장, 청와대 행정비서관과 기획조정비서관으로 구성됐고, 실무위원회를 보조하기 위해 설치된 실무지원팀에는 행정자치부 행정관리국장, 기획예산처 행정개혁단장, 제정경제부 행정법무담당관, 교육부 행정관리담당관, 여성특별위원회 기획담당관이 참여했다. 실무위원회는 개혁안의 재정 사항에 대한 부처 간 협의. 조정을 통해 정부기능조정위원회에 상정할 개편안을 마련하고 이를 위해 필요한 용역 과제에 대한 기본 방침을 설정하고 과업을 지시하는 기능이 부여돼 있었다.

2000년 2월 한국행정연구원에 연구용역을 의뢰해 4월에 완성된 보고서 결과를 바탕으로 개편 시안을 마련하고 5월 8일 공청회를 개최했는데, 공청회에는 개혁 방안의 시대적 필요성 및 기본 방향과 함께 ① 경제정책의 총괄 조정 기능을 강화하기 위한 재정경제부 장관의 부총리 격상, ② 지식기반 사회 대비를 위한 인적자원 개발의 중요성을 강조하고자 교육부의 인적자원개발부로의 전환, ③ 여성정책을 종합 조정하기 위한 여성부의 신설, 그리고 ④ 청소년 보호와 육성정책을 정책효과성을 높일 수 있는 방향으로의 재조정 등 네 가지 방안을 제시했다. 정부기능조정위원회는 공청회 결과를 정리해 정부에 제출하고 이런 방안을 담은 정부조직법 개정안이 2000년 7월 6일 국회에 제출돼 2000년 12월 27일에 본회의에서 통과됐고, 개정된 정부조직법은 2001년 1월 29일에 법률 제6400호로 공포됐다. 이와 함께 정부기능조정위원회는 추진했던 기능조정개혁이 법률로 전환되면서 소멸됐다(김영평, 2008: 96).

정부기능조정위원회에서 추진한 기능조정 개혁은 대통령의 신년사에서 언급한 조직개편을 실현하고자 한 것으로 대통령이 분명하게 천명한 방향을 구체화하고 정당화하는 작업이었고 초점이 분명한 개혁이었다고 평가된다(김영평, 2008: 97).

4) 규제개혁위원회

효율적이고 일관성 있는 규제개혁 추진을 위해 규제개혁 추진기구를 일원화하고자 1998년 4월 대통령 직속으로 규제개혁위원회를 설치했다. 일원화된 규제개혁 시스템을 도입하고자 「행정규제기본법」을 바탕으로 규제개혁위원회를 설치하게 된 것이다. 규제개혁위원회는 총리와 민간인 공동위원장을 중심으로 학계, 법조계, 언론계, 시민단체 등 각계에서 선정된 민간위원 12인과 재정경제부 장관, 행정자치부 장관, 산업자원부 장관 등 정부위원 6명으로 구성돼 규제정책의 기본 방향과 규제 제도의 연구 및 발전, 규제의 신설·강화 등에 대한 심사, 기존 규제의 심사, 규제 정비 종합계획의 수립·시행, 규제의 등록·공표, 규제 개선에 관한 의견 수렴 및 처리, 각급 행정기관의 규제 개선 실태에 대한 점검·평가 등의 기능을 수행했다. 또한 위원회의 업무를 효율적으로 수행하기 위해 분야별로 분과위원회를 설치해 위원회에 상정할 안건의 사전 검토·조정, 전문적인 조사·연구, 기타 위원회가 위임한 사항을 처리하는 기능을 수행하게 했다(기획예산처, 2002: 19).

5) 지방이양추진위원회

국민의 정부는 100대 국정과제의 하나로 중앙과 지방의 기능을 재조정하는 과제를 제시하고 본격적인 중앙정부 권한의 지방 이양을 추진하게 됐다. 1999년 1월 「중앙행정권한의 지방이양 촉진 등에 관한 법률」이 제정됨에 따라 1999년 7월 대통령 소속 하에 지방이양추진위원회를 설치했다(기획예산처, 2002: 20).

지방이양추진위원회는 중앙행정 권한의 지방 이양 및 지방자치단체 간의 사무 배분 등에 관한 기본계획의 수립과 시행에 관한 사항, 지방 이양 및 사무 배분을 위한 대상 사무의 조사에 관한 사항과 대상의 결정에 관한 사항, 법령에 규정된 사무의 국가 또는 지방자치단체의 소관 구분에 관한 사항 등을 심의·의결하는 기능을 수행했다. 지방이양추진위원회는 국무총리와 민간위원을 공동위원장으로 하고 학계·경제계·여성계·

시민단체・관련 연구기관 등 사회 각 분야에서 전문적 식견과 학식을 겸비한 민간위원과 중앙행정기관의 장 그리고 지방자치단체의 장 등 총 20명의 위원으로 구성됐다(기획예산처, 2002: 20).

또한 위원회의 심의 의결 사항에 대한 사전 검토 등 위원회 업무를 효율적으로 지원하기 위해 지방이양추진실무위원회를 두었다. 실무위원회의 구성은 행정자치부 차관을 위원장으로 하고 학계・경제계・여성계・시민단체・관련 연구기관의 민간전문가 등 총 25명의 위원으로 구성・운영했다. 지방이양추진실무위원회의 위원들은 하부조직인 행정, 산업건설, 농수산복지의 3개 실무분과위원회에도 참여했다(기획예산처, 2002: 20).

6) 중앙인사위원회

국민의 정부의 공공인력 관리 체계 전반에 대한 장기적 정책과 방향을 설정하는 것은 행정개혁에서 소프트웨어적인 성질의 것이다(송하중, 1998: 10). 장기간이 소요되는 정부 인력의 구성과 공무원 개개인의 능력/태도 변화를 일관성 있게 추진하고 인사행정의 공정성・전문성을 높이고 정부인사 개혁을 일관성 있게 추진하기 위해 중앙인사위원회가 1999년 제2차 조직개편에 따라 설립됐다.

중앙인사위원회는 인사정책 및 인사 운영의 기본 방침 수립, 1~3급 공무원의 채용 및 승진심사, 개방형 직위 제도 운영, 인사감사 및 인사 업무의 지도・지원, 공무원 처우 개선 등 공무원 인사제도 전반을 담당하는 합의제 중앙행정기관이었다(기획예산처, 2002: 18).

위원회 설립으로 관련 학계와 전문가들 사이에서 끊임없이 그 필요성이 제기돼온 독립된 지위를 가진 중앙인사 관장기관이 비로소 설립돼 정부 인사제도 개혁을 체계적이고 일관성 있게 추진할 수 있는 계기를 맞게 됐다. 또한 공무원을 단순히 정부의 업무를 수행하는 인력(workforce)으로 보는 시각에서 벗어나 인적자원(human resource)으로 인식하고, 우수한 인적자원의 적극적인 확보와 적절한 배치・활용을 통해 정부의 생산성을 높일 수 있는 각종 정책을 마련할 수 있는 토대가 마련됐다(기획예산처, 2002: 18).

3. 국민의 정부 정부개혁 추진체계의 특징

1) 공공부문 전반에 걸친 개혁 추진

국민의 정부의 행정개혁에서의 큰 변화는 개혁 추진이 종전 기획예산처가 과제를 선정하고 기관에 이행을 지시하는 하향식 타율적 개혁에서 각 기관이 개혁과제를 스스로 선정하고 추진하는 상향식 자율적 개혁으로 전환하게 된 점이다(기획예산처, 2002: 16). 또한 시민단체, 학계, 기업계, 언론계 등 각계 대표와 기획예산처, 행정자치부 등 공공개혁 관련 부처 장관으로 구성된 위원회를 구심체로 전 부처가 공동책임 하에 개혁을 추진한 점도 특징적이다.

2) 전반기 하향식 개혁, 후반기 자율적 개혁 추진

개혁 추진 전반기에는 하향식 개혁을, 후반기에는 자율적 개혁을 추진하는 전략을 통해 공공개혁을 추진했다. 정권 초기 개혁에 대한 저항과 거부감을 극복하고 강도 높은 구조조정과 경영혁신을 추진하기 위해서는 개혁 추진 주체가 스스로 개혁과제를 발굴하고 이를 각 부처로 시달하고 추진하는 하향식 타율적 개혁이 불가피한 측면이 있었다. 그러나 하향식 개혁을 통해 조직 · 인력 감축 등 하드웨어적인 구조조정 과제를 대부분 완료한 국정 2기에는 정부혁신추진위원회를 구심점으로 한 상향식 자율개혁 체제를 구축 · 운영했다. 즉, 정부혁신추진위원회의 심의를 거쳐 매년 경영혁신의 주요 방향을 담은 자율혁신지침을 만들고, 이를 토대로 기관별로 스스로 혁신과제를 발굴 · 추진하도록 한 것이다. 과제의 이행 실적은 위원회가 사후 평가하도록 했다(기획예산처, 2002: 21-22).

3) 실효성 있는 개혁 추진을 위한 기반 마련

① 점검평가 체제의 구축

개혁과제들의 차질 없는 완수를 위해서는 부처 · 기관별 개혁 추진 상황과 실적에 대한 정기적인 점검과 평가를 통해 추진을 독려해 나갈 필요가 있다. 특히 상시 자율개혁 체제로 전환됨에 따라 개혁 이행 실적에 대한 사후평가와 평가 결과에 따른 보상과 책임을 분명히 하는 것이 개혁의 성공을 위한 필수적인 요소다. 이를 위해 우선 매 분기마다 부처 및 기관별 경영혁신 이행 상황을 제출하도록 하고 이를 정부혁신추진위원회에 보고하도록 했다. 또한, 대외적으로 공개함으로써 부진 기관의 분발을 독려하고 개혁분위기의 이완을 방지하는 효과를 도모했다. 연말에는 종합평가를 위해 정부혁신추진위원회 산하에 점검평가단을 설치했다(기획예산처, 2002: 22).

② 개혁과 예산의 연계

정부는 공공개혁을 추진하면서 각급 공공기관의 적극적인 개혁 참여를 유도하기 위해 개혁과제의 이행 실적과 예산 지원을 연계했다. 즉, 점검평가단의 평가 결과를 토대로 이행 실적이 미진한 기관에 대해서는 예산상의 불이익을 주고 개혁과제의 이행에 필요한 예산은 적극적으로 지원하도록 한 것이다. 계획된 인력 감축 및 기관 폐지가 지연되는 등 개혁 조치 이행 실적이 미흡한 기관에 대해서는 인건비 및 경상비 등 일부 예산을 감액해 조속한 이행을 독려했다(기획예산처, 2002: 22-23).

③ 감사원과의 공조 체제 구축

감사원과의 공조 체제를 통해 개혁 추진 과정에서 나타날 수 있는 개혁의 사각지대가 발생하는 것을 막고자 노력했다. 감사원의 공기업·산하기관에 대한 감사에서 드러난 방만 경영 사례 등에 대해 해당 기관이 자체적으로 조치계획을 수립해 개선하도록 했고, 기획예산처는 그 이행 실적을 점검해 예산 지원과 연계하는 한편, 개선이 미진한 사항은 감사원에 통보해 차기 감사에 반영(feedback)하도록 하는 등 개선 효과를 극대화했다(기획예산처, 2002: 23).

참고 문헌

국정홍보처(2003). 국민의 정부 5년 국정자료집. 2-경제.
기획예산처(2002). 국민의 정부 공공개혁백서.
김영평(2008). '국민의 정부' 정부기능조정위원회의 활동. 행정개혁실천론. 파주: 법문사.
남궁근(2002). 국민의 정부 개혁성과에 대한 평가. 한국행정학회 기획세미나.
송하중(1998). 국난극복을 위한 행정개혁의 과제와 추진전략. 대통령자문정책기획위원회 정책포럼.
오석홍(2008). '국민의 정부' 경영진단조정위원회의 활동. 행정개혁실천론. 파주: 법문사.
이명석(2001). 정부개혁과 행정학 연구: 신공공관리론, 신거버넌스론, 그리고 김대중 정부의 행정개혁. 한국행정학회 춘계학술대회.
행정자치부(2001). 행정자치백서.

제 2 장

정부개혁의 내용

서원석
한국행정연구원

제 1 절 정부조직 개편

1. 중앙정부의 조직개편

1) 제1차 조직개편

(1) 추진 배경과 경과

국민의 정부에서 정부조직 개편은 여러 차례에 걸쳐 진행됐다. 제일 먼저 단행된 제1차 정부조직 개편은 중앙정부의 부처조직을 중심으로 한 것이었으며, 국민의 정부가 정식 출범하기 전에 먼저 정부조직 개편이 이뤄지고, 이에 따라 장관이 임명되는 과정을 거쳐 이뤄졌다.

그 과정을 살펴보면, 김대중 대통령 당선자의 요청에 따라 정부조직 개편을 추진하기 위한 '정부조직개편심의위원회'가 출범했고, 이 위원회는 민간인이 중심이 돼 사회 각계각층을 대표하는 14명의 심의위원(위원장 박권상)과, 8명의 실행위원으로 구성됐다.

이 위원회는 1998년 1월부터 2월까지 제1차 정부조직개편안을 마련했는데, 개혁 방안에 대한 논의 과정이 대외에 투명하게 공개됐다. 이렇게 만들어진 정부조직개편안은 여러 차례의 공청회를 거치는 등 다양한 여론 수렴 과정을 거쳐서, 1998년 2월 17일 국회에서 의결됐다.

(2) 조직개편의 방향과 특징

국민의 정부 출범 당시는 국내외 환경이 매우 엄중했다. 외환 부족으로 인한 국가적 위기는 민간의 많은 기업의 도산과 실업자 양산을 초래했고, 대도시 거리에는 노숙자가 늘어났다. 따라서 이 위기의 극복을 위한 대책으로 국가적 위기에 책임이 있는 정부와 공공부문에서 구조조정이 필요하며, 특히 그동안의 국가 발전 과정에서 그 역할이 확대돼온, 정부의 기능과 역할에 대한 새로운 방향 모색이 요구되는 시기였다.

이러한 상황을 반영해 제시된, 정부조직 개편의 기본 방향을 살펴보면, ① 선거에 의한 평화적 정권 교체에 따른 민주주의의 실질적 정착과 내실화, ② 개방화/민주화/다양화/분권화/자율화 등의 행정환경 변화에 따른 정부 위상의 재정립, ③ 시장경제의 정착과 민간부문의 자율성 신장, ④ 정부조직의 비효율 시정을 통한 정부생산성의 제고, ⑤ 경제위기의 적극 대처를 통한 우리 경제의 활로 모색 등이었다(김동명, 2009:72).

이러한 기본 방향에 따라서 첫째, 국무위원의 수를 21명에서 17명으로 감축해 작고 효율적인 정부를 지향했으며, 대통령이 국정의 중심이 되어 효과적으로 리더십을 발휘할 수 있도록, 대통령 소속으로 기획예산위원회, 여성특별위원회, 중소기업특별위원회 등을 신설했다.

둘째, 국무총리의 정책조정 기능을 강화해, 내각 차원에서 국정운영 방향을 구체화할 수 있도록, 행정조정실을 국무조정실로 개편했고, 부총리제를 폐지해 국무총리가 내각을 직접 통할하도록 했다.

셋째, 신자유주의 이념에 입각해 정부의 역할과 기능을 재정립하고, 각 부처 간에는 유사 중복 기능을 통폐합해 부처 간 업무 효율성을 강조했다. 이에 따라 금융의 낙후성을 초래한 정부 간섭주의를 시정하기 위해, 재정경제부의 금융정책 기능을 대폭 축소했고, 따라서 금융감독 업무는 국무총리 소속의 '금융감독위원회'로 이관했다. 또한 여러 부처에 분산돼 있던 통상교섭 기능을 외교통상부로 일원화함으로써, 통상 역량의 강화와 통상교섭정책의 일관성과 전문성을 제고했다.

넷째, 국민의 삶의 질 향상을 위해, 국민의 건강과 직결된 식품의약품안전청을 신설했고, 청소년 보호를 위한 단속·지도 업무를 좀 더 효과적으로 추진하기 위해 문화체육부 소속의 청소년보호위원회를 국무총리 소속으로 이관했다.

❖ 1차 정부개편(1998. 2)

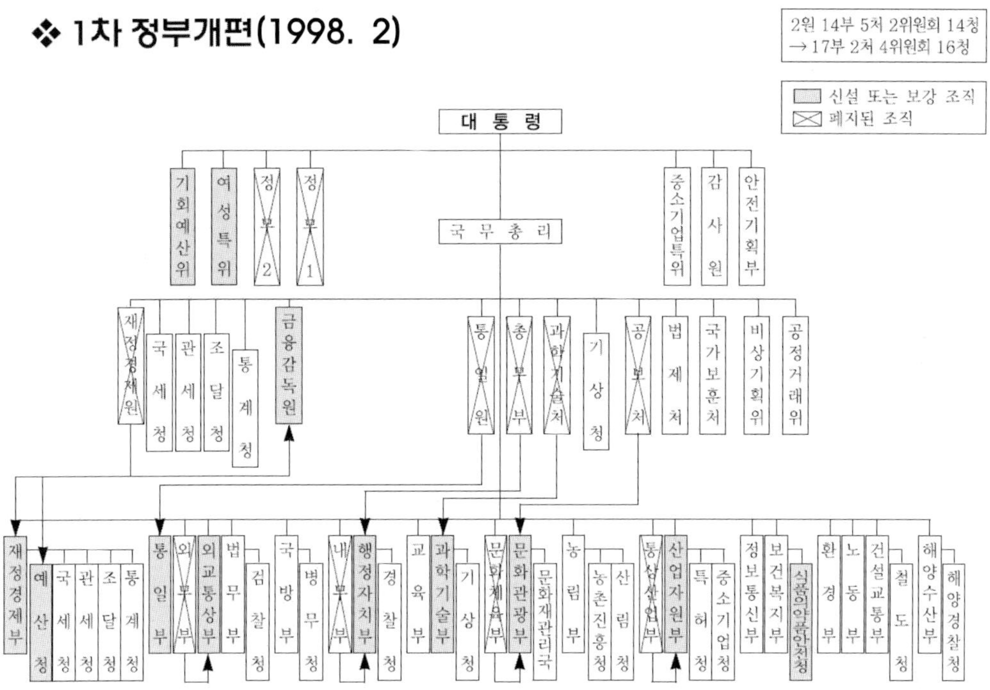

그림 3-2-1 1차 조직개편 조직도

자료: 기획예산처(2002: 472). 국민의 정부공공개혁백서.

2) 제2차 조직개편

(1) 추진 배경 및 경과

정부조직개편심의위원회가 중심이 되어 추진됐던 「제1차 정부조직 개편」은 정부안이 국회의 심의 과정에서 변경되는 결과를 가져왔고, 이렇게 변경된 내용이 본래의 취지대로 복원돼야 한다는 주장이 제기됐다. 또한 새 정부 출범 1주년을 맞이해, 국정운영 과정에서 제기된 몇 가지 문제점을 개선하기 위해, 1998년 11월부터 1999년 2월까지 4개월 동안 중앙부처를 대상으로, 19개 민간전문기관이 참여한 '정부조직경영진단'을 실시했다. 이 경영진단의 결과에 따라서 1999년 5월에 제2차 정부조직 개편이 이뤄졌다.

(2) 조직개편의 방향과 특징

제2차 조직개편은 국정운영 시스템의 혁신과 기능 조정에 중점을 두고 추진됐다. 즉, 핵심 역량 및 조장 기능은 전문화하고 보강하되, 일하는 방식을 바꿔 조직 운영의 효율성을 추구하는 것이었다.

운영 시스템의 개선에서는 '국민에 봉사하는 깨끗하고 효율적인 정부' 설계를 목표로, ① 고객 지향적 행정 서비스 체계 설계, ② 시민 참여 확대를 통한 협조 체제 강화, ③ 부패 예방과 척결을 위한 투명성 · 공정성 확보, ④ 행정 시스템에 경쟁 · 성과 · 품질 개념의 도입 등이 고려됐다.

기능 조정에서는, '작고 유연한 정부' 설계를 목표로 하여, ① 정부 기능을 핵심 역량 위주로 개편함, ② 민간이 더 잘 수행할 수 있는 기능은 민간위탁, ③ 지방자치단체가 더 잘 수행할 수 있는 기능은 지방으로 이양, ④ 독립적 수행이 가능한 집행기관은 책임운영기관화 등이 주된 내용이었다.

제2차 조직개편의 가장 큰 특징은 종전의 '기구 중심적 개편'과는 달리 '기능 중심적 개편'을 추구했다는 점이다. 따라서 조직의 기구를 중심으로 한 외형적인 변화뿐만 아니라, 적절한 정부 기능의 정립이라는 내실있는 변화를 추구했다. 또한 경영진단을 통해 정부부처의 조직과 기능을 민간전문기관의 시각에서 검토하고, 그 결과를 토대로 추진됐다는 점이 특징적이다.

(3) 정부조직 개편 내용

① 운영 시스템 혁신

개방형 임용제도 도입, 인사 · 조직 · 예산 등에 대한 부처의 자율성 제고, 성과관리제 도입, 복식부기제도 도입, 정보기술(IT)의 활용 제고, 고객헌장제도 확대(기획예산처, 2002: 38).

② 경제정책 조정 및 예산 기능 보완

경제 현안을 중심으로 관계 부처 장관이 참석해 당면 현안에 대해 수시로 논의해 신속하게 대응할 수 있도록 '경제정책조정회의'를 신설, 공공부문 개혁을 예산과 연계해 강력히 추진하고 예산에 관한 지침과 편성작업의 체계화를 위해 '기획예산위원회'와 '예산청'을 통합해 '기획예산처'로 개편(기획예산처, 2002: 38).

③ 공무원 인사의 공정성 강화

공정하고 투명한 인사관리를 위해 대통령 직속으로 '중앙인사위원회'를 설치해, 개방형 임용제와 고위공무원 임용에 관한 기준과 절차의 마련 등 공무원 인사제도 전반에 걸친 개혁 업무 수행(기획예산처, 2002: 38).

④ 중앙 기능의 지방 이양

교육부의 초·중등교육 관련 업무 지방이양 등 중앙행정 권한의 지방이양 업무를 '지방이양추진위원회'를 중심으로 추진(기획예산처, 2002: 39).

⑤ 국정홍보 기능의 강화

차관급의 '국정홍보처'를 신설해, 분산돼 있던 홍보 역량을 결집함. 국민들의 다양한 욕구를 수렴하는 쌍방향식(two-way or interactive) 의사소통의 원활화를 추구함(기획예산처, 2002: 39).

⑥ 정부 기능의 민간위탁

민간이 더 잘 수행할 수 있는 기능은 민간위탁(contracting-out)을 통해 수행함. 각종 청사의 시설관리 기능, 전산 개발 기능 등에 대한 민간위탁 추진(기획예산처, 2002: 39).

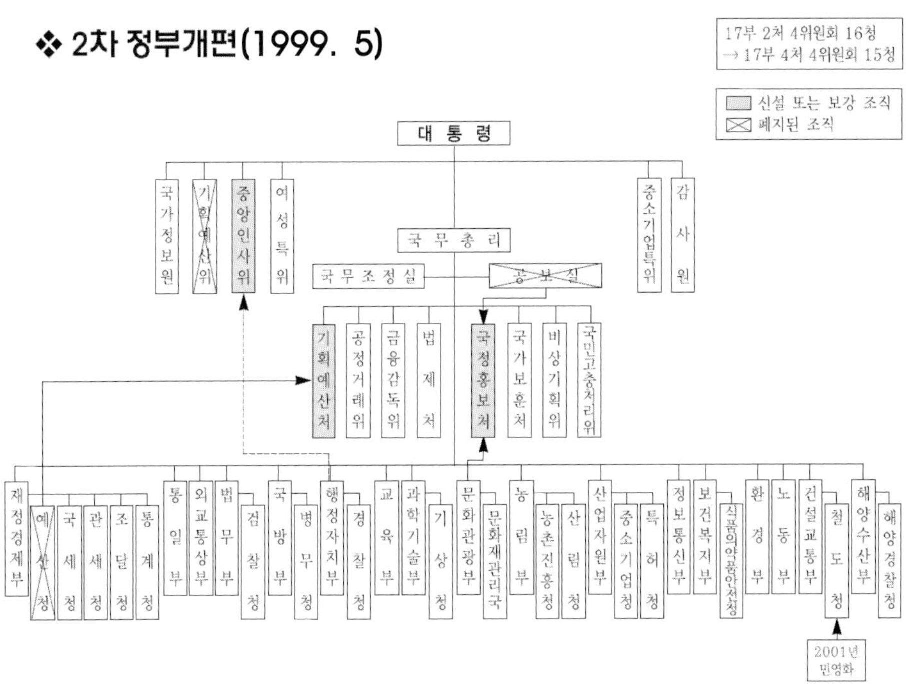

그림 3-2-3 2차 조직개편 조직도

자료: 기획예산처(2002: 473).

⑦ 집행 기능의 책임운영기관(Executive Agency)화

인사관리와 조직관리상의 자율성을 보장한 책임운영기관 제도가 도입됨. 국립의료원, 운전면허시험관리단 등을 책임운영기관으로 전환함.

3) 제3차 조직개편

(1) 추진 배경 및 경과

정부는 부처 간의 정책조정 기능을 강화하기 위해, 2001년 1월 제3차 정부조직 개편을 실시했다. 제3차 조직개편은 그동안 정부조직 운영 과정에서 취약점으로 지적돼온 경제사회 분야 정책조정 시스템의 미비점을 보완하고, 미래에 수요 증대가 예상되는 분야의 기능을 보강하려는 목적으로 추진됐다.

(2) 조직개편 주요 내용

제3차 정부조직 개편의 주요 내용은, 경제정책 조정과 인적자원 개발 기능을 강화하

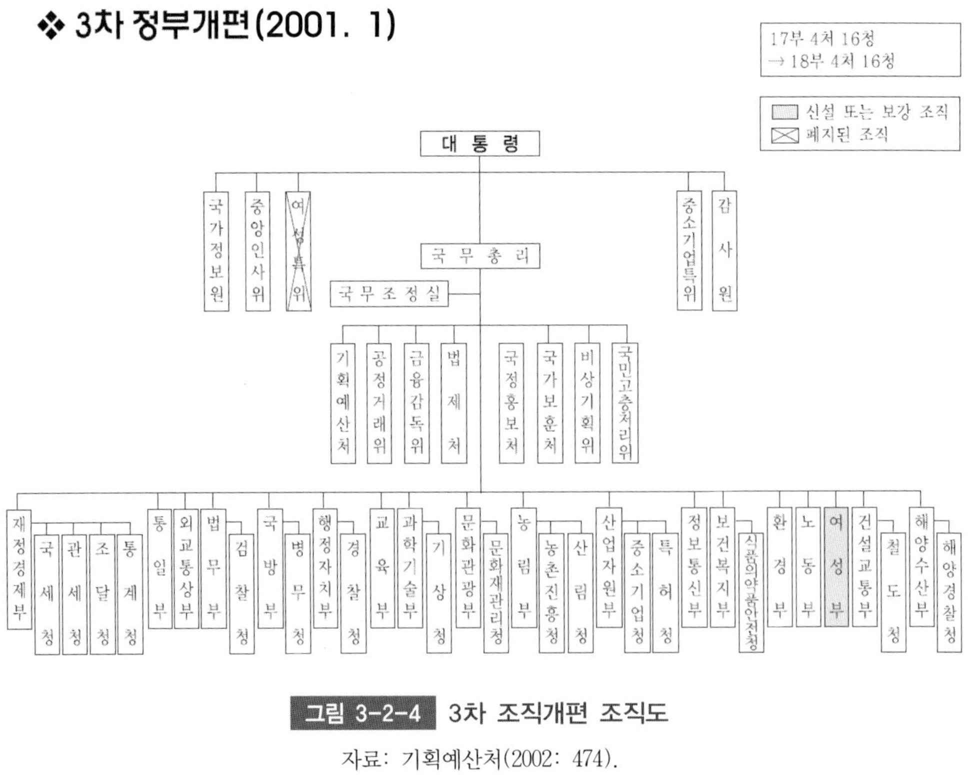

그림 3-2-4 3차 조직개편 조직도

자료: 기획예산처(2002: 474).

기 위해, 재정경제부와 교육부 장관을 부총리급으로 격상하고, 여성의 역할 증대에 따라 여성특별위원회를 여성부로 개편했다.

2. 지방정부 조직개편 및 인력 감축

1) 지방정부 행정조직 현황

우리나라 지방정부의 행정조직은 1960년대 이후 국가 성장에 따라 지속적으로 확대됐으며, 행정의 다원화와 전문화 추세에 따라 조직의 개편도 꾸준하게 이어져 왔다. 특히 1980년부터 10년간 지방공무원의 정원은 109,362명에서 234,080명으로 114% 증가됐으며, 행정조직도 시·도의 경우에 본부기구가 신설되는 등 평균적으로 국과 과가 증설되는 과정을 보여주고 있었다(기획예산처, 2002: 47).

2) 지방정부 행정조직의 문제점

지방자치단체의 행정조직은, 1990년대 말까지 1960년대 이후 정부 주도의 경제개발 시대에 형성된 공급자 중심의 조직구조를 유지해 왔다. 따라서 변화하는 외부환경 변화에 적응하지 못하고, 수요자인 주민을 위한 서비스 마인드도 미약한 상황이었다.

조직 운영과 관련된 구체적인 문제점으로, 자치단체 계층 간 및 자치단체 내부 간의 기능이 중복적으로 운영되고, 서무·감사·회계 등 내부 지원 인력이 상대적으로 과다하며, 일부 인력 활용 측면에서의 방만한 운용 등이 제기됐다.

지방재정 면에서는 비용 개념 없이 사업을 추진해 재정의 건전성을 해치고, 규제 완화와 지역경제 활성화 및 주민복지 등 고객을 위한 정책적 배려가 미흡했다. 또한 행정정보화의 부진으로 인해, 인력에 비해 행정의 신속성과 효율성은 낮은 것이 문제점이었다.

3) 지방정부 조직개편 추진 배경 및 개편 방향

지방정부의 구조개혁은 주민 위주의 봉사행정을 구현할 수 있는 효율적인 조직, 환경 변화에 대처할 수 있는 유연하고 생산적인 조직으로의 전환을 목표로 해서, 유사 중복 기능의 조정 및 운영 시스템의 개혁, 단순행정 기능의 외부위탁, 읍면동의 기능 전환 등을 중심으로 추진됐다.

4) 지방자치단체 조직개편 내용

(1) 1단계 조직개편

1998년 6월에 행정자치부는 다음과 같이 지방자치단체의 조직과 인력을 개혁하는 지침을 마련해 시행했다.

먼저 조직의 측면에서는 시・도는 3국 6과, 시・구는 1국 3과, 군은 5과 등의 감축 목표를 설정하고, '계'와 읍・면・동의 '부읍장・부면장'의 폐지 등을 추진했다(기획예산처, 2002: 49). 인력은, 2002년까지 1998년 6월 말 기준으로 전체 29만 명의 19.4%인 56,000여명의 감축하는 목표를 설정했다.

1998년도 한 해의 목표로서 12.1%의 감축 목표를 설정하고, 각 지방자치단체는, 시・도는 49국 90과, 시・군・구는 125국 945과를 감축해, 총 174국 1,035과를 축소했고, 인력은 총정원의 12%에 해당하는 35,149명을 감축했다(기획예산처, 2002: 49).

이러한 조직개편은 정부 수립 후 처음으로 지방자치단체 조직을 감축했다는 점에서 커다란 의의가 있다(기획예산처, 2002: 49).

그러나, 한편으로는 수요가 감소한 사무와 수요가 늘어난 사무에 대한 조정이 부족하고, 여전히 공급자 중심의 행정 체계가 그대로 유지돼 고객 지향적인 서비스행정 체계로의 전환이 미흡하다는 점과, 본청 위주로 개편이 이뤄짐으로써, 사업소 등 소속기관에 대한 정비가 부진하다는 점, 조직의 통폐합과 축소에 중점을 두다보니, 상대적으로 하급단체로의 사무 이양 등은 소홀했다는 점을 지적하기도 했다(기획예산처, 2002: 49).

(2) 2단계 조직개편

1998년 11월부터 1999년 2월까지, 국민의 정부는 지방자치단체에 대한 경영진단을 실시했다. 경영진단 결과, 특별시는 2과, 광역시는 1국 2과, 도는 3과, 시・구의 경우 1~2과의 추가 감축을 권고받았다. 또 각급 지방공무원교육원, 보건소 등에 대한 책임운영기관제의 도입, 사업소 및 출장소의 정비, 민간위탁의 확대, 읍면동의 주민자치센터로 기능 전환 등이 경영진단의 결과에 따라서 추진됐다(기획예산처, 2002: 49).

이러한 2단계 조직개편에 따라서, 시・도의 경우는 4국 42과와, 시・군・구의 경우는 172과를 감축해 전체적으로 총 4국 214과를 축소하는 성과를 거뒀다. 또한 인력은 2001년까지 21,484명을 추가로 감축했으며(기획예산처, 2002: 49-50), 각 지자체의 소속 기관인 사업소 367개소, 출장소 78개소와 하부행정기관인 동 95개소를 폐지했다. 정원외 인력인 비정규 인력 70,643명(1998년 기준) 중 37%에 해당하는 26,524명을 감축했다(기획예산처, 2002: 50).

이와 함께 지방자치 제도의 조속한 정착을 위해, 1999년 1월 「중앙행정 권한의 지방 이양 촉진 등에 관한 법률」을 제정해, 지속적인 지방 이양을 추진할 수 있는 제도적 장치를 마련했다(기획예산처, 2002: 50).

5) 지방자치단체 조직개편 평가

두 차례의 조직개편과 구조조정을 통해 총 178국 1,249과의 조직이 폐지됐고, 총 정원의 19.4%에 해당하는 56,633명이 감축됨으로써, 지방공무원 정원은 1991년의 24만 명 수준으로 환원됐다(기획예산처, 2002: 50).

이와 같은 지방자치단체의 조직개편과 구조조정은, 일과 기능 중심의 고효율 행정 체제로 변모할 수 있는 바탕이 됐으며, 경제적 효과도 인건비와 경상경비를 포함해 연간 1조 8천억 원을 절감하는 성과를 거둔 것으로 추정됐다(기획예산처, 2002: 50).

3. 책임운영기관 제도 도입

정부는 1999년 「책임운영기관의 설치와 운영에 관한 법률」을 제정하고, 정부기관 중 집행적 성격의 기관을 책임운영기관화해, 기관에 자율성을 부여하고 독립성을 보장함으로써 정부의 경쟁력과 생산성을 높이려 했다.

책임운영기관 제도는, 정부가 수행하는 사무 중 공공성을 유지하면서도 경쟁 원리에 따라 운영하는 것이 효과적인 부분에 대해 기관의 장을 공개채용하고, 그 기관장에게 인사와 조직 및 예산 운영의 자율성을 부여해, 조직운영의 독립성을 보장하는 한편, 그 운영 성과에 대해 책임을 지도록 하는 자율적인 조직 체제다.

책임운영기관장은 소속장관의 위임을 받아 「기본운영지침」이 정한 범위 내에서 소속 공무원에 대한 임용권을 행사하게 된다. 책임운영기관은 기본운영지침에 따라 기관장이 상위직 공무원의 임용권도 갖게 되며, 채용시험도 독자적으로 실시할 수 있다. 또한 책임운영기관에서는 업무 성과를 승진 및 보수에 연계하게 된다.

책임운영기관은 특별회계로 운영되며 예산 편성과 집행에 대폭적인 재량권을 갖는다. 발생주의 회계, 복식부기 등 기업예산회계 원칙을 적용해, 재정의 투명성을 높이고, 초과수입금이 발생하면 이를 초과수입에 직접 관련된 비용뿐만 아니라 간접비용에도 사용할 수 있도록 제도 개선을 했다.

제 2 절 재정개혁

1. 기금제도 개선

1) 기금제도 현황과 문제점

우리나라의 기금제도는 특정 재원으로 특정 분야의 사업을 수행할 필요가 있는 경우에 예산과 별도로 설치할 수 있도록 한 제도이며, 이렇게 설치된 기금은 세입세출예산에 의하지 않고 운용할 수 있었다. 그러나 기금 운용의 자율성이 지나치게 강조돼온 결과로, 일반예산과는 달리 국회의 심의・의결을 받지 않았기 때문에, 각 부처에서 사업을 손쉽게 자의적으로 결정하고 집행하는 사례가 있었다.

또한, 예산과 함께 종합적으로 검토되지 못함에 따라서, 전체 재정 운영과 조화를 이루지 못하는 비효율성이 문제였으며, 기금은 한번 설치되면 폐지하기 어렵고 계속 유지되는 경향이 있었다. 또한 사업 소요가 증가할 경우 기금관리기관의 경영혁신을 통해 흡수하기보다는 기구나 인력을 확대하는 경향이 있었다.

기금관리기본법은 기금사업에 대한 심의 등을 위해 개별 기금별로 기금운용심의회를 설치 운용하도록 하고 있었으나 일부 기금의 경우에는 위원회 구성원의 대표성이 부족하거나 일년에 몇 번 서면회의로 대체하는 등 형식적으로 운영되고 있다는 비판을 받기도 한다.

2) 개선 내용

1999년도와 2001년도의 2차에 걸쳐 「기금관리기본법」을 개정해 기금 제도의 혁신적인 변화를 추진했다. 그 주요 내용을 살펴보면 우선 기금도 예산과 마찬가지로 국회의 심사를 받도록 제도화했다. 또한, 목적 달성 등으로 존치 필요성이 낮거나 사업이 중복되는 기금을 정비하고, 종래 개별 기금별로 운영되던 기금 운용에 대한 점검・평가 체제를 강화하기 위해 '기금정책심의회'와 '기금운용평가단'을 신설하는 등 기금 운용의 투명성과 효율성을 확보하기 위한 기금관리 제도의 개선이 추진됐다.

2. 예비타당성 조사제도의 도입

효율적인 재원 배분과 대형 투자사업의 원만한 추진을 위해서는 경제적·기술적 타당성에 대한 면밀한 사전 검토가 필요하다. 경제적 타당성에 대한 사전 검증 없이 신규사업을 무리하게 추진할 경우에는, 예기치 않은 사업비 증액과 잦은 사업계획 변경 등을 초래할 수 있기 때문이다.

그래서 정부는 대규모 공공투자사업에 대한 신규투자를 투명하고 공정하게 결정하기 위해, 예산회계법시행령을 개정해 1999년도부터 예비타당성 조사제도를 도입했다. 사업 추진 단계를 예비타당성 조사→타당성 조사→설계→보상→착공의 순으로 진행하고, 원칙적으로 예산도 단계별로 반영되도록 했다. 그 결과 타당성조사 및 기본설계를 하기 전에, B/C분석, 다른 사업과의 투자 우선순위, 적정 투자 시기, 재원 조달 방안 등 경제적·정책적 타당성을 중립적인 입장에서 집중 검토해, 타당성이 입증된 경우에 한해 사업을 추진하도록 했다.

제3절 인사개혁

1. 중앙인사위원회의 신설

국민의 정부 수립 이전에는, 중앙인사기관은 총리 소속하의 부처 형태를 가진 총무처가 담당했다. 총무처는 비독립 단독형의 중앙인사기관으로서, 인사 업무 외에도 조직과 정원관리, 정부 의전, 행정전산화, 정부청사관리 등 복합적 기능을 수행했다. 이러한 체제는 독립성이 약하고 다양한 비인사 기능 때문에 인사행정에 전념하기 어려워 중앙인사기관으로서의 역할을 제대로 수행하지 못한다는 의견이 많이 제기됐다.

문민정부 시절에 통합된 행정자치부(총무처 + 내무부) 조직도, 부처의 인사 관련 업무를 효과적으로 종합/조정하는 데 한계가 있었고, 또 인사 기능 외에 정부서무 및 지방자치 지원 기능 등 복합적인 기능을 수행함에 따라, 인사행정 분야의 전문성을 축적하기 어렵다는 점은 총무처보다 더 심각한 실정이었다. 이에 따라 인사행정의 공정성·전문성을 높이고, 정부인사 개혁을 일관성 있게 추진하기 위해, 1999년 제2차 조직개편에 의해 '중앙인사위원회'가 설립됐다.

신설된 중앙인사위원회는, 인사정책 및 인사 운영의 기본 방침 수립, 1~3급 공무원의 채용 및 승진심사, 개방형 직위 제도 운영, 인사감사 및 인사 업무의 지도・지원, 공무원 처우 개선 등 우리나라 공무원 인사제도 전반을 담당하는 합의제 중앙행정기관이었다.

그러나, 설립 초기에는 집행을 담당한 기능이 따로 떨어져 행정자치부의 '인사국'에 이원화돼 있었다. 즉, 중앙인사위원회는 기획과 제도 설치 등의 제한된 역할만이 가능했다. 따라서 중앙인사위원회는 100명 미만의 소규모 조직으로, 그 활동에 많은 어려움이 있었다.[1)]

2. 개방형 인사제도 도입

우리나라는 제1공화국 이래로 계급제에 입각한 폐쇄형 임용 체계를 기초로 하고 있었고, 국민의 정부 당시에는 민간전문가의 공직파견제, 계약직 공무원 제도, 자격증・학위소지자의 특별채용 제도와 개방형 전문직위 제도 등 공직 개방을 위한 제도가 일부에 한정적으로 도입돼 있었다.

개방형 직위 제도는 공직사회의 경쟁력 제고를 위해 전문성이 특히 요구되거나 효율적인 정책 수립을 위해 필요하다고 판단되는 직위에, 공직 내외를 불문하고 공개모집에 의한 선발시험을 거쳐, 직무 수행 요건을 갖춘 최적격자를 선발해 임용하는 제도다.

이 제도는 개방형 직위로 지정된 특정 직위에 결원이 생길 경우 종전처럼 내부승진이나 전보를 통해 내부 공무원을 해당 직위에 임용하는 것이 아니라, 공직 내외에 걸친 공개모집과 공개경쟁시험을 통해 해당 직위에 가장 적합한 인물을 임용하는 것이었다.

1) 추진 경과

(1) 개방형 전문직위 제도

개방형 직위 제도의 도입 전에도 고도의 전문성과 특수기술이 요구되는 직위로서 학력・경력・자격 등 일정한 직무 수행 요건을 설정하고 공직 내외에서 적격자를 충원하

1) 그러나 중앙인사위원회 조직은 노무현 정부에서 인사국을 통합한 중앙인사위원회가 되고, 그 당시의 인사개혁을 추진하는 핵심적인 조직으로 역할을 수행했다. 결국 국민의 정부에서 중앙인사위원회가 설립됐기 때문에, 노무현 정부에서 인사개혁을 효율적으로 추진하는 데 많은 긍정적인 영향을 미친 것으로 볼 수 있다. 중앙인사위원회는 이명박 정부에서 행정안전부로 통합돼 다시 역사의 뒤안길로 사라지게 된다.

는 '개방형 전문직위 제도'가 운영되고 있었다.

개방형 전문직위는 소속장관이 행정자치부 장관과 협의해 지정/해지하며, 1998년 8월 국제/법률/정보통신/환경 등 총 10개 분야 213개 직위가 지정됐다.[2] 그러나, 이 개방형 전문직위는 직위 지정 권한이 소속장관에게 부여돼 있어서, 국장급 이상 고위직 중 개방형 전문직위 지정이, 총 213개 직위 중 18개 직위에 불과해 그 실적이 매우 저조했고, 외부 충원 시에는 계약직 공무원으로 채용이 가능해야 함에도 불구하고, 정부조직법상 실국과장 직위에 계약직 공무원 임용이 불가능했고, 동시에 직무 수행 요건이 엄격해 적격자 충원에도 애로가 있어서, 1998년 10월 기준으로 충원 실적은 37개 직위에 불과했다(기획예산처, 2002: 192).

(2) 개방형 직위제도 도입 및 지정

중앙인사위원회가 발족되기 이전에 기획예산처의 전신인 기획예산위원회는 1998년 11월부터 1999년 3월까지 실시한 정부경영진단 결과를 바탕으로 161개의 개방 가능 직위를 선정해 발표한 바 있고, 1999년 5월 24일 국가공무원법과 정부조직법의 개정으로 개방형 직위 제도의 근거가 마련됨과 함께 공무원 인사정책의 개혁을 추진하는 중앙인사위원회가 발족돼 개방형 직위제도를 관장하게 됐다.

중앙인사위원회는 기획예산위원회의 경영진단 결과를 토대로, 관계 부처 협의와 학계·언론계·시민단체·관계 공무원 등 전문가가 참여한 패널회의와, 관계 부처의 의견 수렴 등을 거쳐서, 1999년 11월 15일에 38개 부처 129개 직위를 개방형 직위로 지정했다(기획예산처, 2002: 192).

그 후 중앙인사위원회에서는 기획예산위원회가 '경영진단조정위원회'의 심의와 공청회 등을 통해 정리한 의견, 각 부처의 의견 및 시민단체의 의견 등을 참고하여 개방형 직위의 시행에 필요한 개방형 직위의 운영 등에 관한 규정을 2000년 2월 28일 제정, 시행했다.

(3) 운영평가

2년여 동안의 제도운영 과정에서 민·관 간의 보수 격차, 직업이동성(job mobility)이

2) 개방형 전문직위는 내부와 외부로 나눠 충원이 실시됐다. 내부충원은 소속장관이 소속공무원 중 해당 직위 임용 자격 요건을 갖춘 자 중에서 관할 보통승진심사위원 회의 심사를 거쳐 승진·전보·전직·특별채용 등 적절한 방법에 의해 임용하며, 외부충원은 임용권자가 해당 직위 및 임용대상자의 특성 등을 감안해 특별채용·계약직 채용·겸임 등 다양한 방법에 의해 선발·충원했다. 개방형 전문직위에 임용된 자는 3년간 전보제한(특별채용된 경우 5년간 전보제한)을 받았다.

낮고 유연성이 부족한 우리나라 노동시장의 특성, 계약 기간 종료 후의 신분에 대한 불안감 등으로 인해 외부임용률이 저조하고, 모집 방법에서도 능동적인 유치활동이 부족하며, 일부 개방형 직위는 민간인이나 공무원의 응모가 없을 뿐만 아니라 실국장급 직위의 특성상 외부 전문가의 공직 이동이 쉽지 않은 문제점 등이 제기됐다.

이에 중앙인사위원회는 시민단체인 행정개혁시민연합에 의뢰해 2001년 7월 21일부터 11월 20일까지 '개방형 직위제도의 운영 실태에 대한 조사·평가' 연구용역을 실시하고, 그 결과를 바탕으로 관계 부처 협의와 각계의 의견 수렴 과정을 거쳐 제도 개선 방안을 마련했으며, 이를 토대로 2002년 4월 18일 개방형 직위의 운영 등에 관한 규정을 개정했다.

2) 개방형 직위제도 운영 성과

(1) 개방형 직위의 지정

개방형 직위는 전문성이 특히 요구되거나 효율적인 정책 수립을 위해 공직 내부 또는 외부에서 적격자를 임용할 필요가 있는 직위로서, 소속 장관별로 1급 내지 3급 공무원 또는 이에 상당하는 공무원으로 보할 수 있는 실국장급 직위 총수의 20% 범위 안에서 중앙인사위원회와 협의해 정하도록 돼 있다.

중앙인사위원회는 1999년 11월 15일 38개 부처 129개 직위를 개방형 직위로 지정했고, 그 후 추가·변경과 과장급 직위를 포함해 2002년 11월 30일까지 40개 부처 137개 직위를 개방형 직위로 지정, 운영했다.

그리고 중앙인사위원회는 개방형 직위 운영 성과를 평가한 결과 전문성 활용이라는 제도 취지와 연령·경력 발전 등을 고려한 직업이동성 측면 등에서 볼 때 경우에 따라서는 과장급이 좀 더 적절하다는 점을 고려해 2002년부터는 과장급도 개방형 직위로 대체, 지정해 운영할 수 있도록 제도를 개선했다. 이에 따라 그동안 10개 부처 11개 국장급 직위를 17개 과장급 직위로 대체했고, 충원이 완료된 6개 직위 중 2개 직위(건설교통부 교통정보기획과장, 국세청 서울지방국세청 법무2과장)는 민간인이, 1개 직위(공정거래위원회 송무담당관)는 다른 부처 출신 공무원이 임용되는 등 외부 전문가가 임용됐다.

(2) 개방형 직위 운영 현황

2002년 11월 30일 현재 137개 개방형 직위 중에서 119개 직위가 임용이 완료돼 86.9%의 충원율을 보이고 있다.

표 3-3-1 충원 현황

계	임용 완료	진행 중	미충원
137 (100%)	119 (86.9%)	5 (3.6%)	13 (9.5%)

자료: 기획예산처(2002: 196).

〈표 3-2-1〉에 제시된 바와 같이 2002년 11월 30일 현재 충원된 119개 직위 중 민간인과 타부처 출신 공무원 등 외부 임용자는 전체의 18.5%인 22명이고 해당 부처 내부 임용자는 97명이다.

표 3-2-2 개방형 직위 임용자의 임용 전 경력

계	공무원	외부 임용		
		소계	민간인	타부처
119 (100%)	97 (81.5%)	22 (18.5%)	18 (15.1%)	4 (3.4%)

자료: 기획예산처(2002: 197).

3) 성과

개방형 직위제도가 도입됨으로써 공직사회는 경쟁의식 고취와 전문성 제고 등 많은 점에서 획기적인 변화를 가져왔다.

즉, 개방형 직위제도는 그동안 지속되어 온 폐쇄형 임용 방식에서 벗어나 고위직 임용에 경쟁을 도입했다는 점에서 큰 의미가 있었으며, 인사 과정의 민주성, 공정성, 투명성이 높아지게 됐고, 인사권자로서는 폭넓게 우수 인재를 민간에서 발탁해 활용하는 등 탄력적인 인사 운영이 가능하게 됐다.

결과적으로 공직사회에 연공서열 위주의 인사관리 방식 대신에 직무와 성과 중심의 마인드가 확산되고, 개인의 경력 개발과 전문성 관리에도 더 많은 관심을 갖게 되는 계기를 마련했다. 이 제도는 국민의 정부를 거쳐 노무현 정부에 와서 더 확대되는 성과를 가져왔다.

3. 성과와 능력 중심의 인사제도 도입

1) 성과급 중심의 보수 제도 도입

(1) 도입 배경

공무원 보수 체계는 그동안 업무 성과와 능력보다는 근무연한에 따라 보수 수준이 결정되는 연공서열식 보수 체계를 유지함으로써 매년 자동적으로 승급되는 호봉에 따라 보수 수준이 결정되고 업무 성과 등은 반영되지 못했다.

종전에도 4급 이하 공무원에 대해서는 근무성적평가 결과를 고려해 상위 10% 해당자에게 기본급의 100% 범위 내에서 성과급을 지급하는 '특별상여수당 제도'가 운영됐다. 그러나 지급 대상자 및 성과급 규모가 미미해 그 취지를 제대로 살리지 못한 채 운영돼 왔다.

따라서 국민의 정부는 보수 체계를 '연공' 중심에서 '성과' 중심으로 전환하고, 개인의 능력과 실적 및 공헌도를 평가, 보수를 차등 지급함으로써 공직사회의 경쟁력과 생산성을 제고하고, 국민에 대한 양질의 행정 서비스를 제공하기 위해 성과상여금제 및 연봉제 등 공무원 보수 체계 개선 방안을 추진했다.

(2) 성과상여금제

성과상여금제는 공직사회에 경쟁 원리를 도입하기 위해 근무성적 우수자에게 일정 금액의 상여금을 지급하는 제도다. 정부는 성과상여금제 도입을 위해 연구용역을 거쳐 관련 규정을 개정해 이 제도를 시행했는데, 처음으로 2001년 2월에 3급 과장급 이하를 대상으로 하여, 2000년도 근무 실적 상위 70%에게 기준 금액의 150~50%를 차등 지급했다.

이 성과상여금에 대해, 공무원들이 제도 도입 취지에 대해서는 긍정적으로 평가하고 있지만, 하위 30%의 공무원이 지급받지 못해 이들의 사기 저하와 조직 내의 위화감 발

표 3-2-3 성과상여금제 최초 실시 방안

인원 비율	상위 10%	20%	40%	하위 30%
지급률 (기준 금액 기준)	150%	100%	50%	0%

자료: 기획예산처(2002: 200).

생이 문제점으로 지적됐다. 또 지급률 및 평가 기준 등이 획일적으로 운영됨으로써, 각 부처별 특성을 반영한 평가가 이뤄지지 못했다는 한계점도 지적됐다. 특히 업무 특성상 교원들에 대한 평가는 그 등급화가 어려우며, 교육 차원의 부작용이 심하다는 이유로, 성과상여금제도 도입을 반대하고 성과급 반납운동을 벌이기도 했다.[3]

이 성과상여금제는 비록 제도의 일부 변경이 있었지만 성과급제가 본격적으로 시행됐다는 점에서는 일단 긍정적인 평가를 할 수 있다.

(3) 성과연봉제

국민의 정부는, 1998년 12월 공무원 보수규정을 개정해, 1999년부터 국장급 이상의 공무원을 대상으로 호봉에 기초한 봉급 대신에 연봉을 책정해 지급했다. 2000년부터는 전년도의 성과를 평가해 연봉을 조정함에 따라 실질적인 연봉 격차가 발생되기 시작했다. 특히 외무 공무원의 경우는 2002년부터 계급제에 기초한 연봉제를 폐지하고, 직무분석을 실시해 각 직위별 직무값과 성과에 따라 연봉이 결정되는 직무성과급적 연봉제를 전면 도입했다.

국민의 정부에서 도입한 그 당시의 연봉제에는 고정급적 연봉제, 성과급적 연봉제, 직무성과급적 연봉제 등 세 가지 형태가 있었다.

표 3-2-4 연봉제 종류별 적용 대상

구분	적용 대상	연봉 결정 방식
고정급적 연봉제	정무직	직위별로 고정액 지급
성과급적 연봉제	국장 이상(일반, 별정직), 계약직	경력 등에 따라 최초 연봉을 설정하고 성과에 따라 연봉 조정
직무성과급적 연봉제	과장급 이상 외무공무원	경력, 직무값, 성과 등에 따라 연봉 설정

자료: 기획예산처(2002: 202).

정무직 공무원(특1급 외교직 공무원 포함)의 경우에는, 기존 지급보수액을 연봉액으로 책정한 고정급적 연봉제를 채택했다.

성과급적 연봉제는 국장 이상 및 계약직 공무원을 대상으로 성과에 따라 각 계급별

---

3) 이에 따라 정부는 교원에 대해서는 교직의 특수성을 인정해 전체 교원에 대해 기준 금액의 30~90%를 지급하도록 하고, 일반공무원에 대해서는 근무 실적 상위 90%에게 기준 금액의 40~110%를 지급하도록 하여 지급 격차를 일부 완화하도록 제도를 보완했다.

연봉상한액과 하한액 범위 내에서 연봉액을 정했다. 성과급 연봉제는 매년 성과를 평가해 성과연봉을 지급하는데, 이 성과연봉은 연봉에 누적되며, 12월간에 걸쳐 균분해 지급됐다.[4)]

직무성과급적 연봉제는 기본적인 운영 체제와 형식은 성과급적 연봉제와 큰 차이가 없으나, 연봉 결정의 기초가 직무의 난이도 및 책임도인 점에서 성과급적 연봉제와 근본적인 차이가 있다. 또한, 제도 운영에 대한 자율성을 높이기 위해 성과연봉의 운영, 조정 방법 등 제도 운영의 많은 부분을 자율적으로 정할 수 있도록 했다.

2) 성과주의 정착을 위한 직무분석 실시

(1) 추진 배경

우리나라 공직인사 운영 체계의 문제점으로 불분명한 책임 소재, 잦은 순환보직, 연공서열 중심의 성과평가, 획일적 보수 체계, 사람/계급 중심의 인사 관행 등이 제기되고 있었다. 국민의 정부는 이러한 비효율을 최소화하고 공직사회의 경쟁력과 생산성을 제고하기 위해, 2000년 5월 외교통상부와 기상청을 시작으로 정부부처에 대한 직무분석을 실시해, 성과주의 인사제도의 도입을 위한 발판을 마련했다.

(2) 정부직무분석의 추진 실적

국민의 정부는, 2000년 외교통상부와 기상청에 대한 직무분석을 시작으로, 2001년도에는 건설교통부, 국세청, 중앙인사위원회에 대한 직무분석을 실시했고, 2002년에는 해양경찰청, 농촌진흥청, 조달청에 대한 직무분석을 실시했다. 직무분석의 구체적인 실시 과정에서는 실시 부처의 내부 직원들을 대상으로 '직무분석 실무추진단'을 구성해 운영했고, 이 실무추진단 참여자들을 내부 전문가로 육성해 진행했다.

이러한 준비 단계를 거친 후 일정 비율로 부처의 대표적인 직무들을 선정해 기초적인 자료를 수집하고 직무의 현직자들이 참석하는 워크숍을 통해 직무기술서와 상하 및 동료 직원의 권한과 책임 관계를 유기적으로 고려해 만든 성과책임 매트릭스(accountability matrix)를 산출했다.

---

4) 성과연봉과는 별개로 기본연봉액은 공무원 처우개선률 등을 감안해 매년 연초에 조정했다. 성과연봉은 성과평가 결과를 기초로 90%의 공무원에게 성과연봉 기준액(각 계급별 연봉 하한액의 55%)의 3% 내지 8%를 차등해 지급했다. 계약직 공무원의 경우에도 연봉의 130% 범위 내에서 각 부처가 자율적으로 연봉을 책정하도록 했다. 또한, 개방형 직위에 임용되는 일반계약직 공무원의 경우 연봉액의 상한을 규정하지 않음으로써 우수한 민간 인재를 적극적으로 공직에 유치할 수 있도록 했다.

직무기술서, 성과책임 매트릭스 등 각종 데이터와 현직자와의 면담 및 관찰 결과를 토대로 직무평가 기준에 따라 정밀하게 직무값을 산정하고, 이를 기준으로 직무 등급을 부여했다.

이러한 직무분석사업에 더불어, 정부 각 부처별로 직무분석 전문가를 육성해 직무분석을 주도적으로 실시할 수 있는 역량을 키우기 위해, 2001년부터 각 기관의 인사/행정관리 업무 담당자를 대상으로, 직무분석 교육을 실시했다.[5)]

제 4 절 전자정부

1. 추진 배경

이전의 우리나라의 전자정부 추진은, 정보통신망 구축 등 정보인프라 구축에 초점을 두어서, 정보인프라는 세계적 수준인데 반해서, 정보기술을 활용한 대(對)국민 서비스 제공은 미흡한 수준이었다.

따라서 국민의 정부는 고객인 국민과 기업의 편의를 최우선으로 하여 최적의 공공 서비스를 제공하고, 행정 투명성을 획기적으로 제고하기 위해, 11대 중점사업을 선정해 전자정부 구현 정책을 강력하게 추진했다.

전자정부의 구현은 정부 업무에 단순히 정보 시스템을 도입하는 전산화가 아니고, 정보통신 기술(ICT)을 활용해 기존의 정부 기능과 행정 업무 프로세스를 혁신적으로 변화시켜 행정의 투명성 및 신뢰성, 민주성을 획기적으로 제고하고 질 높은 행정 서비스를 제공하기 위한 것이다.

2. 전자정부의 비전과 전략

국민의 정부에서 추진한 전자정부 구현사업은 안전하고 신뢰할 수 있는 전자정부 인

5) 2001년에는 총 36개 기관(공기업 3개 포함) 39명, 2002년에는 39개 기관 41명을 대상으로 성과주의 인사제도와 직무분석에 대해 3일간 교육을 실시했다.

프라 구축을 통해 행정의 생산성 및 투명성이 극대화된 정부(G2G)를 구현하고, 최고 수준의 대국민 행정 서비스를 제공(G2C)하며, 기업활동에 최적의 환경을 제공(G2B)하는 것이 목표였다.

전자정부 구현을 위한 전략으로는, 먼저 2002년까지 우선 추진해야 할 과제를 선정하고, 효과의 가시화를 위해 선택과 집중 전략을 구사했다. 또한 기존 정보자원의 공동이용을 활성화하고, 중복 개발을 방지하기 위해 여러 부처 관련 사업은 단일사업으로 통합해 추진했다. 또한 범정부적 정보화 표준과 지침을 개발했고, 정보화 평가 기능을 강화하고, 예산과의 연계성을 높여주었다.

정부는 전자정부 사업을 단순한 정보 시스템 구축만이 아닌, 정부개혁 과제로 인식했고, 따라서 행정 업무 절차를 혁신적으로 재설계(Business Process Reengineering: BPR)하고, 이를 토대로 정보화 전략계획(Information Strategy Planning: ISP)을 수립한 후 사업을 추진했다.

3. 전자정부 추진체계

두 차례의 국가기간전산망 사업(1987~1996)의 일환으로 추진된 행정전산망 사업이후, 전자정부 구현을 위한 본격적인 노력은 '정보화추진위원회'와 '전자정부특별위원회'를 중심으로 추진됐다.

1995년 「정보화촉진기본법」의 제정으로 만들어진 정보화추진위원회는 국가정보화사업을 총괄하는 조직으로서, 전 부처 장관이 참여하고 있었으며, 24개 분과위원회에서 분야별 정보화에 필요한 계획을 수립하고 심의하는 기능을 수행했다. 그러나 각 분과위원회가 개별 부처 중심으로 운영되는 등 총괄 조정 기능이 없어서, 부처 간 이견 조정 및 시스템의 중복 개발 등의 문제를 해결하지 못했고, 전문적인 인력도 부족했다.

국민의 정부는 관계 부처 간 긴밀한 협조하에 전자정부사업을 추진하기 위해 2001년 대통령 자문기구인 '정부혁신추진위원회'에 '전자정부특별위원회'를 설치하고, 이 전자정부특별위원회(전자특위)는 대민서비스(G2C & G2B) 혁신, 행정생산성(G2G) 향상, 전자정부 기반(Infra) 구축 등의 분야에서, 조기에 달성할 필요가 있는 전자정부 중점사업 11개를 선정했고, 이를 주관 기관별로 추진했다.

4. 대민 서비스 혁신 관련 사업

첫째, 국민 지향적 민원서비스 혁신(G4C)사업을 추진했는데, 이는 정부대표 인터넷 민원창구(www.egov.go.kr)를 통해 주민등록 등·초본 등 393종의 민원에 대한 신청 및 4,000여종의 민원 안내가 온라인으로 가능하게 했다. 또한 그동안 각종 민원을 처리하기 위해 관공서에 제출해야 했던 주민등록 등(초)본, 토지(임야) 대장 등 20여종의 구비서류를, 행정기관 간의 정보 연계로 민원인이 직접 제출하지 않도록 했다.

둘째, 4대 사회보험의 정보 시스템을 연계했는데, 이는 국민연금, 건강보험, 고용보험, 산재보험 등 4대 사회보험정보 시스템의 정보자원을 상호 연계함으로써, 민원인이 인터넷을 이용하거나 또는 4대 보험기관 중 어느 한 지사만을 방문해도 4대 보험 관련 가입 및 탈퇴 신고가 가능하도록 했고, 사업자등록증, 휴/폐업사실증명원 등 첨부서류를 35종에서 15종으로 감축했다.

셋째, 국가종합전자조달(G2B) 시스템을 구축했는데, 이는 모든 조달 절차를 온라인(on-line)화하고, 조달 단일창구인 G2B 포털 사이트(www.g2b.go.kr)를 통해 모든 공공기관의 입찰정보를 일괄 획득하게 했으며, 한번만 업체 등록을 하면 모든 공공기관의 입찰에 참여할 수 있도록 했다.

넷째, 인터넷 종합 국세 서비스(Home Tax Service: HTS) 시스템을 구축했는데, 이는 납세자가 세무서나 금융기관을 방문할 필요 없이 가정이나 사무실에서 인터넷(www.hometax.go.kr)을 통해 납세 신고, 고지, 납부 등 국세 관련 업무를 해결하고, 민원 발급 및 세금 상담 등을 24시간 종합적으로 처리할 수 있게 했다.

5. 행정 생산성 향상 관련 사업

첫째, 국가 재정정보 시스템을 구축했는데, 각 기관별로 운영되고 있는 재정정보 시스템을 연계해, 국고금 관리의 효율성을 제고했고, 국가재정정보를 실시간으로 관리할 수 있도록 했다. 또한 전자고지/납부/이체 서비스를 시범 실시했고, 이어 복식부기/발생주의 회계를 기반으로 한 결산 및 자금/자산/부채 관리 업무를 연계했다.

둘째, 시·군·구 행정종합정보화사업을 추진했는데, 이는 기초자치단체의 21개 공통행정 업무를 정보화한 것이며, 행정기관의 내부 자료를 공동 활용하고, 하나의 창구에서 다양한 민원을 한꺼번에 처리할 수 있도록 했다.

셋째, 전국 단위의 교육행정정보 시스템(NEIS)을 구축했는데, 이는 초·중·고등학교, 교육청, 교육인적자원부 등 교육행정기관을 인터넷으로 연결해, 졸업/재학 증명서를 비롯한 학적 관련 제증명을 언제 어디서나 인터넷으로 신청해 우편 발급받을 수 있게 했고, 인터넷으로 자녀의 성적, 건강정보, 학생생활기록부 등의 학교생활정보를 열람할 수 있게 했다.

넷째, 표준인사관리 시스템(PPSS)을 구축했는데, 이는 공무원의 채용에서부터 승진, 급여, 교육, 복지, 퇴직 등 전반적인 인사, 급여 업무를 전자적으로 처리할 수 있는 표준 시스템을 개발해, 모든 중앙행정기관과 지방자치단체에 확산 보급했다.

다섯째, 정부부처 간의 전자결재 및 전자문서 유통을 정착시켰는데, 공문서의 생산에서 보존까지 문서 처리의 전 과정을 전자화하고, 기관 간에 공문서를 실시간으로 유통할 수 있는 체계를 구축했고, 전자문서관리 및 유통과 관련한 표준을 마련했다.

제 5 절 규제개혁

1. 규제개혁위원회의 설치

국민의 정부는 그동안 다원화되어 있던 규제개혁 추진기구를 일원화해, 1998년 4월 대통령 직속으로 규제개혁위원회를 설치했다(기획예산처, 2002: 19). 이 규제개혁위원회는 국무총리와 민간인 공동위원장을 중심으로 학계, 법조계, 언론계, 시민단체 등 각계에서 선정된 민간위원 12인과 재정경제부 장관, 행정자치부 장관, 산업자원부 장관 등 정부위원 6명으로 구성했다(기획예산처, 2002: 19).

규제개혁위원회는 규제정책의 기본 방향과 규제 제도의 연구 및 발전, 규제의 신설과 강화 등에 대한 심사, 기존 규제의 심사, 규제 정비 종합계획의 수립과 시행, 규제의 등록과 공표, 규제개선에 관한 의견 수렴 및 처리, 각급 행정기관의 규제 개선 실태에 대한 점검과 평가 등의 기능을 수행했다(기획예산처, 2002: 19).

규제개혁위원회의 업무를 효율적으로 수행하기 위해 분야별로 분과위원회를 설치해 본 위원회에 상정할 안건을 사전에 검토하고 조정하는 역할을 수행했으며, 전문적인 조사와 연구, 기타 위원회가 위임한 사항을 처리하는 기능을 수행했다. 그리고 범정부적인 규제개혁 추진을 위해 중앙행정기관 및 지방자치단체별로도, 자체 규제개혁 추진기구를 설치해 규제개혁위원회와 연계해 운영했다(기획예산처, 2002: 19).

2. 규제개혁의 추진 실적

1) 기존 규제의 정비

규제개혁위원회는 1998년 중앙행정기관 소관의 모든 규제를 전수 조사해 총 11,125건에 달하는 규제의 타당성과 국제 기준 부합 여부를 중점적으로 심사했고, 이 중 5,430건(48.8%)을 폐지하고, 2,411건(21.7%)을 개선했다(기획예산처, 2002: 278).

1999년도에는 신설 규제 511건 포함한 6,811건의 잔여 규제를 집중적으로 심사해 그 중 503건(7.4%)을 폐지햇고, 570건(8.4%)은 개선하는 성과를 거뒀다(기획예산처, 2002: 278).

2) 중점 규제개혁 과제의 정비

국가경쟁력 강화와 경제 회생에 시급한 규제, 국민경제에 파급 효과가 큰 규제, 분야별 부처 간 혹은 법령 간 불필요하게 중복된 규제 등을 중심으로, 중점 추진 과제를 선정했다(기획예산처, 2002: 278). 이 중점 과제 중심의 규제개혁 성과는 1998년에 37개, 1999년에 33개 2000년에 56개, 2001년에 17개 등 모두 143개를 개선했다(기획예산처, 2002: 278).

3) 규제의 신설과 강화에 대한 심사

행정규제기본법에 따라, 1998년 6월부터는 규제의 신설 또는 강화에 앞서서, 중앙행정기관장이 해당 규제의 영향분석과 이해 관계인의 의견 수렴 등 타당성을 사전에 심사하게 했고, 그 다음에 규제개혁위원회가 다시 심사함으로써, 불필요한 규제의 신설을 최대한 억제하는 제도적 장치를 마련했다(기획예산처, 2002: 279).

2002년까지 1,050개 법령과, 3,621건의 신설/강화 규제 중에서, 원안 수용 2,381건(65.8%), 개선 902건(24.9%), 철회 권고 338건(8.5%) 등의 성과를 올려 행정기관들이 규제 신설과 강화에 좀 더 신중하게 행동하는 결과를 가져왔다(기획예산처, 2002: 279).

4) 하위 법령과 유사 행정규제의 정비

2000년부터는 규제개혁에 대한 일반국민의 체감도를 제고하기 위해 각 부처의 내규나 지침 등 하위 규제와 준공공기관의 정관, 내규 등의 형식으로 국민에게 실질적 부담을 주는 회원 강제가입, 회비 납부 강제, 과도한 교육 의무 부과와 같은 유사 행정규제를 정비했다. 그 결과 하위 규제 1,217건(폐지 549건, 개선 668건), 유사 행정규제 1,208건(폐지 927건, 개선 281건)이 정비 대상으로 선정돼 정비작업이 추진됐다.

5) 행정규제의 등록과 공표

국민의 권리를 제한하거나 의무를 부과하는 각종 법령 등에 고시한 규제사무를 중앙행정기관으로 하여금 규제개혁위원회에 등록하도록 하고, 등록된 규제사무 목록과 내용을 전산 시스템으로 데이터베이스화해 웹을 통해 공개함으로써, 국민들이 언제든지 열람할 수 있도록 했다(기획예산처, 2002: 280).

제6절 반부패 개혁

1. 반부패 개혁의 추진기구

국민의 정부는 1997년 외환위기를 초래한 원인 중의 하나가 부패라고 인식해 1998년에 '부패와의 전쟁'을 선포하고, 부패방지 종합대책을 발표했다. 그리고 국민의 정부 초기는 대통령 직속의 '반부패 특별위원회'가 반부패 정책을 수행했다. 이 위원회는 대통령의 부패정책 자문기구로서, 1999년 9월 대통령령 제16547호로 설치됐으며, 부패와의 전쟁 선언, 부패방지종합대책 마련, 세계은행 등 국제기구와 부패문제 논의, OECD 뇌물방지협약의 이행평가 등 다양한 기능을 수행했다. 그러나 대통령 자문기구라는 한계로 인해, 불분명하고 제한된 기능만을 수행할 수밖에 없는 한계가 있었다.

그 후 2001년에 부패방지법이 제정되면서, 종합적인 반부패정책 추진기구로서, '부패방지위원회'가 설립됐다. 이 부패방지위원회는 대통령 소속기구로서, 부패 신고를 접수해 처리하고, 관련 제도의 개선을 권고할 수 있으며, 반부패 정책 수립 및 평가, 교육과

홍보 기능 등을 수행했다. 그러나 조사권을 부여받지 못했기 때문에 여전히 한계와 취약점을 지닌 조직이었다.

2. 부패방지법의 제정과 그 의미

부패방지법은 1996년부터 시작된 시민사회단체들의 강력한 요청과 노력에 대한 정치적 타협의 산물로서, 2000년 6월 28일에 국회를 통과하고, 법률 제6494호로 2001년 7월 24일 공포됐다. 이 부패방지법은 우리나라 사상 처음으로 부패문제와 관련된 종합적인 법률의 성격을 띤다는 점에서 그 의의를 찾을 수 있다.

이러한 부패방지법 외에도 최초의 자금세탁방지 관련 법률이라고 할 수 있는 두 가지 법률이 제정됐다. 2001년 9월 3일 국회에서 의결되고, 2001년 11월 28일부터 시행에 들어간 「범죄수익 은닉의 규제 및 처벌 등에 관한 법률」과 「특정금융거래정보의 보고 및 이용 등에 관한 법률」은 조직범죄와 해외 도피재산 등 범죄수익을 합법적 수입으로 가장한 경우에 은닉행위의 처벌과 범죄 수익몰수 추징이 가능하게 했고, 금융거래를 통한 자금 세탁을 규제하기 위해 금융거래 정보에 대한 보고가 가능하도록 했으며, 또 자금 세탁 관련 정보수집 분석기구로 재경부 소속의 금융정보 분석기구의 설치를 명시했다.

3. 반부패정책 추진 성과

국민의 정부의 반부패 대책은 다음과 같은 특징을 찾아볼 수 있다.

첫째, 그 당시까지 역대 정부의 반부패 대책이 다소 정치적인 의도에서 주먹구구식으로 진행된 경향이 있었는데, 국민의 정부는 '반부패정책'을 국가의 공공의제(public agenda)로써 자리매김할 수 있도록 했다는 것이다.

둘째, 부패의 개념을 확대해 공익성까지 포괄함으로써 공직에 한정됐던 반부패 정책을 민간 영역까지 반부패정책이 확대될 수 있도록 했다.

셋째, 부패를 종합적이고 포괄적으로 규정한 「부패방지법」을 제정하고, 반부패정책의 전담조직인 '부패방지위원회'를 설립함으로써, 반부패 정책이 체계적이고 조직적으로 추진될 수 있는 토대를 마련했다는 점이다.

제 7 절 지방행정 개혁

1. 지방이양 업무

1) 지방이양 업무 추진 배경

1991년부터 1997년까지 '지방이양합동심의회'에서 1,174건의 지방이양사무를 발굴하고 확정했지만, 지방이양사무가 대부분 사소한 단순 단위사무 중심이었고, 또한 완전한 이양보다는 감독권을 유보한 위임이 대부분이었으며, 지방에서 원하는 기능보다는 중앙에서 이관하기를 원하는 기능 위주로 이양이 추진됐다.

이러한 문제점을 해결하기 위해, '국민의 정부'는 지방 이양의 본격적인 추진을 위한 제도적 장치로서, 「중앙행정 권한의 지방이양 촉진 등에 관한 법률」을 제정하게 됐다.

2) 지방이양 업무 추진체계

'국민의 정부'는 100대 국정과제의 하나로, 중앙과 지방의 기능을 재조정하는 과제를 제시하고, 본격적인 중앙정부 권한의 지방이양을 추진했다. 1999년 1월 「중앙행정 권한의 지방이양 촉진 등에 관한 법률」이 제정됨에 따라, 이에 근거해 1999년 7월 대통령 소속하에 '지방이양추진위원회'가 설치됐다.

이 지방이양추진위원회는, 중앙행정 권한의 지방이양 및 지방자치단체 간의 사무배분 등에 관한 기본계획의 수립과 시행에 관한 사항을 수행했으며, 이를 위해 지방이양 및 사무배분을 위한 대상 사무의 조사에 관한 사항과 대상의 결정에 관한 사항, 법령에 규정된 사무의 국가 또는 지방자치단체의 소관 구분에 관한 사항 등을 심의하고 의결하는 기능을 수행했다.

지방이양추진위원회는 국무총리와 민간위원을 공동위원장으로 하고, 학계·경제계·여성계·시민단체·연구기관 등 사회 각 분야에서 전문적 식견과 학식을 겸비한 민간위원과, 중앙행정 기관장과 지방자치 단체장 등 총 20명의 위원으로 구성했다.

이 위원회의 업무를 효율적으로 지원하기 위해, 지방이양추진 실무위원회를 두었으며, 실무위원회는 행정자치부 차관을 위원장으로 하고, 학계·경제계·여성계·시민단체·연구기관 등 민간전문가 총 25명의 위원으로 구성해 운영했다.

지방이양추진 실무위원들은 하부조직인 행정・산업건설・농수산복지 등 3개 실무분과위원회에도 참여했고, 또한 위원회의 업무를 전문적으로 지원하기 위한 전담지원기구인 지방이양지원팀을 한시적으로 설치했다.

3) 지방이양 업무 절차

지방이양 업무 절차는 다음의 3단계로 진행됐다.

첫째, 이양 대상 사무의 발굴/선정 단계로서, 지방이양추진위원회는 중앙 권한의 지방이양과 지방자치단체 간 사무배분을 체계적으로 추진하기 위한 '지방이양 기본계획'을 매 2년마다 수립하고, 국무회의의 심의를 거쳐 대통령에게 보고해야 한다. 위원회는 이렇게 세워진 기본계획에 따라, 중앙 권한의 지방이양 및 지방자치단체 간 사무배분 대상을 조사하기 위한 '추진지침'을 매년 작성해야 하며, 이를 중앙행정기관의 장 및 지방자치단체의 장에게 통보해야 한다. 중앙행정기관의 장 및 지방자치단체장은, 추진지침에 따라 지방이양 및 자치단체 간 재배분이 필요한 사무를 조사하고, 그 결과를 위원회에 제출해야 하며, 위원회는 이를 근거로 심의 대상을 선정한다.

둘째, 대상사무의 심의 단계로서, 지방이양추진위원회는 선정된 심의 대상에 대해 검토하고, 그 이양 여부를 재적의원 과반수의 찬성으로 의결한다. 위원회에서는 지방이양 또는 자치단체 간 사무 재배분이 확정되면, 국무회의의 심의를 거쳐 이를 대통령에게 보고하고, 관계 중앙부처의 장 및 지방자치단체장에게 통보해야 하며, 필요 시에는 관보에 게재하거나 기타 매체를 통해 공표해야 한다. 중앙부처의 장은 소관사무에 대해 위원회로부터 지방이양의 대상으로 확정됐음을 통보받은 날로부터 30일 이내에 이행 계획을 제출해야 한다.

셋째, 확정사무의 사후관리 단계로서, 지방이양추진위원회는 심의/의결한 사항과 지방자치단체로 이양된 중앙행정기관의 권한 등이 적절히 수행되고 있는지를 연 1회 이상 직접 조사하거나 관련 공무원을 통해 점검해야 한다. 만약 그 이행 실적이 미흡하다고 판단되는 경우에는, 관련 중앙부처의 장에게 그 이행을 촉구하거나 시정 조치를 권고할 수 있다.

4) 권한이양 및 사무배분의 원칙과 기준

권한의 이양과 사무배분을 추진하는 데 활용된 원칙과 기준은 다음과 같다.

(1) 자치사무 귀속의 원칙

지방자치법 제9조에서 "지방자치단체가 수행하여야 할 사무로 주민의 복지 증진에 관한 사항, 산업 증진에 관한 사항 등 57개 사무를 예시"하고 있지만, 단서에서 "법률에 이와 다른 규정이 있는 경우에는 그러하지 아니하다"라고 규정하고 있다. 따라서 지방자치법에 예시된 사무라 하더라도 예외적으로 다른 개별법에 규정이 있는 경우에는, 지방자치단체가 아닌 중앙행정기관에서 사무를 처리하는 사례가 많았었다. '자치사무 귀속의 원칙'은 이러한 문제점을 해소하기 위해 지방자치법에 예시된 57개 사무는 우선적으로 지방자치단체가 수행하고, 전국적 통일성이 필요하거나 여러 자치단체가 관련된 사무 등 한정된 사무의 경우에만 중앙행정기관이 처리하도록 한다는 원칙이다.

(2) 지방 여건과 의사 존중의 원칙

이 원칙은 중앙행정권한의 지방이양과 지방자치단체 간 사무배분에서 지방자치단체의 여건과 능력을 고려하고 그 지방자치단체의 의사를 존중한다는 원칙이다. 이 원칙은 권한의 이양과 배분을 추진하는 과정에서 지방자치단체의 현실적 여건과 의사가 충분히 반영되도록 하여, 지방의 특수성이 충분히 반영되도록 하기 위한 장치다.

(3) 일괄이양의 원칙

이 원칙은, 지방으로 이양 또는 재배분된 사무가 원활하게 처리되기 위해서는 이양되는 사무와 긴밀하게 연계된 사무 또한 이양시킨다는 원칙이다. 이러한 '관련 사무의 일괄이양'을 해야만 실질적인 중앙 권한의 지방이양이 가능하게 된다.

(4) 사무배분 기준 존중의 원칙(기초자치단체 우선의 원칙)

지방자치법 제10조에서는, 시·도와 자치구에 사무를 배분할 때 지켜야 할 원칙으로, "시·도 단위로 지역적 특성을 기하면서 통일성이 필요한 업무는 시·도로 배분하고, 그 이외의 사무는 자치구(군)에서 수행"하도록 하고 있다. 그리고 "시·도 사무와 시군구의 사무가 경합하는 경우에는 시·군·구가 우선적으로 처리"하도록 하고 있다.

사무배분 기준 존중의 원칙은, 이러한 사무배분 기준을 중앙 권한의 지방이양 및 배분원칙으로 흡수함으로써, 주민과 가장 근접거리에 있는 자치단체가 사무를 수행할 수 있도록 하여, 주민 편의 증진 및 지역적 특수성을 반영한 사무 수행을 도모하고자 한 것이다.

(5) 최소 감독의 원칙

이 원칙은 중앙행정기관의 과도한 감독권 유보와, 법령에 근거도 없는 사실상의 감독권 행사 등을 제한하기 위한 원칙이다. 이 원칙에 의하면 중앙행정기관의 장은 지방자치단체에 이양한 사무에 대해 중앙행정기관의 감독을 최소한의 범위로 제한하는 조치를 취해야 한다. 또한 이양된 사무를 지방자치단체가 처리할 때 전국적인 통일을 기할 필요가 있는 경우에는 해당 사무의 처리 기준을 법령에 직접 규정하거나, 법령의 명시 규정에 의한 사무처리 기준을 관보에 게재해야 한다.

(6) 능력에 따른 이양과 배분의 원칙

이 원칙은 국가와 지방자치단체 간, 지방자치단체 상호간에 사무를 이양하거나 배분할 경우에는, 해당 지방자치단체의 능력에 따라 이양 또는 배분하도록 한다는 원칙이다. 따라서 지방자치단체에서 처리하는 사무 중 지방자치단체의 전문기술 역량을 초월하거나, 그 업무의 성격상 중앙행정기관에서 처리하는 것이 합리적인 사무는 중앙행정기관으로 이양해야 한다는 것이다.

(7) 행정재정 지원 병행의 원칙

이 원칙은 중앙행정기관의 장은 중앙행정 권한을 지방에 이양할 때, 지방자치단체가 그 이양받은 사무를 원활히 처리할 수 있도록, 행정적 · 재정적 지원을 병행해야 한다는 것이다.

2. 지방이양 실적

지방이양위원회가 발족한 1999년 8월부터 2002년 8월 말까지의 성과를 보면, 총 130회의 회의를 통해 17개 부처의 689개 사무에 대해 이양 또는 재배분이 확정됐고, 그 중에 138개 사무는 이양을 완료했다(기획예산처, 2002: 67).

연도별 이양확정사무는 1999년에 22개, 2000년에 244개, 2001년에 226개, 2002년에 197개이고, 이를 이양 형태별로 보면 국가에서 시 · 도로의 이양이 356개, 시 · 도에서 시 · 군 · 구로의 사무 재배분이 331개, 지방자치단체에서 국가 이양이 2개로 나타나고 있다. 소관 부처별로는 건설교통부가 131개 사무로 가장 많고, 이어서 환경부 103개, 산업자원부 85개, 보건복지부 81개 등의 순이다(기획예산처, 2002: 67).

주요 이양확정사무의 구체적인 내용을 살펴보면, 우선 국가에서 시 · 도 이양으로는 일반건설업의 등록, 화물자동차의 등록, 분뇨처리시설 설치 변경의 승인, 하수종말처리시설 설치 인가, 전기공사의 등록, 제조업 허가, 특수 목적 고등학교 지정 사무 등이다(기획예산처, 2002: 67).

시 · 도에서 시 · 군 · 구로 재배분된 사무로는 옥외광고업의 신고, 액화석유가스사업의 허가, 조리사 및 이 · 미용사 면허, 노인주거복지 시설 설치신고, 국내외 여행업의 등록 등의 사무가 있다(기획예산처, 2002: 67).

국가에서 시 · 군 · 구로 이양된 사무에는 축산폐수처리시설 설치 허가 사무 등이 있으며, 지방에서 국가로 이양된 것으로는 호적 관련 사무가 있다(기획예산처, 2002: 67).

참고 문헌

기획예산처 (2002). 국민의 정부 공공개혁백서.
부패방지위원회 (2002). 부패방지백서.

제3장

정부개혁 성과 및 평가

송하중
경희대학교

제 1 절 정부개혁 성과

국민의 정부의 공공부문 개혁은 1998년 정부조직 개편과 인력 구조조정이라는 하드웨어적 개혁에서 시작해 정보공개, 고객헌장제 등 소프트웨어적 개혁으로 이어졌다. 국민의 정부는 주요 선진국에서 활용한 공공부문의 개혁 조치의 대부분을 채택, 추진했다. 〈표 3-3-1〉은 국민의 정부에서 추진한 공공부문 개혁의 주요 정책을 종합한 것이다.

1. 조직개편과 인력 구조조정

1) 조직구조 개편

(1) 중앙행정기관 조직개편

국민의 정부는 세 차례에 걸쳐 중앙행정기관 조직개편을 단행했다. 이는 작고 효

표 3-3-1 국민의 정부의 공공부문 개혁

부문	개혁 사항	주요 정책
조직개편과 인력 구조조정	조직구조 개편	
	인력 감축	
	산하기관 개혁	
운영체계의 개혁	정부조직관리의 개혁	책임운영기관제도
		중앙 기능의 지방 이양
	인사관리의 개혁	개방형 직위제
		성과연봉제
		성과상여급제
	예산 및 재정 운용의 개혁	기금제도 개선
		준조세 정비
		예산운용 제도 개선
	산하기관 운영 시스템의 개혁	사외이사제, 사장경영계약제
		경영공시제
		공기업 경영 혁신
전자정부의 구현 및 대국민 서비스 개선	행정 업무의 전자화 촉진	
	대국민 서비스의 개선	규제개혁
		정보공개
		민원 업무 개선
		고객헌장제

율적인 정부를 위해 규모를 줄이고 정부의 경쟁력을 확보하기 위한 작업이었다.

국민의 정부 출범 전 대통령 당선인 시절인 1998년 1월, 사회 각 부문을 대표하는 심의위원(14명)과 실행위원(8명)으로 이뤄진 정부조직개편심의위원회가 정부조직 개편 작업을 주도해 국민의 정부 1차 중앙행정기관 조직개편안을 마련했다. 중앙행정기관의 개편은 경제위기를 극복하고 수평적 정부 교체에 따른 대통령의 리더십 강화, 국무총리의 내각 통합을 위한 조정 기능 강화, 비대화된 행정조직의 간소화, 정부의 역할과 기능의 재정립과 유사·중복 기능의 통폐합, 그리고 국가경쟁력 및 삶의 질 향상을 위한 정부 역할 강화를 목적으로 이뤄졌다(행정자치부, 2001: 232). 개편 내용은 재정경제원, 통일원을 폐지하고 총무처와 내무부를 행정자치부로 통합하는 대신 재정경제원은 재정경제부와 예산청으로 분리하고 기획예산위원회를 신설하며 차관급 행정조정실을 장관급 국무조정실로 개편하는 것이었다(행정자치부, 2001: 233). 1차 중앙행정기관 개편으로 기획예산위원회 등이 신설돼 부처의 수는 과거와 같은 35개를 유지했다. 그러나 21명의 국무위원이 18명으로 감소되고, 정무직 공무원 수도 감소되는 조직 축소 효과를 거뒀다(기획예산처, 2003: 297).

표 3-3-2 제1차 정부조직 개편

일자/기간	주요 활동 사항
1998. 1. 7	정부조직개편심의위원회 발족
1998. 1. 16	공청회 개최, 1차 시안 발표
1998. 1. 26	2차 정부조직개편안 발표
1998. 2. 2	정부조직법개정법률안 국회 제출
1998. 2. 16	정부조직법개정법률안 국회 의결
1998. 2. 24	정부조직법 개정법률 공포안 국무회의 의결

자료: 기획예산처(2002: 360).

제2차 개편은 21세기에 대비한 지식정보화 행정 체계 구축, 원활한 국무조정을 통한 정부의 대응 역량 제고에 초점을 맞췄다. 경영진단조정위원회의 경영진단을 통해 기획예산처·중앙인사위원회·국정홍보처 등 3개 부처를 신설했다(행정자치부, 2001: 233). 특히 2차 개편은 조직개편뿐 아니라 운영 시스템 개선을 통해 행정효율성과 투명성의 제고에 기여하는 개방형 직위제, 책임운영기관제, 고객헌장제 등의 제도적 변화를 수반했다.

표 3-3-3 제2차 정부조직 개편

일자/기간	주요 활동 사항
1999. 3. 11	경영진단조정위원회 건의안 제출
1999. 3. 16~17	국무위원 간담회
1999. 3. 23	'정부운영 및 기능조정방안' 확정(국무회의)
1999. 5. 3	「정부조직법」 국회 의결
1999. 5. 20	직제개편안 국무회의 의결
1999. 5. 24	「정부조직법」 개정 법률 공포

자료: 기획예산처(2002: 361).

두 차례에 걸친 중앙정부조직 개편으로 16실 74국, 136과의 기구가 감축됐고, 23개의 기관을 10개로 통합하는 공무원교육훈련기관 통폐합(1998년 6월) 및 320개 정부위원회를 175개로 통폐합하는 정부위원회 정비작업(1998년 11월)이 추진됐다(이계식 2000: 6).

제3차 개편에서는 부총리제를 부활해 재정경제부 장관을 경제부총리로, 교육인적자원부 장관을 교육부총리로 격상시키고 대통령직속여성특별위원회를 여성부로 개편했다(행정자치부, 2001: 235).

(2) 지방자치단체 조직개편

국민의 정부 출범 후 지방행정의 효율성과 고객 서비스 향상에 대한 사회적 욕구가 강화됐다. 행정자치부에 의해 마련된 지방자치단체 조직개편안은 두 차례 마련됐는데 제1차 개편은 시·도 본청조직은 평균 3국 6과, 시·구는 1국 3과, 군은 5과를 감축하는 것이었다. 그리고 '계(係)' 제를 폐지하고 '읍·면·동의 부 읍·면장제, 사무장제를 폐지하도록 했다. 이 계획은 성장만 하던 지방행정조직을 처음으로 감축하게 됐다는 점에서 의의가 컸다. 2차 개편은 1998년 11월부터 1999년 2월까지 기획예산처와 행정자치부가 시행한 지방자치단체의 경영진단 결과를 토대로 기능 쇠퇴사무의 정비, 신규 행정수요의 보강 및 고객 지향적인 행정 체제로의 전환 등을 목표로 미흡한 부분을 중점적으로 개편했다. 1, 2차 지방자치단체 조직개편에 따라 2001년 말까지 시·도는 53국 132과를, 시·군·구는 125국 1117과를 폐지하는 조직감축계획을 추진했다(행정자치부, 2001: 235-236).

2) 인력 감축

국민의 정부는 1998~2001년간의 공무원 인력감축계획을 실행해, 공무원 총수는 1997년 12월의 93만 5,759명에서 2001년 12월에는 86만 8,120명으로 6만 7,639명(7.2%)을 감축했다. 감축계획(8만 6,563명)에 비해 감축 실적(6만 7,639명)이 낮은 것은 일반행정직의 강도 높은 감축에도 불구하고, 교육공무원 등 특정직과 행정부 외부의 공무원인 입법·사법공무원 등의 증가에 기인했다. 짧은 기간의 높은 감축 성과는 1997년 경제위기 이후 민간부문 고용 상황을 고려할 때 공공부문만 감축의 예외를 인정하기 어려울 뿐 아니라 공공부문 자체의 효율성과 경쟁력 향상을 위해서도 불필요한 인력에 대한 과감한 감축이 필요하다는 사회적인 공론이 반영된 것이기도 하다(기획예산처, 2003: 298).

특히, 공무원 총 정원제를 도입해 인력 증원을 제도적으로 억제했다. 이것은 기관 확장을 위해 불필요한 증원을 경쟁적으로 추진하던 관행을 통제하는 효과를 기대하는 제도다. 즉, 국민의 정부는 인력 증원을 관리하기 위해 국가공무원 정원의 최고한도를 규정하는 총정원제를 1999년 1월부터 도입했다. 이로써 특별한 조치가 없는 한 국가공무원 수가 자연 증가하는 추세가 원천 봉쇄되는 계기가 마련됐다(행정자치부, 2001: 236).

표 3-3-4 정무직 공무원 수의 변동 추세

구분	1997.12	1998.12	2001.12	2002.6
행정부	102	89	104	107
헌법 입법·기타	21	21	20	20
합계	123	110	124	127

자료: 행정자치부, 기관별·직종별 공무원정원 내부 자료.

그러나 인력감축계획의 수립 및 집행 과정에서 몇 가지 문제점도 나타났다. 우선 공무원 수가 2001년 12월을 최저점으로 다시 증가하기 시작했다. 이것은 임기 말에 인력 수요에 대한 통제가 느슨해진 이유보다는 교육공무원 등 특정직의 지속적인 증가와 새로운 기능을 수행하는 행정부서 및 위원회의 설치 등에 기인한 것으로 해석됐다. 특히 행정부의 장·차관급 정무직 수는 1997년 말의 102명에서 89명으로 대폭 감소(1998년 12월 개편)했다가, 2001년 말에 104명으로 다시 증가했다(〈표 3-3-4〉 참조)(기획예산처, 2003: 298).

3) 산하기관 개혁

국민의 정부는 1998년과 1999년 두 차례에 걸쳐 공기업 및 정부산하기관 경영혁신계획을 수립해 공기업에 대한 민영화와 공기업의 통·폐합을 통해 인력을 감축시키고, 이와 함께 퇴직금 누진제 폐지, 외부위탁, 자산 매각 등을 통해 방만경영 관행을 쇄신하고 경영공시제 등 투명한 행정을 구현했다(행정자치부, 2001: 237).

공기업 및 정부산하기관의 민영화, 자회사 정리, 기관 통폐합 등 구조조정은 원래 설정한 계획을 대부분 달성했다. 민영화는 공기업 11개사와 자회사 등 77개사 중 69개사를 완료하는 등 좋은 성과를 냈다(〈표 3-3-5〉 참조)(기획예산처, 2003: 300).

공기업과 그 자회사를 포함한 정부산하기관 전체 인력에서 6만여 명에 해당하는 24.3%를 감축하는 계획은 2001년 12월을 기준으로 25.2%까지 초과 달성됐다(기획예산

표 3-3-5 공기업 민영화와 인력 감축 계획 달성도

구분	민영화		인력 감축	
	계획(개)	실적(개)	계획(명)	실적(명)
공기업	11	7	41,234	41,704
공기업 자회사	66	62		
합계	77(100%)	69(90%)	41,234(100%)	41,704(101%)

자료: 기획예산처(2003: 300).

처, 2003: 300).

지방공기업·공단의 구조조정과 인력 감축도 추진됐다. 국민의 정부는 1998년 행정자치부의 '지방공사·공단 구조조정 및 경영혁신계획'에 따라 271개 지방공기업 중 172개의 직영기업과 19개의 제3섹터를 제외한 80개의 공기업의 경영혁신계획을 수립 추진했는데, 특히 감사원이 2000년 10월~2000년 12월 간에 178개 지방 공기업에 대해 민영화·민간위탁 등 경영합리화 추진 현황, 조직·인력관리 및 복리후생비 등 예산집행 실태에 대한 감사 결과 지적한 236건의 지적 사항 중에서 2002년까지 186건(79%)을 완료했다. 경영혁신 결과, 부실 공기업 14개 중 13개를 정리했고, 총 정원 35,392명에서 6,435명을 감축했으며 퇴직금 지급률 하향 조정 등 경영혁신 제도 개선도 대부분 마무리된 것으로 평가되고 있다(행정자치부, 2001: 238).

2. 운영 체계의 개혁

1) 정부조직관리의 개혁

정부조직관리의 주요 개혁 성과는 책임운영기관 제도의 도입과 중앙 기능의 지방이양으로 요약된다.

책임운영기관은 내부관리비용(보고, 결재, 기타 관리 등의 비용)을 줄이고, 기관장이 하는 일을 좀 더 명백히 파악할 수 있는 효과를 거두리란 기대 하에 1999년 1월에 「책임운영기관의 설치·운영에 관한 법률」이 제정돼 책임운영기관(Agency) 제도가 처음으로 도입됐으며, 1999년 5월 정부개편 시에는 국립극장 등 10개 집행기관이 시범 운영기관으로 선정돼 2000년 1월부터 시행됐다(이계식, 2000: 6). 2000년 국립의료원 등 10개의 기관을 지정해 운용했고, 2001년 1월부터 13개 기관이 추가로 책임운영기관

표 3-3-6 책임운영기관의 시행 시기와 시행기관

연도	기관 수	부처	책임운영기관
2000	10	국정홍보처	국립영상간행물제작소
		국방부	국방홍보관리소
		경찰청	운전면허시험관리단
		과학기술부	국립중앙과학관
		문화관광부	국립중앙극장
		농촌진흥청	농업기계화연구소
		보건복지부	국립의료원
		건설교통부	수원국도유지건설사무소
			전주국도유지건설사무소
		해양경찰청	해양경찰정비창
2001	13	조달청	중앙보급창
		통계청	충남통계사무소
		교육인적자원부	국제교육진흥원
		기상청	항공기상대
		농림부	국립수의과학검역원
			국립식물검역소
		농촌진흥청	축산기술연구소
		산림청	임업연구원
		보건복지부	국립재활원
			국립목포병원
		건설교통부	국립지리원
			대구국도유지건설사무소
		해양수산부	대산지방해양수산청

자료: 행정자치부(2001: 239).

화됐다(〈표 3-3-6〉 참조).

국민의 정부에 들어와서 중앙 기능의 지방이양은 「중앙행정 권한의 지방이양 촉진에 관한 법률」에 따라 구성된 지방이양추진위원회를 중심으로 지속적으로 추진돼 왔다. 그 결과 687건의 중앙 부처 및 시·도사무가 각각 시·도 및 시·군·구로 이양됐다(행정자치부, 2001: 239).

2) 인사관리의 개혁

국민의 정부에서의 공무원 인사관리 개혁은 정부관료제 내부의 유연화와 개방화를 통한 생산성과 경쟁성, 그리고 이를 위한 공직자의 역량 강화에 초점을 두었다. 개방형 직위제, 성과연봉제 및 성과상여금제의 도입은 폐쇄적인 계급제에 기반을 두고 있는 정부조직에 능력과 성과를 중시하는 인사관리를 도입하고자 하는 노력의 핵심적 개혁 사항들이었다(기획예산처, 2003: 302).

행정전문성 제고와 공무원 자질 향상을 도모하고자 1999년 5월「정부조직법」등 개정으로 2000년 2월「개방형 직위의 운영 등에 관한 규정」이 공포돼 개방형 직위제도를 시행하게 됐으며, 2002년 730개 국장급 이상 직위 중 132개 직위가 개방형 직위로 선정됐다(기획예산처, 2003: 241).

개방형 직위제 도입은 폐쇄적으로 운영되던 공직사회를 민간부문에 개방한 새로운 제도로서, 공직사회의 개방성과 전문성, 경쟁성을 강화하는 데 긍정적인 영향을 미치는 제도라고 할 수 있다. 119명의 임용자 중 경력직이 79명이고 계약직은 40명으로서, 경력직이 다수를 차지하고 있다(기획예산처, 2002: 336). 그러나 제도 시행 초기에는 개방형 직위 임용자의 87.2%인 102명이 공무원으로서 제도 도입의 원래 취지를 살리지 못했다는 비판이 있었다(행정자치부, 2001: 241). 하지만 공직의 개방이라는 단초를 제공했다는 긍정적인 의미가 강조되고 있다(윤태범, 2002: 14).

1998년 12월 공무원보수규정을 개정해, 3급 국장급 이상 및 계약직 공무원을 업무성과에 따라서 4등급으로 분류해, 전체 대상의 70%가 10-3%의 지급을 받으며, 30%는 적용되지 않도록 하는 성과급적 연봉제를 도입했다(남궁근, 2002: 16).

성과상여금제의 경우, 1998년 12월 공무원수당규정을 개정해, 3급 과장급 이하 공무원은 업무 실적에 따라 최상위 10% 공무원에게 기준 금액의 150%, 상위 10% 초과~30% 이내 공무원의 경우 100%, 30% 초과~70% 이내 공무원의 경우 50%를 지급하는 반면, 하위 30%에 대해서는 지급을 하지 않도록 하는 등 업무 수행 실적 평가 결과에 따라 4등급으로 분류해 2001년부터 차등 지급하도록 했다. 이후 당초의 계획을 수정해 소속기관 사정에 맞게 성과상여금을 지급할 수 있도록 하고, 지급 대상도 기존 70%에서 90%로 확대했다. 2002년 10월 현재, 중앙부처 및 광역자치단체는 성과급 지급을 완료했다. 제도의 일부 변경은 있지만, 성과급제가 본격적으로 시행됐다는 점에서는 일단 긍정적으로 평가할 수 있으나(기획예산처, 2002: 337), 정부가 도입한 이러한 성과 지향적인 급여

제도는 제도의 취지에 맞게 충분히 정착되지 못한 것으로 평가되고 있다(기획예산처, 2003: 302).

3) 예산 및 재정 운영의 개혁

국민의 정부는 국가예산 외에도 국민경제에 많은 영향을 미치는 기금제도, 부담금 등 준조세 제도, 및 예산 운용 시스템을 개편했다.

우선, 기금 운영의 비효율성과 방만함이 지적됨에 따라 국민의 정부는 과거 어느 정부보다 강도 높게 기금에 대한 대폭적인 정비작업 및 제도 개선을 추진했다. 1999년도와 2001년도의 2차에 걸쳐 「기금관리기본법」을 개정해 기금 제도의 혁신적인 변화를 추진했다. 「기금관리기본법」의 개정 이후 75개의 기금이 55개로 통폐합됐으며, 특히 기타 기금은 38개가 16개로 대폭 축소됐다. 기금에 대한 지속적인 점검 및 평가와 혁신이 가능하도록 기금평가제도가 새로이 도입됐으며, 기금과 전체 재정과의 연계성을 높이기 위한 기금정책심의제도도 도입됐다(이계식, 2000: 7) 관리의 효율성을 제고하고, 기금운용계획을 대통령 승인과 국회보고 절차를 거쳐 시행함으로써, 기금 사용의 투명성과 효율성을 제고했다(기획예산처, 2003: 303).

부담금 등 준조세는 국민에게 강제되는 특성으로 인해 큰 불만 요인으로 작용하는데 2001년 12월 부담금관리기본법을 제정해 부담금제도를 정비했다. 부담금의 신설과 부과, 사용 용도 및 사용 내역 공개 등을 종합 관리함으로써, 국민의 경제적 부담을 감소시켰던 것이다(기획예산처, 2003: 303). 「부담금관리기본법」에 의하면, 부담금 정의 및 범위를 한정열거 방식으로 제시하고 법에 의하지 않는 부담금을 금지하고, 투명성을

표 3-3-7 기금관리기본법 주요 개정 내용

1999년 말 개정 내용	2001년 말 개정 내용
• 기금의 대폭 정비: 75개(1999) → 61개(2000) • 기타 기금의 공공기금화: 공무원연금기금 등 10개 • 기금 운용 점검 · 평가체계 강화: 기금정책심의회 · 기금운용평가단 신설	• 기금운용계획 및 결산에 대한 국회의 심사 제도화 • 부처의 기금운용계획 자율 변경 범위 축소: 주요 항목 지출 금액의 1/2 → 3/10 • 공공기금과 기타 기금을 기금으로 일원화, 동일하게 관리 • 기금정비: 7개 기금 폐지, 6개 기금을 3개로 통 · 폐합

자료: 남궁근(2002: 19).

위해 기획예산처가 101개 부담금을 총괄·관리하도록 했다(남궁근, 2002: 20).

준조세의 경우, 준조세 정비 방안(2000.12)에 따라 도로교통안전기금분담금, 교통안전분담금, 농지및산림전용분담금 등 9개 분담금이 2002년 1월부터 폐지되고, 문예진흥기금 및 국제교류기금은 2004년 1월부터 폐지하도록 했다(행정자치부, 2001: 243). 총 12개의 분담금 폐지 또는 개선으로 1999년 말 기준 연간 3천여억 원의 준조세 경감 효과가 추정된 바 있다(남궁근, 2002: 20).

국민의 정부는 IMF 경제위기와 함께 재정긴축 국면을 맞아 국민의 세금을 투명하고 효율적인 사용을 위해 기존 예산 운영 체제를 대폭적으로 재검토할 필요성을 인식했으며, 이에 따른 예산 운용 체제 개혁의 일환으로 예비타당성 조사, 총사업비관리, 예산절약 성과금제 운영 부문을 중점적으로 개편했다(기획예산처, 2002: 342).

예비타당성 조사는 1999년 3월 '공공건설사업 효율화 종합대책'의 일환으로 추진했던 것이다. 1999년 4월 「예산회계법시행령」 개정으로 예비타당성조사의 제도적 요건을 구비하게 됐다. 이 제도 도입 후 2002년 말까지 총 120건, 77여조 원에 대한 예비타당성 조사가 실시됐으며 이 가운데 66개 사업(55%)을 추진 보류시켜 예산 낭비의 방지와 재정 운영의 효율성을 제고했다(기획예산처, 2002: 343).

총사업비관리 강화시책은 1994년도부터 추진하던 것을 1999년도부터 강화한 것으로, 「예산회계법시행령」 제3조에 근거하고 있다. 1999년 이후 총사업비 증액요구율이 낮아지는 추세이며 실제 조정액도 감소했다(기획예산처, 2002: 343).

예산성과금 제도는 예산절약액이나 수입증대액의 일정 비율을 직접 기여한 당사자에게 보상하는 제도로서 「예산회계법」 제36조 2항에 근거해 1999년도에 처음으로 도입했다. 2001년도의 경우, 건설교통부, 국세청 등 16개 중앙행정기관이 신청한 586건 중 115건의 사례에 대해 총 22억 원의 예산성과금을 지급했다(남궁근, 2002: 20-21).

4) 산하기관 운영 시스템의 개혁

정부는 1999년부터 정부투자기관의 자율성 제고와 책임경영 체제의 확보를 지향한 「정부투자관리기본법」의 개정을 통해 공기업 운영 시스템의 개혁을 위한 일련의 조치를 추진했다(윤태범, 2002: 5). 공기업 등 정부 산하기관들에 대한 개혁이 추진돼 자율성과 책임성을 바탕으로 하는 경영 체제가 자리 잡았다.

공기업경영의 자율성과 책임성을 높이기 위해 사외이사제를 도입해 이사회 기능을 강화했고, 책임경영 체제 구축을 위해 공기업과 사장이 경영계획에 대해 계약을 체결하도록 하는 사장경영계약제를 도입했다. 또한 사장 선임 절차의 투명성과 공정성 확보를 위해 사장추천위원회를 신설함으로써 정부투자기관에 대한 경영 능력을 갖춘 자를 사장에 임용할 수 있도록 했다. 경영투명성 제고를 위해 경영공시제를 실시했는데, 사장추천위원회와 같은 제도적인 장치가 구비돼 있음에도 불구하고, 정부산하기관에서 낙하산 인사나 방만 경영 사례가 근절되지 않는 등 경영투명성 제고에 대한 가시적 성과는 크지 않은 것으로 평가됐다(기획예산처, 2003: 306).

2000년까지 1단계에서는 작고 효율적인 공공부문 구현을 목표로 구조조정 및 운영시스템 개선이 추진됐다. 1998~2000년에 200여개 산하기관에 제시된 경영혁신 과제의 이행 여부에 대한 점검 결과, 조직 정비, 퇴직금 제도 개선, 공기업 민영화와 자회사 정리, 기관 통폐합과 기능 조정(지방·민간이양, 사업 규모 축소 등), 외부위탁, 자산 매각, 운영 시스템 개선(경영공시, 고객헌장 등), 연봉·계약제 도입, 복리후생 제도 개선 등의 성과가 있는 것으로 평가됐다. 총 1,943개 개혁과제 중 1,923개(99%)를 완료했다(남궁근, 2002: 17).

2001년 2단계 개혁은 자율 상시 개혁 방식을 강조해, 인력 감축, 자산 매각 등 하드웨어적 경영혁신과 더불어 전자 조달, 운영 시스템 개선 등 소프트웨어 중심의 혁신에 역점을 두었다. 조직·인력의 핵심 역량 위주의 슬림화, 예산 운영의 적정성 확보, 전자조달 및 운영 시스템 혁신, 경영효율성 제고, 경영투명성 및 대고객 서비스의 질 제고, 그리고 책임경영제 강화 등 산하기관들이 자율적으로 선정해 추진한 경영혁신 과제 등 총 1,906과제 중 1,817개를 완료했다. 18개 기관에서 2,106명의 인력 감축과 42개 기관 114건의 자산 매각 등 구조조정을 추진했으며, 46건의 민간위탁, 178개 기관이 성과관리 시스템을 구축했다. 불필요하게 조직을 확대하는 등 정부의 보호막 안에 머물러 있었던 산하기관을 개혁 대상에 포함시킨 것은 긍정적으로 평가할 수 있다(남궁근, 2002: 17).

3. 전자정부의 구현 및 대국민 서비스의 개선

1) 행정 업무의 전자화 촉진

국민의 정부는 인터넷 등 정보기술을 이용하여 대민 서비스와 행정 업무를 효율적·민주적으로 처리함으로써 공공개혁의 성과를 거두기 위해 1998년에 「행정정보 공동이용 규정」과 「행정기관의 정보화책임관 지정・운영 규정」을, 2001년에는 「전자정부 구현을 위한 행정업무 등의 전자화 촉진에 관한 법률」을 제정했다(행정자치부, 2001: 245).

이에 따라 2001년 1월부터 부처 간・기관 간 연계 효과가 큰 다 부처 관련 행정 업무를 재구축하고 이를 전자화함으로써, 기관 간 정보 공유 및 대국민 서비스의 통합적 공급을 제고시키는 전자정부사업을 추진하게 됐다. 이와 같은 배경 하에 전자정부사업을 위해 정부혁신추진위원회 산하에 전자정부특별위원회를 설치・운영함으로써 공공개혁과 전자화를 연계시키는 구상을 구체화했다. 전자정부사업의 목표 및 비전을 국민과 기업에 대한 서비스 향상과 행정의 효율성과 투명성 제고에 초점을 두고, 정부와 시민(G2C), 정부와 기업(G2B), 그리고 정부기관 내 및 기관 간(G2G)에 이뤄지는 행정 업무 중 기관과 기관 사이의 연계성이 특히 높은 과제 11종을 발굴해 추진했다(기획예산처, 2002: 346).

국민의 정부의 전자정부사업은 계획대로 추진・완료된 것으로 평가되고 있다. 무엇보다도 행정 업무의 전자화 과정에서 행정 업무의 개혁 및 전자화에 필요한 관련 법령을 정비하고, 업무 프로세스에 대한 재구축 및 정보화전략계획을 진행함으로써 행정 업무 개혁의 효과를 제고하는 데 크게 기여한 것으로 평가되고 있다(남궁근, 2002: 23).[1]

2) 대국민 서비스의 개선

(1) 규제개혁의 성과

1998년 3월 규제개혁위원회가 설치・운영된 이래, 중앙행정기관의 규제를 전수・조사하여 개혁하고, 국가경쟁력 강화와 경제 회생에 긴요한 경제규제를 찾아 철폐했으며, 지식정보사회의 구현에 필요한 규제개혁을 단행했다. 이에 따라 각 기관의 등록규제 사무도 국민의 정부 출범 직전과 비교해 2/3 수준으로 감소했다. 더 나아가 새로 신설하거나 강화하는 규제에 대한 사전심사제나 각종 규제의 대국민 공개를 위한 규제등록・공표제를 도입함으로써, 행정규제가 더 이상 중지되지 못하도록 방지하는 제도적 장치가 운영됐다(기획예산처, 2003: 306-307).

또한 정부혁신위원회에서는 국민들의 일상생활에서 불편을 야기하는 사항을 개선하기 위해 영역별로 시민단체와 정부부처가 협의해 2000년 10월 7개 분야 17개 핵심민생

1) 국제연합 경제사회사무국(UNDEPDA)과 미국행정학회(ASPA)도 2001년 공동으로 전세계 국가의 전자정부사업에 대한 성취도를 조사해 대한민국을 가장 높은 전자정부 능력을 구비한 국가군에 분류하고, 전 세계 190개 국가 중 15위 수준으로 평가했다(기획예산처, 2003: 304).

개혁 과제를 선정했으며, 이 중 15개 과제에 대한 개선 방안을 확정했다. 개혁과제 발굴과 대응 방안 마련 과정에 시민단체가 적극적으로 관여하고 의사결정에 참여한 것은 정부 단독의 개혁 추진이 아니라 국민과 함께 하는 개혁이라는 새로운 방향을 제시한 것으로 평가된다(남궁근, 2002: 25).

(2) 정보공개 성과

1998년 「공공기관의 정보공개에 관한 법률」에 따른 정보공개 제도를 시행한 이후 행정기관의 자발적 공개와 고객의 청구에 의한 공개가 모두 빠른 속도로 증가하고 있어서 공직부패의 방지, 국민의 알 권리와 참여 증진, 정책 결정의 개선 등에 실질적인 효과를 제고하고 있다는 평가를 받았다(기획예산처, 2003: 307).

민원인이 민원 처리 상황을 인터넷을 통해 실시간으로 확인 가능하도록 시스템을 구축하며, 이를 통한 민원 업무의 투명성 제고를 위해 2000~2001년의 2년 동안 중앙행정기관 및 자치단체를 대상으로 민원처리 인터넷 공개 시스템을 확대 보급해 처리에 4일 이상이 소요되는 민원 업무 1,376종, 2일 이상 소요되는 407종을 대상으로 처리 과정과 결과를 공개하는 등 공개 대상을 1,783종으로 확대했다(행정자치부, 2001: 251). 지방자치단체는 2000년 12월까지 248개 자치단체에 보급 완료했으며, 중앙부처의 경우 공개 대상이 없는 부처를 제외한 보급 대상 37개 기관에 보급을 완료했다(기획예산처, 2002: 348). 전반적으로 당초의 계획에 따라서 양호하게 추진됐다고 평가할 수 있다.

(3) 민원 업무 개선 성과

민원 업무의 개선은 공공부문 개혁이 정부조직의 내부관리에 초점이 맞춰짐에 따라 상대적으로 개혁 추진과 그 성과를 체감하기 어려운 국민들로 하여금 개혁을 체감할 수 있도록 국민들의 실제 생활에서 느끼는 불편을 해소하기 위한 조치로서 추진됐다(기획예산처, 2003: 307).

주민등록 정보나 기타 정보를 행정기관 간에 공동 활용함으로써 불필요한 민원서류 발급을 요구하지 않는 방향으로 민원 업무 개선을 추진했다. '민원 반으로 줄이기' 운동을 통해 민원 서류 감축을 위해 기획예산처는 민원서류의 필요성에 대한 각 부처의 심의, 각 부처가 제출한 민원서류 폐지 불가 이유에 대한 규제개혁위원회 심의를 거쳐 부처별 민원서류 감축 범위를 확정했다(기획예산처, 2002: 348). 그 결과 각 부처에서 총 267건의 서류 중 183건을 감축하고 정부산하기관 및 금융기관의 증명서류 1,190건 중 301건을 감축하는 실적을 올리고(행정자치부, 2001: 252), 고객의 관청 방문 횟수를 줄이는 등의 효과가 있었다.

민원서류 감축이 기획예산처와 행정자치부, 해당 부처, 산하기관과 금융기관 그리고 규제개혁위원회의 협력을 통해 체계적으로 이뤄진 것은 긍정적으로 평가할 수 있다(남궁근, 2002: 24).

(4) 고객헌장제

고객 지향적 행정을 위해 행정기관이 제공하는 서비스 기준과 내용, 제공 방법과 절차, 잘못된 서비스에 대한 시정과 보상 조치 등을 구체적으로 정해 국민에게 약속하는 행정서비스 헌장제를 도입했다(윤태범, 2002: 6).

중앙행정기관은 1998년 행정자치부의 '행정서비스헌장지침'에 따라 기관별로 1개의 헌장을, 자치단체는 분야별로 1~2개의 헌장을 제정 시행하고 산하기관은 기획예산처의 경영평가지표 등에 반영해 시행했다. 고객헌장제도는 이에 따라 1998년 27개로 시작해 2000년에는 3,391개로 확대됨으로써 고객 지향적인 행정을 정착시키는 데 기여한 것으로 평가되고 있다(행정자치부, 2001: 252).

제2절 정부개혁 성과에 대한 평가

국민의 정부는 개혁의 기본 방향으로서 작고 효율적인 정부 구축을 지향했다. 이를 위해 무엇보다도 조직과 인력의 규모를 축소하고 경쟁·효율성을 제고하기 위해 운영 시스템을 개혁하고자 시도했다. 개혁의 이념으로 이러한 신공공관리주의적 이념을 선택한 것은 공공개혁의 세계적 흐름에 비춰 적절하게 대응한 것이라 평가할 수 있다(윤태범, 2002: 17). 정부 축소, 공기업 경영혁신, 민영화정책 등이 그러한 긍정적 평가의 일례다.

국민의 정부의 공공부문 개혁이 가져온 뚜렷한 성과의 하나는 바로 효율성, 경쟁, 성과 등 그동안 공공부문에서 제대로 인식되지 못했던 가치들이 중요하게 인식되기 시작했다는 점이다(기획예산처, 2002: 357). 행정기관, 공기업 및 산하기관을 포함하는 공직사회가 운영 시스템의 개혁을 통해 경쟁, 효율, 성과에 대해 좀 더 민감하게 반응하는 분위기로 전환됐다. 세계화가 진행되고 있고 소위 글로벌 스탠더드가 강조되던 그 당시, 민간부문에서 강조하는 '경쟁'과 '성과'를 지향하는 행정개혁을 강하게 추진한 것은 시대적 조류에 대응한 것으로 볼 수 있다. 이전 정부의 개혁은 대부분 조직 · 인력 감축에 그쳐 당초 기대했던 성과를 얻지 못했다는 점과 비교하면 국민의 정부의 성과 · 경쟁 · 효율성 지향적인 개혁은 성공 여부를 떠나서 긍정적 시도라고 할 수 있다(기획예산처, 2002: 330).

국민의 정부의 공공부문 개혁의 가장 큰 특징 중의 하나는 과거 정부가 중앙정부와 지방정부만을 대상으로 개혁을 추진했던 것과는 달리 공기업 · 산하기관 등을 포함한 공공부문 전반에 걸쳐 개혁을 추진한 점이다. 또한 개혁의 내용에서도 조직 · 인력 감축 등 하드웨어적인 개혁뿐만 아니라 경쟁과 성과 원리 도입 등 운영 시스템의 개혁도 병행하는 등 전 방위적인 개혁을 추진했다는 것이다(기획예산처, 2002: 21).

또한 국민의 정부가 추진한 공공부문 개혁은 그 포괄 범위와 강도에서 종전의 여러 정부가 시도했던 개혁작업과 구분이 된다. 과거의 정부조직 개편이나 일부 공기업의 민영화, 부분적인 규제 완화 등과 비교해 볼 때 국민의 정부의 공공부문 개혁은 그 대상에서 포괄적이었다. 중앙정부뿐만 아니라 지방정부, 공기업, 정부산하단체에 이르기까지 정치권이나 사법부 등 일부를 제외하고는 거의 모든 공공부문에 걸쳐서 동시다발적으로 개혁이 진행됐다(이계식, 2000: 10).

과거 정부가 주로 행정부에 국한된 개혁을 추진했던 것과 비교하면 매우 진일보한 것이라고 평가할 수 있다. 그러나 한편으로는 포괄적 개혁 영역의 설정으로 인해 개혁 초점이 명료하지 못하고 나아가서 정치, 사법, 교육, 복지 등 좀 더 근본적인 영역에 대한 개혁을 충분히 추진하지 못한 한계도 또한 노출했다(기획예산처, 2002: 330). 권력을 가진 부처, 즉 청와대, 감사원, 국정원, 경찰, 국세청, 그리고 사법부 등은 경영진단 대상에서도 제외되고, 조직개편도 거의 이뤄지지 않았다는 것은 또 다른 한계다.

개혁 체제 및 방식과 관련해서는 상설 행정기관 중심의 개혁을 추진했다. 상설 행정기관 중심의 개혁 추진은 개혁의 지속성과 일관성 확보에 유효한 방안이라고 할 수 있다. 그러나 여전히 과거 정부와 같이 갈등 발생을 이유로 개혁정책의 변경이나 의미가 퇴색되는 등의 문제들도 발생했다(기획예산처, 2002: 330).

국민의 정부가 단행한 일련의 개혁 조치들에 대한 국제사회의 평가도 비교적 좋게 나타났다. 스위스 국제경영연구원(IMD)은 경제개발협력기구(OECD) 회원국과 주요 신흥공업국가를 대상으로 하는 국제경쟁력 평가에서 우리 정부의 경쟁력이 지속적으로 상승하고 있는 것으로 평가했다. 재정, 금융정책, 제도적 장치, 기업 관련 법규(개방성, 경쟁규제, 노동규제, 자본시장규제 등) 등의 기준으로 정부효율성을 평가한 결과, 1997년에는 46

개 국가 중 38위에서 2002년은 49개 국가 중 25위로 순위가 13단계나 상승했다. 특히 국가 전체의 경쟁력이 같은 기간에 30위에서 27위로 3단계 상승한 것에 비해 정부경쟁력이 훨씬 높은 상승을 기록한 것은 공공부문 개혁이 그만큼 지속적이고 강도 높게 이뤄졌다는 점과, 그동안 국가경쟁력 향상에 짐이 돼온 정부부문이 이제는 기여하는 역할로 변화했다는 점을 동시에 보여주는 것으로 평가할 만하다(기획예산처, 2003: 308).

개혁에 따른 정부효율성의 향상 효과는 유엔개발계획(UNDP)의 정부효율성 평가나 미국 헤리티지 재단(Heritage Foundation)의 경제자유도 평가, 그리고 무디스(Moody's)와 스탠더드&푸어스(Standard & Poors)와 같은 신용평가기관 등 다른 국제기관의 평가에서도 유사한 모습을 보여주었다(기획예산처, 2003: 309).

위와 같은 해외의 긍정적 평가가 있는 반면, 국민의 정부의 개혁에 대한 국내의 평가는 긍정적이지만은 않다. 우선, 개혁에 대한 국민들의 평가와 인식은 낮다. 즉, 공공부문 개혁에 대한 정부의 노력에도 불구하고 많은 국민은 개혁의 강도나 성과에 대해 긍정적으로만은 평가하고 있지 않았다. 한편으로 정치·사법·교육 등 좀 더 중요한 영역에 대한 개혁의 미진함이 개혁 성과에 대한 저평가로 반영된 것이라는 해석도 있다(기획예산처, 2002: 331). 또한 언론기관이나 시민단체의 평가 역시 비판적인 경우도 있다. 이것은 공공부문 개혁의 범위에 대한 인식이나 평가 대상자의 선정, 평가 시점과 방법 등의 차이로 인한 것으로 해석된다(기획예산처, 2003: 309).

아래 한 행정학자의 평가는 우리 정부가 추진하는 공공개혁의 태생적 한계를 지적하는 것이지만 이것이 국민의 정부 경우에도 어긋나지 않는다는 점을 유념해야 한다(이승종, 2003: 3-4).

> (국민의 정부의) 정부혁신은 이상적 사회상과 유리된 가운데 방법론적으로는 관주도형, 집권형 전략을, 내용적으로는 경영형 혁신전략을 구사한 것으로 요약된다…… 중앙정부의 구조조정에 이어 시행된 지방정부의 구조조정에 대해 지방은 거의 중앙의 결정을 이행하도록 강제됐다.

참고 문헌

기획예산처 (2002). 국민의 정부 공공개혁백서.

______(2003). 4대 부문 구조조정의 추진.

남궁근 (2002). 국민의 정부 개혁성과에 대한 평가. 한국행정학회 기획세미나.

남궁근 · 황성돈 (2002). 김대중 정부 행정개혁 4년 평가. 박동서 · 조석준 · 인명진 · 남궁근 (공편). 정부개혁정책의 평가와 공약모니터링. 서울: 한울아카데미.

윤태범 · 이재원 · 양기용 · 하혜수 (2002). 김대중 정부 공공부문 개혁정책의 평가와 바람직한 개혁의 방향과 과제. 한국행정학회 하계학술대회.

이계식 (2000). 정부개혁의 성과와 과제.

이승종 (2003). 바람직한 정부혁신전략. 한국행정학회 기획세미나.

행정자치부 (2001). 행정자치백서.

찾아보기

[ㄱ]

개발독재 13
개방형 인사제도 248
개방형 임용제도 240
개방형 전문직위 제도 248
개방형 직위 제도 248
개성공단사업 135
거시경제정책 90
거품경기 92
경영진단조정위원회 225
경제위기 극복 73
고객헌장제 280
고객헌장제도 240
고용안정센터 100
공공부문 구조개혁 99
공기업 경영혁신 280
공적자금 96
관광비전 21, 62
관치금융 14
교육행정정보 시스템(NEIS) 258
국가안전보장회의(NSC) 120
국가인적자원개발 기본계획 65
국무총리 20
국민기초생활보장법 166, 170
국민복지 권리선언 171
국민복지기본선 확보운동 171
국민의 정부 11, 16, 44, 48, 57, 217, 218, 227, 237, 262, 270
국민참여 경선 212
국민최저 수준 100
국회제도 개혁 34
군사혁신 67
규제개혁 61, 258, 259, 278
규제개혁위원회 233, 258
글로벌 데모크라시 12
금강산관광사업 135
금모으기 운동 60, 109
금융 구조개혁 89
금융 부문 구조개혁 95
금융감독위원회 238
기금제도 246
기든스(Anthony Giddens) 12, 176
기업 구조조정 92
기초생활보장법 174
기획예산위원회 26, 222
기획예산처 228
김대중 정부 11
김대중 정부 국정 목표 47

[ㄴ]

낙천낙선운동 57
남북관계 117
남북기본합의서 15, 66, 119, 123, 129
남북대화 131
남북문제 15
남북정상회담 52
냉전체제 15
네트워크 세대 209
네트워크 중심 전투 67
노동 부문 개혁 97
노사정위원회 58, 97
농업생명공학연구원 62

닉슨 독트린 115
님비(NIMBY) 현상 58

[ㄷ]

대기업 연쇄 부도 78
대불 3원칙 66, 129
대북화해 · 협력정책 115
대통령비서실 31
대통령 수칙 16
데탕트 15
드러커(Peter F. Drucker) 142
로마니신(J. M. Romanyshyn) 163

[ㄹ]

리우유엔환경회의 16

[ㅁ]

마셜(Alfred Marshall) 162
문화시민운동 197
미 · 북 제네바합의서 116
민영화 99, 111, 219, 280
민족공동체 통일방안 129
민주적 리더십 58, 59
민주주의 46, 57, 63
민주주의와 시장경제의 병행 발전 48
민주화 210
민주화운동 189

[ㅂ]

반부패 개혁 260
반부패 특별위원회 260
법안실명제 37
베를린 선언 123
벤처기업 62, 141
복지 패러다임 162
복지병 167, 174
부패방지법 261
북방외교 191
북핵문제 138
블레어(Tony Blair) 163
비정부(NGO) 조직 17
비핵화공동선언 119

[ㅅ]

사법개혁추진위원회 40
사법부 40
사상전향제 51
사이버코리아(Cyber Korea) 21 143, 148
4자회담 117, 129
사장경영계약제 277
사회권 163
사회복지 개혁 176
사회안전망 100, 164, 166, 168, 185
사회협약 98
삼권분립 34
3단계 통일 방안 129
3당 합당 11, 14
3대 원칙 126
새천년 국가환경 비전 64
색깔론 20
생산적 복지 48, 49, 167, 168, 219
생산적 복지정책 18
생산적 복지제도 63
성과급 반납운동 253
성과상여금제 252
성과연봉제 253
성과책임 매트릭스 254
세계화 16, 54
수급권자 179
스트로스-칸(Dominique Strauss-Kahn) 84
시장경제 46, 76, 87

시장규율 111
신노사관계 97
신노사문화 55, 97
신세계질서 191
신자유주의 167

[ㅇ]

에코(ECO)정책 16
예비타당성 조사 247
예산결산특별위원회 35
5+3 개혁 18
온라인 금융거래 156
외환위기 73, 78, 90, 117, 165, 210
외환위기 극복 18, 44, 60
월드컵 조직위원회(KOWOC) 192, 201, 203
6·15 공동선언 124
의약분업 58
의원 꿔주기 52
의원 빼오기 57
의장석 표결선포 제도 38
2단계 조직개편 244
이산가족 128, 133
21세기 신국방 68
2002 대선 212, 213
인력 감축 219, 270
인사개혁 247
인사청문회 39
인플레이션 110
일괄이양의 원칙 264
1단계 조직개편 244
입법부 34

[ㅈ]

자유투표제 38
자유화 210
자치사무 귀속의 원칙 264
자활사업 180
재벌 개혁 18
재정개혁 246
재정경제부 26
전국민의료보험 63
전원위원회 35
전자정부 17, 39, 99, 255, 277
전자정부특별위원회 256
정경유착 14
정리해고제 97
정보 격차 해소 153
정보통신혁명 141
정보화 전략계획(ISP) 256
정보화교육 154
정보화촉진기본법 149
정보화추진위원회 145, 256
정보화혁명 44
정부개혁 217, 267
정부개혁실 222
정부기능조정위원회 232
정부조직 개편 237
정부조직개편심의위원회 237, 268
정부조직경영진단 239
정부직무분석 254
정부 축소 280
정부혁신추진위원회 221, 229
정책 네트워크 121
제1차 정부조직 개편 269
제1차 조직개편 237
제2건국위원회 55
제2건국위원회 21대 기획과제 55
제2차 정부조직 개편 27, 239, 247, 269
제3의 길 163
제3차 정부조직 개편 27
제3차 조직개편 242
제네바합의 116, 128, 138
조직 축소 219
종합실업대책 99

중소·벤처기업 151
중앙인사위원회 234, 247
중앙행정기관 조직개편 267
지구마을 15
지구적 민주주의 12
지방이양추진위원회 233
지식기반 사회 65
지식정보화 사회 44, 142
지역감정 57
지역등권론 20
질서자유주의 49

[ㅊ]

참여민주주의 46, 48
책임운영기관 245, 272
철의 실크로드 46, 136
최소 감독의 원칙 265
최저생계비 166, 179, 182
7·4 공동성명 125

[ㅋ]

코스모폴리탄 데모크라시 12

[ㅍ]

파견근로제 97
표결실명제 37
표준인사관리 시스템(PPSS) 258

[ㅎ]

한일 월드컵 189, 197, 206, 209
해양한국 21 62
핵확산금지조약(NPT) 138
햇볕정책(화해협력) 49, 67
행복추구권 163
행정개혁위원회 221, 223
흡수통일 66, 126
히딩크(Guus Hiddink) 212

5+3 원칙 18
DJnomics 48
DJP연합 19
FIFA 193, 196, 199, 203
G2B 145, 146, 256, 278
G2C 145, 256, 278
G2G 145, 278
G4C 146
IMF 경제위기 217
IMF 구제금융 82
IMF 외환위기 극복 13, 167
NGO 16
OECD 13, 281
WTO 체제 15, 17

『대한민국 역대 정부 주요 정책과 국정운영』 편찬위원 및 참여 인력

발행인: **이은재**(한국행정연구원 원장)

자문위원(가나다순)

김석준(안양대 총장)
박영희(건국대 명예교수)
안병만(전 교육과학기술부 장관)
윤정길(건국대 명예교수)
이달곤(가천대 교수)
정정길(울산대학교 재단이사장, 전 대통령 실장)
정형근(전 국회의원)

편집위원(가나다순)

김성배(숭실대 교수)
박양호(홍익대 교수)
이대희(광운대 교수)
주재현(명지대 교수)
최흥석(고려대 교수)
하미승(건국대 교수)
한표환(충남대 교수)

집필위원

서론: **안병만**(전 교육과학기술부 장관)

이승만 정부

김종철 연세대학교 법학전문대학원 교수(jkim386@yonsei.ac.kr)
남정옥 군사편찬연구소 책임연구원(yalu5812@hanmail.net)
박태균 서울대학교 국제대학원 교수(tgpark3@gmail.com)
박희봉 중앙대학교 행정학과 교수(hbpark@cau.ac.kr)
신윤창 강원대학교 공공행정학과 교수(ycshin@kangwon.ac.kr)

이대희 광운대학교 행정학과 교수(nulbo@hanafos.com)
이서행 한국학중앙연구원 명예교수(leeslow@aks.ac.kr)
이주천 원광대학교 사학과 교수(jucheon@wonkwang.ac.kr)
최신융 숙명여자대학교 행정학과 교수(shinyung@sookmyung.ac.kr)

장면 정부

김정렬 대구대학교 도시행정학과 교수(jykim@daegu.ac.kr)
백학순 세종연구소 수석연구위원(hspaik@sejong.org)

박정희 정부

강 욱 경찰대학교 행정학과 교수(kangmsu@gmail.com)
김재훈 서울과학기술대학교 행정학과 교수(jhkim@snut.ac.kr)
배용수 공주대학교 행정학과 교수(ysbae@kongju.ac.kr)
소순창 건국대학교 행정학과 교수(sosoon74@kku.ac.kr)
소진광 가천대학교 행정학과 교수(sojk514@gachon.ac.kr)
이원희 한경대학교 행정학과 교수(wonheeldaum@daum.net)
이종수 한성대학교 명예교수(jlee@hansung.ac.kr)
임도빈 서울대학교 행정대학원 교수(tobin@snu.ac.kr)
임동진 순천향대학교 행정학과 교수(djlim@sch.ac.kr)
하미승 건국대학교 행정학과 교수(hms5555@konkuk.ac.kr)

전두환 정부

강일규 한국직업능력개발원 선임연구위원(kangig@krivet.re.kr)
권용수 건국대학교 행정학과 교수(yskwon@konkuk.ac.kr)
김현준 고려대학교 행정학과 교수(joonk@korea.ac.kr)
박진근 연세대학교 명예교수(pck@yonsei.ac.kr)
박치성 중앙대학교 행정학과 교수(csp7111@gmail.com)
오재록 전주대학교 행정학과 교수(jaerokoh@gmail.com)
임태성 한양대학교 예체능대학 생활스포츠학부 교수(limts@hanyang.ac.kr)
임혁백 고려대학교 정치외교학과 교수(hyugim@korea.ac.kr)
홍성걸 국민대학교 행정학과 교수(sghong@kookmin.ac.kr)

노태우 정부

김규륜 한국통일연구원 선임연구위원(krkim@kinu.or.kr)
김근세 성균관대학교 행정학과 교수(seogam@skku.edu)
김태룡 상지대학교 행정학과 교수(trkim@sangji.ac.kr)
박양호 홍익대학교 스마트도시과학경영대학원 교수(yhpark@gri.re.kr)

변병설 인하대학교 행정학과 교수(byun@inha.ac.kr)
심상용 국방대학교 교수(sysim60@hanmail.net)
서순탁 서울시립대학교 도시행정학과 교수(stsuh@uos.ac.kr)
이 송 서울시립대학교 명예교수(scugeo@uos.ac.kr)
하태수 경기대학교 행정학과 교수(taesooha@hanmail.net)

김영삼 정부

김병문 안동대 행정학과 교수(byungmk@andong.ac.kr)
금창호 한국지방행정연구원 선임연구위원(gch@krila.re.kr)
심익섭 동국대 행정학과 교수(shim@dongguk.edu)
이남국 부경대학교 행정학과 교수(namkuk@pknu.ac.kr)
이상록 국사편찬위원회 편사연구사(rok@mest.go.kr)
이창원 한성대 행정학과 교수(gosoo717@daum.net)
최진욱 고려대학교 행정학과 교수(jinchoi@korea.ac.kr)
한표환 충남대학교 국가정책대학원 교수(hph1234@cnu.ac.kr)
황지환 서울시립대학교 국제관계학과 교수(whang38@gmail.com)

김대중 정부

김병숙 건국대학교 행정대학원 교수(mishell572@hanmail.net)
김성재 연세대학교 김대중도서관 석좌교수(mooksan11@gmail.com)
문정인 연세대학교 정치외교학과 교수(cimoon@yonsei.ac.kr)
박종철 한국통일연구원 선임연구위원(pjc@kinu.or.kr)
서원석 한국행정연구원 선임연구위원(swonseok@kipa.re.kr)
송하중 경희대학교 행정학과 교수(hahzoong@khu.ac.kr)
이인실 서강대학교 경제학과 교수(insill723@sogang.ac.kr)
이주헌 서울시립대학교 행정학과 교수(jules529@uos.ac.kr)
최흥석 고려대학교 행정학과 교수(hschoi@korea.ac.kr)

노무현 정부

류석진 서강대학교 정치외교학과 교수(sjlew@sogang.ac.kr)
주재현 명지대학교 행정학과 교수(jhjoo61@mju.ac.kr)
변창흠 세종대학교 행정학과 교수(changbyeon@sejong.ac.kr)
성경륭 한림대학교 사회학과 교수(cosmos201@gmail.com)
안성호 대전대학교 행정학부 교수(shahn@dju.ac.kr)
이수훈 경남대학교 극동문제연구소 교수(leesh@kyungnam.ac.kr)
장지호 한국외국어대학교 행정학과 교수(jhufs@hufs.ac.kr)
장혜경 한국여성정책연구원 선임연구위원(hkchang@kwdimail.re.kr)

황혜신 한국행정연구원 선임연구위원(hwanghs@kipa.re.kr)

이명박 정부
김관보 가톨릭대학교 행정학과 교수(kwanbo@catholic.ac.kr)
김동욱 서울대학교 행정대학원 교수(dong@snu.ac.kr)
김상협 KAIST 경영대학원 교수(conanstory@gmail.com)
김성배 숭실대학교 행정학과 교수(graal@ssu.ac.kr)
김영한 성균관대학교 경제학과 교수(kimyh@skku.edu)
박정수 이화여대학교 행정학과 교수(parkj@ewha.ac.kr)
박천오 명지대학교 행정학과 교수(chpark@mju.ac.kr)
안형기 건국대학교 행정학과 교수(hkahn01@kku.edu)
윤창현 한국금융연구원 원장(jisun@kif.re.kr)
하혜수 경북대학교 행정학과 교수(hasoo@knu.ac.kr)

결론: **김석준**(안양대 총장)

사업총괄 책임
양현모 한국행정연구원 선임연구위원

정부별 간사
이승만/장면 정부: 조세현 한국행정연구원 부연구위원
박정희 정부: 황혜신 한국행정연구원 선임연구위원
전두환 정부: 김영록 한국행정연구원 부연구위원
노태우 정부: 윤종설 한국행정연구원 부연구위원
김영삼 정부: 임성근 한국행정연구원 부연구위원
김대중 정부: 오윤경 한국행정연구원 부연구위원
노무현 정부: 허준영 한국행정연구원 부연구위원
이명박 정부: 최순영 한국행정연구원 연구위원

사업총괄 지원
장지원 한국행정연구원 전문연구원

행정 지원
김두진 한국행정연구원 행정원
김유진 한국행정연구원 위촉연구원

대한민국 역대 정부 주요 정책과 국정운영
제6권: 김대중 정부

펴낸날: 제1판 제1쇄 2014년 12월 31일
엮은이: 한국행정연구원
펴낸이: 임춘환
펴낸곳: 도서출판 대영문화사
주소: 서울특별시 용산구 청파로 61길 5 (청파동 1가) 제일빌딩 2층
등록: 1975년 12월 26일 제3-16호
전화: (02)716-3883, (02)714-3062
FAX: (02)703-3839
홈페이지: http://www.dymbook.co.kr

ISBN 978-89-7644-510-0
ISBN 978-89-7644-513-1(세트)

[값 18,000원]